August Boeckh

Briefwechsel zwischen August Boeckh und Karl Otfried Mueller

August Boeckh

Briefwechsel zwischen August Boeckh und Karl Otfried Mueller

ISBN/EAN: 9783744604109

Hergestellt in Europa, USA, Kanada, Australien, Japan

Cover: Foto ©ninafisch / pixelio.de

Weitere Bücher finden Sie auf **www.hansebooks.com**

BRIEFWECHSEL

ZWISCHEN

AUGUST BOECKH

UND

KARL OTFRIED MUELLER

LEIPZIG
DRUCK UND VERLAG VON B. G. TEUBNER
1883

Vorwort.

Als August Böckh, seit Ostern 1811 an der Friedrich-Wilhelms-Universität zu Berlin lehrend, im Sommersemester 1815 Encyclopädie und Pindar las, befand sich der achtzehnjährige Karl Müller unter seinen Zuhörern und nahm an dem von Böckh geleiteten philologischen Seminare Theil. Das herzliche Verhältniss treuer Fürsorge, welches Böckh's Verkehr mit seinen Zuhörern, damals wie weiterhin durch ein halbes Jahrhundert, auszeichnete, die begeisterte Liebe des Schülers, sowie die Freude des Lehrers an dem aufblühenden Geiste woben hier ein Freundschaftsband, welches, beide gleich erquickend und erhebend, der Wissenschaft in reichem Maafse förderlich wurde.

Diese schöne innige Verbindung beider grofsen Meister hat in dem Briefwechsel ihren Ausdruck gefunden, welcher, als Karl Müller im November 1817 zu seinen Eltern nach Ohlau zurückkehrte, seinen Anfang nahm und bis zu Müller's vorzeitigem Tode fortdauerte: „Wie ich Ihnen Ihr gütiges Zutraun und Ihre milde Vorsorge, bis ins Einzelne, danke, kann ich Ihnen nicht anders sagen," schrieb Müller am 10. Juni 1819, „als dass ich mich noch immer ganz in demselben Verhältnisse zu Ihnen fühle, wie damals, als mir durch Sie zuerst die Idee einer wahren Philologie einleuchtete." — „Wenn ich Ihnen irgend etwas gewesen bin," schrieb Böckh am 22. April 1824, „haben Sie es mir vielfach vergolten, und ich bin in Ihrer Schuld."

Eine Sammlung und Ordnung der Briefe, welche Böckh an ihn gerichtet hatte, nahm Müller im Jahre 1835 vor. So wurden fast alle Briefe Böckh's erhalten, nämlich mit Ausnahme von dreien aus der ersten Zeit. „Ich bin wahrhaft gerührt worden," schrieb Müller am 22. October, „durch die Fülle und gleichförmige Dauer väterlicher Fürsorge, aufmunternder und zurechtweisender Freundschaft, unbefangener Mittheilung Ihrer Schätze, die darin vor mir liegt." Böckh pflegte alle Briefe aufzuheben, und mit zunehmendem Alter befestigte sich bei ihm der Grundsatz, nichts fortzuwerfen; doch hatte er denjenigen Theil, welcher sich auf das *Corpus Inscr. Graecarum* bezog, seiner Zeit der Akademie der Wissenschaften übergeben, auch fünf Briefe, welche sich auf die *Addenda* zu demselben bezogen, in ein Packet gelegt, welches er „Finanz- und Bundesgerichtssachen, excl. Tributlisten" überschrieben hatte, und welches neben einer Anzahl ähnlicher Packete in einer Mappe der Akademie seinen Platz fand. In Folge dessen wurden diese Briefe im October 1871 gleichfalls der Akademie der Wissenschaften übergeben; die übrigen verblieben in Böckh's handschriftlichem Nachlasse. Nachdem die Akademie der Wissenschaften die Benutzung des bei ihr befindlichen Briefwechsels gestattet hatte, konnte die Sammlung durch die seiner Zeit von Böckh selbst übergebenen Briefe bereichert werden, während der Verbleib der nachträglich der Akademie d. W. übergebenen fünf Briefe Müller's aus dem Jahre 1835 leider nicht ermittelt worden ist.

Die Briefe, welche also in beinahe vollständiger Folge vorliegen, enthalten fast den ganzen geistigen Verkehr Böckh's und Müller's, nur unterbrochen durch das persönliche Zusammenkommen beider, theils in Berlin, häufiger in Göttingen, wohin Böckh schon verwandtschaftliche Beziehungen lockten, und wo er, nachdem der Freund sein eigenes Heimwesen gegründet hatte, in dem Hause desselben die gastliche Aufnahme fand, deren schöne Erinnerung in den Kindern fortlebt.

Indem diese hiermit den Briefwechsel der Oeffentlichkeit übergeben, sind sie sich bewusst, in vielen Ueberlebenden einen Reichthum der Erinnerung an jene Männer zu wecken, deren Persönlichkeit mit Recht die Verehrung ihrer Zeitgenossen hervorrief. Aber nicht nur für diese, sondern auch für alle, welche sie nicht gekannt haben, können diese Briefe von bleibendem Werthe sein. Denen, welche der Lebensbeschreibung beider harren, geben sie die eigenen Worte, mit welchen der Freund dem Freunde aus seinem Lebenskreise die Mittheilung machte, für Müller aus der zweiten Hälfte, für Böckh aus der mittleren Periode seines Lebens. Sie geben vor allem einen Einblick in die köstliche Geistesarbeit, in welcher beide gemeinschaftlich thätig waren. Wir sehen die Werke entstehen, theils im hülfreichen Austausch der Arbeitsmittel und der Gedanken während des Schaffens, theils in der freundschaftlichen Kritik des Erschienenen, ein Muster des Zusammenwirkens des älteren und des jüngeren Meisters. Wir sehen hier in die Gedankenwelt zweier Männer von edelster Reinheit des Charakters; in ihrer objectiven Betrachtung spiegeln sich die Zeitverhältnisse ab, über das Leben an den Universitäten, und — zu diesem in enger Beziehung stehend — auch über das politische Leben sprechen sie ihr offenes, immer gehaltenes Urtheil aus.

Da diese Briefe der unmittelbare Ausdruck beider verehrten Männer sein sollten, so war es die Aufgabe, sie in getreuester Form, auch unter Beibehaltung der Orthographie vorzulegen; so erklärt sich, dass die wechselnde Orthographie des Vornamens, deutsch geschrieben Karl, lateinisch Carl stehen geblieben ist. Nur einzelne Sätze und Worte, welche im Sinne des Schreibenden zum Abdruck nicht geeignet schienen, sind fortgelassen, einzelne im Manuscript fehlende Worte eingefügt worden.

In der Revision des wissenschaftlichen Inhalts der Briefe sind die Herausgeber durch den bewährten Schüler August Böckh's, den Bearbeiter der Encyclopädie der Philologie, Herrn Professor Ernst Bratuscheck, sowie durch Herrn Ferdinand Petri unterstützt worden, von welchen der erstere leider die Vollendung dieses Werkes nicht hat erleben sollen.

Ohlau, den 9ten December 1817.

Verehrtester Herr Professor.

Die Reimersche Buchhandlung, von der ich erst am 26sten vorigen Monats zwanzig Exemplare meiner *Aeginetica* erhalten habe, schreibt mir, dass sie deren schon mehrere Ihnen zur Vertheilung übergeben habe: ich übersende daher Ihnen und Herrn Professor Buttmann für jetzt nur zwei Exemplare, und hoffe auf eine gütige Nachricht von Ihnen, ob und wie viele ich Ihnen noch zuschicken soll, und ob auch Herr Professor Solger und Geheime Rath Wolf welche haben. Sehr leid thut es mir, dass ich Ihnen keine besser ausgestatteten anbieten kann, ohne mein Verschulden, da ich bei Anfange des Drucks auf einige rechnete, die hernach durch ein Versehn zur Dissertation genommen worden sind.

Ich lebe noch bei meinen Eltern in Ohlau, und werde vermuthlich erst auf das Neue Jahr in meine Stelle nach Breslau abgehn. Vielleicht dass Sie schon von den 100 ℛ jährlicher Zulage, die der Breslauer Magistrat am Reformationsfeste jedem der 25 Lehrer an den beiden Städtischen Gymnasien und der Schule in der Neustadt zertheilt hat, vernommen, und sich auch für mich der Einsicht und Billigkeit unsers Senats gefreut haben.

Uebrigens befinde ich mich jetzt in einer solchen Lebens-Windstille und Geschäftslosigkeit, dass ich in der That nicht das geringste wüsste, womit ich Sie weiter belästigen wollte. Herrn Professor Buttmann haben Sie wohl die Gewogenheit mich gehorsamst zu empfehlen. Der ich mit grösster Verehrung verharre

Ihr

dankbarster

Carl Müller.

B. d. 25. Dec. 17.*)

Sie werden hoffentlich, lieber Müller, meinen vorigen Brief erhalten haben, der Sie einlud, nach Frankfurt a/O. zu gehen, wenn die Sache in Richtigkeit käme. Nach Ihrer Mittheilung aber werden Sie wol, da Ihre Stelle um 100 ℛ verbessert ist, dazu vielleicht nicht mehr geneigt sein, und will ich Ihnen auch weiter nicht zureden. Was die Exemplare Ihrer *Aeginetica* betrifft, so habe ich mir von Reimer zwei geben lassen, und nicht mehr; das eine habe ich ans Ministerium geschickt, das andere selbst behalten: von den zweien aber, die Sie mir geschickt haben, gab ich das eine Ihrer Anordnung gemäss an Buttmann, das andre aus eigenem Antrieb an Süvern. Wer sonst noch welche erhalten hat oder nicht, ist mir ganz unbekannt. Übrigens wird, was Sie geleistet haben, gebührend anerkannt: besonders aber ist der alte ehrliche Hirt recht in Entzücken über Ihre *Aeginetica*, wovon er nicht genug erzählen kann; und ob er gleich allerlei Sonderbarkeiten hat, ist mir sein Urtheil nicht gleichgültig, weil er gelehrt, in der Geschichte wohl erfahren und ein braver redlicher Mann ist.

Der Zufall will, dass ich immer keine Zeit habe, wenn ich an Sie schreibe; ich muss ietzo eben ausgehen. Zudem habe ich Ihre *Aeginetica* verliehen; daher kann ich ietzo davon nicht mehr schreiben. Ich möchte über einige Kleinigkeiten mit Ihnen rechten; besonders was Sie über die φρατρίας gesagt haben, will mir noch nicht einleuchten: zum mindesten mussten Sie es anders stellen, wenn Sie den Phratrien mehr γένη geben wollten: nehmlich so, dass ein Theil einer Phratrie das ursprüngliche γένος war, andere Leute aber neu hinzukamen, wie die Βουτάδαι als Demos mehr Leute enthielten als die Βουτάδαι als γένος. So müsste also alsdann φρατρία in Aegina geworden sein, was δῆμος in Athen, und man hätte davon die φρατρία als γένος unterschieden. So dachten Sie es vielleicht auch; es liegt aber nicht in Ihren Worten. Doch nächstens mehr.

Dass das in einigen Zeitungen verbreitete Gerücht von

---

*) Der vorhergehende Brief, in welchem Böckh Müller einlud, nach Frankfurt zu gehen, und der am 23. December in Ohlau eintraf, fehlt.

Aufhebung der hiesigen Universität eine krasse Lüge ist, werden Sie wol von selbst denken.

Leben Sie wohl, Bester; schreiben Sie mir recht bald; dann will ich einmahl mit einem grössern Briefe loslegen. Lassen Sie uns zusammenhalten bis ans Ende.

Stets der Ihrige
Böckh.

Ohlau, den 20sten Decbr. 1817.

Verehrtester Herr Professor.

Ihr mir so erfreuliches Briefchen traf mich am 23sten dieses Monats fast eben schon im Begriffe nach Breslau abzugehn, in einer Lage, in der es mir wirklich schwer war, meinen Entschluss plötzlich umzuändern. Eine Wohnung hatte ich gemiethet, die erforderlichen Mobilien zum Theil angeschafft, und mich nicht nur äusserlich auf einen baldigen Antritt gefasst gemacht, sondern mich auch über alles, was meine Lage mir irgend unangenehm machen konnte, längst beruhigt: eine neue Veränderung würde theils meine Einrichtungen unnütz gemacht, theils mich wohl auch in den Fall gesetzt haben, noch einige Monate länger alles Gehalts zu entbehren. Freilich sehe ich ein, wie die mir von Herrn Prorektor Poppo angetragene Stelle und meine jetzige, obwohl auch diese 456 ⅌ einträgt, gänzlich verschieden sind, indem mir am Magdaleneum Klein-Tertia im Latein, die letzte Rechenklasse und dergleichen aufgetragen werden, auch die Stelle die letzte am Gymnasium, und Dr. Schneider mir vorgezogen ist: ja vielleicht dass, wenn ich das Unerfreuliche dieser Lage einige Zeit gekostet hätte, ich bei weitem mehr versucht wäre, jede andre, und welche mehr als die Frankfurter, anzunehmen: indess hält mich freilich vor allem der Wunsch meiner Eltern für jetzt in Breslau zurück, wo in Kurzem ein zweiter Bruder von mir, und einige Jahre später ein jüngster die Universität beziehen will. Warum wäre es auch nicht möglich, dass ich Ihrem und Herrn D. Poppo's Zutrauen gar nicht genügte, da ich mich im Schulunterricht noch nie versucht habe, und wohl gut thue, mich in untern Classen vorzuüben? Wie wenig können indess diese Umstände meinem innigen Danke gegen Sie, verehrtester Herr Professor, und der Angelegentlichkeit meiner Bitte, mir Ihr Wohlwollen ferner zu gewähren, Abbruch thun. Gegen meine *Aeginetica* sind Sie vielleicht zu gütig, wenn Sie nicht die Tendenz des Ganzen meinen: im Einzelnen mag Ihnen vieles nicht Stich halten: indess wünsche ich wohl einmal Gelegenheit zu finden, mich in ähnlichen Arbeiten, z. B. über Minyer, versuchen zu können. Wenigstens scheint mir grade [dieser Stoff] Aufklärungen bis in den Mythus hinein zu versprechen. Der ich mit grösster Verehrung verharre

Ihr

ergebenster

Carl Müller.

N. S. Meine Wohnung in Breslau ist „auf dem Neu-Markt im Haupte S. Johannis des Täufers, drei Stiegen hoch", die ich aber erst den 15. Januar beziehe. Sollten Sie mir früher das Glück eines Briefes von Ihnen gönnen, so muss ich Sie wiederum bitten, Herrn Professor Passows Namen beizuschreiben.

Breslau, den 20ten Januar 1818.

Verehrtester Herr Professor.

Ich muss wirklich eilen Ihnen zu schreiben, wenn es auch nicht viel bedeutendes ist was ich eben zu schreiben habe, weil ich sonst wieder befürchten muss, dass Ihr mir so erwünschter Brief dem meinigen unterweges begegne und mich so der Freude beraube, eine recht baldige Antwort von Ihnen zu erlangen.

Zuvörderst sende ich Ihnen noch ein Exemplar meiner *Aeginetica*, um die Ausflucht Ihnen zu nehmen, als hätten Sie Ihr eines Exemplar verliehen und könnten mir deswegen nichts darüber schreiben, da Sie's doch wohl am Ende nicht der Mühe werth halten, oder zu gut sind mir meine Fehler ordentlich vorzuhalten. Ueber die γένη und φρατρίαι ist indess Ihre Meinung auch ganz die meine; nur so dass eine Dorische Phratrie weder das Politische einer Attischen Phratrie, noch das zugleich Geographische eines Attischen δῆμος, dorisch κώμη, hat. Ich glaube, dass es in einer solchen Aeginetischen Phratrie ein Hauptγένος gab, an das sich andre geringere Geschlechter angeschlossen hatten, ungefähr wie Βουτάδαι u. Ἐτεοβουτάδαι.

Ich denke, meinem Buche meines Collegen Dr. Schneiders beide Schriften de origg. tragoediae u. comoediae, nebst einem Briefe von ihm selbst beizulegen, in dem er Sie um Ihr Urtheil bitten wird, wie er es auch an Hermann gethan hat. Auf dieses Ihr Urtheil kann er in der That nicht begieriger sein als ich; aber ich glaube, wenn Sie das prangende Urtheil unsrer Fakultät mit der seichten Mittelmässigkeit der Schriftchen vergleichen, werden Sie uns hier allesammt auslachen. Schn. ist sehr eigenliebig und war höchst konsternirt, wie ich ihn unter anderm auf die schmachvolle Verwechselung dreier Choerile aufmerksam machte, oder wenigstens zweier, de trag. p. 92. Allein noch weit mehr werde ich Sie lachen machen, wenn Sie hören, dass ich schon wieder schreiblustig bin, und an eine Geschichte des Minyschen Stammes denke. Das Verhältniss der Thessalischen, Böotischen, Lakonischen, Elischen, Lemnischen, Therischen und Argonautischen Minyer hat so viel Anziehendes und verspricht so viele Aufklärung, ja sogar sichere feste Punkte mitten im Mythos, dass es mich in den Fingern zuckt, wenn ich nur der Sache einmal eine Weile nachgedacht habe, und ich grosse Lust habe, meine Gedanken darüber einmal recht breit und ausführlich aufzusetzen. Ja, was noch spasshafter ist, ich habe schon an Klütz, der an eine Gesch. v. Orchomenus denkt, geschrieben und habe ihm einen Vertrag angetragen, wornach wir uns beide nicht in unser Bereich fallen wollen. Weil nun aber „eine Geschichte der Minyer" schwerlich ein Buchhändler nimmt; so habe ich den specioseren Titel etwa „Geschichten Hellenischer Städte und Stämme. Erstes Heft" ersonnen und Jos. Maxen annehmlich gemacht; nur wäre ich freilich erst froh, wenn sich irgend ein Mitarbeiter dafür fände. Gar sehr bitte ich Sie nun, verehrter Herr Professor, mir über das Alles ihre billigenden oder missbilligenden Urtheile zu schreiben.

Für jetzt habe ich noch über Plato zu thun, und das lähmt, nebst einigen 100 wöchentlichen Correkturen, mir die Flügel gewaltig. Gern wüsste ich auch wohl von Ulrichen, oder wer die Correktur des Plato sonst übernommen hatte, wie weit der Druck vorgeschritten. Für Manches muss ich eine Zeile von Hrn. Prof. Bekker erwarten. — Herrn Professor Buttmann haben Sie wohl die Güte mich gar sehr zu empfehlen und für den Lexilogus meinen freudigen Dank abzustatten. — Nach dem zweiten Bande Ihrer Staatshaushaltung der Ath. sehnen wir uns hier Alle sehr. Herr Prof. Schneider d. j. besuchte mich vor einigen Tagen, und sah, behufs Vorlesungen, einige Varianten zum Plato ein, was ich ihm nicht wohl verweigern konnte. Sonst sind meine Verhältnisse hier ziemlich angenehm; meine Schulstunden, obwohl sie nur in Tertia sind, machen mir viel Freude, Manso ist ein guter Rektor, nur für die Schüler zu mild, und gegen die Lehrer ein wenig herrschsüchtig, was ihm schwer abzugewöhnen ist.

Die Ihrigen und Sie selbst, hochgeehrtester Hr. Professor, sind doch recht wohl, und Alles im alten freundlichen Lebensgleise. Sie verzeihen der Geschwätzigkeit

Ihres
Ihnen treuergebenen
C. Müller.

Auf dem Neumarkte,
im Haupte Johannis des Täufers.

Berlin, d. 8. März 1818.

Diesmahlen wenigstens, lieber Müller, begegnen sich unsere Briefe nicht; denn ich habe lange genug still geschwiegen. Sie glauben aber auch kaum, wie viel Briefe ich schreiben muss, und wie rappelköpfig mir zuweilen wird, wenn ich die liebsten zurücklegen muss, um die nothwendigsten zu schreiben. Was die *Aeginetica* betrifft, so habe ich Ihnen ein für allemahl mein Urtheil darüber abgegeben, weder ein bestochenes noch ein erheucheltes; obgleich ich nun kein vollkommen parteiloser Richter scheinen mag, habe ich doch, weil ich mich nach acht Jahren zum ersten Mahl wieder zu recensiren breitschlagen liess, auch Ihre *Aeginetica* für die Heidelb. Jahrb. zu beurtheilen unternommen, und wirklich den Vorsatz auch schon ausgeführt, und die Recension abgeschickt. Ich habe Ihnen aber nicht viel anhaben können, auch keine Lust gehabt, mich auf Kleinigkeiten einzulassen, sondern nur einige sehr bescheidene Bemerkungen gemacht. Wenn Sie auch wenig oder keine Belehrung darin finden werden, so werden Sie doch wenigstens meiner Liebe und Achtung für Sie Gerechtigkeit widerfahren lassen, und vollkommen zufrieden sein; auch weiss ich gewiss, selbst wenn die Recensiranstalten noch in Ansehen stünden, so sehr, als sie ietzt nicht darin stehen, so würden Sie durch das Lob dennoch nicht verderbt werden, wie viele. Hrn. Schneider habe ich ein Urtheil geschrieben, freilich auch nichts Tiefes; aber es ist auch nicht der Mühe werth, sich gegen ihn in tiefe Untersuchungen einzulassen; ich habe in meiner Staatshaushaltung im zweiten Band auch ein Paar Seiten über den Ursprung des Drama, wodurch, wie ich glaube, ein Hauptpunkt auf eine sehr unerwartete Weise aufgeklärt wird. Wenn Sie den zweiten Band, der ietzo schon etliche Wochen fertig ist, noch nicht haben, werde ich dafür sorgen, dass er geschickt werde. Ietzo, nachdem das Buch zu Ende ist, mag ich's gar nicht mehr ansehen; so geht mirs aber iedesmahl.

Dass Sie weiter schreiben wollen, freut mich von Herzen. Machen Sie also die Minyer fertig. Sie sind sehr gütig gegen Klütz, dass Sie ihm ordentlich einen Vertrag anbieten. Aber glauben Sie denn wirklich, dass Klütz etwas Erträgliches zu Stande bringen wird? Ich kann mich davon nicht überzeugen ... Ich habe ihm nun gerathen, die politische Verfassung von Böotien überhaupt ins Auge zu fassen, da ihm das Mythische von Orchomenos nun abgeht, und er nicht mehr viel finden wird, zumahl da ich auch in der Staatshaushaltung ein Stück Orchomenos weggeholt habe. Bekker wird Ihnen wol unterdessen geschrieben haben; er scheint zu fürchten, dass sein Platon keinen guten Fortgang habe;

wie ers meint, weiss ich nicht. Ich wollte, ich könnte ebenso drucken lassen; denn es ist doch vortrefflich bequem, in Rom zu liegen, und hier corrigiren zu lassen, was man nicht geschrieben hat. Was mich betrifft, so bin ich gegenwärtig in einer halb körperlichen, halb geistigen Atonie, die mich gewöhnlich befällt, wenn ich eine grössere Arbeit vollendet, und noch nichts Neues angefangen habe: auch weiss ich nicht recht, was ich anfangen soll. Ich habe etliche Handschriften vom Pindar daliegen, um die Scholien zu vergleichen, und will diese den Sommer drucken lassen; aber die Arbeit erfordert Ueberwindung. Dabei liegen mir die Inschriften auf dem Halse, welche mir zuwider sind wegen meiner Verhältnisse zur Akademie, die sich noch immer nicht entscheiden; und ich habe mich einmahl darauf gesetzt, eher nicht wieder daran zu gehn; ia ich habe die ganze Sache vor etlichen Wochen niedergelegt, aber sie wollen die Niederlegung nicht annehmen. So schwebe ich zwischen zwei ungefähr gleich mühsamen, und gleich ermüdenden Arbeiten: zuletzt werde ich wol die erstere ergreifen.

Ich wollte Sie wären wieder hier, und hätten hier Ihre kleine Stelle, was Ihnen am Ende doch mindestens ebenso lieb sein würde, wenn nicht, wie ich möchte, lieber. Auch hätte sich das wol machen lassen; denn an den hiesigen Gymnasien finden sich doch immer Stellen. Uebrigens sind Sie nicht an Ihrem Platz; ich lasse nichts ermangeln, Sie zu empfehlen. Wernicke ist ietzo hier Privatdocent; er hat sich gegen die Facultät und nahmentlich gegen mich schlecht benommen, indem er uns in den ebenso ungegründeten als albernen Verdacht hat bringen wollen, wir machten ihm Schwierigkeiten und wollten ihn nicht hier haben. Nach dieser Probe seines Charakters ... wünsche ich freilich so wenig als möglich mit ihm in Berührung zu kommen. Grüssen Sie Passow, den alten Schneider, Wachler und wenn sonst einer mich kennt.

     Stets der Ihrige
          Böckh.

[Breslau] D. Palmarum, 1818.

Sie glauben nicht, verehrtester Herr Professor, wie sehr jeder Ihrer Briefe mich erheitert und erquickt; und Sie würden mich sicher nicht so gar lange harren lassen, wenn Sie es wüssten. Eben habe ich Ihren Brief vom 8ten März erhalten, und schon setze ich mich hin Ihnen zu antworten; so voll bin ich von Mancherlei.

Wie dankbar ich Ihnen erstens für eine Beurtheilung meines Buches schon im Voraus bin, kann ich Ihnen nicht sagen. Hier in Breslau werde ich wirklich hin und wieder sehr damit über die Achsel angesehen. Vielleicht nehmen Sie Wachlers „Freimüthige Worte über die allerneueste teutsche Litteratur", das zweite Heft, nie in die Hand, denn es ist in der That gar zu schlecht; ich erzähle Ihnen daher nur, wie daselbst W. Schneiders und meine Schrift einander gegenüber gestellt werden. „Schneiders Untersuchungen beurkunden hellen Blick und nicht gewöhnliche Alterthumskunde und wohlverarbeitete Belesenheit. — Meine *Aeginctica* seien mit gelehrtem Fleisse gesammelt, umsichtig erläutert und mit manchen schafsinnigen Folgerungen begleitet." Von dem Druckfehler in den letzten Worten that ich nun, mehr Spasses wegen, Hrn. ConstRth. Wachlern in einem Billet Anzeige, und fragte zugleich, ob hier nicht vielleicht ein Carton rathsam wäre. Er erwiederte nun auch, dass er schon in derselben Viertelstunde, wo er jenes Billet erhalten, an den Buchhändler habe die Weisung ergehen lassen, einen Carton anzufertigen. So verhielt es sich auch, und die Freimüth. Worte, von denen erst einige Exemplare ausgegeben waren, wurden zurückgehalten. Indessen ist dennoch Alles beim Alten geblieben, denn jenes geschah den 28. Februar, und den 1. März war alles anders. Sie lächeln über die Umständlichkeit, mit der ich diese schlechten Lumpereien erzähle.

Ich hatte nemlich schon im Januar eine Recension der Schneiderschen Schriftchen für das Februarheft der „Litterarischen Beilage zu unsern Schles. Provinzialblättern" eingeschickt, die nun erschienen war, und von Wachler, Passow, den Schneiders so übel genommen worden war, dass alle diese und ihre ganze Parthei, ungefähr die Hülfte des litterärischen

Breslaus, mich nun auf alle Weise verfolgen und anfeinden. Ich lege das Corpus Delicti bei; ich hatte die Recension in der That zwar mit einer leisen Ironie, aber doch in aller Arglosigkeit geschrieben, und hätte in aller Welt nicht geglaubt, mir die immer ziemlich leidlichen Verhältnisse zu jenen Männern so ganz zu verderben. Sie, Herr Professor, bitte ich gar sehr diese Beurtheilung nicht zu streng zu beurtheilen, es ist vieles darin und wohl Alles nur Werk des Augenblickes, und reiflichere Studien würden mich eines Besseren belehrt haben. Dessenungeachtet hat das unbedeutende Ding es dahin gebracht, bei uns ein stehender Gegenstand des Gesprächs zu werden; und die Coalition ist dagegen förmlich unter Waffen getreten. Es sind Geheimnisse, aber das erste wenigstens ist verbürgt, dass Passow und Schneider, der Professor, an Streit, den Policeypräsident und Redakteur des Blattes, geschrieben, und sich, den Vf. und sogar das Philol. Seminar für beleidigt erklärt, sich dergleichen Recensionen verbeten und beleidigend gedroht haben. Streit soll nun, wie ich höre, den Brief zurückgesandt und darauf geschrieben haben, ungefähr: Es würde mir leid thun, einen Brief von Ihnen in Händen zu haben, dessen Sie sich schämen müssten. Denken Sie sich nun das Geklätsch, was sich nun über diese Sachen in Breslau erhoben hat. Letzeres ist indess wohl nichts als Geklätsch.

Was meine Schulverhältnisse betrifft: so sind sie freilich auch nicht die erwünschtesten. Vielleicht habe ich Ihnen schon geschrieben, dass zwischen Schneidern und mir nicht etwa blos der Unterschied eines sechsten und siebenten Collegen statt finde, sondern ein ganz genereller, wie zwischen Oberlehrer und Unterlehrer, indem meine Wirksamkeit gänzlich auf Klein-Tertia und Quarta beschränkt ist, Schneider hingegen in Sekunda die meisten seiner Griechischen und Lateinischen Stunden hat. Passow nemlich und die Seinigen hatten gleich von Anfang an die Kanngiesserschen Stunden grösstentheils für ihn in Beschlag genommen, ja sogar die Altgeschichtliche Classe war ihm zugesichert und ist ihm erst nach seinem Promotions-Examen wieder genommen worden: an mich wurde gar nicht gedacht, obgleich ich mich, soviel ich wenigstens weiss, eher um die Stelle beworben habe als

Schneider. Doch das ist im Grunde weiter nichts Erhebliches, wenn nur die Orthographischen und Geographischen Stunden, die ich in den untern übervollen Classen zu halten habe, mich nicht so anstrengten, dass ich in diesen Tagen zum erstenmal heftige Brustschmerzen bekommen habe, wovon ich sonst gar Nichts wusste. — Uebrigens gefällt es mir in dieser Abgeschiedenheit von der dominirenden Parthei dennoch in Breslau recht wohl; und so gern ich es auch verlassen würde, wenn ich nach Berlin zu kommen hoffen dürfte: so scheue ich doch für den Augenblick jede Metoikese, da ich in meinen häuslichen Umständen sehr negativ stehe, was bei der Postnumeration des Gehalts in diesen Stellen nicht anders sein kann. Ich muss daher für jetzt den Druck und die vielfachen Machinationen der Gegner geduldig tragen, in Erwartung besserer Zeiten.

Ueber meinen Minyern arbeite ich mit grosser Lust und Liebe, und bilde mir ein, Manches recht artig ausmitteln zu können. Ich denke schon im Voraus sehr oft daran, was Herr Professor Buttmann über dies und jenes urtheilen wird, da ich mir einbilde, oft in der höchst dichterisch gestalteten Sage einen historischen Faden gefunden zu haben. Leider nur muss ich hie und da weiter ausholen, als ich dachte. So ist die genaueste Topographie Nordböotiens unumgänglich nothwendig und für das Verstehen mancher Sagen höchst wichtig. Wheler, der diese Gegenden ohne Spon bereist hat, und Meletios habe ich darüber schon gelesen, den Clarke hoffte ich von Jean Korn zu erhalten, allein er hat ihn schon nach Warschau auf die Bibliothek verschickt, was mir sehr leid thut. Ob wohl Clarke viel von genauer Ortsbeschreibung des Copaischen Sees und der umliegenden Gegenden, und ob er vielleicht auch Carten oder Pläne der Gegend hat, theilen Sie mir vielleicht gütigst mit; wenn es der Fall ist, wird es vielleicht möglich zu machen sein, dass ich dies und jenes daraus erfahre. Wie sehr wünsche ich oft über dies und jenes und so Vieles Ihre Meinung zu hören, wie manchen Irrthum würde ich dann vermeiden, und manche langwierige Mühe ersparen; hier bin ich in allen dergleichen Sachen gänzlich rathlos und muss mir überall allein helfen.

Ich habe mich in dieser Zeit ein Paar Wochen mit den Attischen Demen beschäftigt, bin aber bald im Anfange auf grosse Schwierigkeiten gestossen, von denen ich einiges mit dem Gedanken hersetze, dass es Ihnen vielleicht gefallen mag sie mit ein paar Worten zu beseitigen.

1) Sind die Phylen geographische Eintheilung Attikas? Oft scheint es so. Die Küste Attikas, Salamis gegenüber, Eleusis und Korydallos, bis zu den Tetrakomen und von diesen selbst Thymoitadai und der Peiraieus sind Hippothoontisch. Allein eben diese Annahme bringt in die grösste Verwirrung. Vergleicht man die unzweifelhaftesten Angaben der Lage der Demen an der Ostküste Attikas: so ist Sunion Leontisch (auch das nördliche Vorgebirge von Keos heisst Leon, vielleicht im Zusammenhange damit): nördlich davon liegt Thorikos, Akamantisch, alsdann Potamos, wiederum der Leontis gehörig, weiter Prasiai, Steiria, Myrrhinus jetzt Myrrenda, alle drei Ortschaften der Pandionis, zur Pandionis gehört auch noch Probalinthos nördlich von Myrrhinus, was schon zur Tetrapolis gezählt wird; allein die zweite Stadt der Tetrapolis, Marathon, gehört wiederum zur Leontis. Nördlich davon liegen Oinoe und Trikorythos, die beiden übrigen Ortschaften der Tetrapolis, die nebst dem nahe gelegenen Rhamnus der Aiantis beigezählt werden. Hier ist nun die Leontis an drei ganz verschiedenen Stellen gelegen, und es scheint unmöglich, ihre Ortschaften unter eine geographische Anschauung zu bringen.

2) Kann man annehmen, dass die Demen, die zwei verschiedenen Phylen zugetheilt werden, Grenzdemen waren? Sind die Phylen überhaupt keine geographischen Distrikte, so fällt diese Frage von selbst weg. Allein bisweilen scheint es so. So wird Marathon auch der Aiantis beigezählt, gewiss deswegen, weil die zunächst nördlich anstossenden Demen zur Aiantis gehören. So kann man nach andern Stellen vermuthen, dass Phegaia Grenzdorf der Aiantis und Aigeis war.

3) Wie konnte es kommen, dass die Demen von Zeit zu Zeit ihre Phylen wechselten? Z. B. Nikander von Thyateira bei Harpokration sagt, dass aus der Aiantis in die Ptolemais übergetragen wurden die Aphidnaier, Perrhiden, Titakiden,

Thyrgoniden. Dass im Namen der Aiantis kein Fehler sei, bezeugt eine andere Stelle des Harpokration unter Τιτακίδαι. Indessen sind nach Steph. Byz. vermuthlich aus älteren Quellen Perrhidai und Titakidai Antiochisch, Aphidna der Leontis zugehörend.

4) War überhaupt bei der Errichtung der neuen Phylen gar kein Princip in der Wahl der Demen? In die Attalis kam Atene aus der Antiochis, Sounion aus der Leontis, Hagnus aus der Akamantis, Agraule aus der Erechtheis, Apollonieis scheint ganz neu hinzugekommen zu sein. Hagnus war auch in der Demetrias gewesen, die aber wohl später wieder aufgelöst worden ist. In die Ptolemais wurden ausser jenen vier Demen der Aiantis noch Konthyle aus der Pandionis, Kydantidai aus der Aigeis, Phlya aus der Kekropis, Themakos aus der Erechtheis geworfen. Die Bereinikidai scheinen neu hinzugekommen. So ist auch in der Hadrianis das wüste Inselchen Eleusa (bei Spon, was auch Ihre Annahme von Helene oder Kranae bestätigt), Oa in der Pandionis, Phegaia in der Aegeis. Wie kam es, dass grade aus so verschiedenen Stämmen höchst entlegene Oerter die neuen Phylen bilden mussten? -

5) Wenn die Märkte und Gassen der Stadt Kollyttos, Melite, Eupyridai, Kolonos, Marathon, Kerameikos (auch der Μύρμηκος ἀτραπὸς ἐν Σκαμβωνιδῶν bei Hesych war wohl in der Stadt) auch später in keiner weiteren Verbindung mit den Demen gl. N. standen: so haben sie doch wohl sicher von diesen ursprünglich den Namen? Kann es aber Demen geben, die blos in der Stadt liegen, wie das Pandionische Kydathenaion, δῆμος ἐν ἄστει. Hesych. Und ist zwischen den Demen ἐν Ἀττικῇ und denen Ἀθήνῃσιν bei den Grammatikern etwa ein Unterschied zu machen?

6) Dass die Namen der Phylen in keiner nähern Beziehung auf die Ἐπωνύμους stehn, und weder die Aiantis den Aias noch die Pandionis den Pandion irgend von Ursprung her näher angehe, ist wohl gewiss. Aber wie ist das Verhältniss der γένη zu den Demen? Aias Söhne Philaios und Eurysakes sollen jener in Brauron, dieser in Melite gewohnt haben. Von Philaios wird ein Demos der Aigeis oder Oineis

Philaidai genannt; welche noch bemerkenswerther Weise vor allen der brauronischen Artemis opfern (schol. Aristoph. Aves, wo eigentlich Φιλιάται steht, was mir ein Uebergang scheint in den heutigen Namen des Orts, Philiati am Hymettos). Aber Epikur von Geschlecht nach Metrodor ein Philaide, war dem Demos nach ein Gargettier.

Doch der Fragen genug und überviel. — Spasshaft ist es, dass Polemo der Perieget 174 Demen zählt, und genau eben so viel, freilich mit Zuziehung vieler Plätze u. s. w. die nie Demen gewesen, Meursius herausbringt. Wenn man aber die Sponischen, Stuartischen u. s. w. hinzuzählt, wird man noch weit mehr herausbringen.

Herr Prof. Bekker hat mir nicht geschrieben. Dagegen habe ich einen Brief von Herrn Reimer erhalten, worin er schreibt, dass er seit jener Zeit meines Abgangs weder an Bekker geschrieben, noch ihm meine Anfragen über mancherlei Schwierigkeiten und Bedenklichkeiten mitgetheilt habe. Bekker hat indess geschrieben „es wäre unmöglich, dass der Druck der Variantensammlung vor der Hand beginnen könnte, weshalb es am zweckmässigsten sein würde, alle Arbeiten indess daran einzustellen." Was ich auch recht gern gethan habe, indem es mir einen Stein vom Herzen wälzt, und nunmehr fernerer Bestimmungen Bekkers über die Varianten harre. Wie ich mir denke, hat Herr Professor Schleiermacher aus einer Einlage von mir an Bekker, die ich an Reimer, wo ich nicht irre, gegeben hatte, ihm meine Bedenklichkeiten und Schwierigkeiten und Klagen mitunter mitgetheilt; und Herr Professor Bekker will nun selbst zusehen.

Dass Sie die Inschriften zurücklegen, macht mich, so freudig ich auch den Pindarischen Scholien entgegensehe, dennoch trostlos: indem sich ihre Erscheinung nun doch wohl lange verzögern wird.

Wernicke ist auch hier, nicht nur bei seinen offenkundigen Feinden, sondern auch Unpartheiischen, sehr in dem Rufe eines Zweizünglers. Ich habe seinen Anklägern bis jetzt immer wenig Glauben beigemessen, und ihn lebhaft vertheidigt: aber es scheint ein undankbares Geschäft.

Meine Schulstunden pausiren auf anderthalb Wochen, und

ich bin eben im Begriff, meine nur vier Meilen entfernten Eltern zu besuchen. Alsdann will ich mit erneuten Kräften wiederkehren, und in einem schönen Sommer, wie ich mir einbilde, dass er kommen muss, spätestens bis Johannis meine Minyeis vollenden.

Empfehlen Sie mich gütigst Herrn Prof. Buttmann. Mit inniger Verehrung
Ihr
Carl Müller.

Berlin, d. 12. Mai 18.

Schon lange, lieber M., habe ich Ihnen schreiben wollen, und ich war dazu um so mehr verpflichtet, da Sie meinen Briefen sehr schmeichelhaft für mich die Kraft der Erheiterung und Erquickung zuschreiben; aber theils sah ich bei Ihnen immer eine so frische und jugendliche und unverwüstliche Heiterkeit, dass ich glaubte Sie brauchten nicht erst durch einen so düstern Menschen, als ich bin, erheitert zu werden; theils hatten mich die Scholien zum Pindar so in Beschlag genommen, dass ich nicht eher etwas anderes zu thun mir vorgenommen hatte, bis ich das Ende der Pythien erreicht hätte, wohin ich ietzo gelangt bin; theils endlich habe ich bis vor kurzem so viel Unruhe im Gemüth und im Hause gehabt, dass ich nur unter mancherlei Störungen arbeiten konnte. Mein Gustav war nehmlich von Ostern an über vier Wochen krank, und mit Lebensgefahr; als er kaum auf der Besserung war, wurde mir die alte treue Dienerin, die Sie kennen, ebenfalls niedergeworfen und starb am fünften Tag. Unterdessen fiengen die Vorlesungen an, und erst ietzo in den Pfingstferien habe ich wieder einige Freiheit, und kann ans Briefschreiben denken; und Sie sind der erste, an welchen ich denke. Bei der Bearbeitung der Scholien, welche im Ganzen höchst unerfreulich und mühsam ist, kommt mir doch bisweilen etwas Neues vor. Hierzu gehört ein Fragment des Pythänetos, welches ich Ihnen hier gleich mittheilen will, *ex cod. Vrat. A. ad Olymp. IX, 107*: Πυθαίνετος δὲ, Διὶ συνελθοῦσαν Αἴγιναν γεννῆσαι Αἰακὸν καὶ Δαμοκράτειαν, ἣν γαμηϑῆναι Ἄκτορι ἐν Θετταλίᾳ καὶ τεκεῖν Μενοίτιον· ὕστερον δὲ τοῦτον εἰς Ὀποῦντα (ἐλϑεῖν· setze ich hinzu) συγγενὴς γὰρ ὑπῆρχε τοῦ Λοκροῦ.

Ich komme nun zu einer cursorischen Beantwortung Ihres Briefes. Die Wachlerschen Wische kenne ich nicht; aber die ganze . . . Conspiration hasse ich von Herzen; und wie diese höchst unbedeutenden Menschen sich über eine so milde Züchtigung als die Ihrige beschweren können, würde unerklärlich sein, wenn nicht die Nichtigkeit zu solchen Mitteln überhaupt überall greifen müsste, um ihre Blösse zu decken. Ich habe Ihre Geschichte hier wenigstens an einigen Orten ausgebreitet: aber das sittliche Gefühl der meisten Menschen ist durch die Menge der Schlechtigkeiten und durch Lust an Behaglichkeit des Lebens so abgestumpft, dass es schwer ist, die Menschen zur Indignation zu bringen. Lassen Sie den Sachen den Lauf; sollten Sie aber Lust haben von Breslau wegzugehen, so sagen Sie mir's, damit ich wenigstens, wenn gute Gelegenheit da ist, sie nicht vorbeigehen lasse. Süvern hat mir versprochen, es mir zu sagen, wenn sich eine für Sie passende Stelle finde. Von meiner Recension Ihrer *Aeginetica* weiss ich noch nichts, habe auch keine Antwort, dass sie angekommen sei: die Schuld liegt aber wahrscheinlich an der Nachlässigkeit meines Schwagers in Heidelberg, der die Sachen zu besorgen hat, und vermuthlich deshalb nicht schreibt, weil er mir sie gleich gedruckt schicken will.

Auf Ihre Minyer bin ich sehr begierig; den Clarke habe ich nicht zur Hand, kann ihn jetzt auch nicht wohl bekommen; aber nach meinen Erinnerungen hat er nichts von dem, was Sie suchen, am wenigsten Karten und Pläne: das weiss ich gewiss. Ihre Fragen über die Attischen Demen berühren viele Punkte, mit denen ich mich oft beschäftigt habe, und über einen Theil derselben kann ich Auskunft geben. 1) Die geographische Bedeutung der Phylen betreffend bin ich ehemals zu demselben Ergebniss gelangt, dass es „nach der ietzigen Lage der Sachen" unmöglich ist, sie auf eine geographische Anschauung zurückzubringen. Ich habe dies auch in meinen Vorlesungen und in einer Recension geäussert, welche ich zugleich mit der Ihrer *Aeginetica* im Februar abschickte. Es fragt sich aber, wie es ursprünglich war: und so weit bin ich noch nicht gekommen in meinen Untersuchungen. 2) Hiernach weiss ich über Ihre Grenzdemen nichts Bestimmtes zu sagen. 3) Der Wechsel der Demen oder ihr Übergang aus einer [Phyle] in die andere kann doch nur aus der Errichtung neuer Phylen oder aus der nothwendigen Herstellung des Gleichgewichts derselben in Rücksicht der Bürgerzahl erklärt werden; und darauf gehen Sie wenigstens zum Theil selbst in 4) aus. 5) Dass Demen in der Stadt lagen, bin ich vollkommen überzeugt. Dahin gehört z. B. $\varLambda\acute{\eta}\nu\alpha\iota o\nu$. Aber auf der Grammatiker $\dot{\varepsilon}\nu$ '$A\tau\tau\iota\varkappa\tilde{\eta}$ oder '$A\vartheta\acute{\eta}\nu\eta\sigma\iota\nu$ kann man gewiss nicht viel geben. 6) Über das Verhältniss der Demen und Geschlechter habe ich in der benannten Recension (von Hüllmanns Urgeschichte des Staats) fast dieselben Angaben angeführt, wie Sie in Ihrem Briefe. Ich habe darüber noch vieles; denken Sie z. B. nur an Sokrates den Düdaliden aus Alopeke. Die Demen und Geschlechter stehen sicherlich in gar keiner Verbindung mehr; aber es gab Demen, welche aus Geschlechtern erwachsen waren; nur gehörten die $\gamma\varepsilon\nu\tilde{\eta}\tau\alpha\iota$ nicht mehr nothwendig zu den Demen, welche den Nahmen ihres $\gamma\acute{\varepsilon}\nu o\varsigma$ führten. Ebenso trennte sich später sogar das Grundeigenthum von dem Demenverhältniss ab. Doch es ist weitläuftig hierüber zu schreiben; ich müsste Ihnen, wenn ich meine Meinung vollständig auseinandersetzen wollte, ein ganzes Capitel meiner Vorlesungen über die Gr. Alterth. abschreiben, woraus ich mit der Zeit eine Abhandlung zu machen gedenke. — Wegen des Bekkerschen Plato werden Sie ja wohl Antwort genug haben; auch haben Sie ja wohl den 2ten Band meiner Staatshaushaltung empfangen.

Soviel für heute, lieber Freund; ich habe noch soviele Briefe zu schreiben, dass ich hier nothwendig schliessen muss. Behalten Sie mich stets in gutem Andenken.

Stets der Ihrige

Böckh.

[Breslau,] den 23sten Juni 1818.

Verehrtester Herr Professor.

Wenn ich Ihren Briefen an mich, und dass Sie mir erlauben, oft und weitläuftig an Sie zu schreiben, einen grossen Theil meines Lebensmuthes zuschreibe, so ist das wirklich gar nicht übertrieben. Denn bei meiner Absonderung von den litterarischen Häuptern Breslaus, mit denen ich weder in freundlichem noch feindlichem Bezuge irgend zusammenkomme, entbehre ich sehr aller Gelegenheit, mich grade immer über das, was mich am meisten beschäftigt, mittheilen und mir Raths erholen zu können, etwa den Umgang mit von der Hagen ausgenommen, der, ausser dass er sonst ein reges und kräftiges Leben in sich trägt, mir auch besonders durch seine entschiedene Vertheidigung Kanne's und der andern tollen Mythiker, in der er sehr beredt und kaum zu überwinden ist, vielen Stoff zu weitläuftigen Disputationen giebt. Sonst ist das tägliche Gespräch hier das Turnen; der Bergrath Raumer, Passow, beide Schneider, Linge, alle Mitglieder des Philologischen Seminars, einen ausgenommen, turnen; Masmann der Turnwart ist zugleich Lehrer am Friedrichs-Gymnasium, und Linge hat neulich beim Antritt seines Professorats an unsrer Schule über eine genaue Vereinigung des Turnens mit der Schule gesprochen; und es fehlt sehr wenig zum Turnzwange: am wunderlichsten aber ist es, dass alle diese in übrigens sehr wackern Leibesübungen, die so oder so gewandt, in der Zunft oder ausserhalb, stets zur Gesundheit höchst dienlich sind, den ganzen Menschen finden und thun, als wäre nun die ursprüngliche Sehnsucht nach dem Besten gestillt und jedes Ziel der Deutschheit vollkommen erreicht.

Die Stelle, die Sie mir überschrieben haben aus Pythänetus über Aegina, ist mir sehr lieb, und ich bedaure, sie damals nicht schon gehabt zu haben. Indess rückt die darin liegende Genealogie

<u>Aegina‿Jupiter</u>

Aeacus	Damocratia‿Actor
Peleus	Menoetius
Achill	Patroclus

wenn man annimmt, dass Damokrateia, eine fast allegorische Benennung, nur die Aegina selbst ist, ganz mit der Pindarischen zusammen

```
            Jupiter–Aegina–Actor
               |            |
             Aeacus       Menoetius
               |            |
             Peleus       Patroclus
               |
             Achill.
```

Ihre Recension meiner *Aeginetica* habe ich mit dem vollsten Danke für Ihre Güte und Nachsicht, oft fast beschümt, gelesen, und mit dem ernstlichen Entschlusse, was Sie mir hier in Vielem zu früh gesagt haben, so viel wie möglich gleichsam nach und nach abzuverdienen. So sehr sich meine Freunde darüber gefreut haben, auch der alte Schneider, der mir wohl will; so böse sind Andre, auch Einige von meinen Kollegen, auf mich geworden und doppelt misstrauisch, weil sie nach ihrer eigenen Art, nach der sie zu urtheilen pflegen, überall nur abgeredete Sache und Partheilichkeiten sehen können. Ebenso dankbar bin ich Ihnen im Herzen für den Tadel, wenn ich auch, so wenig ich gegen das Meiste etwas sagen kann, doch noch über Eins zweifelhaft bin, nemlich das ἐξ ὀπῆς. Ich habe mir etwa ein Gitter an dem Lichtloch oder ὀπαῖον gedacht, damit Niemand dadurch hineinsteigen könnte, und die σιδήρια wären dann die einzelnen ὀβελίσκοι. Bei den Choragen der Damia und Auxesia habe ich mich wohl zu sehr von der Vergleichung der Bubastisfeier bestechen lassen, wo Männer und Weiber ebenfalls durcheinander Tänze aufführen. Bei der Domna Soteira aber ist, so viel ich denke, an den Stellen Eckhels, die ich citirt, bewiesen, dass es Julia Domna, die Kaiserin (wo Domna doch wohl auch Syrischer Name ist) nicht sein könne, ich weiss aber nicht mehr, aus welchen Gründen.

Dem zweiten Bande Ihrer Staatshaushaltung der Athener habe ich mit der grössten Erwartung entgegengesehen und vorzüglich Alles, was Sie über Orchomenos gesagt haben, mit vieler neuen Anregung und oft auch mit der Freude, dies und jenes darin bestätigt zu finden, gelesen: wie es mir leid thut, über so Manches nicht mit Ihnen sprechen und mir Ihren gütigen Rath erholen zu können, und wie ich überzeugt bin, dass meinem Büchlein dadurch gar vieles abgehn wird, kann ich nicht genug sagen. Zu den Muthmassungsgründen eines Aegyptischen Ursprungs kommt noch Einiges hinzu, z. B. Eleusis und Athen am Triton, gebaut da Kekrops in Böotien herrschte, nach Strabo; indess habe ich alle diese Gründe, wie ich denke, genau erwogen und am Ende doch nicht hinreichend befunden; was mich freilich in die ganze Aegyptisch-Phönikische Kolonisationsgeschichte geführt, und mich mit dem grössten Zweifel gegen alle diese Nachrichten erfüllt hat. Am wunderlichsten ist freilich die Geschichte von Rhampsinit und Hyrieus Schatzhause, die indess, wie so vieles andre, erst spät von Hellas nach Aegypten gewandert und an dortige Lokalsagen angeknüpft worden sein mag, wofür die Bedeutsamkeit der Sage von Trophonios, und das Mährchenhafte der Aegyptischen mir sehr zu sprechen scheint, da es, wenn die Mythe Aegypten eigenthümlich wäre, umgekehrt sein müsste. Dass sie nicht durch handelnde Griechen von Aegypten, nach Psammetichs Zeit, herübergekommen sein kann, wie Valckenaer und Andre meinen, scheint mir dadurch erwiesen zu werden, dass sie auch (nach Charax) bei den Triphylischen Minyern, nemlich auf Augeias Schatz angewandt gefunden wird, und also älter sein muss, als diese Wanderung der Minyer nach Lemnos, Sparta, Triphylien.

Ihr lieber Gustav ist doch wieder ganz gesund; ich denke sehr oft an Alles Ihrige, und wenn ich meine Schulverhältnisse denke, und wie vornweg Linge und Schneider, nächst Manso, die grosse Stimme an sich gerissen, während sie meine Wenigkeit sehr tief hinuntergedrängt haben, so ist mir, als würde ich vielleicht wohl einmal wieder in Ihre Nähe kommen; obgleich ich auch hier manchen kleinen frohen Kreis ungern verlassen würde, in denen wir oft und immer huldigend Ihrer denken. — Sie erlauben mir wohl, ein Briefchen an Herrn Professor Buttmann beizulegen. Mit aufrichtiger Verehrung

Ihr
treuer
Karl Müller.

Berlin, d. 9. August 1818.

Allerlei Verhinderungen, lieber Müller, haben mich abgehalten, Ihren Brief vom 23. Juni zu beantworten, und auch ietzo bin ich wieder verzweifelt schlecht aufgelegt zu einem ausführlichen, erfreulichen, wohl gar gelehrten Briefe. Denn obgleich mein Gustav von seiner schweren Krankheit seit mehren Monathen hergestellt ist (was Sie in Ihrem vorigen Briefe fragten), ist er seit vierzehn Tagen wieder in eine langwierige und lästige Augenkrankheit verfallen, die mir, eben weil sich nicht voraussehn lässt, wann sie zu Ende gehen mag, das Leben verbittert und mich für alles, was nicht durchaus nothwendig ist, fast unthätig macht. Dazu kommt, dass sie mir den Plan zu einer Reise vereitelt, die mir zur Erholung dienen sollte: wogegen ich mich ietzo nur desto mehr angreife. Indessen ist es immer wohlthuend, sich mit einem so herzlichen Freunde, wie Sie sind, zu unterhalten; und sind es nicht gerade gelehrte Sachen, die ich Ihnen schreiben mag, so denke ich soll Ihnen mein Brief dennoch nicht unangenehm sein.

Ich habe die Recension Ihrer *Aeginetica* und was damit abgedruckt ist, ungefähr erst vor einem Monath gesehen, und mich über die albernen Druckfehler geärgert, an denen die Heidelbergischen Jahrbücher immer gleich reich bleiben, während sie an allem Guten immer ärmer werden. So steht gleich im Anfang etwas von einem unfreyen Schriftsteller, wofür manche den Tacitus hielten, wo ich unfeinen geschrieben hatte; und was dergleichen mehr ist. Ueber das, worin wir uneinig sind, kann ich Ihnen nicht einmahl schreiben, indem man mir nicht einmahl Aushängebogen von meinen Recensionen geschickt hat, und ausserdem will es mir überhaupt mit gelehrtem Briefwechsel nicht recht fort: daher wünsche ich auch, dass Sie sobald als möglich wieder hierher kommen mögen. Ich habe hierzu auch einen Plan angelegt, der aber durch ungünstige Umstände in die Länge gezogen wird. Der Minister will nehmlich die Akademie der Wissenschaften besser einrichten, und ihre Einkünfte vermehren; hierzu ist ein Ausschuss niedergesetzt, in welchem ich mich ebenfalls befinde; ich und mehre andre sind einverstanden, dass Adiuncten angestellt werden müssen, und ich habe Sie einstweilen privatim dazu vorgeschlagen, überzeugt, dass diese Lage Ihren Wünschen völlig entsprechen würde. Nun kann aber in der Akademie nichts Gutes und Neues vorgeschlagen werden, ohne den Widerspruch der alten Mitglieder zu erfahren, welche an den Schlendrian der weiland französischen Akademie gewohnt, diesen als ein Ideal verehren; dieser Widerspruch, wenn er auch die guten Absichten des Ministers nicht ganz verhindern möchte, wird doch die bessere und zweckmässigere Einrichtung der Akademie gewiss lange verzögern, und so weiss ich also nicht, auf welche Zeit ich Sie vertrösten soll. Unterdessen erlauben Sie mir eine Anfrage. Ich höre, dass der Minister der hiesigen Universität Repetenten geben will; in der theologischen Facultät ist einer angestellt, aber freilich bloss durch Protection der Frömmler; sollten bei der philosophischen Facultät welche angestellt werden, hätten Sie dann Lust? Ich würde auf diesen Fall die Sache so einzuleiten suchen, dass Sie entweder noch mit der Bibliothek oder mit dem philologischen Seminar in Verbindung gesetzt würden. Dies sind nun freilich bis jetzt luftige Entwürfe: aber schreiben Sie mir doch gelegentlich wie Sie darüber denken. Denn es ist mir alles daran gelegen, Sie aus einer unangenehmen Lage herauszubringen, und Ihrer Thätigkeit in der Wissenschaft einen freiern Spielraum zu verschaffen.

Ich schliesse; denn es fällt mir eben nichts mehr ein, was zu schreiben nöthig wäre; und es war mir am meisten ietzo darum zu thun, Ihnen einen Beweis meiner anhänglichen Freundschaft zu geben. Leben Sie wohl, und schreiben Sie bälder, als ich gethan habe.

Stets der Ihrige

Böckh.

[Breslau,] 12. Spt. 18.

Verehrtester Herr Professor.

Recht sehr wünschte ich, dass Sie dieser Brief nicht zu Hause träfe, sondern Ihrer Ankunft harren müsste, und die Augenkrankheit Ihres lieben Gustavs bald genug nachgelassen hätte, um Ihnen den Plan einer Erholungsreise nicht ganz zu verkümmern, die Ihnen bei den vielen Arbeiten dieses Sommers gewiss wünschenswerth und wohlthätig gewesen. Ist es mir doch, der ich eben nicht überladen war, sauer geworden die langen Universitätsferien so eingeschrumpft zu sehen — besonders da eine Reise unsers Hrn. Rektors, und die Brustkrankheit, an der Dr. Schneider leidet, mehrere Wochen für uns die Arbeit verdoppelte.

Wie danke ich es Ihnen, dass Sie sich es so angelegen sein lassen, mich aus meiner hiesigen, vielfach gewiss sehr peinlichen Lage herauszuziehen. An einigen Verkehr ist bei uns gar nicht mehr zu denken, Turnen und Deutschheit sind hier Mittel geworden, um ewigen Streit und giftigen Unmuth zu nähren, und unbedeutenden Sachen und Menschen Werth und Ansehn zu geben. Die philomathische Gesellschaft ist ganz zersprengt, und nur die Turnparthei, etwa acht an der Zahl, sind zurückgeblieben. — Meine Schulverhältnisse sind im Ganzen noch recht leidlich, auch ist mir Manso wohl gewogen, und ich habe eben nicht viel dabei zu thun; doch sind mir die Aussichten, die Ihre Fürsorge mir eröffnet, wie Alles, was mich nach Berlin zurückführen würde, unbedenklich lieber. Wie eine Anstellung, wie die erstere, die leider noch so sehr im Weiten liegt, allen meinen Wünschen entsprechen würde, sehen Sie selbst: auch wohl die andre, wenn sie mir nur nicht mehr zu thun macht, als ich vermag. Für jetzt hält mich noch Manches in Breslau. Für mein Büchlein habe ich einen Verleger an Joseph Max, einem sehr trefflichen und herzlichen Manne von liberaler Gesinnung und unbefangener Ansicht, mit dem ich überdies fast alle Zeit die ich von Arbeit frei bin, fröhlich verbringe. Der Druck soll diesen Winter beginnen, wird aber doch, da ein Wort das andre, eine Untersuchung die andre giebt, auch eine Karte dazu gestochen werden soll, einige Zeit hinnehmen. Und dies möchte ich fürs erste ganz abwarten.

Ich hatte an Herrn Professor Buttmann wegen Walpole's *Memoirs* geschrieben, und er war so gütig darauf anzutragen, dass er bestellt würde. Nun hat ihn aber Hr. Oberbibl. Schneider, auf seiner Reise mit Manso, bei Spohn gesehen, und so viel für botanische Arbeiten unentbehrliches darin gefunden, dass er ihn sogleich bestellt, und wie ich höre schon erhalten hat, auch mir ihn bald zukommen lassen wird. — Doch ist mir noch immer ein Skrupel im Herzen, ob nicht Clarke vielleicht Bedeutendes über böotische Gegenden enthält; besonders da Böotien von den Reisenden meist ganz vorbeigegangen und übersehen worden. Es ist nicht allein die Umgegend von Orchomenos, die mich interessirt, sondern fast ganz Böotien, auch Süd-Phokis, besonders die Gegenden vom Parnass, wo z. B. hart an der Thrakischen Stadt Daulis das ehemals mächtige Panope lag, ein Hauptort des den Minyern wenigstens verwandten Phlegyerstammes. Die geographischen Natureintheilungen aber, Berge, Thäler, umschlossne Ebenen, Strombetten u. dgl. sind nirgends so überaus wichtig, als in der ersten mythischen Geschichte, und ihre Unkenntniss wahrer Verrath. — Ob es nicht daher möglich wäre, dass wenn ein Band Clarke's so etwas zu enthalten scheint, er irgend einmal, bei Gelegenheit, nach Breslau käme?

Ich mache mir jetzt eben Manches mit Manuskripten zu thun — einer sehr schönen Handschrift des Eustathius auf der Hedigerschen Bibliothek, wo ich die Böotie, doch ohne sonderliche Ausbeute vergleiche. Zwei Codd. von Stephanos Byzantios, in Manchem vollständiger, versprechen mehr, besonders mit Eustathios genauer verglichen. Auch habe ich eine sehr alte Handschr. von *Antonini Itinerarium*, die Schneider mitgebracht, zu vergleichen übernommen, und was dergleichen Kleinigkeiten weiter sind. — Doch merke ich, indem ich mich darin übe, dass mir doch Lust und Neigung dazu gänzlich abgeht, und ich Alles andre lieber thue.

Nun noch eine Frage. In Spons Miscell. 10, 67 S. 342 steht unter der bekannten Inschrift ὁ δαμος αφηρωιξε — τον ιερεα απολλωνος καρνηιον δια γενους αδμητον etc. *Supersunt octo versus lectu et intellectu difficiles in Admeti laudem*, die Spon ausgelassen. Sind diese Verse sonst bekannt, und enthalten sie etwas für Karneen von Thera, woher die Inschrift ist?

Und nun genug der Skrupel, Fragen, Bitten, mit denen

ich Sie, auf Ihre Güte, deren ich mich fern und nah erfreue, gar zu sehr vertrauend, belästige.

Ihr
treu ergebner
K. Müller.

Hier fehlt ein Brief Böckh's vom September aus Göttingen.

Breslau, 8ten Octbr. 18.

Verehrtester Herr Professor.

Ich sende Ihnen diesen Brief durch meinen lieben Freund Dronke, einen Studios. philol. und vormals Mitglied des hiesigen Seminars, der sich jetzt zwar hauptsächlich dem Deutschen Alterthum zugewandt, aber doch dem Griechischen nicht so abgewandt hat, dass er nicht nach Ihrer Gewogenheit und Ihrem Umgange eifrig streben sollte.

Maciejowsky hat mir Ihren Brief von Göttingen überbracht, und mich auch sonst durch manche Erzählung, z. B von Wölke, der auch hier durchgeflogen ist, ergötzt. — Was nun aber den Vorschlag zur Repetentenstelle der philos. Fakultät betrifft: so wundern Sie sich vielleicht, dass ich für den Augenblick noch bedenklich zaudere: aber Ihre Güte macht mir auch wieder Muth, Ihnen die ganze Sache recht aufrichtig und ausführlich auseinanderzusetzen.

Wir hören nemlich, dass Dr. Linge, jetzt Professor unsres Gymnasiums, und Dr. Schneider, jener zum Rektor, dieser zum Professor, mit 1000 und 700 $\rtimes$ Gehaltes, an dem neu zu errichtenden Gymnasium zu Ratibor in Oberschlesien berufen sind, und dahin, wenn nicht, wie ich höre, zu Ostern, doch gewiss in künftigem Jahre abgehn werden. Ob sie die Bestätigung von Berlin schon erhalten haben, weiss ich nicht; doch wird die ihnen gewiss nicht fehlen: übrigens ist mir die Sache recht lieb, und ich beneide sie eben auch nicht. Nun verlautet zwar, dass Hr. Rektor Manso, (der mir sonst übrigens gar nicht abhold ist,) die Professur durch Einschub, und zwar eines seiner Schüler, des Keil, der erst vor Kurzem nach Bromberg ging, (vielleicht kennen Sie ihn) besetzen will, was mich wenigstens indignirt, und was ich, wenn ich bliebe, um jeden Preis zu verhindern suchen würde. Geschieht nun kein Einschub, so mag Professor werden, wer da will; ich weiss zwar, dass unter den Kollegen die Wahl sehr schwer werden wird, aber auf mich als den jüngsten möchte sie doch nicht leicht treffen, und es wäre mir am Ende gar nicht einmal wünschenswerth. Allein die Stunden Lingens und Schneiders in Sekunda müssten mir dann, so viel ich sehe, auf jeden Fall werden; das Andre käme dann leicht nach, und fügte sich von selbst; und ich sehe dann statt der Beschränktheit, in die ich von Anfang gesetzt worden, einen weiteren Wirkungskreis vor mir. — Zugleich tritt noch Einiges Andre dazu, was mich an Breslau einigermassen bindet. Auf Ostern kommt ein jüngerer Bruder auf die Universität, der von Breslaus Magistrat Unterstützungen erwartet, zu denen ich ihm vielleicht behülflich sein kann. — Der Streit der Passowschen Turnparthei mit Menzel, der ganz Breslau gegen Passow und die Seinen in Harnisch jagt, und von beiden Seiten noch immerfort eine ekelhafte Menge von Streitschriften gebiert, hat jene Parthei so geschwächt, dass aller vormalige Streit dagegen verschwindet, und sie froh sind, sich nicht mehre zu verfeinden.

In solchen Gedanken trifft mich Ihr Brief, und ich bin, ganz eigentlich, in einer vollkommnen Bestimmungslosigkeit, da ich mich von jenen Aussichten noch nicht so losreissen kann, um diese offen aufzunehmen. Meine Verhältnisse würden durch jene Veränderung, gehörig benutzt, so verändert, dass ich jetzt zögern muss, wo ich früher unbedingt zugriff, minder meinetwegen, als weil ich doch auch bei den Meinen, meinen Freunden und Obern, ein plötzliches Abtreten bei solchen Umständen rechtfertigen müsste. Während ich mir das weiter überlege, (gestern habe ich erst Ihr Schreiben erhalten) empfange ich vielleicht noch einen Brief von Ihnen, der mich, so oder so, vollends entscheidet. Bis Ostern bin ich doch auf jeden Fall hier zu bleiben genöthigt. Im November beginnt der Druck meiner „Minyer", und da das Buch doch nah

20 Bogen stark wird, so dauert es doch den Winter hindurch damit. Ich wundre und ärgre mich fast selbst über meine Schreibseeligkeit. Aber es hat immer Eins das Andre herbeigezogen, und ich muss am Ende eilen, es unter die Presse zu bringen, ehe es gar zu sehr anschwillt.

Eine genaue Topographie der Gegenden um den Kopaischen See (auch eine Charte von Böotien), fast die gesammte Sagengeschichte von Böotien — auch die Frage nach der Herkunft von Kadmos und Kekrops, des Sagenkönigs von Athen im Kopaischen See, — die Geschichten der Phlegyer und Lapithen in Böotien und Thessalien, Argonautenzug, und was sich dran schliesst bis zur Gründung Kyrenens; hernach wie Orchomenos durch die Aeolischen Böoter gefallen, und deren Wanderung, vorher über Thraker am Helikon und Tyrrhenische Pelasger, über die, wie ich meine, Vieles und Gewisses auszumachen ist, und zuletzt noch eine Geschichte des böotischen Bundes, doch mit Ausschluss des Peloponnesischen Krieges, der Thebäischen Hegemonie u. dgl. — Alles das muss ich unter dem, was die Minyer eigentlich angeht, in die Behandlung der Sagen dieses Volkes hineinnehmen, weil ich sonst meist die innere Verbindung des Ganzen zerstören müsste. Wie weit anders würde freilich Vieles in Berlin werden, da ich hier Ihres und alles Rathes blos, und ohne die Inschriften bin, aus denen so viel zu lernen ist. Aber die Arbeit hat mich jetzt so eingenommen, dass ich unmöglich darin stehen bleiben kann; den Verlag hat mein Freund Joseph Max, und auch sonst unter annehmlichen Bedingungen, übernommen, und der Druck soll hier am Orte vor sich gehn, die Karte aber in Berlin gestochen werden.

Darin leb' ich, und beim Ausarbeiten der einzelnen Theile gedenke ich nur immer, ob ich es Ihnen auch recht machen werde.

Ihr treu ergebner
Karl Müller.

Herr Professor Buttmann ist wohl noch in Frankfurt. Ich hatte ihn um den benöthigten Band von Clarke gebeten, auf den mich Walpole bisweilen verweist, aber ehe er zurückkömmt und ich ihn erhalten könnte, möchte es doch zu spät werden.

Den 5. Decbr. 18.

Verehrtester Herr Professor.

Da ich in diesen Tagen mein Büchlein über Orchomenos und die Minyer, das mich zeither ununterbrochen beschäftigt hat, in Druck gebe: so kommen ein Paar Nachfragen, die einzelne Punkte betreffen, freilich sehr spät, obgleich früh genug, um Ihre Güte auf unbescheidene Weise in Anspruch zu nehmen; aber ich bin nicht eher ruhig, ehe ich nicht nachgefragt und zusammengebracht habe, was für den Augenblick zu finden war. Ich habe den ersten Kapiteln, die das Lokale betreffen, mehr Umfang gegeben, und auch durch eine beigegebene Karte, die jetzt in Berlin gestochen wird, die Beschreibung anschaulicher zu machen gesucht: aber ausser Wheler und Walpole's *Memoirs* habe ich freilich wenig Quellen gehabt, weder Hobhouse's Reisebeschreibung, noch Clarke's. Zwar habe ich durch gütige Vermittlung Schneiders von Herrn Oberbibl. Wilken 2 Bände von Clarke hieher erhalten: allein, da dies B. 1 u. 2 sind, die Orchomenischen Inschriften aber u. s. w. in Th. 2 Abtheil. 3 stehn, und diese nun entweder im dritten oder vierten Bande ist: so habe ich wenig Nutzen davon ziehen können. Aber um das Eine möchte ich Sie nun gern fragen: ob ausser den von Ihnen mitgetheilten Orchomenischen Inschriften sich noch andere bedeutende in Clarke befinden, und 2. ob die Orchomenische Inschrift, die Leake im *Class. Journal* B. 13 S. 333 bekannt gemacht hat, geschichtlich Merkwürdiges enthält?

Was meine sonstigen Verhältnisse betrifft, so ist noch Alles ungewiss, und schwankend, wie vorher. Erhalten Linge und Dr. Schneider die Bestätigung, woran es noch fehlt: so bringt es mir zwar an Gehalt verhältnissmässig geringen Vortheil, aber die höheren Sprachenstunden würden dann grossentheils auf mich fallen, und das Gymnasium könnte nicht anders als in einige Stockung gerathen, wenn ich zu derselben Zeit abginge. Bleibe ich aber, so scheint eben dadurch doch einige Aussicht für mich gewonnen. Vor allem harre ich nun freilich auf Ihren gütigen Rath und Ihre Ansicht der Sache, da ich so für mich, wie nur gar zu oft, ganz unentschlossen, und ohne Entscheidung bin.

Es ist doch Alles hier ganz anders, als ich es mir wohl früher in Gedanken gemacht habe. Litterarisch unterstützen mich die Veteranen Schneider und Manso, so viel sie können: erfreulichen Umgang suche ich bei Steffens und dem vielseitig gebildeten von der Hagen.

Wüsste ich doch wenigstens, ob Sie und Ihre werthe Familie sich gesund und in ungestörter Heiterkeit befinden.

Ihr
treuergebener
Karl O. Müller.

Berl., den 13. Dec. 18.

Es verdriesst mich, lieber M., dass ich gerade in dem Augenblick, da ich Ihren Brief v. 5. d. erhielt, Antwort auf den vorhergehenden nach der Post geschickt habe*); um iedoch, soviel an mir liegt, Ihnen Auskunft zu geben, schreibe ich Ihnen gleich kurz und gut über die zwei mir vorgelegten Fragen.

Clarke hat keine Orchom. Inschriften, als die ich herausgegeben habe; bei Meletius p. 343. sind noch etliche Worte, aber ohne alles Interesse aus einer orch. Inschrift; ebenso bei Muratori p. MDCCXXII. 12. die Worte als Grabschrift. Leake hat ausser den von mir herausgegebenen nur noch eine, *Cl. Journ.* T. XIII. p. 333.

Skripu in ecclesia monasterii, auf einer halbcirkelförmigen Basis von 4 Fuss im Durchmesser, welche einer andern in derselben Weise genau entspricht. Es sind Spuren zweier gesonderten Inschriften da; er konnte aber nur folgendes lesen:

ΒΟΙΩΤΟΙ ΤΟΝ ΤΡΙΠΟΔΑ ΑΝΕΘΕΙΚΑΝ
ΤΗΣ ΧΑΡΙΤΕΣΣΙ ΚΑΤΤΑ · ΜΑΝΤΕΙΙΑΝ   κάτταν
ΤΩ ΑΠΟΛΛΩΝΟΣ ΑΡΧΟΝΤΟΣ
ΣΑΜΙΑΟ ΙΣΜΕΙΝΙ ·· ΤΑΟ ΘΕΙΒΗΩ   Ἰςμηνιείταο
ΑΦΕΔΡΙΑΤΕΥΟΝΤΩΝ

---

*) Diese Antwort fehlt.

```
      ΜΕΛΑΝΝΙΟΣ ΝΙΚΟΚΛΕΙΟΣ ΕΡΧΟΜΕΝΙΩ
      ΗΣΧΡΙΩΝΟΣ ΘΕΡΣΑΝΔΡΙΑΟ ΚΟΡΩΝΕΙΟΣ
      ΑΝΙΟΚΛΕΙΟΣ ΑΝΙΟΧΙΔΑΟ ΑΝΘΑΔΟΝΙΩ
      ΑΡΙΣΤΩΝΟΣ ΜΕΝΝΙΔΑΟ ΘΕΣΠΙΕΙΟΣ
10    ΠΡΑΞΙΤΕΛΙΟΣ ΑΡΙΣΤΟΚΛΙΔΑΟ ΘΕΙΒΗΩ
      ΘΙΟΜΝΑΣΤΩ ΕΡΜΑΙΚΩ ΤΑΝΑΓΡΗΩ
      ΠΟΥΘΩΝΟΣ ΚΑΛΛΙΠΟΝΟΣ ΩΡΩΠΙΩ
              ΓΡΑΜΜΑΤΕΥΟΝΤΟΣ
      ΔΙΟΚΛΕΙΟΣ ΔΙΟΦΑΝΤΩ ΠΛΑΤΑΙΙΟΣ
15      ........ ΑΝΕΡΧΟΜΕΝΩ .........
            ............ ΠΡΟΠΙΟΝΤΟΣ .........
                 ............ ΕΡΧΟΜΕΝΙΩ
             ............ ΑΤΕΥΟΝΤΟΣ
                 ............ ΕΡΧΟΜΕΝΙΩ
```

Ich füge nichts weiter hinzu, als dass Z. 12. der Nahme scheint *Καλλίππωνος*, wie bei Melet. l. c. in der orchom. Inschr. ΚΑΛΛΙΠΠΙΤΟΝ ΑΜΦΑΡΙΧΟΣ offenbar ΚΑΛΛΙΠΠΩΝ. Ganz unwichtig wird Ihnen die Inschrift als Bundesdenkmahl nicht sein.

Leben Sie wohl.

Stets der Ihrige
Bh.

Berlin, d. 3. März 19.

Sie erhalten hier nur einige Zeilen von mir, lieber Freund, deren Hauptzweck ist, Sie um eine Gefälligkeit zu bitten. Nachdem ich nehmlich diesen Winter die Fragmente des Pindar in Ordnung gebracht habe, wobei ich viel Schönes fand, habe ich, ehe ich die übrige Arbeit vollende, eine kleine Zwischenarbeit angefangen, welche mich allmählig weiter führte, als ich Anfangs wollte. So bin ich dazu gekommen, des Pythagoreers Philolaos Fragmente zu sammeln; und hier fehlt mir nun zu meinem Verdruss in der Arithmetik des Nikomachos ein Blatt, worauf nach Fabricius der Philolaos vorkommt. Es ist in Nicomachi Geraseni Arithmetic. lib. II. (Paris 1538. 4.) p. 72. Hoffentlich wird das Buch in Breslau vorhanden sein, und ich bitte Sie in diesem Falle mir die Stelle so auszuschreiben, dass ich den Zusammenhang sicher beurtheilen kann. Ich muss aber bemerken, dass in der Gegend alle Seitenzahlen verwirrt sind, und Sie müssen also abzählen, wo pag. 72 ist. Durch diese Verwirrung ist das Blatt in dem hiesigen Exemplar wahrscheinlich verloren gegangen. Sie werden mich sehr verbinden, wenn Sie mir die Stelle sogleich liefern.

Auf Ihre Minyer bin ich sehr begierig, werde aber freilich also ietzo warten müssen, den *Thes. Inscr. Gr.* habe ich zurückgelegt, und werde nicht eher wieder anfangen, bis ich mit dem Pindar fertig bin. Ich hoffte dies sollte künftigen Sommer möglich werden; aber da ich von den Studenten gebeten worden, Griechische Litteraturgeschichte zu lesen, wo ich nun das Ganze erst ausarbeiten muss, werde ich schwerlich zu iener Arbeit kommen, ausser etwa in den grossen Ferien. Die Scholien werden in etlichen Wochen fertig sein; es fehlt nur noch die Vorrede, die etwas stark wird.

Wie sehr ich wünschte, dass Sie hier sein möchten, wissen Sie; aber wenn ich Sie in Breslau vergnügt weiss, bin ichs auch zufrieden. Die Aussichten, die ich für Sie hatte, ziehen sich auch entsetzlich in die Länge; sollte noch etwas daraus werden, so soll Ihnen wenigstens die Wahl gegönnt sein.

Sagen Sie doch dem alten Freunde Schneider, er würde zu Ostern sein Exemplar des Pindar, was er mir gegeben hat, sicher zurückbekommen. Wenn Sie einen Hrn. Löbell kennen, den der über Sallust geschrieben hat, so sagen Sie ihm doch ich widriethe ihm das, wovon er geschrieben, würde ihm aber, sobald ich Zeit hätte, näher darüber schreiben. Leben Sie wohl.

Stets der Ihrige

Bh.

Grüssen Sie den Gerhard, und sagen Sie ihm, dass Wernicke gestern nach vielen Leiden gestorben ist.

Bh.

[Breslau, im März 1819.]

Ich eile Ihnen, verehrter Herr Professor, die Stelle des Nikomachos zu liefern, die Ihnen durch die Erwähnung des Philolaos wichtig ist. Zwar ist leider die Ausgabe Paris. 1538. 4. auch auf der hiesigen Universitätsbibliothek nicht: sollte Ihnen indess an einer getreuen Abschrift grade aus dieser Ausgabe liegen, so wird sie wohl in einer der andern Bibliotheken aufzufinden sein. Aber warum ist sie nöthig, da Ast bei den Arithmetischen Theologumenen auch die Arithmetik des Nikomachos edirt hat, und zwar mit den Pariser Seitenzahlen am Rande, und genauer Anzeige alles Geänderten? Ich zweifle zwar nicht, dass Ihnen das Buch zur Hand ist: doch lege ich auf jeden Fall die Stelle hier bei, wie ich sie aus Ast abgeschrieben.

Herrn Löbell habe ich noch nicht gesprochen: ich kenne ihn indess wohl, da wir beide Mitglieder der losgetrennten Philomathie sind.

Jeder kleine Auftrag von Ihnen ist mir lieb, und ich werde alles getreu ausrichten. — Wernickes Tod hat mich schmerzlich überrascht.

Wann und in welcher Gestalt wird die Fragmentsammlung des Philolaos erscheinen? Wüsst' ich nur auch Einiges von dem alten Thebäischen Gesetzgeber Philolaos.

Ich lebe noch immerfort unterm Drukke, und habe den ganzen Sommer Aussicht dazu. Aber was meinen Sie dazu, dass der Berliner Kupferstecher Mare (an den wir uns wandten, weil wir ihn durch die Klödensche Karte von Palästina kannten) für eine nicht eben grosse Karte von Böotien 20 Friedrichsd'or Gold fordert. Wenn es indess ein gewöhnlicher und üblicher Preis sein sollte: ist der Verleger erbötig es zu zahlen. Doch haben wir freilich darnach erst Nachfrage angestellt.

— Nach der Pariser Ausgabe des Nikomachos will ich wirklich auch nach Abgang dieses Briefchens herumsuchen, und treff' ich sie, so schicke ich die Stelle noch einmal nach, vorausgesetzt dass Ihnen etwas daran liegt.

Ihr
treu ergebener
Karl O. Müller.

[Breslau,] 28. März 19.

Verehrtester Herr Professor.

Diesen Brief erhalten Sie durch einen Zögling des hiesigen Friedrichsgymnasium, Panofka, der Ihrer Vorlesungen wegen, und um, wo möglich, am Philologischen Seminar Theil zu nehmen, nach Berlin kommt. Wie mir seine Lehrer sagen, ist er ein gründlicher, fleissiger Kopf, ernst und eifrig, und was die Vorkenntnisse betrifft, aus guter Schule. Erlange ich nur an unserm Gymnasium mehr Einfluss — was mich der jetzige Wechsel hoffen lässt — dann will ich sicher philologischen Abiturienten, so viel wie möglich, zureden, nur ja in Berlin und bei Ihnen zu suchen, was sie im . . . hiesigen Seminare doch niemals finden können.

Passow hat seine diesmalige Einleitung zum Lektionskatalog wieder mit grammatischen und lexikalischen Schnitzern angefüllt. Zwar ist man's von ihm gewohnt, und das Aeschyleische Programm starrt davon, aber in diesem kommt das Allerärgste vor, z. B. *hic arbor*. In einem der letzten Lektionskataloge hat er bei der Correktur *bibliorum sacrorum*, in *bibliae sacrae*, und *de morbis acutis*, in *de morbibus acutis*, korrigirt.

Beide Schneiders sind verlobt, der ältere mit einem sehr schönen, liebenswürdigen, gebildeten Mädchen, der jüngere mit einem, das keins von allen, aber einigermassen begütert ist. Nun hat er seine Stelle in Ratibor aufgegeben und will sich nach Bonn begeben, um zu dociren.

Ich schicke Ihnen hier 7 Bogen meiner Schrift mit, die ich habe planiren und heften lassen, damit Sie — wenn Sie es gütigst durchfliegen wollen — am Rande gleich bemerken können, was Ihnen missfällt. Sie sind dann wohl so gütig, mir die Bogen wieder zuzuschicken, gelegentlich: doch bin ich nach einem allgemeinen Urtheil von Ihnen über Ton und Art des Buches sehr begierig. — Das Geographische ist mir über Gebühr angewachsen und kann doch erst in der letzten Beilage ganz ausgeführt werden: den Morgenländern hab' ich offenen Krieg angekündigt, der noch in den nächsten Bogen weitergeführt wird. Kekrops ist wohl geschlagen; von Kadmos wird dies erst in der Beilage 1 u. 2 recht deutlich; über Danaos lässt sich mehr streiten.

Wie ich eines Briefes von Ihnen harre, kann ich kaum sagen.

Ihr
treu ergebener
Karl O. Müller.

B. d. 25. May 19.

Nach einem Briefe v. 28. März harren Sie auf einen von mir, lieber M., und haben gut harren gehabt; ich bin, da ich zum ersten Mahl die Griech. Litt. Gesch. lese, sehr beschäftigt und überzähle heute 20 Briefe, die unbeantwortet sind. Der erste, den ich beantwortet habe, eben ietzt, ist heute erst angekommen, und erforderte schleunige Antwort; der zweite ist dieser Wisch an Sie, welchen ich *raptim* hier in der Stadt auf der Akademie schreibe; denn ich wohne ietzt im Thiergarten. Ich hoffe er soll Sie freuen, und Sie für langes Warten entschädigen, obgleich Sie keine Antwort und kein Iudicium über Orchomenos erhalten; denn ich habe nur darin gewühlt, nicht gelesen, und weiss zum Voraus, dass Ihr Buch schön ist. Auch erhalten Sie die Bogen nicht wieder zurück, denn ich schicke sie noch heute an Heeren.

Ich habe nehmlich heute von Heeren einen Brief erhalten, worin mir dieser seine Absicht erklärt, Sie als Professor (vielleicht zuerst als extraord.) nach Göttingen zu berufen; denn er regiert die Regierung; er frägt mich von allen Seiten nach Ihnen aus, und ich habe Sie tüchtig angeschwärzt. Sie müssen daselbst aber auch Archäologie lesen, und wenn eine Anfrage an Sie gelangt, müssen Sie freilich sich dazu verstehn. Bei Ihrer Thätigkeit kann Ihnen dies nicht schwerer werden als erträglich. Ich zweifle nicht, dass Sie berufen werden; und ich glaube Sie kommen dabei in die vortrefflichste Laufbahn, welche Sie sich wünschen können. Die Gehalte sind in Göttingen nicht sehr gross; damit Ihnen aber nicht weniger geboten werde, habe ich Sie zu 800 ℛ taxirt; wird

Ihnen dies geboten, und Sie nehmen die Stelle nicht an, so schreibe ich Ihnen sobald nicht wieder. Machen Sie keine Exceptionen; von keiner Art: es wird einem dergleichen nicht oft geboten, und es ist nur ein Glücksloos, wenn man so rasch in eine akademische Laufbahn gelangt; ein Glücksloos, was mir in meinen frühen Jahren so begegnet ist, wie es Ihnen hoffentlich jetzt begegnen soll; und Sie verdienen es auch.

Hoffentlich habe ich Sie nicht zum Narren mit diesem Briefe; wenigstens wäre das nicht meine Schuld; es wird aber auch schwerlich der Fall sein. Aber halten Sie reinen Mund, und sagen Sie davon keiner Seele etwas, auch nicht etwa Steffens, der gar zu wenig . . . ruhig ist um Rath zu geben. Brauchen Sie dennoch Rath, so schreiben Sie mir wieder. Ohnehin erwarte ich gleich Antwort, wie Sie davon denken. Uebrigens habe ich Heeren nicht geschrieben, dass ich Sie avertire; also bleibt auch gegen diesen die Sache ein Geheimniss. Leben Sie wohl; ich muss nach Hause eilen.

Stets der Ihrige
Bh.

Göttingen, d. 19. Mai 1819.*)

Herrn Professor Boeckh in Berlin.

Ich nehme mir die Freiheit, mein verehrtester Herr Professor, Sie wegen einer litterarischen Angelegenheit um eine confidentielle Nachricht zu bitten, die ich am besten von Ihnen werde erhalten können. Wir haben, wie Sie wissen werden, den Professor Welcker durch seinen Abgang nach Bonn verloren; und ich soll zu der Wiederbesetzung der Stelle Vorschläge in Hannover machen. Die *Aeginetica* des D. Carl Müller haben sehr meine Aufmerksamkeit auf sich gezogen. Ich kenne aber bloss das Buch und weiss durchaus Nichts von dem Verfasser; nicht einmal sein jetziger Aufenthalt ist mir bekannt. Er war Ihr Zögling, und ohne Zweifel sind Sie

---

*) Wir theilen den oben erwähnten Brief Heeren's, sowie den Brief August Böckh's vom 25. Mai und Heeren's Antwort nachstehend mit.

über ihn und seine Verhältnisse unterrichtet. Wollten Sie mir wohl darüber einige Nachricht geben; sowie überhaupt, ob er wohl der Mann wäre, dem man eine Professur, sei es nun eine ausserordentliche oder ordentliche, mit einem anständigen Gehalt antragen könnte?

Aus seinem Buche habe ich seine umfassende antiquarische Gelehrsamkeit, verbunden mit vielem Forschungsgeiste, hinreichend kennen gelernt. Auch alte Kunstgeschichte, auf die man besonders sieht, scheint nicht ausser dem Kreise seiner Studien zu liegen. Diese, sowie überhaupt die Fächer der Alterthumskunde, würden die Gegenstände seiner Vorlesungen sein müssen; auch würde er mit den Herren Mitscherlich und Dissen einen Antheil an dem Direktorio des philologischen Seminars erhalten. Aber die Gelehrsamkeit ist, wie Sie selber wissen, nicht das Einzige, worauf man bei einer solchen Sache zu sehen hat. Sein Charakter, seine Sitten, seine Gesundheit und sein Aeusseres kommen auch in Betracht. Vor allem ist es sein Charakter und seine Verträglichkeit, worüber ich eine genauere Auskunft zu haben wünschte. Die genaueren Verhältnisse, in die er mit unserm gemeinschaftlichen Freund, dem wackern Dissen, kommen würde, machen Verträglichkeit um so viel wichtiger. Wieviel kommt auch nicht jetzt bei Besetzung einer öffentlichen Lehrstelle auf die Gesinnungen an? Wollten Sie mir nun über dies Alles und über die dermalige Lage und den Aufenthalt des Mannes nähere Auskunft geben, so würden Sie mich sehr verbinden. Passt er nicht, so bleibt, was wir schreiben, bei mir verschlossen, Niemand ohne Ausnahme wird etwas davon erfahren. Bemerken will ich noch, dass er Archaeologie nicht gleich im ersten halben Jahr zu lesen braucht. Hat er nur Lust und Sinn für die Sache, so kann er sich bei allen hier befindlichen litterarischen Hülfsmitteln hereinarbeiten.

Ich hatte anfangs an H. Thiersch gedacht, aber seine Verhältnisse in der Königlichen Familie, wo er Instructor ist, versperren seinen Abgang von München zu sehr.

Noch habe ich keine Gelegenheit gehabt, Ihnen meinen Dank für Ihre Vorlesungen über die Lenäen und Dionysien zu sagen; indess habe ich gesucht, Ihnen denselben durch die meinigen über die Quellen der Biographien des Plutarch abzustatten; ich zweifle nicht, dass Sie diese durch H. Hugo werden erhalten haben.

Ich höre mit Leidwesen, dass die Gesundheit des H. Professor Rühs sehr abnehmend ist. Empfehlen Sie mich gelegentlich ihm und H. Prof. Buttmann auf das Beste. Verzeihen Sie mir die Mühe, die ich Ihnen mache; und seien Sie versichert, dass ich mit der innigsten Hochachtung mich nenne

Ihren
ergebensten Freund und Diener
Heeren.

Berlin, d. 26. May 19.

An Herrn Hofrath und Professor R. Heeren, Göttingen.

Ihr gütiges Zutrauen, womit Sie mich beehrt haben, hat mir nicht bloss an sich, sondern ganz besonders in Rücksicht des Inhaltes grosse Freude gemacht, und ich eile Ihnen sogleich über alle mir vorgelegten Puncte die verlangte Auskunft zu geben, wobei ich wegen meiner genaueren Bekanntschaft mit dem Dr. Müller mich vollkommen verbürgen und die Wahrheit alles dessen, was ich schreibe, so sehr bekräftigen kann, dass ich eher zu wenig als zu viel zu sagen behaupte. Auch weiss ich gewiss, dass meine Liebe zu Dr. Müller mich nicht über Mängel oder Fehler desselben täuscht, da ich ihn viele Jahre zu beobachten Gelegenheit hatte und in allen Verhältnissen ihn bewährt fand.

Müller befindet sich gegenwärtig in Breslau (seine Adresse ist Dr. Carl Müller, Breslau auf dem Markt im Haupte Johannis des Täufers), und er hat daselbst eine kleine Anstellung, an dem Magdalenen-Gymnasium glaube ich, welche mehr seiner Bescheidenheit als seinen Talenten angemessen ist, und die er besonders deshalb annahm, weil er nicht an einen unbedeutenden von litterarischen Hülfsmitteln entblössten Ort gehen wollte. Wie fleissig er dort fortstudirt, und wie umfassend seine Kenntnisse sind, davon schicke ich Ihnen hierbei einen neuen

Beweis, eine Anzahl Aushängebogen, welche er mir vor etwa sechs Wochen zugesandt hat, von einem Buche, dessen Druck im Laufe des Sommers vollendet werden wird. Es hat mir leid gethan, dass er hier weggekommen ist, da er äusserst unterrichtet ist und bedeutende Studien gemacht hat; ich habe auch schon daran gearbeitet, ihm hier als Adiunct bei der Akademie der Wissenschaften eine Anstellung zu verschaffen; aber da sich die Regeneration und Erweiterung unserer Akademie verzögert, so gebe ich diesen Plan gerne auf, wenn Sie ihm einen weitern und angemessenern Wirkungskreis an Ihrer Universität verschaffen. Ich bin völlig überzeugt, dass er verdient, eine akademische Professur zu erhalten, sei es eine ausserordentliche oder ordentliche; mit einem Gehalte von etwa 800 Thalern ist er gewiss sehr zufrieden, und ich würde Ihnen rathen, wenn Sie mir erlauben, vorschnell soweit zu gehn, ihm lieber gleich diese für ihn ansehnliche Summe, als weniger, zu bieten, damit er nicht anderweitig gehalten werden möge. Sie haben sehr Recht, dass auch die Archaeologie nicht ausser seinem Kreise liegt, und bei der ganz ausserordentlichen Thätigkeit, welche er besitzt, wird es ihm ein Leichtes sein, sich in diesem Fache bald so festzusetzen, dass er jedem die Spitze bieten kann: er zeichnet auch und ist dadurch im Besitz einer Vorübung für die Archaeologie; die akademische Lage wird ihn in kurzer Zeit zu einem der bedeutendsten Gelehrten in unserm Fache machen, zumal da er grosse Vorarbeiten und Sammlungen hat, wie meines Wissens keiner der mir vorgekommen ist von den Jüngern.

Soviel von der Gelehrsamkeit. Aber seine übrigen Eigenschaften machen ihn mir fast noch lieber. Unter allen jungen Männern, die ich kenne, habe ich nie eine so grosse Bescheidenheit, einen so feinen sittigen Sinn gefunden; er ist ein Muster von einem Gelehrten; sein Aeusseres ist offen und freundlich und angenehm; er ist vollkommen unschuldig, unbefangen, heiter, gesetzt: er ist äusserst verträglich und wird mit Niemand in Streit gerathen. Gerade diese Rücksicht hätte mich bestimmt, ihn hierher zu ziehen als Adiunct der Akademie, welches Verhältniss, da er dadurch in eine bestimmte gemeinsame Thätigkeit mit uns übrigen versetzt werden sollte, gerade

Lenksamkeit und Thätigkeit und Verträglichkeit voraussetzte. Dabei ist er allen politischen und fast mehr, als ich nach meiner besonderen Ueberzeugung wünschte, allen auf die Tagesgeschichte bezüglichen Leidenschaften, allen Umtrieben unserer Zeit abgeneigt, und ist deshalb wol auch in Breslau, wo die Turnfehden blühen, weil er indifferent oder der Uebertreibung abhold ist, von den Ultraliberalen angefeindet worden. Seine Gesundheit ist blühend; er kann unmässig arbeiten, ohne dass er seine frische Jugendfarbe verlöre.

Doch ich breche ab, denn es kann fast scheinen, dass ich den Panegyriker machte; aber ich wiederhole, was ich oben gesagt habe, dass ich unbestochen lobe, und was ich sage, kommt nicht minder aus dem Verstande als aus dem Herzen. Ich versichere Ihnen, dass Sie die beste Acquisition an ihm machen. Auch fehlt es ihm gewiss nicht an Lehrtalent, da er frei, unverworren, völlig klar und bestimmt ist, und die Rede in seiner Gewalt hat: dies habe ich theils beim persönlichen Umgang, theils im philologischen Seminar und bei seiner Promotion hierselbst bemerkt.

Für Ihre Abhandlungen, welche Herr Hofrath Hugo, den ich leider wegen der damals noch fortdauernden Krankheit meines älteren Knaben wenig sehen konnte, mir gegeben hat, sage ich Ihnen den verbindlichsten Dank. Rühs ist zur Herstellung seiner Gesundheit nach Neapel gereist. Haben Sie die Güte, mich H. Hofrath Hugo und Dissen, dem ich schon lange einen Brief schuldig bin, weil ich durch meine Vorlesungen fast aller Zeit beraubt werde, zu empfehlen. Da ich an Müller den lebhaftesten Antheil nehme, möchte ich Sie um die Güte bitten, mir von dem Fortgang der Sache, wenn es möglich ist, gefälligst wieder einmal Nachricht zu geben. Mit der ausgezeichnetsten Hochachtung

Ihr ergebenster

Böckh.

Ich lasse die Aushängebogen von Müllers Orchomenos und die Minyer in einem besonderen Umschlage abgehen, damit der Brief nicht etwa dadurch verzögert werde.

Herrn Professor Boeckh in Berlin.

Göttingen, d. 25. Juni 1819.

Nehmen Sie, mein verehrtester Herr und Freund, für Ihre gütige Antwort, die alle meine Wünsche befriedigte, meinen besten Dank. Ich sandte sie sogleich nach Hannover, und bereits am Montag ist mein Brief an den D. Müller abgegangen, mit der Anfrage: ob er geneigt sei hier eine ausserordentliche Professur mit 600 ℔ Gehalt zu übernehmen? Hinzugefügt ist gleich das Versprechen bald zur weiteren Verbesserung, wenn er sich in seiner hiesigen Lage gefallen würde. Mehr konnte man, der Verhältnisse mit Dissen wegen, gleich zu Anfang nicht wohl bieten, dass aber die ordentliche Professur mit einer Verbesserung ihm binnen Kurzem nicht fehlen werde, wird er aus dem Briefe selber leicht entnehmen. Ausserdem wird man ihm freistellen, vor seiner Ueberkunft auf Kosten der Regierung sich ein paar Monate in Dresden aufzuhalten, um sich zu den archäologischen Studien vorzubereiten.

Ich denke, diese Anerbietungen sind so, dass ein junger Mann in seiner Lage wohl Ursache hat sie anzunehmen. Er tritt in eine Laufbahn, wo alle Hilfsmittel ihm zu Gebote stehn; und wo es nur von ihm abhängen wird, ein schöneres und ruhmvolleres Ziel zu erreichen. Die Verhältnisse sind hier so, dass er es mit dem Fleiss und der Thätigkeit, die wir von ihm rühmen, weit bringen kann. Keiner steht ihm im Wege. Vielmehr steht ihm der Weg zu Allem offen, sobald er sich hebt. Selten hätte wohl ein junger Mann unter einer besseren Constellation hier angefangen.

Stellen Sie dieses ihm gefälligst vor; im Falle er Sie um Rath fragen sollte, wie ich vermuthe, dass er es thun wird. Im Übrigen melde ich Ihnen die Sache noch im Vertrauen, da eine frühe Bekanntmachung so leicht schaden kann.

Wenn der D. Müller der unsere wird, so haben wir Ihnen keine geringe Verbindlichkeit. Nehmen Sie im Voraus meinen Dank, und erhalten Sie Ihre Freundschaft

Ihrem ergebensten

Heeren.

[Breslau,] 10. Juni 19.

Ueber Ihren Brief, verehrter Herr Professor, bin ich hocherfreut, und über das, was ich dabei zu thun habe, gleich von Anfang an entschieden gewesen: eine kleine Pfingstreise war allein daran Schuld, dass ich Ihnen nicht auf der Stelle geantwortet habe. Ueberlegung brauchen wir in der That wenig, wo Alles so sehr über unsere Wünsche und Hoffnungen hinaus liegt; Allem, was mich hier in Breslau und im lieben Vaterlande festhielt, allen sonstigen Gemächlichkeits- selbst Familien-Rücksichten, habe ich auf einmal mit festem Entschlusse entsagt, wo eine unmittelbare Führung sich so offenbar kund thut. Freilich konnte mir dies wohl schwer werden, da es mir hier sonst wohl geht, meine äusserlichen Verhältnisse sich gut stellen, ich selbst mich behaglicher und ruhiger zu fühlen anfing.

Aber eben, um alles Hindernde abzubrechen, und auch deswegen weil überhaupt ein schwankender Mittelzustand mir die halbe Lust zu tüchtiger Thätigkeit in der gegenwärtigen Beschränkung benimmt, wünsche ich mich der Sache möglichst bald zu vergewissern, und harre sehr auf einen Brief von Heeren. Dazu kommt noch, dass ich bei der hiesigen Fakultät um die *Venia docendi* für den Winter angehalten habe, und sie mir verwilligt ist, wenn Disputation und Probelektion vorhergegangen seien. Da aber dergleichen, vorzüglich eine Disputation ohne ordentliche Opponenten, immer mehr Scheererei macht als Vergnügen, und ich nicht gern umsonst ein paar sonst nützlich anzuwendende Tage verlieren möchte; die Sache aber vor der Einsendung der Collegia, Ende Juli, abgethan sein soll: so möchte ich freilich bis dahin, wenn auch keine bestimmte Entscheidung, doch eine Aussicht auf Entscheidung haben.

Ueber alles Andre warte ich Heerens Brief ab. Wie ich Ihnen aber Ihr gütiges Zutraun und Ihre milde Vorsorge, bis ins Einzelne, danke, kann ich Ihnen nicht anders sagen, als dass ich mich noch immer ganz in demselben Verhältnisse zu Ihnen fühle, wie damals als mir durch Sie zuerst die Idee einer

wahren Philologie einleuchtete — als mir mein Aufenthalt in Berlin durch Sie allein möglich und so überaus förderlich wurde.
      Ihr
       treu ergebner
       Karl O. Müller.

[Breslau,] 1. Juli 19.

Verehrtester Herr Professor.

 Gestern habe ich den erwarteten Brief von Heeren erhalten, worin er mir die durch Welckers Abgang erledigte ausserordentliche Professur mit einem Gehalte von 600 ℔ anträgt. Mein angewiesenes Fach ist Alterthumskunde, besonders Mythologie und Archäologie, zugleich das Condirektorium des philologischen Seminars. Um mir die ohne Autopsie nicht zu erlangenden Kenntnisse zu erwerben, verspricht H. es zu vermitteln, dass ich vor meinem Antritt auf Kosten der Regierung einige Monate in Dresden zu verweilen die Erlaubniss erhalte. Doch erwartet man meinen Antritt schon zu Michaelis, und ein anständiges Reisegeld wird mir bewilligt werden.

 Da sehr auf schnelle Entscheidung gedrungen wird, will ich spätestens bis zum 15. Juli antworten. Ich bin unter jeder Bedingung entschieden den Ruf anzunehmen. Doch will ich versuchen die Gehaltssumme etwas zu steigern, da in dem theuern Göttingen 600 ℔ freilich weniger sind, als in dem wohlfeilen Schlesien 500. Neue Bedenklichkeiten macht die Zeit meines Antritts. Ich kann — schon wegen des Druckes meines Buches — nicht vor Ende September von hier fort; wenn ich zwei Monate in Dresden der Kunst widme, komme ich erst gegen Ende November nach Göttingen und würde freilich meine ersten Vorlesungen sehr spät anfangen. Darüber will ich mich gegen Heeren äussern. Sonst hängt es, nach seinen Worten, nur von mir ab, die Sache sogleich völlig ins Reine zu bringen, und mein nächster Brief macht alles unwiderruflich.

Ob ich mir vielleicht auch hierin noch einmal Ihren gütigen Rath erbitten darf? Ist Ihnen in der Sache etwas anstössig und auffällig, und scheine ich Ihnen rathsbedürftig, so lassen Sie Ihre Warnung und Weisung nicht zu spät kommen. Wie ich von der ganzen Sache Niemanden das Geringste habe merken lassen: so verlangt mich immer nur Ihre Meinung und Ihren gütigen Rath zu hören.

Mit der hiesigen Fakultät habe ich ein wunderliches Spiel gespielt. Ehe ich den Brief von Heeren erhielt, wollte ich mir den Weg, der mich hier weiter führen könnte, weder ganz verrennen, noch auch unnütze Schritte darin machen. Ich schob also die Disputation und Probelektion, durch die ich mich habilitiren wollte, unter mancherlei Vorwand auf, und suche es doch durch Steffens und Raumer durchzusetzen, dass meine Vorlesungen mit den übrigen nach Berlin eingeschickt werden. Nun habe ich Griechische Alterthümer angekündigt, theils weil ich wirklich ernstlich gewillt war sie diesen Winter zu lesen, theils als Vorwurf gegen die Philologen, von denen bis jetzt keiner ein so nothwendiges Collegium angeschlagen hat. — Doch muss meine List leider innerhalb 5 Wochen bis zum Druck des *Index Lectt.* klar werden.

Ich ermüde Sie durch meine Gesprächigkeit. Stets
Ihr
treu ergebener
Karl Müller.

B. d. 5. Juli 19.

Da Sie sogleich Rath haben wollen, schreibe ich Ihnen nur mit wenigen Worten meine Meinung. Heeren hat mir bereits dasselbe geschrieben, was Ihnen; nahmentlich auch, dass er Ihnen aus Rücksicht auf Dissen nur 600 ℛ habe bieten können, und ich für meinen Theil würde in Ihrer Stelle nicht einen Augenblick Umstände machen, auch mit 600 ℛ hinzugehen. Was Sie vom wohlfeilen Schlesien und theuren Göttingen sagen, ist mir ganz räthselhaft. Nächst Jena giebt es unter den berühmtern Universitäten keine wohlfeilere als

Göttingen; in Göttingen ist's gewiss nicht so theuer als in Breslau; es ist ein wohlfeiler und angenehmer Ort. Uebrigens haben Sie Aussicht auf Verbesserung: aber in Ihren Verhältnissen finde ich das Dingen nicht anständig: Sie haben ausserdem in Göttingen so viel Vortheile und finden so günstige Umstände, als wohl schwerlich in der letzten Zeit irgend iemand irgendwo. Hierzu kommt, dass alle Professoren in Göttingen gering besoldet sind, weil es wohlfeil ist und auf Honorar gerechnet wird.*) Auch könnte doch die Sache Schwierigkeiten finden, wenn Sie dingen wollten; die Regierung ist ambitiös: sie nehmen leicht übel; ich stehe nicht dafür, dass Sie sich schaden, dass Sie darum kommen könnten.

Auch müssen Sie meines Erachtens keine Umstände machen auf Michaelis zu kommen. Die Correctur Ihres Buches ist freilich wichtig; aber Sie können mit geringer Ausgabe, die ersten Correcturen einem geschickten Freunde überlassend, sich die letzte iedes Bogens nach Dresden schicken lassen, und sie dort machen. Dergleichen habe ich oft gethan. Man muss den Zweck des Lebens nicht einer Einzelheit aufopfern. Meines Erachtens müssen Sie sogleich in Alles einwilligen; die Schwierigkeiten heben sich dann von selbst. Ich glaube Ihnen richtig zu rathen; indess — $αἰτία\ ἑλομένου·\ σύμβουλος\ ἀναίτητος$.

Ich schliesse, und wünsche, dass Sie meinen Rath zu dem Ihrigen machen mögen.

Ganz der Ihrige
Böckh.

---

*) Dissen wird nicht mehr als 800 ℔ haben; Welcker hatte 1000 ℔. Ich kenne aber auch Professoren, die nur 400 ℔ haben.

Dresden, 10. Septb. 19.

Absichtlich habe ich Ihnen, verehrtester Herr Professor, nicht eher geschrieben, als bis ich die Unruhe und Verwirrung der Abreise überwunden, und mich wieder einigermassen häuslich niedergelassen habe. Das habe ich mich denn nun schon in Dresden so ziemlich. Auf dem Antikensaale bin ich bald einheimisch, und bringe fast alle Morgen und Nachmittage in aufmerksamer und nachdenklicher Beschauung der merkwürdigsten Antiken zu; Böttiger unterstützt und leitet mich, so viel seine andern zahllosen Arbeiten und Geschäfte es ihm gestatten. Ueberall habe ich zuvorkommende Güte und Freundlichkeit gefunden. Erfreulich war mir besonders das Zusammentreffen mit Dr. Schorn, der in seinem Buche „über die Studien der Griechischen Künstler" manche Behauptungen meiner *Aeginetica*, und zum Theil nicht mit Unrecht bestritten hat. Wir kamen einander freundlich entgegen, verglichen uns so viel als möglich bald zu Anfang über die Streitpunkte, und leben nun gemeinschaftlich unter den Antiken. Die Mittheilung unsrer übereinstimmenden oder verschiedenen Bemerkungen darüber hilft uns, sie wechselseitig näher zu bestimmen und zu begründen.

Ueberhaupt lebe ich in Dresden äusserst glücklich und überlasse mich ganz dem angenehmen Einflusse der Kunst und Naturschönheit Dresdens — noch sorglos um die Zukunft, obgleich es mich freilich von Zeit zu Zeit bekümmert, wie ich diesen Winter in Göttingen Antiquitäten lesen will. Sie wundern sich gewiss, dass ich so schwierige Vorlesungen gleich für das erste Halbjahr bestimmt habe. Da ich aber in Breslau schon immer darauf gedacht hatte, weil es dort gänzlich daran fehlt, und zwar freilich noch keine nähern Vorarbeiten gemacht, aber mir doch im Allgemeinen Ziel und Zweck vor die Augen gerückt hatte: so konnte ich jetzt nicht gut davon lassen. Wie doppelt leid thut es mir jetzt, auch Ihre Vorlesungen über Antiquitäten nie haben hören zu können. Ich muss mich jetzt allein in dieses Chaos stürzen und müsste bei der Unermesslichkeit des Stoffs und dem Zuströmen der Hilfsmittel fürchten darin unterzugehn, wenn ich mir nicht fest vornähme, weniger auf Vollständigkeit als auf Anschaulichkeit und vollkommene Klarheit dessen zu sehn, was ich gebe, und überall mehr die allgemeinen Resultate auszuführen, als mich in der Masse der Einzelheiten zu verlieren.

Bei der glücklichen Veränderung meiner ganzen Lage, die mir jetzt am meisten fühlbar wird, denke ich sehr oft an Sie, verehrtester Freund, und wie ich Ihrer Verwendung Alles verdanke. Ich sehne mich recht sehr, meine Dankbarkeit Ihnen mündlich näher ans Herz legen zu können, und möchte wohl gern künftiges Jahr einige Tage in Berlin zubringen. Auch über manche litterarische Erscheinung vernähme ich so gern Ihr belehrendes Urtheil, wenn sich so bequem darüber hin und her schreiben liesse, wie sprechen. Nur von dem Ihnen Dedicirten zu reden: so geben Sie doch wohl auch nichts auf Döderlein's Schutz- und Trutzstellen? Er scheint mir nach einzelnen trefflichen Andeutungen von Ihnen und Buttmann weiter zu phantasiren. Schömanns Buch *de Comitiis* ist gewiss mit Fleiss, Urtheil und Geschmack gearbeitet: aber seine Meinung über Geleonten und ein Gleichgewicht der Priester- und Kriegerherrschaft hat Sie doch in der Ihrigen nicht schwankend gemacht? Ich habe mit H. v. Raumer viel darüber gesprochen, dessen räsonnirendes Werk über alte Geschichte wohl bald herauskommen wird. Er hat mir Manches vorgelesen, und Vieles schien mir sehr anziehend und belehrend: nur geht er als Politiker zu sehr auf das *Tout comme chez nous* aus, und will das Wunderliche alter, besonders Dorischer, Staatsverfassungen zu sehr mit unsern Begriffen ausgleichen.

Empfehlen Sie mich Herrn Professor Buttmann, und wenn sich vielleicht sonst Jemand meiner erinnert. Mit zugethauer Liebe und inniger Verehrung

der Ihrige

Karl Müller

[Göttingen,] 8. Decbr. 19.

Mein verehrtester Herr Professor.

So sehr ich mich darauf freute Ihnen endlich mein „Orchomenos" schicken zu können; so kann ich es doch jetzt kaum ohne ein gewisses Zagen. Ich habe mit vieler Liebe dran gearbeitet; aber erst, seit es fertig vor mir liegt, seh' ich recht ein, wie ich des Stoffes anders hätte Meister werden können.

Dazu kommt, dass meine schleunige Abreise von Breslau der Vollendung mancher Theile noch sehr geschadet hat; auch hat das Zusenden der Correkturbogen nicht alle Druckfehler verhüten können. Ein paar recht fatale habe ich mir die Freiheit genommen gleich zu korrigiren, wie S. V. östlich, ein Druckfehler, der ordentlich ironisch ist. — Auch habe ich in meinem abgelegnen Breslau Manches entbehren müssen, dessen Entdeckung mich jetzt schmerzt. Die Karte wäre vielleicht bedeutend besser geworden, wenn ich die zu Will. Gell's *Itinerary of Greece* schon gehabt hätte; Stanhope's Plan von Plataä macht mir indess die Freude den betreffenden Theil der Karte der Hauptsache nach zu bestätigen — wie auch neue Auffindungen in Amyklä meine Ahndung S. 319 und die Behauptung, dass Amyklä so zu sagen die Schwester von Mykenä ist, zur Gewissheit erhoben haben. Hätte ich Ihre Abhandlung von den Lenäen und Anthesterien schon gehabt: so würde ich z. B. den Lenäon nicht für einen Böotischen Monat ausgegeben haben (der Theiluthios ist S. 474 blos durch Versehen verschoben, ich halte ihn für den Erndtemonat), und S. 309 hätte ich nicht so voreilig von den Brauronien gesprochen.

Sie sehen, verehrtester Herr und Freund, wie sehr ich Ihrem Tadel überall zuvorzukommen suche, was freilich unmöglich ist. Sie glauben nicht, wie begierig und sehnsüchtig ich nach Ihrem Urtheil bin, ob ich gleich weit entfernt bin Ihnen durch diese Bitte die Last einer baldigen Lesung auflegen zu wollen. Nach ein paar Capiteln aus der Mitte werden Sie bald das ganze Buch würdigen können. Wäre nur die Darstellung besser und die Redekunst weniger gespart: so könnte ich hoffen über Manches, z. B. über die Aegyptische Einwandrung (worin ich mir selbst einbilde gegen Sie Recht zu haben) die allgemeine Meinung umzustimmen.

Geben Sie gütigst das andre Exemplar Herrn Professor Buttmann mit der Versicherung meiner treuen Anhänglichkeit. Wie gern möchte ich über dies und jenes seine Stimme und sein Urtheil hören, oder noch viel lieber im lebendigen Wechselgespräch meine Meinung gegen ihn zu verfechten suchen. Dessen bedarf es wirklich zu einer wahren Verständigung.

Die Grundsätze einer halb historischen, halb symbolischen Auslegung der Sagen sind indessen bei mir sehr eingewurzelt, und möchten schwer auszutilgen sein.

Jetzt muss ich freilich wieder Mythologie und alte Geschichte auf eine Zeitlang liegen lassen, und kann bei meinen antiquarischen Vorlesungen nur einzelne am Wege liegende Körnchen aufsammeln und einspeichern. Doch gerath' ich überall leicht in jene Fächer hinein. So habe ich nach einem Wink von Ihnen dem Abschnitt von den Festen die Lehre von den eigentl. Landesgottheiten vorausgeschickt, durch welche die Feste erst eine ordentliche Basis und zugleich viel Licht erhalten. — Sonst arbeit' ich hier, wie Sie wohl denken, recht wacker, und habe in diesen Wochen erst recht gelernt, was Arbeitsamkeit sei. Noth bricht Eisen, und Nichts ist fürchterlicher, als so ein Collegium hinter einem her, eine wahre Poena. Ich lese nämlich ausser den Gr. Alterthümern noch ein Publicum, über Divination der Griechen und Römer, kondirigire das Seminar, und muss nebenher ein Programm ausarbeiten.

Ich habe dazu ein halb kunstgeschichtliches Thema, *de tripodibus sacris*, gewählt, damit ich mich nur einigermassen als Archäologen unter der Form des Werdens producire, indem ich es doch eigentlich noch heut nicht begreifen kann, wie ich Professor der Kunstgeschichte geworden bin. Ob ich aber dem Thema werde eine interessante Seite abgewinnen können, weiss ich noch nicht, da es mir noch sehr neblig vor den Augen ist.

Im Ganzen bin ich in Göttingen recht sehr glücklich. Dissen ist ein gar trefflicher und von mir hochgeachteter Mann, mit dem ich mich freue im besten Vernehmen zu stehn. Wir essen täglich zusammen mit den Justizräthen, wo Sie ja auch einigemal gegessen haben; wenn wir dann um den Wall gehn, sehn wir das romantische Gartenhaus, wo Sie mehrere Wochen gelebt haben. So reden wir viel und mit grossem Vergnügen von Ihnen und sehen froh der Zeit entgegen, wo Sie Göttingen wieder einmal besuchen. Wir leben sehr päsibel, heute so wie morgen und übermorgen, da Dissen und die Göttinger überhaupt diese regelmässige Lebensart lieben. —

Auch bei Heeren bin ich öfter, und sehr gern, so dass ich mich schon hie und da in Göttingen ganz heimisch fühle.

Ob ich gleich sonst eben kein Schwätzer heisse, gerath' ich doch in Briefen an Sie, verehrter Herr, leicht ins Schwatzen, womit ich doch am Ende nichts will, als bald von Ihnen wieder ein Briefchen erpressen. Erfreuen Sie damit das Ihnen stets mit alter Anhänglichkeit zugethane Gemüth

Ihres
Karl Müller, Dr.

[Göttingen] 23. Januar 20.

Mein verehrtester Herr Professor.

Brief über Brief und eine Abhandlung nach der andern wird Ihnen von mir über den Hals geschickt: endlich werden Sie ja doch auch weich werden und mir etwas schreiben: worauf ich mich gar sehr freue. Diesem Briefchen lege ich mein Antrittsprogramm bei, gestern bin ich nach gehaltner Rede vereidigt worden: da ich bisher eid- und pflichtlos mitunterlief. Das Programm behandelt das Thema, auf das mich meine öffentlichen Vorlesungen *de divinatione* geführt haben, blos antiquarisch: kunstgeschichtlich und ausführlicher denke ich es in Böttigers Zeitschrift Amalthea zu erörtern: hier musste ich Raum und Geld sparen.

Hier in Göttingen werde ich immer einheimischer. Zuerst kam es mir, an Breslaus lebhafte und vertrauliche Zirkel gewohnt, etwas fremd und wunderlich vor. Doch wird man das bald gewohnt. Heeren ist mir wohlgewogen, und ich bin oft und sehr gern dort: Dissen's wohlwollende Gesinnung und treuen, klugen Rath kann ich nicht genug rühmen: sein feines, delikates, dabei offenes und herzliches Wesen thut mir gar wohl. Doch ich schreibe Ihnen immer dasselbe.

Ich habe in diesen Tagen die Sibyllengeschichten etwas vorgenommen und bin dabei auf einige Resultate für die troische Sage von Rom gekommen, deren Darstellung doch bei Niebuhr unbefriedigt lässt, bei Schlegel empört, und von Wachsmuth gar nicht versucht ist. Ich denke mir es so: In der äolisch teukrischen Stadt Gergis am Ida waren lokale Sibyllinenorakel, die ohne Zweifel vom Aufleben Ilions sprachen und von Aeneas, der ja nach Homer (und nach Arktinos auf dem Ida) ein neues Reich gegründet hatte. Diese Gergithische Sibylle ist im Wesentlichen dieselbe, d. h. es fanden sich dieselben Orakel, bei den Aeolern des Campanischen Kuma. In diesen Sibyllenorakeln weist Alles nach Asien, und namentlich nach Troas. Nun kam die Sage von Aeneas auch wirklich nach Kuma; denn Stesichoros lässt nach der *Tabula Iliaca*, scheint es mir, Misenum bei Kuma das Endziel der Fahrt des Aeneas sein. Wenigstens erscheint hier zuerst Misenus. Als aber durch die Verbindung der Etruskischen Könige Roms mit den Tyrannen von Kuma die Sibyllinenorakel nebst Apollodienst und manchem Andern nach Rom gewandert waren, musste hier Neu-Troja sein, hier Aeneas landen, und Romulus war Sohn des Aeneas, wie bei allen Aeltern. — Ich stelle das so nackt hin und lasse die Zwischensätze aus: doch glaube ich Alles beweisen zu können.

Ich lege Ihnen ein paar Programme bei, von denen Sie nach Belieben geben, wem Sie wollen. Auch empfehlen Sie mich Herrn Professor Buttmann, und Hrn. Regierungsrath v. Raumer.

Wie gütig haben Sie mich zu den Pindarischen Scholien erwähnt, was ich jetzt sehe, da ich sie oft in Händen habe. — Was verdanke ich Ihnen nicht überhaupt Alles. Alle meine fröhlichen und heitern Aussichten und Lebenshoffnungen sind Dank gegen Sie. —

Kennen Sie über Eleutherä, Oenoe, Phyle die Aufsätze von Barbié du Bocage zu Stanhope's Plan von Platää? Doch ist wohl das Kastell mit dem kyklopischen Thurm im Passe Dryoskephalä Panakton, nicht Eleutherä? Aber Ihre Meinung von der frühen gänzlichen Verödung Eleutherä's kommt durch den Myron von Eleutherä doch etwas ins Gedränge. Meinen Sie nicht?

Verzeihen Sie mein aphoristisches Schreiben

Ihrem
treuergebnen
K. O. Müller.

B. d. 31. Jan. 20.

Ueberhäuft mit einem Wuste undankbarer Geschäftssachen, und durch meine Vorlesungen theils, theils durch den Commentar über den Pindar occupirt, bin ich noch nicht dazu gekommen, lieber Müller, Ihre Minyer im Zusammenhange zu lesen, sondern habe nur geblättert und herumgelesen, und benutze sie beim Pindar im Einzelnen, welches ich sehr vortrefflich finde. Wenn Sie im Ganzen auch so durchaus den richtigen Weg gegangen sind, haben Sie das Höchste erreicht: denn, ich verhehle es nicht, es scheint mir ein schlüpfriger Pfad zu sein, auf welchem Sie wandeln, der Pfad der Mythe: mich wenigstens hält ein heiliger Schauer zurück über diese Mauer zu springen, wenn ich auch gern einmahl durch eine Ritze gucke. Da sehe ich denn manchmahl so, manchmahl so: aber das übermässige Licht blendet mich dann wenigstens nicht. Kürzlich habe ich Parsismus in Hellas gefunden; ich bin begierig, was Sie dazu sagen mögen: ich weiss nicht, ob die Sachen auch ein andrer so combinirt hat; denn ich bin in dieser Litteratur nicht ganz zu Hause. Übrigens habe ich manches auch im Mythischen schon in Ihrem Buche gelesen, was mich ganz angesprochen hat, und einen Punkt hatte ich mir gelegentlich ganz ähnlich entwickelt wie Sie, ich meine die Festcyklen, worauf mich ein kleiner Excurs über das Nemeische Fest bei einer Abhandlung über die Midiana geführt hat, die ich Ihnen schicken werde, da sie nüchstens gedruckt wird.

Ich schicke diese Paar Zeilen ab, bloss damit ich ein längeres Schweigen nicht zu entschuldigen brauche, und damit mein Dank für Ihr schönes Buch nicht so spät und altgebacken ankommt. Grüssen Sie Dissen von Herzen, und spornen Sie ihn zum Pindar; zunächst auch dass er mir schreibe, wie ers zu halten gedenkt mit der Zeit. Ich denke auf Ostern mit meiner Parthie ziemlich zu Rande zu sein. Haben Sie was, so mögen Sie mirs nicht vorenthalten. Ich wünsche Ihnen von Herzen alles Wohlergehen; doch Sie bedürfen gewiss des Wunsches nicht; denn ich denke mir Sie in Fülle jugendlicher Lust und rasch fortschreitender Begeisterung mit Heiterkeit und Besonnenheit. Mit solchen

Schwingen werden Sie viele überflügeln. Doch gute Nacht und ein herzliches Lebewohl.

Stets der Ihrige
Böckh.

Nur eins. Woher wissen Sie, dass Kyrene's Fürsten Ol. 87, 1. aufhören? Doch nicht von Valesius? Ich finde nirgends einen Beweis: haben Sie einen? Ich stecke jetzt gerade in dieser Sache fest.

Berl., 31. März 20.

Endlich, lieber Müller, habe ich es gewagt, Ihre Minyer zu lesen, und wenn ich es sagen darf, habe ich sie mit Bewunderung gelesen. So reich ist der Stoff, so sehr spricht mich die Darstellung an, so überzeugt bin ich im Ganzen von der Richtigkeit der Methode, und so einverstanden mit den Ergebnissen im Ganzen und Grossen. Doch glaube ich allerdings, dass Sie besser gethan hätten, die Untersuchungen mehr zu vereinzeln, da man fast überfüllt wird von der Reichhaltigkeit des Gegenstandes und der Fülle der Notizen. Um mein Vergnügen nicht zu unterbrechen, habe ich mir nichts angemerkt, worüber ich mit Ihnen streiten möchte: und der Mythos ist von der Art, dass man darüber wol im Sprechen allerlei austauschen kann; für briefliche Mittheilung scheint mir der Gegenstand zu viele Seiten zu haben und zu sehr im Unbestimmten zu schwimmen, als dass man sich darüber vollkommen verständigen könnte. Aufgefallen ist mir aber, dass das Politische doch etwas mager erscheint; ich will nicht aburtheilen: aber es scheint mir doch, dass darüber, was freilich wol weniger in Ihrem Plane lag, noch mehr Aufschluss möglich wäre; ich meine in den historischen Zeiten, die Sie doch zuletzt auch in Ihren Kreis gezogen haben.

Ich habe Ihre Schrift theils vor der ordentlichen Lesung, theils nachher, mit beständiger Rücksicht auf den Pindar studirt, viele Belehrung und viel Vergnügen dabei geschöpft und genossen, und mich auch gefreut bei Manchem ohngefähr auf dieselben Ergebnisse vorher gekommen zu sein, obgleich ich vielfältig sah, dass Sie, da Sie die Gegenstände im Zusammenhange betrachteten, manches reichhaltiger dargestellt haben als ich, der ich sie *in transcursu* berühren muss. Hier und da sind mir indessen einige Zweifel aufgestossen, von welchen ich beispielsweise, was mir jetzt einfällt, vorbringen will.

Sie reden von einem Traumorakel des Amphiaraos in Theben. Es ist mir daran gelegen; ich habe aber davon nichts Genügendes finden können. Denn was Pausanias von dem περίβολος zu Potniae sagt, ist doch eher dagegen als dafür; er sagt nichts auch nur von einem Tempel: die Stelle im Herodot aber beziehe ich auf das Orakel zu Oropos, welches mir schon darum unzweifelhaft scheint, weil die Thebaner gar nicht jenes Herodotische Orakel befragen durften: was doch sehr wunderlich wäre, wenn es sich zu Theben oder Potniä befände. — Steht was bei Thessalos in *Opp. Hippocr.*, dass Eurylochos der Thessaler, der die Kirrhäer bezwang, ein Aleuade ist? Ich habe die Stelle noch nicht nachschlagen können, werde es aber thun. Können Sie mir angeben, wie sich die Aleuaden von Herakles ableiten? Ich habe vergebens nachgespürt. Glauben Sie wirklich, dass vor Ol. 49, 3. (oder nach meinen Untersuchungen Ol. 48, 3.) die Pythia enneterisch waren? Die Pythische Enneteris scheint mir in die mythische Zeit zu fallen; wenigstens in eine Zeit, nach welcher sie lange ausgesetzt wurde, bis die Pythien um Ol. 48. wieder hergestellt wurden und dann penteterisch. — Ist Ihnen nichts bekannt, dass sich an den Cultus des Karneischen Apolls Arzneikunde anschloss? Ich schliesse es aus Pindar, und eine Schule der Arznei war Kyrene doch sehr früh. Ich wünschte auch Iasoniden in Kyrene nachweisen zu können, und bin dicht daran, kann aber nicht dazu kommen. — Ihr Geschlechtsregister der Emmeniden zu Agrigent ist zwar recht schön; ich glaube aber doch, dass es nicht ganz so der Wahrheit gemäss ist. Ich wenigstens glaube, dass Aenesidamos des Patäkos Sohn ist, wie Herodot sagt, bei welchem ich diesen Aenesidamos für Therons Vater nehme. — Kennen Sie der Skopaden Herkunft, und ob und wie sie den Aleuaden verwandt? Ist Ihnen über eine frühere Macht und Bedeutsamkeit von Pelinna in Thessalien etwas vorgekommen? Wissen Sie etwas davon, ob von Orestes angebliche Nachkommen in Böotien waren? Sie sehen, ich überhäufe Sie mit Fragen, weil Sie allerlei wissen, wonach man sonst vergeblich frägt; und wenn Sie hier wären, würde ich noch viel mehr fragen.

Ich bin zwar eben kein grosser Liebhaber vom Morgenländischen und Aegyptischen in Hellenischen Dingen; und Ihre Darstellung, wie es zugegangen sei, dass die Aegypter sich die Vaterschaft vieler Hellenischen Dinge angemasst haben, ist so vortrefflich als möglich, und hat mich in der That bis auf weniges ausserordentlich angesprochen. Aber die Möglichkeit der entgegengesetzten Ansicht ist doch noch nicht ausgeschlossen; und es will mir besonders immer noch so vorkommen, als wenn Ἀθηνᾶ Πολιάς Aegyptisch wäre, und über Lindos auf Rhodos ihren Weg nach Athen genommen hätte. — Ich werde Ihnen in etlichen Wochen eine Abhandlung über Demosthenes *Midiana* schicken mit einem curiosen Anhang über die Zeit der Nemeischen Spiele; die Abhandlung hatte Anfangs Methode; nachher habe ich sie durch Verbessern verdorben; ich wusste ihr aber nicht mehr besser aufzuhelfen. In dem Anhange habe ich das in einer Note angedeutet, was ich Ihnen neulich schrieb, nehmlich Parsismus, wenn Sie es so nennen wollen, im Peloponnes, was mit Ihrer Idee vom Sonnencultus, den der Poseidon verdrängt hat, zusammenhängt. Im Übrigen ist die Abhandlung meist chronologisch; denn mein Unstern führt mich immer auf dieses Dornenfeld, wo alles so verwirrt ineinander verwachsen ist, dass man die Zweige nicht recht aussondern kann. Denn so viele auch über die Chronologie geschrieben haben bis auf den Corsini herab, mit welchem alles ausgegangen ist, so ist es doch noch schlimmer damit bestellt, als mit der Geographie nach Ihrem gediegenen Urtheil. Wie viel sich auch die neueren Philologen einbilden mögen auf ihre Leistungen — alle tiefere Forschung im historischen Gebiete ist über alle Massen zurückgeblieben.

Mein Brief schweift mit hyperlyrischer Freiheit vom Nil bis Pontus und von den Säulen des Herakles bis zum Phasis.

So komme ich denn nun wieder am Ende auf Eleutherä, über welches Sie mir neulich durch Myron einen Einwurf machten. Es scheint aber beinahe, als hätten Sie selbst kein tüchtigeres Argument gegen den frühen Fall von Eleutherae. Denn den Myron halte ich doch kaum dafür. Dass ein Ort den Nahmen hatte, läugne ich doch nicht; war Myron aus diesem Ort, warum soll er nicht ein Eleutherer heissen? Doch folgt daraus weiter nichts.

Meine Ferien gehen mir auf eine miserable Weise zu Grunde. Mein älterer Knabe leidet wieder an seiner fatalen Augenkrankheit, welche mich so sehr zerstreut, dass ich keine zusammenhängende Arbeit vornehmen kann und mag. Ich habe indess meinen Antheil am Commentar zum Pindar absolvirt, und warte nur darauf, dass Dissen mir den seinigen bald schicken möge, den er mir zu Ende der Osterferien versprach. Dann will ich mich an die Zusammenfügung machen; und so soll denn bald der Druck beginnen. Dann gehe ich an den *Thes. Inscr.*, zu welchem, hoffe ich, mittlerweile noch recht viel Beiträge sollen geliefert werden. Herzliche Grüsse an Dissen.

Leben Sie wohl, bester Müller.

Stets mit gleicher Liebe
der Ihrige
Bh.

[Göttingen,] 20. April 20.

So innig und herzlich mich das schöne Lob erfreut, welches Sie, verehrtester Freund, meinem Orchomenos ertheilen: ebenso wahr und begründet ist, wie ich wohl fühle, jede Ihrer Aussetzungen, und noch gar manche andre. Wenn es nur gelingt, in den Wirrwarr des Mythischen nach und nach Methode der Forschung einzuführen, und sichern Weg und Steg zu finden! — Die Versäumniss des Geschichtlich-Politischen muss ich einerseits mit der Eile entschuldigen, mit der ich die Arbeit schloss, andrerseits gestehn, dass ich damals dem Politischen wirklich noch zu fremd war, als dass ich es zum Hauptaugenmerk hätte machen können. Erst seit ich diesen Winter die Alterthümer gelesen: habe ich angefangen mich eigentlich für Verfassung und Rechtspflege zu interessiren, und wenn mir das Glück wird, Sie diesen Herbst mündlich zu sprechen: möchte ich Ihnen gern manchen Skrupel vorlegen. Besonders ist es freilich die altdorische und die vorklistheneische Verfassung, und der Theil des Attischen Criminalrechts, welcher an das *Ius sacrum* grenzt, dem ich einmal eigenthümliche Forschungen zu widmen denke.

Sie geben mir in Bezug auf Pindar einige harte Nüsse aufzubeissen, an denen ich mich nach geringer Kraft versuchen will. Ein Traumorakel des Amphiaraos bei Theben kann ich noch nicht aufgeben. Denn Strabo 404 a. ἐκ Κνωπίας δὲ τῆς Θηβαϊκῆς μεθιδρυμένον δεῦρο τὸ Ἀμφιάρειον, deutet doch an, dass der Cultus hier und dort gleich sei, also wohl auch ein Orakel dort wie hier. Bei Herodot 8, 134 ist doch auch das Amphiareion, wie der Tempel des Ismenios, bei Theben, und der Gegensatz ξεῖνόν τινα καὶ οὐ Θηβαῖον scheint mir zu beweisen, dass die Thebaner dort eben zu Hause waren. Freilich ist es wunderlich, dass die Landeseinwohner ihren Orakelgott nicht befragen durften, aber das hat doch wenigstens einen mythischen Grund. Vermuthlich aber ging das Orakel zwischen Theben und Potniä zeitig ein, daher die Thebäer die Weihgeschenke in das Ismenion brachten nach I, 52. und Pausanias sah nur den περίβολος. Sollte aber nicht auch schon mit der Sage von dem von der Erde Verschlungenen das Orakelgeben nothwendig verbunden gewesen sein: dies χάσμα γῆς setzen aber doch Pindar und Apollodor 3, 6, 8 nach Theben in die Nähe des Ismenos, dessen Nebenfluss jener Knopos ist. — Bei Thessalos in *calce opp. Hippocr.* steht auch nur, dass Eurylochos ein Θεσσαλός war καὶ ἄνωθεν ἐξ Ἡρακλειδῶν. Da aber Larissa das entschiedene Principat hatte, und die dort herrschenden Aleuaden Herakliden waren: so darf man, denk' ich, nicht zweifeln, dass Eurylochos Aleuade war. Dafür dass die Aleuaden Herakliden, habe ich freilich jetzt eben nur den Ulpian *ad Demosth.* p. 8: indessen kommen die Nachrichten zu Hilfe, welche die Anführer der Thessalier bei der Eroberung des Landes Herakliden nennen, z. B. Polyaen. VIII, 44. Sind aber die Herakliden Antiphos und Pheidippos, welche nach Strabo 9 *fin.* aus Ephyra in Thesprotien kamen, die Vorväter der Aleuaden: so wird es wohl Pyth. X, 3 ἀριστομάχου heissen: zugleich aber die φρατρία Ἐφυραίων v. 55 daraus ihre Erklärung finden. Denn an die Krannonier kann man da doch nicht denken. Doch über alles das wissen Sie natürlich weit genügendere Auskunft, und ich lasse mich nur so von der Lust zu schreiben hinreissen. — Von Pelinnas Geschichte weiss ich kein Sterbenswort. Die Meinung, dass die ältern blos musischen Festagonen bei Pytho ennaeterisch gewesen, schien mir deswegen annehmlich, weil sich der Νόμος Πύθιος und die übrige musikalische Darstellung unmittelbar an die andern dramatischen Scenen anzuschliessen scheint, welche der den Apollon vorstellende Knabe aufführte. Diese aber, sowie die Theorie nach Tempe, hatten gewiss auch später nicht aufgehört ennaeterisch zu sein. Dass Ol. 48, 3 der erste ἀγὼν στεφανίτης bei Delphi war, hab' ich indessen auch gemerkt, obgleich ich noch mit mancher Schwierigkeit zu thun habe: dem Marmor Parium lag wohl, wie oft, Demetrios des Phalereers Ἀναγρ. vor, denn nach eben diesem Chronologen (bei Diog. Laert. I, 22) traf die feierliche Ernennung der 7 Weisen auch auf Ol. 48, 3., die ohne Zweifel in einer grossen Pythischen πανήγυρις geschah. Arzneikunde beim Karneischen Cultus zu finden, ist mir nicht geglückt, ausser etwa, dass der Name Ἀσκληπιάδης auf Thera zweimal vorkommt. Spon *Inscr.* X, 64 et 66. Was den Aenesidamos S. des Patäkos anbetrifft, so habe ich damals von Herod. 7, 154 keinen Gebrauch gemacht, da ich weder kritisch noch historisch mit der Stelle ganz fertig werden konnte. Aber ich bin nichts weniger als dagegen, wenn Sie den Emmenides höher hinaufschieben wollen. Von Nachkommen des Orestes in Böotien und von der Abkunft der Skopaden zu Krannon will es mir nicht glücken etwas aufzufinden. Und so muss ich überhaupt in Hinsicht der schwierigern Fragen, die Sie an mich richten, meine Unwissenheit bekennen, obgleich es doch wohl noch möglich sein sollte, über Einzelnes, z. B. über die Skopaden, etwas auszumitteln.

Dass Myron von Eleutherä ein Beweisgrund für die

nicht ganz unbedeutende Existenz dieses Städtchens sei, haben Sie mir noch nicht ganz ausgeredet. Denn ein so berühmter Künstler konnte sich doch unmöglich in einem Dorfe oder verfallnen Orte aufhalten, wie etwa Correggio. Auch heisst sein Sohn und Schüler Lykios ebenfalls ein Eleuthereer, Plin. 34, 8. Athen. XI p. 486. Also eine Werkstatt des Erzgusses daselbst. Eine unabhängige Commüne möchte es doch wohl gewesen sein, wenn auch die Eleuthereer Platäisches Bürgerrecht hatten, was ich freilich nicht beweisen kann. Pausanias nennt den Myron zweimal Ἀθηναῖος, Athenäos den Lykios dagegen Βοιώτιος ἐξ Ἐλευθερῶν. Der Attischen Kunstschule gehört Myron auf keinen Fall an, wie aus manchen Gründen hervorgeht, unter anderm schon aus den Herkules- und Athletenfiguren, die der Triumph seiner Kunst waren.

Was werden Sie sagen, wenn ich Ihnen noch die Zahl der Fehler und Nachlässigkeiten, die Sie schon in meinen *Orchomeniacis* gefunden, zu vermehren trachte. Aber dergleichen brennt mir wirklich auf der Seele, und ich möchte nur das Falsche aus allen Exemplaren herausstreichen können. Bitte also, ändern Sie gütigst das Sophokleische Fragment S. 194 ganz unten so ab: Φερητίδης Ἄδμητος ἠδ' ὁ Δωτιεύς Λαπίθης Κόρωνος, wie schon früher emendirt ist. Ich hatte gesehn, dass von Φερεκύδης nicht die Rede sei, aber die Aenderung ist zehnfach albern. — Wie hat mir die interessante Notiz entgehen können, dass Kypselos Vorfahr ein Lapith und zwar ein Känide war. Herod. V, 92. Wie schön macht es sich nun, dass der vertriebne Lapith zu seinen Stammverwandten, den Aeolern von Korinth, flieht. Auch die Darstellungen auf dem Kasten des Kypselos erhalten für den Argonautenmythos doppelte Wichtigkeit. Eben so hab' ich vergessen, für die Fabel von dem Bau des Schatzhauses des Augeas durch Trophonios und Agamedes den Kykliker Eugammon von Kyrene, bei Proklos in der Chrestomathie, anzuführen: wie ich überhaupt auf die Kykliker noch mehr Aufmerksamkeit hätte verwenden sollen. — Dagegen triumphire ich, dass in Amyklä, der alten Königsburg der Achäer nach meiner Meinung, auch ebenfalls ein Schatzhaus gefunden worden ist, wie in Mykenä.

Doch genug und übergenug von diesem Orchomenos. Ich seegle jetzt mit frischem Winde unter der philologischen Wissenschaft umher, und ob es zwar oft unangenehm ist, nicht überall den Anker auswerfen zu dürfen, wo man bleiben möchte: so hat es doch auch wieder sein Gutes, sich überall umsehn zu müssen. Diesen Zwang legen die Collegien auf. Die Alterthümer habe ich freilich nicht ganz absolvirt, indem ich für die Privatalterthümer nur eine einzige Woche übrig behielt. Nun habe ich ein sehr angenehmes Pensum, die Kunstgeschichte und den Herodot, den ich mit einer sehr ausführlichen Einleitung begleiten will, die mich eben beschäftigt. Darf ich Ihnen sagen, dass diese lebhafte Freude an einer so lohnenden Thätigkeit zugleich der herzlichste Dank ist gegen Sie, die Sie mich zu dieser Thätigkeit hervorgerufen.

Ich weiss nicht ob ich recht gehört habe, dass Sie diesen Herbst nach Göttingen zu kommen gedenken. Wie erfreulich, besonders wenn Sie schon im August kommen. Denn nach Mitte Septembers muss ich selbst eine Reise nach Schlesien unternehmen, nicht etwa aus Heimweh, sondern um mir einen Bruder herzuholen, der ein ordentlicher Jurist werden soll, und den ich sehr herwünsche, weil die Göttingische Einsamkeit mir doch nach und nach etwas fühlbar wird.

Wie werden Sie lachen über den Brief voll unnützer Citate. Ich bin zufrieden, wenn Sie nur daraus den guten Willen erkennen

Ihres Ihnen ganz ergebnen

K. O. Müller.

Haben Sie vielleicht meine *Dissertatio de tripode* erhalten, die ich durch buchhändlerische Gelegenheit Ihnen zugeschickt habe?

Noch ein PS. Werden Sie im *Thesaurus Inscriptionum* auch die einzelnen Namen auf Campanischen Vasen in uralter Schrift sammeln? Freilich ist es erstaunend schwierig sie zum grossen Theil zu enträthseln, und wenn man sie nicht in der reichen Sammlung in Neapel und sonst von den Vasen selbst kopirt, wohl unmöglich. Doch sind sie vielleicht den ersten Urkunden der Paläographie beizuzählen. Oft weiss man kaum, ob man etruskische oder griechische Schrift vor sich hat. Soll ich Ihnen vielleicht kopiren, was ich davon auffinden kann?

[Berlin,] d. 25. Mai 20.

Auf Ihren Brief v. 20. April, lieber Müller, habe ich immer noch nicht geantwortet, weil mich die Geschäfte wie das Wild auf der Treibjagd umhertreiben. Gestern und heute mache ich nun alles Aufgesammelte ab, und so komme ich auch auf Ihren Brief wieder zurück, nicht um ihn nach Würden zu beantworten, sondern *pro forma*. Ich lebe ohne Bücher bei Reimer, um mit meiner Familie den Garten zu geniessen, und werde schon dadurch bedeutend in meiner Thätigkeit gehemmt. Ich habe, was Sie geschrieben haben, alles überlegt, will aber nicht auf alles antworten. Wegen des Traumorakels bei Theben hatte ich die Stelle des Strabo übersehen; dunkel bleibt mir die Sache immer noch; einen Aufschluss hatte ich aus einer sehr grossen Böotischen Inschrift die Schätze des Amphiaraos betreffend, welche ich in diesen Tagen erhalten habe, gehofft; aber soviel ich bei flüchtiger Ansicht, zu der ich ietzo allein Zeit habe, ersehen konnte, geht dafür nichts daraus hervor. — Dass die Aleuaden Herakliden sind, ist gewiss, und daran zweifelte ich nicht; aber ich kann nur nicht herausbringen, woher eigentlich ihre Genealogie ist; indessen halte ich sie für Thesprotische Herakliden. Dass Sie den Eurylochos einen Aleuaden nennen, überraschte mich darum, und machte mich deshalb nach dem Beweise neugierig, weil ich nicht nachweisen kann, dass Ol. 48. der Nahme der Aleuaden schon bekannt war. Es fragt sich, ob der Nahme älter ist als Ol. 60. ungefähr; ich wünschte ihn älter, habe aber noch keine Spur gefunden. — Wegen Eleutherä wollen wir die Sache ruhen lassen, bis stärkere Beweise kommen; Ihre letzten wollen mir noch nicht einleuchten. Werkstätten, besonders des Metallgusses, findet man gerade an abgelegenen isolirten Orten am häufigsten, wo das Brennmaterial nicht zu entfernt ist: Laurion war voll Werkstätten und doch keine Gemeine; die Verschiedenheit in den Angaben des Vaterlandes bei Myron und Lykios spricht eher für mich als Sie.

Die Diss. *de tripode* habe ich erhalten und vertheilt; Hirt hat viel mit mir darüber gesprochen und sich über eine Erklärung eines Bildwerkes auf einem Dreifuss bei Montfaucon, die er ebenso machte, verwundert: indem er gar nicht begreifen kann, wie Sie das Wahre hätten finden können, ohne eine bessere Zeichnung gesehen zu haben, die er hatte ohne zu wissen, dass das Werk schon bei Montfaucon abgebildet sei. Wenn Sie mir Inschriften von Vasen copieren wollen, nehme ichs mit Dank an. Ich will mit Anfang des Jahres 1821 wieder an den *Thesaurus* gehn, und aufräumen, was ich indessen, ohne es anzusehn, seit Jahren zusammengelegt habe. Nach Göttingen wollte ich im Herbst kommen; aber ich habe mich wieder anders besonnen; und da Sie auch nicht da sein werden, so ists nur um so besser. Wenn Sie aber doch nach Schlesien reisen, könnten Sie die paar Meilen Umweg über Berlin wol machen, damit wir uns etliche Tage sehen könnten. Denn mit der schriftlichen Unterhaltung gehts gar zu langsam, und mir fehlt die Geduld, mich ausführlich in Briefen auszusprechen; fragen mag ich wol eher als demonstriren.

Grüssen Sie Dissen und alle Bekannte von Herzen, und werden Sie nicht bös über den kahlen Brief, der darum so kurz wird, weil ich noch viele zu beantworten habe.

Stets von Herzen der Ihrige

Bh.

[Göttingen, im Mai oder Juni 1820.]

Verzeihen Sie, dass ich freilich sehr spät mit einer kleinen Bemerkung nachkomme. —

Sie fragten einmal, ob sich an den Cultus des Karneischen Apoll Arzneikunde angeschlossen habe. Ohne dies absolut zu verneinen, möchte ich doch wohl lieber, dass meine Minyer den

Asklepios mit der ihm anhängenden Medicin nach Kyrene gebracht hätten. Paus. II, 26, 7 sagt, dass der Asklepios in Balagrā bei Kyrene, ἰατρὸς genannt, aus Epidauros sei, und der im Gortynischen Hafen Lebena aus Kyrene stamme. Doch scheint wohl damit nur die Verwandtschaft und der gemeinsame Ursprung ausgedrückt.. Die Lapithenstadt Trikka am Peneios ist gewiss einer der ältesten Sitze des Cultus, hier wurde Asklepios, der alte Naturgott, unter dem Heldenvolke der Lapithen selbst Held und so zu sagen Feldscheer: von da stammen, nach den Sagen, die *sacra* von Epidauros; die Minyer kolonisirten Gortyna, also auch hier in Lebena ein angesehner Aeskulaptempel (Philostratos *V. Apoll. 4, 11*); sie gründeten Kyrene und das Asklepieion, an dessen Inkubation und Votivtäfelchen (Kallim. epigr. 58) sich die Anfänge der Medicin anschlossen und entwickelten. Vielleicht haben Sie indess stärkere Argumente für den Karneischen Apoll als *Apollo medicus;* und dann könnte Beides zusammengewirkt haben.

Ich arbeite jetzt eifrig weiter an den Stammgeschichten, und alle Tage möchte ich mir über dies und jenes bei Ihnen Raths erholen. Wenn nur das Schreiben nicht so ein ärmlicher Behelf wäre.• Wenn ich aber erst zu einigen Resultaten gelangt sein werde, möchte ich in einem längern Briefe einmal eine ganze Reihe von Schlüssen und Combinationen Ihrer Prüfung vorlegen.

K. O. Müller.

Berlin, 21. Juli 20.

Heute, lieber Müller, muss ich einmahl an Sie schreiben, um Sie als Pressbengel zu gebrauchen. Es sind morgen, denke ich, vier Wochen, seit ich an Dissen geschrieben und ihn ersucht habe, er möchte mir doch, wie er etliche Tage vorher, ehe mein Brief an ihn bei ihm angekommen sein konnte, versprach, von seinem Commentar zu Pind. Nem. u. Isthm. sogleich das Fertige zusenden. Aber ich laure und laure und kann keinen Strich arbeiten, da ich mit meinem Pensum vollkommen fertig bin, und kann auch aus den Gründen, welche ich Dissen schon auseinandergesetzt habe, keinen Buchstaben drucken lassen, ehe ich Dissens Arbeit habe. Ich gerathe dadurch in Verlegenheit, und Dissen schreibt mir auch nicht, wann er etwas schicken werde. Daher bitte ich Sie sehr, liebster Freund, verschaffen Sie sich von ihm Auskunft, und haben Sie die Güte, wenn er nicht selbst sich erbietet, mir gleich schreiben zu wollen, dies statt seiner zu thun, damit ich vergewissert werde, wie es steht. Hoffentlich wird Dissen nicht durch Krankheit abgehalten sein, weiter zu arbeiten, was mir mehr noch um seinetwillen als wegen des Werkes selbst leid thun sollte.

Nachdem ich mit der ganzen Abschrift meines Commentars fertig bin, kann ich bequem überschauen, wie viel die Erklärung des Pindar Ihnen verdankt; denn es wird schwerlich Jemand so oft in den Noten angeführt werden, als Sie in den *Aegineticis* und Orchomenos. Das ist nun freilich ganz natürlich, indem die Erklärung dieses Dichters nur durch Eingehen in die Specialgeschichten gefördert werden kann. Auch wo Sie nicht vorangingen, habe ich mir Mühe gegeben alles, was nöthig ist, zusammenzuforschen und bedauere nur, dass doch bei etlichen Gedichten kein Licht angezündet werden kann, weil sich durchaus nicht ausmitteln lässt, worauf sich die darin befindlichen Erzählungen beziehen sollen. Dies ist bei der X. u. XI. pythischen Ode besonders der Fall, bei welchen ich denn Hypothesen habe aufstellen müssen, die ich nicht hinlänglich klar machen kann.

Dass der Dr. Meier, welchen Sie ja hier wol noch werden gekannt haben, als Professor nach Greifswald gekommen ist, werden Sie wissen: man ist daselbst nicht zufrieden damit, zumahl da Schömann allerdings hätte seine Stelle einnehmen können: indessen ist Meier ein sehr braver und tüchtiger Lehrer. Am unzufriedensten wird ohne Zweifel Ahlwardt sein, dass man ihm einen Schüler von mir an die Seite gesetzt hat, und da der gute Mann überall nichts als Kabale und Intrigue sieht, so bildet er sich gewiss ein, ich hätte ihm diesen Possen gespielt: doch bin ich unschuldig dran, und Meier ist selbst mit Abneigung nach Greifswald gegangen. Auf Ahlwardts unverschämten Angriff gegen mich werde ich übers Jahr in der

Vorrede zum letzten Bande des Pindar sehr kurz und bescheidentlich antworten; da es ohnehin nicht nöthig ist viel Worte zu machen, welches dann nöthig sein würde, wenn seine Ausgabe was taugte. Allein der Mann hat keinen Begriff von Kritik.

Schreiben Sie mir recht bald, oder vielmehr alsbald, und erklären Sie sich auch darüber, ob Sie wol, wenn Sie diesen Herbst nach Schlesien reisen, hierher kommen, wie ich vorgeschlagen habe. Vielleicht reise ich Ende August auf 14 Tage nach Jena, wo wir uns etwa auch treffen könnten. Ich schliesse, denn ich muss ins Collegium. Leben Sie wohl, Bester.

Stets der Ihrige
Bh.

[Göttingen,] 30. Juli [1820.]

Dieser Brief, verehrtester Herr Professor, kommt Ihnen durch einen amerikanischen Professor zu Middleburg, Herrn Patton, zu Handen, welcher ein Jahr mit mir auf einem Saale gewohnt und recht angenehm und friedlich zugebracht hat. Er geht jetzt über Berlin und Dresden nach Italien und will dann in seine Heimat zurückkehren.

Dissens Brief und Arbeit werden Sie nun schon geraume Zeit erhalten haben: er hatte sie schon fortgeschickt, als Ihre Mahnung ankam. Doch versprach er gleich noch einmal zu schreiben. Es thut ihm jetzt sehr Noth, dass er sich etwas erhole, denn die angestrengte Arbeit, die durch seine peinliche Genauigkeit doppelt so gross wird, hat ihn sehr angegriffen.

Aber ich weiss nicht, welcher Teufel mich, da ich mich eben vor Arbeit kaum retten kann, verführt hat, dass ich wieder etwas drucken lassen muss, und zwar eine lateinische Abhandlung: *de aede Minervae Poliadis in arce Athenarum.* Es ging damit so zu. Ich fiel bei der Beschäftigung mit Architektur auf die Inschrift über den Bau des Tempels Chandler II, 1. und es gelang mir nach 14 Tagen sie auf das vollständigste zu erklären, so dass alle Maasse ganz genau auf die noch stehenden Ruinen zutreffen. Wilkins Erklärung ist zur Hälfte verfehlt, und auch viel sprachlich Unrichtiges darin. Nun wollte ich mich durch den Druck dieser Erklärung den Archäologen rekommandiren, und machte eine Abhandlung daraus, welche folgende Capp. hat: 1. Vom Cultus der Polias. 2. Priesterthum der Eteobutaden. 3. Geschichte des Tempels. 4. Innere Eintheilung desselben. 5. Beschreibung des Inneren. 6. Charakter der Architektur. 7. Kanephoren. Und die Inschrift als Beilage. Ich stellte mir indess die Sache viel zu leicht und unbedeutend vor, und jetzt macht sie mir mehr Mühe, als ich dachte. Wenn Sie mich durch einen Wink oder Andeutung (freilich fängt der Druck bald an) unterstützen wollen, so werde ich es sehr dankbar annehmen. Besonders ist mir Xenoph. I, 6. 1. noch immer unerklärlich. Denn der Tempel, der Ol. 92, 4 gebaut wurde, steht wirklich noch: und gesetzt es wäre ein andrer, nach denselben Maassen erbauter: so kann es doch nicht ὁ παλαιὸς νεώς heissen von einem kaum fertigen.

Wie viele Punkte der Attischen Archäologie, auch in Bezug auf Recht und Verfassung, haben jetzt ein höheres Interesse für mich: und wie gern möchte ich Sie über Manches von neuem sprechen hören. Denn schreiben lässt sich doch nichts unbequemer, als Zweifel und Bedenklichkeiten.

Meine Reise kann erst gegen den 15. Sept. vor sich gehn, und dann hätte ich freilich gar grosse Lust über Berlin zu gehn, obgleich mich auch Manches — nicht aber eben Böttiger — nach Dresden zieht. Der Umweg ist wirklich nicht gross über Berlin. Aber nehmen Sie darauf keine Rücksicht. Sondern eher lässt sich die Sache so machen. Sind Sie gegen den 16. Aug. noch in Jena, so nehm' ich den Weg über Weimar dahin: sind Sie schon wieder in Berlin, so suche ich mirs einzurichten, dass ich dort einen Tag zubringe. Noch aber habe ich gar keine rechten Reisegedanken.

Auf den Pindar bin ich nun ganz erstaunend begierig.

Ich habe mir vorgestellt, dass das Leben, je weiter man kommt und älter man wird, etwas ruhiger, gemüthlicher, heimlicher werden wird: aber ich habe dazu keine Hoffnung; mir wird immer heisser und gedranger zu Muth, und ich sehe überall

kein Ende. Ich muss mich manchmal gewaltsam losreissen, weil ich sonst nicht sowohl von Kräften, als vielmehr ganz von aller Besinnung kommen würde. Doch, hoffe ich, soll es anders werden.
In unveränderlicher Ergebenheit
der
Ihrige
K. O. Müller.

Berlin, d. 25. März 21.

Lange, lieber Müller, habe ich Ihnen nicht geschrieben; aus keiner andern Ursache natürlich, als weil ich nicht weiss, wo ich die Zeit hernehmen soll. Ich werde über diesen Mangel an Musse, über diese knechtische Einspannung so verdriesslich, dass ich oft Mühe habe mich aufrecht zu erhalten, und die Lust zum Arbeiten selbst verliere, weil ich nicht thun kann, was ich will. Ietzo schreibe ich eben auch nur etliche Worte, um Ihnen eine Abhandlung über die griechische Urkunde, die ich bearbeitet habe, zu schicken. Sie erhalten drei Exemplare, wovon das eine für Dissen, das andere für Heeren, auf welches letztere ich aussen den Nahmen notirt habe. Ueberdies lege ich zwei Lectionskataloge bei, den einen für Sie, den andern für Dissen, und für letztern ein Päckchen Aushängebogen. Ich schicke alles mit Gelegenheit nach Hannover, von wo Sie es erhalten.

Leider habe ich gehört, dass Dissen wieder krank ist, und wünsche, dass es nicht bedeutend sein möge; doch ist es mir allerdings so dargestellt worden, und ich fürchte beinahe, dass es nicht anders sei, da er mir seit vielen Wochen nicht geschrieben hat. Sein Körper ist gar zu schwach, und hat schon zu viel Stösse bekommen, so dass man um ihn bange werden kann. Wir sind Gottlob alle gesund; möge es so bleiben.

Ich habe mich wieder an die Inschriften gemacht; da geht mir denn bisweilen die Geduld aus, besonders wo einem der Verstand ausgeht. Wo diese Arbeit ein Ende finden soll, kann ich gar nicht absehen, da ich zumahl gar keine Hülfe mehr habe, wie Sie sie eine Zeitlang mir leisteten. Die Sammlung ist unangenehm, da man fast jeden Tag den ganzen Erdkreis durchlaufen muss, in einer Stunde nach Aegypten, in der andern nach dem Pontus oder Italien; ich hoffe, dass die Ausarbeitung minder unerfreulich sein wird, wenn ich den aufgehäuften Stoff geniessen und mich der Masse freuen kann, wogegen mich ietzt in iedem Augenblick das Gefühl der Unvollständigkeit drückt, die noch immer fühlbar ist und lange fühlbar bleiben wird. Ich habe im Sinn, in einiger Zeit einen Prospectus drucken zu lassen; ich entschliesse mich aber schwer zum Abfassen solcher Wische.

Dissen hatte ich gebeten eine Ferienreise hierher zu machen; dass ers thäte, habe ich freilich nicht stark geglaubt; ietzt glaube ichs gar nicht mehr. Grüssen Sie ihn von Herzen, und bleiben Sie mir wie bisher gewogen.

Stets der Ihrige
Böckh.

[Göttingen,] 12. April 21.

Auch ich habe lange nicht geschrieben, verehrtester Herr Professor, weil doch die paar Tage, die ich bei Ihnen zugebracht habe, mich mehr erquickt und erfreut haben, als ein zehnjähriger Nothbehelf von Briefwechsel. Auch jetzt weiss ich eigentlich nicht, was ich Ihnen schreiben soll, da ich entweder erstaunend viel oder erstaunend wenig habe.

Die Abhandlungen und Programme habe ich empfangen und an Heeren und Dissen abgegeben, was Sie mir aufgetragen. Die schöne Entzifferung und Erklärung der Papyrus-Rolle hat uns Alle sehr in Verwunderung gesetzt, und wie klar und eindringlich haben Sie den Spuren der alten Verhältnisse nachgespürt. Möchte mir nur ein kleiner Theil dieses Scharfsinns zu Hilfe kommen bei der Aufspürung der altdorischen Staatsverhältnisse, mit denen ich jetzt beschäftigt bin. Sie werden mich zu kühn und fast leichtsinnig nennen, dass ich ein so grosses Thema, als die Dorier sind, für meinen zweiten Theil bestimmt habe, und mit Recht, aber mich führt grade so der Lauf meiner Studien drauf zu, dass ich nicht gut ausweichen kann. Auch will ich mich bescheiden, nur einen neuen Beitrag zur Geschichte dieses Stammes zu liefern. Ich theile das Ganze in 4 Abschnitte: Geschichte der Dorer bis zum persischen Kriege, denn weiter will ich noch nicht hinunter; Religion des Apollon und Herakles; Staat; und dann so Miscellanea über Kunst, Poesie, Sprache, Sitten. Doch bin ich erst im Anfang der Arbeit und weiss nicht, wie lange ich daran zu thun haben werde. Auch will ich eine kritische Karte des Peloponnes beigeben, zu welcher gute Vorarbeiten da sind. Aber wie wenig hat man selbst den einen Pausanias benutzt, seine Uebergangspartikeln genau beachtet und ihn immer auf seinen Touren, wo er bald einmal seitab geht und dann wieder auf den Anfangspunkt zurückkehrt, begleitet, was freilich die Verderbniss des Textes sehr erschwert.

Sie klagen über die Last aufgebürdeter einförmiger Geschäfte, und es ist auch unverzeihlich, wie sehr man Sie beladen hat, auf Ihre unermüdliche Thätigkeit rechnend. Es ist schlimm, wenn man gegen den Göthe'schen Rath auch die schlimmen Stunden, sowie die guten, an die Arbeit setzen muss. Es muss ein schauderhaftes Gefühl sein, wenn man einen solchen Ocean von Arbeit, wie der Inschriftenthesaurus allein nöthig macht, vor sich sieht, der durchschwommen werden muss. Könnt' ich Ihnen dabei nach dem kleinen Maass meiner Kräfte hilfreich sein. Ich bin darin verzogen, dass ich selten über die Lust hinausarbeite, daher ich immer Berufsarbeiten und eigene Studien auf eine schlaue Weise so eintheilen muss, dass mich die letzten wieder stärken und trösten. Jetzt bin ich verdriesslich, dass ich fast ganze 14 Tage für die Göttinger Anzeigen recensiren muss, die ich besser anwenden möchte. Desto mehr freue ich mich auf die nächste Woche, wo ich Ihren Commentar zum Pindar recht genau zu studiren denke, und davon mir eben so viel Genuss als Belehrung verspreche.

Dissen ist zwar nicht bettlägrig gewesen, aber doch sehr schwach. Jetzt erholt er sich bei dem milden Frühlingswetter und fängt an recht munter auszusehen. Heeren ist auch wieder wohl auf den Beinen, im eigentlichen Sinne. Wir haben hier eben einen angenehmen Besuch von Welcker, mit dem ich im Gespräch manche *Mythologica* abgehandelt habe, und mich in seinen Ansichten ganz zurecht finde. Diesen Winter über war der Kenner des Indischen, Fr. Bopp, bei uns, und ich bin sehr viel mit ihm zusammen gewesen, so dass er mir sehr lieb und werth geworden ist, und mir sein Abgang ordentlich leid thut. Er geht eben nach Berlin, um dort an 6 Wochen zu bleiben, und wird Sie gleich besuchen. Vielleicht bringt er Ihnen diesen Brief, und auch ein paar Kunstblätter, die mir der Herausgeber Span für Sie übersandt. Sie regen von neuem die Aufgrabung in Olympia an, wovon jetzt freilich nicht eben die Rede sein kann, da hoffentlich dort Alles im Aufstande ist. Unsere Griechen haben uns sämmtlich verlassen und gehn nach Wien und wo möglich weiter zu Ipsilanti; sie sind ganz ecstasirt und voll der besten Hoffnungen.

Mit jenen Kunstblättern schicke ich zugleich ein andres, in welchem ich von dem Apollon des Kanachos handle; ich möchte gern auch eins an Hirt schicken, aber ich habe keins mehr. Nächstens schicke ich Ihnen eine Karte von Attika und einen Plan von Athen, beide sehr unvollkommen und eilfertig gemacht, da mich Ersch für seine Encyklopädie darum plagte.

Weiter hätte ich Nichts zu schreiben, denn alles Gelehrte ist zu weitläuftig, z. B. die Athenä-Neith, die Sie nicht lassen wollen. — Ich empfehle mich mit zutraulicher Ergebenheit Ihrem Wohlwollen, Ihrer lieben Frau und den übrigen Freunden.

Ganz
der Ihrige
K. O. Müller.

[Berlin,] d. 21. Apr. [1821].

Im Begriff, liebster Müller, die Fortsetzung der Aushängebogen an Dissen zu senden, nehme ich die Gelegenheit wahr, Ihnen für die übersandten Sachen zu danken. Ihre Abhandlung über den Apoll des Kanachos habe ich mit dem grössten Interesse gelesen, da mich besonders die Zeitalter der Künstler oft beunruhigen und jede genauere Zeitbestimmung mir äusserst angenehm ist. Mit dem Kanachos hängt sein Bruder Aristokles zusammen, auf welchen ich kürzlich um eines andern Aristokles willen gerathen bin, von welchem letztern ich nichts Rechtes auffinden kann. Was Heyne über den Kleoitas, Vater und Sohn des einen und andern Aristokles in den *Opuscc.* geschrieben hat, ist durchaus confus; mir scheint dieser Kleoitas ein Athener, und ich glaube, dass er ein Gehülfe des Phidias in Olympia war, wie Kolotes. Sein Zeitalter kann ich genauer nicht ausmitteln; oder wissen Sie etwa, wer der Aristides ist, der nach Kleoitas die Schranken zu Olympia verbessert hat? Dessen Zeitalter liesse einen Schluss auf das Zeitalter des Kleoitas machen, dessen Statue zu Athen, auf welcher er seine Erfindung der Olympischen Schranken erwähnt, schon durch Kunst ausgezeichnet war: so dass Kleoitas wenigstens nicht, wie Heyne meinte, sehr alt sein kann.

Den Aufsatz von Sickler über Olympia finde ich etwas schwach. In den Bogen, welche ich nach Göttingen sende, habe ich die Bröndstedische Helminschrift erklärt: als ich dabei war, stand ich öfter an, ob ich die Meinung von Dodwell, dass dergleichen Helme nicht Kriegerhelme waren, anführen sollte oder nicht, liess es aber endlich dabei, nicht davon zu sprechen, weil ich dachte, es würde nicht leicht einer die Dodwellsche Bemerkung auf diesen Helm anwenden, was nun doch von Sickler geschehen ist. Erstlich aber ist ja nicht klar, ob dieser Helm auch von dünnem Erz ist; sodann können diese dünnen Helme mit Leder gefüttert gewesen und dann sehr brauchbar gewesen sein auch für den Krieger. Ich bin überzeugt, dass diese Helme Kriegshelme waren, wie die leinenen Panzer bei Pausanias, die Gelon geweiht hatte, und die doch schwerlich Kunstwerke sein sollten!

Es sind in diesen Tagen wieder Abgüsse Aeginetischer Sachen angekommen, wie mir Uhden heute gesagt hat; ich habe sie aber nicht gesehen, sondern will erst nach dem Feste hingehn, um die Inschrift, welche auch abgegossen ist, die Geräthschaften im Aeginet. Tempel betreffend, in Ordnung zu bringen. Denn es ist der ganze Transport im schlechtesten Zustand angekommen und die Abgüsse müssen erst restaurirt werden; so ist denn die Inschrift auch zerbrochen.

Auf Ihre Untersuchungen über die Dorer bin ich sehr begierig. Ich habe grade in diesen Tagen, bei Gelegenheit der ersten Pyth. Ode, deren Commentar gedruckt wurde, mich noch einmahl mit den Dorischen Stämmen herumgeschlagen, und es ist mir gelungen zufällig auch ihre Existenz in Megara aufzufinden; was mich mehr um des Zusammenhanges willen, da es mir eine Lücke in einer Demonstration ausfüllte, als um der Wichtigkeit der Sache willen freute.

Haben Sie wol das alte Grabmal des Midas, wie ichs hypothetisch nennen will, in der Abhandlung von Leake in Walpole's *Travels* gesehen? Ich möchte wol wissen, was Sie davon dächten; mir scheint es ein sehr wichtiges Denkmal.

Doch genug für heute. Leben Sie wohl.

Ganz der Ihrige
Böckh.

Wenn Sie beim Lesen der Aushängebogen von Pindar Druckfehler finden, bitte ich sie mir auszuliefern.

[Göttingen,] 21./6. 21.

Je weniger mir das Schreiben Lust macht, verehrtester Freund, wo es so viel zu schreiben giebt und doch so wenig geschrieben werden kann: um desto mehr hat mich die Nachricht erfreut, dass Sie im August ein paar Tage, die Sie aber, wie wir hoffen, zu Wochen machen werden, nach Göttingen kommen werden. Auch Dissen freut sich überaus auf das gemüthliche Leben, das er dann mit Ihnen zu führen gedenkt. Von mir nur, fürcht' ich, werden Sie weniger unterhalten als mit Fragen und Bitten um Belehrung nach alter Weise bestürmt werden.

Gar sehr muss auch ich Ihnen für den so grundgelehrten Commentar zu Pindar danken, dessen Aushängebogen mir Dissens Güte für meine Pindarischen Vorlesungen erlaubt. Ich kann es daher unter den ersten thun. Andrerseits bringt mich freilich der Commentar in die Enge, dass ich so wenig Eignes beifügen kann. Es bleibt mir oft nur übrig, Ihre kurzen Andeutungen auszuführen, die nur der manchmal merkt, der das Werk studirt. Bisweilen kann man etwas aus Kunstwerken zur Erklärung beifügen. Wie gefällt es Ihnen zu Ol. 1, 98, dass die Εὐδία auch als mythologische Person neben der Thalia, Galene, dem Κῶμος, Οἶνος u. a. mit beigeschriebenen Namen im Bacchischen Festrausch auf 2 Vasengemälden vorkommt (Tischb. 2. Th. 44. Millingen pl. 19). Auch die κωμῳδία kommt als Bacche bei einer Dionysischen Procession vor. Millingen pl. 6. — Dabei will ich auch gelegentlich anführen, dass bei Tischb. 4, 21 eine Victoria, vor einer Trophäe stehend, den Namen des Siegers auf das Stirnschild des Helms schreibt, was ganz Ihre Meinung bestätigt, dass die Worte IAPON KAI TOI ΕΥΡΑΚ etc. auf einem erbeuteten Tyrrhenerhelm stehn.

Ich habe vor kurzem einen Aufsatz über die Topographie von Athen und Attika, um den mich Ersch lange geplagt hatte, in seine Encyklopädie rücken lassen; das Beste sind 2 Karten dabei; der Aufsatz ist voll Druckfehler; ich werde ihn corrigirt Ihnen geben, wenn Sie hier sind. Dabei bin ich noch hernach wieder auf eine Combination gekommen, die in die Demensache hineinschlägt. Nemlich, ich habe mich immer gewundert, warum Kydathenaeum ein δῆμος ἐν ἄστει sein soll. Nun seh' ich, es sind die κύδιμοι Ἀθηναῖοι, welche von jeher in der Stadt wohnten, was ja von den Eupatriden bestimmt gesagt wird. Der Unterschied zwischen Ἀττικοί und Ἀθηναῖοι als den edlern, der auf solchen Erinnerungen beruht, kommt noch bei Plato und Dikäarch vor.

Den Dorischen Phylen spür' ich auch viel nach, aber in Megara habe ich sie noch nicht gefunden. Ich bin auf die Quelle begierig. Ich weiss nicht, ob Sie das Παμφυλιακόν als Theil der Stadt Argos kennen (bei Plutarch *Virt. mul.* T. 8 p. 269 Hutt.), es ist mir besonders interessant.

Das Grabmal des Midas, denn so kann man es wohl nennen, ist in der That mit seinen Inschriften sehr wunderbar, wenn es auch erst aus der Zeit der Abhängigkeit von Lydien ist. Griechische Schrift so weit im Orient ist doch seltsam. Halten Sie noch ein oder mehre Worte für griechisch ausser den beiden *Μίδᾳ Ϝανακτι*? Auch die lykischen Inschriften sind auffallend barbarisch. Halten Sie bei einer derselben das Griechische für Übersetzung? Ein Name findet sich im Lykischen und Griechischen ziemlich gleich.

Wie viel wird noch an den Tag kommen, wenn diese Länder zugänglicher sein werden. Gott gebe dies jetzt wenigstens bei dem eigentlichen Griechenland!

Ich glaube, dass in diesen Tagen ein guter Freund von mir, Dr. Höck, an Sie schreiben, und Sie um eine Auskunft über Inschriften von Kreta bitten wird. Er beschäftigt sich mit einer Geschichte dieses Landes, und wird gewiss ein gutes Buch liefern. Wenn Sie ihm ohne eine Unbequemlichkeit gefällig sein können, werden Sie uns beide sehr erfreun; er kommt auch wohl gern besonders deswegen nach Berlin, wenn Sie ihm etwas zur Benutzung gestatten wollen.

Ein paar kleine Druckfehler im Pindar, die ich bis jetzt gefunden habe — selten sind sie über die Maassen — will ich hier gleich beischreiben:

S. 40 in der Übers. Str. 2 fehlen die Worte μὴ παρὰ καιρόν.

S. 139 Z. 5 v. u. χρυσόκερον ἐλ. schr. χρυσόκερων ἐλ.

S. 140 Z. 8 für αὐτοὺς — αὐτὰ (δένδρεα).

S. 113 Z. 21 für κληΐξεῖν — κλεΐξεῖν.

S. 162 Z. 13 v. u. für ην — ἥν.

S. 170 Z. 22 ist wohl das Citat *nott. critt.* p. 418 verdruckt. Ich kann es eben nicht schnell finden.

S. 171 Z. 16 *Hymn. Hom.* IX wohl XXIX oder XXVIII nach verschiedner Zählung.

Für die Schol. habe ich bisweilen eine kleine Emendation: so S. 180 zu Ol. Z, 152 für Ἀρχῖνος Ἀργ. βασιλεὺς — Ἀκρίσιος nach Paus. 2, 25, 6.

Leben Sie herzlich wohl, verehrtester Herr Professor, und grüssen Sie den guten Asopios von mir, wie Sie ihn sehen. Er ist eine vortreffliche Seele.

Stets
Ihr treuer
K. O. Müller.

[Berlin,] d. 27. Juni 21.

Für Ihren letzten Brief, lieber Müller, danke ich Ihnen herzlich und freue mich zum Voraus Sie in Göttingen wenn auch nur etliche Tage zu sehen; denn ich kann leider nicht lange bleiben. Auch bin ich sehr begierig auf Ihre Abhandlung über die Topographie von Athen und Attika, die Sie lieber anderswohin hätten geben sollen als in eine so verruchte Anstalt, wie eine Encyklopädie ist: wogegen ich wenigstens eine grausame Antipathie habe. Dass aus Kunstwerken manches auch zur Erklärung des Pindar geliefert werden kann, glaube ich gerne; doch halte ich Vorsicht für nöthig, um nicht zu Entferntes anzubringen. So gestehe ich nicht recht einzusehen, wozu die *Εὐδία* auf den Vasengemälden bei Olymp. 1. eigentlich dienen soll. Ueber die Pamphyler in Megara werden Sie eine genügende Stelle aus einer längst bekannten, aber nicht verstandenen Inschrift bei Pyth. 1. finden. Das *Παμφυλιακόν* in Argos ergänzt nun recht gut die Argivischen Stämme.

Das Grabmal des Midas halten Sie für ein Werk aus der Zeit der Abhängigkeit Lydiens; ich kann nicht sehen warum. Ich habe darüber eine närrische Idee, die aber sehr weitläuftig zu exponiren ist: ich halte es für das wirkliche Grabmal eines Midas, und nichts darin für Griechisch. Wir wollen einmahl davon sprechen. Was die Lykische *Bilinguis* betrifft, so habe ich bei flüchtiger Ansicht nichts entdecken können, was berechtigt das Griechische für Uebersetzung zu halten. — Dr. Höck hat noch nicht an mich geschrieben; nach Berlin zu kommen wegen kretischer Inschriften wäre nicht der Mühe werth; wenn er es verlangt, kann ich ihm die Quellen angeben.

Für die Druckfehler danke ich, noch mehr dafür, dass nicht alle wirklich welche sind. S. 139. Z. 5. v. unten ist *χρυσόκερον* richtig; denn so steht l. c. — S. 162. Z. 13. v. u. ist über $\bar{\eta}\nu$ das prosodische Wesen, wie es zu gehen pflegt, im Druck abgesprungen. — S. 170. 22. ist das Citat *nott. critt.* p. 418. richtig; ich weiss nicht, warum Sie es nicht gefunden haben. S. 171. 16. ist *Hymn. Hom.* IX. auch richtig; ich habe nach Herm. citirt. Aber *αὐτοὺς* f. *αὐτὰ* und dass Ol. VIII. *μὴ παρὰ καιρὸν* übersprungen ist in der Uebersetzung, *haeret et usque haerebit.* Mein Ms. habe ich weggeworfen, weiss daher nicht wer Schuld ist; an αὐτούς natürlich ich.

Vor etwa 10 Tagen habe ich eine Sendung an Dissen geschickt, durch einen Verwandten meiner Frau, den Candidaten Lorberg. Sollte Dissen das Packet nicht mehr erhalten haben, so sein Sie so gut sich darnach bei meiner Schwiegermutter zu erkundigen, die den jungen Mann gut kennt, und es an sich zu nehmen. Ich weiss nicht, wie lange Dissen im Bade bleibt; die Sendung, welche mit diesem Briefe abgeht, nehme ich mir die Freiheit deshalb Ihnen zu schicken; Sie werden schon wissen, was Sie damit zu machen haben; vielleicht hat er Ihnen etwas darüber aufgetragen.

Ich schliesse, da ich nur in Eile etliche Zeilen schreiben konnte.

    Stets von Herzen der Ihrige
          Böckh.

Heute d. 29. erhalte ich den kleinen Zettel bei Dissens Brief; ich danke Ihnen dafür: Τεγύρας ist mir wahrscheinlich, und ich habe es in den Fragmenten bemerkt.

      Göttingen, 27. 6. 21 (in einem Brief von Dissen).

Bei Gelegenheit folgen wieder ein paar Druckfehler aus den Explic. zu Pindar. Ich schreibe sie sehr eilig zusammen, und vielleicht versehe ich mich da und dort. Ich denke, lieber zu viel darin als zu wenig zu thun.

Uebersetzung:

Ol. 8 ep. 2 fehlt ein Wort: *in loco vero consternati animas efflarunt.*

S. 188, 4 v. unten wollen Sie vielleicht mit Absicht μοιριδία.

196, 21 *pluvere.*

204, 3 v. u. *Coeph.*

Mehr hab' ich, zu meinem Erstaunen, wieder nicht gefunden, und es ist wohl selten ein Werk, mit so abwechselnder Schrift, so rein gedruckt worden.

          Müller.

Göttingen, 11. März 1822.

Ich habe mit dem Schreiben an Sie, verehrter Freund, immer noch gezögert, weil ich immer noch nicht die Bestätigung meiner Reise von London habe. Indess ist kein Zweifel, dass ich sie erhalte, da der Graf Münster selbst schon in Hannover seine Zustimmung gegeben hat. Nur ist mir der Verzug fatal, da ich eigentlich schon in der letzten Woche März fort will. Aber jetzt werde ich wohl noch etwas länger hier bleiben müssen. Ich komme auf dieser Reise nach London, Oxford, Cambridge, Paris, und werde auch zu den Villen der Grossen, wie mir versprochen ist, durch Empfehlungen leichteren Eintritt finden, als es gewöhnlich geschieht. Auf dem Hinwege gehe ich vermuthlich über Utrecht und Leyden. Nun bin ich mit Freuden erbötig, an allen diesen Orten Ihnen abzuschreiben und zu notiren, was irgend Sie wollen, und ich erwarte Ihre Aufträge. Doch bitte ich Sie, mir so bald als möglich darüber zu schreiben, da es doch noch möglich ist, dass ich schon gegen Ende des März reise. Auf jeden Fall warte ich Ihren Brief ab. Meine Zeit steht Ihnen zu Diensten, wieviel Sie immer davon Gebrauch machen wollen, denn ich habe ein volles Halbjahr zur Reise, und doch im Ganzen nur ein sehr einfaches Geschäft. — In diesen Tagen habe ich die Geschichte der Baukunst nebst mehrerem Andern von Hirt erhalten; wollen Sie ihm indess meinen grössten Dank sagen; ich bin ganz überrascht worden durch ein so bedeutendes und wichtiges Geschenk; wenn ich irgend einen Auftrag für ihn ausrichten könnte, würde es mir viele Freude machen.

Mit der herzlichsten und dankbarsten Ergebenheit
Ihr
K. Otfr. Müller.

Berlin, d. 17. März 1822.

Für Ihren Brief vom 11. März, theuerster Müller, danke ich sehr, und eile ihn zu beantworten. Ich hätte Ihnen schon eher geschrieben mit dem Pack *Hirtiana*, welche ich Ihnen geschickt habe; aber da mir Dissen geschrieben hatte, dass Sie nächstens an mich schreiben würden, habe ich es in Erwartung Ihres Briefes unterlassen und den Pack *brevi manu* zur Post gegeben.

Sie sind sehr gütig in Ihren Anerbietungen, und ich will auf der andern Seite Ihre Güte nicht missbrauchen; doch ist es dennoch möglich, dass in meinen Aufträgen ein Missbrauch liegt, da diese der Natur der Sache nach nicht ganz bestimmt sind, und vielleicht mehr darin liegt, als ich mir vorstelle. Da ich nun ohne Verzug an die Inschriftensammlung zu gehen gedenke, so liegt mir diese vorzüglich am Herzen, und meine allgemeine Bitte geht dahin, was Ihnen von unedirten Inscr., die zu meiner Sammlung gehören, also griechischen, vorkommt, mir zu procuriren. Was in dem Brittischen Museum ist, nahmentlich in der Elginschen Sammlung, glaube ich alles zu haben; für letztere stehe ich, bis zum Jahr 1820. Sollte aber nach 1820 noch etwas hineingekommen sein, so bitte ich dies für mich zu copiren oder copiren zu lassen. Sollten in den übrigen Theilen des Brittischen Museums noch nicht herausgegebene Inschriften enthalten sein, was Sie am besten werden beurtheilen können, so gilt meine Bitte auch dafür, sowie für die Villen, und besonders auch für die Choiseul-Gouffierschen Inschriften, von welchen ein Theil bei der Auction für England scheint erstanden worden zu sein. In Oxford und Cambridge glaube ich nicht, dass *Inedita* auf Steinen zu finden sind. Aber ich habe noch immer nicht mit Gewissheit finden können, wo Chishulls Papiere zu dem 2ten Band der *Antiquitates Asiaticae* hingekommen sind; doch scheinen sie nach einer Notiz, die ich habe (aus den *Ionian Antiquities* T. I. S. 39.), im Brittischen Museum Catalog. Harlei. N. 7509. zu sein. Diese enthalten viele Inschriften, und ich wünschte, dass Sie diese mir abschreiben oder auf meine Kosten abschreiben lassen. Auch citirt Chandler ein Ms. v. Sherard, vermuthlich in der Harlei. Bibliothek, welches viele Inschriften zu enthalten scheint: können Sie dieses finden, so gilt auch dafür dieselbe Bitte;*) desgleichen wenn Sie von Cockerells oder des Capitain Beauforts in Vorderasien gesammelten Inschriften etwas habhaft werden könnten. Nach einer Notiz von Spiker besitzt Fred. North Douglas metrische Inschriften. Herb. Marsh citirt in den *Horis Pelasgicis* eine Inschrift von Krissa, die sehr alt sein soll, von Gropius gefunden, wovon Abschriften in England sein sollen; ich habe sie aber noch nicht bekommen können. Vielleicht treiben Sie sie auf. Diese Sachen sind es ungefähr, welche ich in England zu besorgen hätte.

Bis Sie aus England nach Frankreich übergehen, erfahre ich ja wol wieder ein Wort von Ihnen; es ist schwer für ein volles halbes Jahr Aufträge im Voraus zu geben, da sich so viel ändert. Ich habe in Paris seit Jahren ein Geschäft angeknüpft, was mir noch immer nicht vollständig gelungen ist, nehmlich die Besorgung einer Abschrift von Seguiers Πασῶν τῶν Ἑλληνικῶν ἐπιγραφῶν πίναξ. Nach vielen vergeblichen Versuchen hat ein Grieche Sypsomo, ehemals Secretär des türkischen Geschäftsträgers Manos, die Arbeit, welche sehr schwierig ist, übernommen; nachdem aber der Geschäftsträger vom Sultan zurückberufen worden, damit ihm der Kopf abgeschlagen werde, und daher entflohn ist, gerieth der arme Teufel von Secretär, der noch obendrein ein dummer Teufel ist, in grosse Noth, und hat sich von Hase, der mir die Sache besorgte, unter allerlei ... Vorwänden, den grössten Theil des Honorars herausgebettelt, und fast nichts geliefert. Nur etliche Bogen hat der Schaafskopf abgeschrieben, mit vielen Fehlern, iedoch so dass ich die Abschrift, durch Coniectur verbessernd, brauchen kann. Ich gedenke Sie zu erinnern, wenn Sie nach Paris gehen, mir diese Sache zu betreiben, damit ich endlich damit glücklicher sei: indessen will ich erst sehen, wie weit ich bis dahin damit kommen werde. Ferner befindet sich in Paris der grössere Theil der Choiseulschen Sachen, indessen will diese der Graf Clarac herausgeben, und ein Theil davon soll schon lithographirt sein: erhalte ich sie bis zu Ihrer Reise nach Paris nicht, so werde ich Sie auch darum noch mit einer Bitte behelligen. Können Sie sonst was in Paris auftreiben, so bin ich, auch ohne bestimmten Auftrag dafür, Ihrer Güte gewiss.

Meine besten Wünsche begleiten Sie auf Ihrer Reise, die Ihnen und den Wissenschaften ohne Zweifel sehr erspriesslich sein wird. Wie steht es denn aber mit den Dorern? Haben Sie diese Arbeit schon vollendet oder setzen Sie sie aus?

Darüber werden Sie mir ja, da Sie schwerlich noch einmahl schreiben können, durch Dissen etwas sagen lassen können. An Dissen habe ich schon gestern geschrieben; aber er wird den Brief später erhalten, da ich ihn einem Studenten mitgeben will. Den Pindar werden Sie nun nicht mehr sehen; Ihr Exemplar bleibt Ihnen aufgehoben.

Nochmals meine herzlichen Wünsche für die glückliche Beendigung Ihrer Reise! Ich wiederhole meine Bitte mir einmahl zu schreiben, und so leben Sie denn herzlich wohl, liebster Freund.

Stets von ganzem Herzen der Ihrige

Böckh.

---

*) Indem ich noch einmahl nachsuche, sehe ich aus Chandlers Vorrede zu den *Inscr. Antiq.* p. VI. dass das Sherardische Ms. das in Mus. Britan. N. 7509. ist. Ich bitte also auf dieses besonders aufmerksam zu sein.

London, 27. Mai 1822.

Verehrter Freund!

Ich will, da ich eben in grosser Eile bin, gleich von dem Zwecke dieses Briefes, den Inschriften zu sprechen anfangen; Manches über meine Reise wird gelegentlich dabei vorkommen. In Holland ist, soviel ich weiss, nur eine archäologische und Inschriften-Sammlung, das Museum der Universität Leyden. Die älteren Inschriften daselbst haben Sie schon aus Oudendorp's *Museum Papenbroekianum*, und te Water's Nachtrag dazu. Einige kleine dazugekommene habe ich abgeschrieben, von Attischen *Cippis* und Sepulcral-Reliefs, die durch einen Colonel Rotiers nach Leyden gekommen sind; ferner ist die grosse Inschrift da, die in *Hesselii Praef. ad Gudium* steht; sie schliesst ταυτα αποδεδοται. Dann hat Rotiers eine schöne und wohlerhaltene Inschrift mitgebracht: die eine μίσθωσις der Aexoner in Attika enthält. Niebuhr hat eine Abschrift davon erhalten, die aber sehr fehlerhaft sein soll. Man kann sie ganz und sehr genau lesen. Ich hätte sie abgeschrieben, wenn ich länger als 1½ Tage in Leyden gewesen wäre. Pf. Reuvens sprach davon, sie selbst mit einem Commentar herauszugeben, doch versteht er sich auch dazu eine genaue Abschrift an Sie zu schicken, wenn Sie ihm darum schreiben. Wir sind gute Freunde geworden, und er hat mir auch Recommandationsbriefe an Engl. Gelehrte gegeben, da er zweimal hier gewesen ist, das letzte Mal 6 Monate. Er hat Abschriften von sehr vielen Inscriptionen, doch so viel ich weiss nur aus dem Brittischen Museum, von den Steinen.

Hier in London bin ich jetzt gerade 6 Wochen und habe die ganze Zeit auf das Brittische Museum verwandt, ausser dass ich in einigen Morgen Payne Knight's wunderschöne Bronzen und erstaunend schöne griechische Münzsammlung durchgesehen und mit dem wunderlichen, aber doch sehr gelehrten Mann über Mythologie discourirt habe. Mit dem Museum bin ich fast fertig. Zu den Inschriften im Elgin-Room sind einige hinzugekommen, zum Theil aus dem Besitz der Dilettanti-Society (die meisten bei Chandler), zum Theil durch andrer Schenkung, die nicht im Catalog von 1820 stehen. Diese schreibe ich ab. Sonst habe ich von den *Elginianis* nur copirt, was eben ein Interesse für mich hatte, oder sonst die Wissbegier reizte, und will Ihnen die Copien davon geben zur Vergleichung mit denen, die Sie haben. Ich sehe ja auch, dass Osann eben ein Volumen *Elginia* herausgiebt, und höre, dass auch Mr. Rose — mit dem Sie ja wohl in Correspondenz sind — alle Inschriften des Englischen Museum zusammen ediren will. Doch wird letzteres wohl noch eine Zeit dauern. Ich habe indess, was sich im übrigen Museum befindet, und noch nicht in Combe's Beschreibung steht, abgeschrieben, und werde die Copien sorgfältig revidiren; was sehr nothwendig ist, da bei dem zerstörten Zustand der meisten Inschriften im Brittischen Museum man heute das, morgen bei anderem Licht etwas ganz andres zu lesen glaubt. Besonders sind mehrere griechische Inschriften aus Egypten da, von denen Sie indess vielleicht schon Copien haben, da sie schon 1820 hier waren. Besonders aber muss ich Sie wegen folgender Inschrift fragen, deren Abschrift bedeutende Arbeit kostete. Sie steht notirt in der *Synopsis of the Contents of the British Museum (19 Edit.) IX Room. n. 17. A Greek inscription on a marble slab of considerable dimensions brought from the island of Tenos. Purchased in 1818.* Sie ist bei weitem die grösste existirende griechische Inscription, soviele ich kenne, 7 Fuss hoch, 2½ breit, ganz mit kleinen Buchstaben beschrieben. Zuerst ist sie sehr unkenntlich, doch bekommt man wohl nach und nach alles heraus. Was ich bis jetzt gelesen habe, besteht fast ganz aus Namen und Geldsummen und enthält Urkunden über Verkauf von Häusern und Gütern. Schreiben Sie mir gütigst, ob Sie diese Inschrift schon besitzen, und wie abgeschrieben. Combe und Nöhden sagen mir, dass sie noch Niemand abgeschrieben habe. — Noch stehen oder liegen Inschriftensteine unaufgestellt in den dunkeln Winkeln des Souterrains, die ich nächstens mit der Lampe in der Hand beschauen werde.

Ich komme nun zu meinen Nachforschungen auf der Bibliothek, bei denen mir Dr. Nöhden getreulich beigestanden hat. Wunderbar, dass noch kein Fremder und Einheimischer die beiden Codd., den Sherard'schen, und Askew'schen benutzt hat, auch Mr. Rose nicht, wie ich höre. Mr. Ellisson, einer der Aufseher der Bibliothek, hat den letzteren vor einigen Jahren ediren wollen, aber es aufgegeben, wie mir gesagt wird. Doch um nicht die Sache beim Schwanz anzufassen, will ich die Geschichte dieser Inschriftensammlung historisch erzählen, wie sie sich aus den Notizen bei den Handschr. leicht zusammensetzt. Als Chishull den Plan einer Inschriftensammlung gefasst hatte, schickte ihm Sherard, damals Brittischer Consul in Smyrna, seine Sammlung zu, die er in mehreren Jahren von Steinen an der Küste Asiens gemacht hatte. Diese Sammlung ist der Sherard'sche Codex, in der Harlej. Biblioth. 7509, und wahrscheinlich das Original. Er enthält 84 Seiten, sehr deutlich und ordentlich geschrieben, obgleich mit vielen leicht zu bemerkenden Abschreibeversehen. Die copirten Inschriften müssen meist damals in sehr gutem Zustande gewesen sein. Dieser Codex kam in den Besitz des Earl of Oxford, der auf einem Blatt, welches vorn eingeheftet, selbst angiebt, dass es derselbe sei, den Chishull *Antt. Ass.* p. 1 erwähne. Chishull hat mit geringen Ausnahmen alle seine Inschriften aus ihm entnommen, die im I. und im An-

fange des II. Bandes stehen, über dessen Herausgabe er starb;
aber der Codex hat wohl 3 mal mehr als Chishull herausgegeben.
Den Inschriftennachlass Chishull's ordnete Dr. Ward.
Er fand vor 4 Volumina von Inschriften, ebenfalls fast ganz
aus Sherard's Sammlung entnommen und zur Fortsetzung des
II. Bandes bestimmt. Diese liess er zusammenschreiben, und
sie bilden den prächtig geschriebenen Codex unter dem Titel:
*Antiqq. Asiatt. pars altera, purchased at Dr. Askew's sale
Nr. 5106 (scr. anno 1736 curante Ward).* Bei jeder Inschrift
ist notirt, wo sie in Sherards Msc. und in den IV Büchern
von Chishull stand, auf die Weise: O (*Earl of Oxford's Msc.*)
64. B (*ook of Chishull*) 3. 28. Dann steht die Inschrift in kl.
griechischen Buchstaben gegenüber, wie sie Chishull abgefasst
hatte. Chandler hatte den Sherard'schen Codex, und es findet
sich dabei auch ein Brief von ihm an den Earl of Oxford,
aber er hat nur wenige Inschriften daraus genommen. Ich
werde nun — und habe schon angefangen — den Sherard'schen
Codex abschreiben, soviel nicht bei Chishull und Chandler
schon steht, und werde die Abschriften hernach mit dem
Askew'schen Codex vergleichen und Chishull's Ergänzungen
dabei notiren. Ich werde freilich dabei so wenig wie möglich
Ueberflüssiges thun, doch denke ich immer, es ist besser, dass
ich die Abschrift mache, als dass sie ein *mercenarius* für vieles
Geld übernimmt, der dabei manches zu viel und manches zu
wenig thun würde. Was die Inschrift von Krissa (Herb.
Marsh *Horae Pelasgicae*) betrifft: so liess ich darüber durch
Dr. Nöhden, der mit Lord Peterborough in Briefwechsel steht,
anfragen und erhielt zur Antwort die Einladung von dem
Bischof und Mrs. Marsh, nach Peterborough zu kommen und
ein Paar Tage in ihrem Palaste als Gast zu sein. Die Inschrift
hat Hughes, welcher Caplan des Bischofs ist, mitgebracht,
und ich soll diese, und was ich sonst begehre, haben.
Ich gehe daher morgen nach Cambridge, wo ich Hughes treffe,
und dann mit ihm weiter. Und dies ist eben die Ursache,
warum ich heute so schlecht und unleserlich schreibe. Doch
hoffe ich, dass Sie alles werden lesen können. — In 14 Tagen
denke ich nach Oxford, Wiltonhouse und nach der Insel Wight
zu gehen, und etwa gegen Ende Juli nach Paris. Schreiben

Sie mir, sobald Sie können, gütigst über das *Marmor Tenium* und sonst — und wenn Sie noch sonst für England Aufträge haben, erfreuen
Sie damit Ihren
treuen
C. O. Müller.

Meine Adresse: London, Beauford Building, Strand N. 11.

Berlin, d. 9. Juni 22.

Soeben, bester Freund, erhalte ich Ihren Brief vom 27. Mai und eile denselben, wenn auch nur kurz, zu beantworten, damit ich Sie mit meinem Briefe noch in London erreiche. Was zuerst Holland betrifft, so habe ich zwar te Water's Nachtrag zum *Mus. Papenbrock.* noch nicht gesehen, indessen habe ich mir ihn notirt, und was also darin steht, wird sich von selbst finden. Dass Sie die kleinen Inschriften, die noch später nach Leiden gekommen sind, notirt haben, dafür danke ich Ihnen zum Voraus, wie für Ihren ganzen liebevollen und freundschaftlichen Brief; die Inschrift, welche Hessel edirt hat und die schliesst ταῦτα ἀποδίδοται, kann ich zwar, da ich den Gudius in dem Augenblick (es ist gerade Sonntag) nicht zur Hand habe, nicht gleich finden; aber die brauche ich auf keinen Fall mehr. Wegen der Inschrift der Aexoner will ich an Reuvens schreiben: Niebuhr hat entweder keine Abschrift davon, oder er müsste sie zu haben vergessen haben. Osann schreibt mir, dass Reuvens auch die *Elginiana* herausgeben will.

Ebenso danke ich Ihnen für das Copiren derjenigen Elginischen Steine, welche nach 1820 ins Museum gekommen sind, und wovon Sie sonst noch Abschriften genommen haben; von Aegyptischen Inschriften habe ich, da die Elginschen allein für mich copirt wurden, gar nichts aus dem Brittischen Museum erhalten; indessen habe ich etliche aus Englischen Journalen gezogen, und wahrscheinlich sind dies die im Brittischen Museum. Was Sie mir von der Inschrift von Tenos schreiben, die 7 Fuss hoch, 2½ Fuss breit, ganz klein geschrieben sei, Brit. Mus. IX. R. n. 17. ist mir ganz neu; ich habe davon keinen Buchstaben und bitte Sie also dringend mir davon eine Abschrift zu verschaffen; ich glaube, dass man Ihnen richtig gesagt hat, es habe noch niemand davon eine Abschrift genommen. Wie freut es mich ferner, dass wir endlich die Codd. v. Sherard und Askew bekommen, da mir immer noch Einiges fehlt, wovon ich zufällig Kunde habe, dass es in dem Sherardischen Cod. enthalten sei.

Nicht minder erfreut bin ich darüber endlich die Inschrift von Krissa zu erlangen, derentwegen ich schon einmahl vergeblich nach Constantinopel geschrieben hatte. In Wiltonhouse ist die Pembrokesche Inschrift von dem $\pi\acute{\epsilon}\nu\tau\alpha\vartheta\lambda o\varsigma$ etc. Von dieser habe ich aber schon mehrere Abschriften; aber auf der Insel Wight finden Sie vielleicht Einiges; wenigstens bin ich darauf schon früher. von Spiker aufmerksam gemacht worden. Kommen Sie nach Paris, so bitte ich Sie besonders sich für mich bei dem Grafen Clarac, der die Choiseulschen Steine bearbeitet oder herausgeben will, bei Letronne, der so viel ich weiss Gau's Sachen in Händen hat, und bei Raoul-Rochette zu verwenden; der letztere, sowie Jomard, und auch die beiden ersten, sind mir wohl gewogen: und mit Raoul-Rochette und besonders mit Jomard führe ich bisweilen Briefwechsel. Diese haben allerlei Ungedrucktes, und da es mir nur darum zu thun ist alles bei Zeiten zu haben, nicht aber es zuerst herauszugeben, so ist es ganz gefahrlos, wenn Sie dieselben überreden könnten, mir die Sachen mitzutheilen. An Raoul-Rochette habe ich auch bei Gelegenheit einer Kritik seiner *Antiquités Grecques du Bosphore*, die ich ihm schriftlich gemacht habe, gestern geschrieben, um ihn dafür zu stimmen.

Das ist nun alles, was ich in diesem Augenblicke weiss; was den Mr. Rose betrifft, der ich weiss selbst nicht was, wahrscheinlich aber ein junger Geistlicher ist, ietzt in Horsham in Sussex, so habe ich diesem gestern geschrieben, da er mir etwas über einen Elginschen Stein geschrieben hatte. Ich habe ihm geschrieben, wenn er etwas mir mitzutheilen hätte, möchte er es Ihnen geben: er hat aber wahrscheinlich ietzt nichts.

Ich schliesse, da ich heute noch den Brief zur Post besorgen lassen will. Neuigkeiten schreibe ich nicht, als dass Kreuser ein Buch über die Hierodulen geschrieben hat (Sie kennen ihn ja wohl noch); Meier und Schömann werden die Preisaufgabe über das Attische Recht gewinnen; sie haben zusammen eine vortreffliche Arbeit darüber geliefert.

Jetzt leben Sie wohl. Viel und alles Glück zur weiteren Fortsetzung Ihrer Reise, und wiederholten Dank zum Voraus für Alles, was Sie mir mittheilen; wobei ich nur die unsägliche Mühe bedaure, die Ihnen die wahrlich nicht geringe Arbeit des *Cod. Sherard.* und das *Marm. Tenium* machen wird.

Von ganzem Herzen stets der Ihrige

Böckh.

Berlin, d. 2. August 1822.

Theuerster Müller.

Nicht wissend, wohin ich Briefe nach Paris an Sie adressiren soll, schicke ich diesen an Dissen, der doch vielleicht an Sie schreiben wird, um Sie um folgende Dinge zu bitten, die mir ietzt eben durch andre Pariser Correspondenz wieder in den Kopf kommen.

Der Graf Clarac, Aufseher des Museums, hat der hiesigen Akademie durch die dritte Hand, ich weiss selbst nicht mehr durch wen, versprochen, die Kupfertafeln seiner Ausgabe der Choiseulschen Inschriften vor der Herausgabe mitzutheilen: ich weiss aber nicht, ob diese Kupfertafeln nicht schon lange fertig sind; wenigstens habe ich vor langer Zeit gehört, es wären die meisten schon gemacht. In meinem letzten Briefe habe ich Hrn. Raoul-Rochette gebeten, den Hrn. Grafen daran zu erinnern; ob er es gethan, weiss ich nicht; nun bitte ich Sie darum, dieses zu übernehmen, und zugleich mich dem Grafen zu empfehlen.

Im Pariser Museum wäre freilich allerlei zu vergleichen; aber wenn man nicht selbst da ist, kann man keine rechte Bitte machen. Über England habe ich gehört, dass auf dem Stein, welchen Barthélemy herausgegeben hat, und dessen

Inschrift ich N. 1. in der Staatsh. habe abdrucken lassen (es ist die Rechnung N. 1. unter dem Archon Glaukippos, die Sie kennen), noch zwei andre Inschriften stehen, die eine alt, die andre jung: können Sie sich daran machen, so wäre es mir lieb. Ferner möchte ich folgende Inschriften, wenn sie Griechisch sind, abgeschrieben haben:

Catal. Clarac. p. 2. n. 3.
p. 8. n. 8.
p. 22. n. 36.
p. 108. n. 231.
p. 143. n. 332.
p. 240. n. 604.
p. 247. n. 633.
p. 249. n. 640.
p. 258. n. 683.
p. 263. n. 701.

Die Choiseulschen *Marmora* abzuschreiben kann ich Ihnen nicht zumuthen; sollte aber der Graf Clarac sie nicht herausgeben, würde ich Sie doch darum bitten müssen. Uebrigens überlasse ich es Ihrer Güte und Einsicht, was Sie sonst etwa in Paris abschreiben mögen, und beziehe mich auf meinen letzten Brief deshalb, welchen Sie ja werden erhalten haben; ich habe ihn nach London geschickt, wie Sie angegeben.

Den 18. August reise ich von hier ab, und gedenke Ende Septembers etliche Tage in Göttingen zuzubringen; sollte ich Sie da treffen, würde es mir äusserst erwünscht sein. Leben Sie wohl.

Von Herzen stets der Ihrige

Böckh.

London, 7. Aug. 22.

Ich schreibe Ihnen, verehrtester Freund, wieder nur über Inschriften, da ich Ihnen von den übrigen Begegnissen meiner Reise lieber mündlich erzählen möchte. Wenn ich nicht irre, schrieb ich Ihnen das vorigemal, als ich eben im Begriff war, nach Cambridge und Peterborough zu gehen, und Hoffnung hatte Hughes Inschriften zu erhalten. Allein so angenehm mir sonst diese Reise war, erhielt ich doch nichts von dem Gehofften, da Hughes seine Inschriften alle an Mr. Rose gegeben hatte. Auch habe ich nachmals erfahren und eingesehen, dass Hughes Abschriften sehr fehlerhaft sind, da er wenig Griechisch versteht. Was Sie aus Marsh *Hor. Pelasg.* erwähnen, steht indess in Hughes *Travels*, wo er von Delphi und Krissa spricht. Indessen copirte ich einiges, was ich für ungedruckt hielt, in Cambridge besonders 2 von Hawkins Brown etwa vor 50 Jahren nach Trinity College Library gebrachte, wovon eine ziemlich lange, wie es scheint, von Aegina, aber aus römischen Zeiten, nach Dobree's Versicherung noch nicht copirt ist. — Mr. Rose (the Reverend Hugh Rose, Horsham in Suffolk) schrieb ich später einmal, um von ihm Einiges zu erlangen, er war auch bald darauf bei mir in London, aber in grosser Eile nach dem Continent zu gehen, und fand mich nicht zu Hause; er muss Manches zusammenhaben. — Auch auf dem Britt. Museum und der Bibliothek hat er abgeschrieben; ich weiss aber nicht gewiss, was. — Frederick North, den Sie erwähnen, ist identisch mit Lord Guilford; er war zwar selbst die Zeit über nicht in London, aber ich fand Weg in sein Haus, und habe da alle Inschriften copirt; die metrischen (wovon einige bei Walpole) sind nicht so interessant, als ein nicht grosses, nett geschriebenes und wohl zu lesendes Fragment; ich schreibe einige Zeilen daraus ab [προπομπειαν usf.], blos um zu wissen, ob Sie es schon kennen. Auf jeden Fall habe ich es genau copirt.

Sonst habe ich in London noch bei Lord Belmore einige griechische, sehr späte Inschriften von Aegypten und ein paar Worte von Rhenäischen Grabsteinen copirt. Cockerell will seine Inschriften nicht selbst herausgeben, sondern hat sie Walpole, Monk, Elmsley zugeschickt; die bedeutendsten meint er schon gedruckt; was in ein paar Jahren noch nicht davon in England erschienen sein sollte, wird er nach Deutschland schicken, hat er mir versprochen.

Captain Beaufort hat mich sehr freundlich aufgenommen, und mir gestattet, alle Inschriften aus seinem Journal zu copiren, was ich gethan habe, doch hatte er manche an Wilkins' und Andere verliehen, die er nicht gleich wiederbekommen konnte. Sie bekommen indess eine ziemliche Anzahl daher. Mr. Bankes hat eine bedeutende Sammlung von ägypt. und andern Alterthümern, auch Inschriften; ich konnte aber die Sammlung nicht sehen; indess höre ich, dass die Inscriptionen eben lithographirt werden und bald erscheinen sollen. Er hat auch den berühmten römischen Victualientarif von Stratonicea copirt und herausgegeben, was indessen schon im Cod. Sherard steht. Heute, wo ich eigentlich nach längerem Zögern endlich abgehen wollte, habe ich Colonel Leake's Bekanntschaft gemacht und gebe deswegen einen Tag zu; von Inschriften werde ich indess nicht viel bekommen, da er selbst das Meiste herauszugeben gedenkt, doch hat er mir zugesagt, was dabei übrig bleibt, nach Berlin zu schicken. — Ich habe während des Durchsehens seiner Papiere einige kleine, mitunter sehr alte und interessante Stücke copirt. Er ist ein vortrefflicher Mann. — Auf dem Lande ist nicht viel von Inscriptionen. Die Pembrokesche Sammlung enthält einiges, das interessanteste ist eine nicht alte Inschrift aus einem Anathem eines Olympischen Siegers, welches in sorgfältigem alten Stil gearbeitet ist; ich habe das Ganze getreu abgezeichnet.

[Nachschrift aus Paris.] Ich sehe aus Ihrem Briefe, dass Sie diese nochmals haben; doch wird Ihnen die Ansicht des Ganzen interessant sein. Auch giebt es noch eine andre recht alte Inschrift da.

Was ich zu Appuldurcombe sah, habe ich hernach aus dem *Museum Worsleyanum* abgeschrieben, da Sie das Werk vielleicht nicht in Berlin haben. Ebenso die in Blundell's Sammlung zu Ince befindlichen paar Inschriften aus den darüber vorhandenen Werken. In Oxford ist nichts Neues in vielem Betracht. — In der d'Orvilleschen Bibliothek fand ich nur sehr wenig von Inschriften. — Das Brittische Museum habe ich von oben bis unten durchwühlt, ich darf sagen, mehr als irgend ein andrer: unter den Steinhaufen in den Souterrains, die man nur mit der Laterne sieht, habe ich noch ziemlich viele, obgleich meist späte Inschriften gefunden, und mit Hülfe meines lieben Freundes Dr. Noehden abgeschrieben.

Dasselbe habe ich mit den griechischen Inschriften gethan, die ich unter den von Salt hier deponirten *Aegyptiacis* fand. Von den Inschriften des Musei selbst habe ich Ihnen schon geschrieben; die seit 1820 in dem Elgin-Room placirten sind zum Theil von der Dilettanti-Society geschenkt: einige vielleicht Choiseul'sche; Sie werden es schon herausbekommen; es hält so schwer Taylor Combe, der allein davon etwas weiss, das Wort vom Maule zu zapfen. Die Tenische Inschrift habe ich nun mit möglichster Sorgfalt, denn ein *summum* kann man dabei nicht prästiren ohne nicht 10mal von neuem zu lesen, copirt; sie hat 127 Zeilen zu 134 Buchstaben,* wo sie ganz erhalten sind, was meist ziemlich der Fall; der Gegenstand sind zwar nur einfache Kaufcontracte von Häusern und Gütern; aber es kommen Phylen, Oerter, Monate u. drgl. vor. Freund Valpy bittet mich um sie für das *Classical Journal*, und ich glaube, Sie haben nichts gegen diese vorgängige Bekanntmachung.

Die Hauptsache ist nur immer der Sherard'sche und Askew'sche Codex, von denen ich eine genaue Nachricht aufschreiben will, der letztere giebt auch eine ziemliche Anzahl Inscr., die Chishull nicht aus dem Cod. Sherard hatte; alle sind freilich von römischer Zeit, aber doch oft interessant genug. Eine von Teos erwähnt die $Φυλὴ$ ΓΕΛΕΟΝΤΩΝ daselbst, und nennt einen verdienten Mann $νέος\ Ἀθάμας$. Um etwas Zeit zu sparen, habe ich mir die Freiheit genommen eine Menge derselben, wo die Schreibung durchaus nichts Besondres hatte, cursiv abzuschreiben, doch sonst genau die Gestalt der Inscription im Codex wiedergebend; es vermindert dies, soviel ich sehen kann, den Werth der Abschrift gar nicht. Auf die Genauigkeit der Abschrift können Sie sich verlassen. — In Paris komme ich eben erst an und schreibe Ihnen noch nichts davon. Ich habe nur 2 Monate hier, hoffe aber darin verhältnissmässig mehr zu leisten, als in London, wo Alles so schrecklich weitläufig ist. Den Codex hat der verrückte Grieche abgeschrieben, wie ich höre, ausgenommen $τὰ\ δύο\ μεγάλα\ καὶ\ φρικτὰ\ στοιχεῖα\ Λ\ καὶ\ Ε$, glaube ich, wie er sich ausdrückt. Ich werde ihn schon drängen. — Haben Sie in Briefen an R. Rochette und Andere meiner etwa gedacht und mich empfohlen? Leben Sie herzlich wohl, mein hochverehrter Freund.

Stets und von Herzen der Ihrige
K. O. Müller.

Hotel d'Arbois, rue traversière, St. Honoré.   Paris, 12. Aug. 22.

Wenn ich nur mit Hawkins hätte zusammenkommen können, der aber nie in London war; haben Sie vielleicht an ihn geschrieben? Ein Mr. Bailey, der auch in Griechenland gewesen, hat ebenfalls Inschriften, doch weiss ich nicht ob solche, die nicht von andern auch abgeschrieben sind. Er hat, glaub' ich, mit Bröndsted communicirt.

Paris, Hotel d'Arbois, rue traversière, St. Honoré, 24. Aug. 22.

Ob ich gleich eben nichts Wichtiges zu schreiben habe, mein verehrtester Freund, so sind mir doch, seit ich Ihnen nach meiner Ankunft in Paris von meinen Unternehmungen in England, soviel Sie davon unmittelbar betrifft, Rechenschaft abstattete, einige Fragen und Bedenken eingefallen, die mir einige Worte Bescheids von Ihnen wünschenswerth machen. Die 14 Tage, die ich jetzt bald hier bin, habe ich meist auf dem Museum, Münzcabinet und Bibliothek zugebracht, und daher noch nicht alle Bekanntschaften gemacht, zu denen ich Gelegenheit habe; indess doch einige. Raoul-Rochette hat mich mit der gewöhnlichen franz. Artigkeit empfangen, auch Sie sehr gerühmt — soviel er nämlich von Ihnen verstehen kann — und wird mir wohl soviel dienstfertig sein, als er es ohne eigene Mühe kann. Vielleicht schickt er Ihnen wohl auch einiges durch mich. Im Louvre sind nur die Choiseulschen Inschriften — wohl alle, wie ich glaube, — und es fragt sich, wie Sie bald dazu kommen können. Mit der Lithographirung des Grafen Clarac, den ich noch nicht gesprochen habe, soll es langsam vor sich gehen; mehrere stehen sicher in dem *Catalogue* v. Dubois und Hase, und wenn Sie mir etwa schreiben wollten, was Sie sonst schon hätten, will ich wohl das andre zusammen machen. Eine Anzahl habe ich schon abgeschrieben, besonders die ziemlich grosse und sehr interessante Delphische Inschrift über Verpflichtung der Hieromnamonen N. 628. in der *Description des Antiques du Musée Royal par Clarac 1820.* (Wenn Sie diese Descr. hätten, könnten wir uns vielleicht leichter verständigen.) Besonders schreiben Sie mir gütigst, ob Sie denn die von Barthélemy nicht berücksichtigte Rückseite des κατ' ἐξοχήν *Marbre de Choiseul* haben, die fast so lang, wie die Vorderseite ist und nicht schwer zu lesen, wie mir scheint. — Die nicht Choiseulschen Inschriften im Louvre sind sehr unbedeutend, doch will ich Ihnen von allen Rechenschaft geben. — Dann sind davon abgesondert Inschriften im *Cabinet des Médailles*, wohl ziemlich alle aus Caylus Nachlass; stehen daher meist in dessen *Recueil;* ich will vergleichen, welche etwa nicht darin stehen, wenn Sie mir nicht schreiben, dass Sie schon alle haben. — Auf der Mscrpt.-Bibliothek habe ich die *Fourmontiana* durchgesehen und die Basreliefs bei den Inschriften noch bemerkt, die, wie Sie mir einmal sagten, Professor Bekker nicht angeführt hat; es ist nur der Vollständigkeit wegen. Um die Fourmontischen Sachen möchte ich gern noch einmal mündlich mit Ihnen reden oder Ihnen weitläuftiger sprechen — ich glaube doch nach der Ansicht der Papiere, dass er die Boustrophedons ziemlich alle so gut wie selbst gemacht hat. Ich habe aber einige Zeichnungen unter diesen Papieren gefunden, die obgleich sehr schlecht gemacht, doch für die Kunstgeschichte ungemein wichtig sind.

Mit dem Sypsomo, dessen Namen man hier mit Recht wie Soupçon ausspricht, ist es eine verdriessliche Sache. Er hat nun die 400 Fr. und auch einen grossen Theil der 100 Fr., die er zur Gemüthströstung haben sollte, auf alle ersinnliche Weise aus Hase herausgepresst, und macht dabei immer nichts fertig, indem er immer *les malheurs de la patrie* vorschützt. Ich habe ihn durch alle Winkel seines Hauses verfolgt und endlich in der Küche gesprochen, wo er mir zugesichert, das Ms. bis zum 6ten *m. s.* zu liefern. Dann aber beruft er sich auf einen Brief von H. Prof. Brandis, wo ihm wieder 100 Fr. versprochen werden, um Inschriften auf dem Museum zu copiren, und nur etwa 10 oder 11, wie er sagt; ich wüsste nicht, warum gerade nur soviel — sind das etwa nur Schwindeleien? Schreiben Sie mir nur darüber recht bestimmt, dann will ich wohl mit ihm auf's Reine kommen. Den Seguerianischen Index denke ich wohl von ihm zu bekommen, möchte aber nicht, dass die Akademie noch mehr mit ihm zu schaffen hätte, da er allgemein als faul und unzuverlässig gilt. — Uebrigens geht es mir hier recht wohl; das Leben in Paris ist äusserst leicht und angenehm, viel hübscher als in London, ich habe auch schnell recht vertraute Freundschaften gemacht, mit Hase, mit Schlosser von Heidelberg, der hier ist, — auch einige meiner englischen Freunde habe ich hier wieder angetroffen. Doch sehne ich mich nach meinen solidern Arbeiten in Göttingen zurück, wohin ich auch etwa den 10. Oct. abzugehen gedenke. Darum haben Sie die Güte und schreiben mir möglichst schnell, damit ich noch alles zu Stande bringe, was ich nach meiner Kräfte Maass für das Unternehmen der Akademie thun kann. Dass ich den guten Willen habe, sehen Sie, und Sie werden wenigstens mein Bemühen anerkennen, meine Dankbarkeit gegen die Berliner Gelehrten und meine innige Ergebenheit für Sie auf irgend eine thätige Weise darzulegen. Mein einziger Wunsch ist, Ihnen den Stoff der Arbeit zu vermehren, ohne doch die an sich so grosse Mühe des Anordnens und Durcharbeitens Ihnen durch Nachlässigkeiten noch mühevoller zu machen.

Ihr
treu ergebener
K. Otfr. Müller.

Berlin, d. 13. October 22.

Die Durchkreuzung der Briefe, theuerster Freund, die nicht zu vermeiden ist, und meine Reise hat unsern mir so wichtigen Briefwechsel sehr in Verwirrung gebracht. Ich habe Ihre Schreiben vom 7. und 24. August erhalten; früher schon hatte ich an Sie geschrieben und den Brief nach Göttingen geschickt, weil Sie mir Ihre Pariser Adresse noch nicht angegeben hatten; dieser Brief wird zwar spät, aber zuletzt doch richtig angekommen sein: indessen hatte ich zugleich dem Griechen Asopios noch einen offenen Zettel mitgegeben, der einige Bitten von mir enthielt, auf den Fall, dass der genannte Brief Ihnen zu spät zukäme. Es mag nun aber mit diesem Briefe und Zettel gegangen sein wie es wolle, so sind Sie so hinter allem hergewesen, dass Sie meinen Wünschen in Ihren Briefen schon überall zuvorkommen. Es ist freilich jetzt zu spät, über irgend etwas zu schreiben; es bleibt mir nur übrig, Ihnen meinen Dank darzubringen für das, was Sie geleistet haben, theils in England, theils in Paris, und ich bin natürlich sehr begierig auf Alles, was Sie mir nun schicken werden. Um bei dem Schicken gleich stehen zu bleiben, so wollte ich Ihnen doch in Bezug darauf einen Vorschlag thun. Natürlich müssen Sie Ihre Originalabschriften behalten, zu eigenem Gebrauch; für uns aber erst Abschriften zu machen, würde zu mühevoll sein. Daher frage ich an, ob es nicht zu Ihrer Erleichterung zweckmässig wäre, wenn Sie die der Akademie mitzutheilenden Papiere hierhersendeten mit der Post und hier auf unsere Kosten davon die Abschriften genommen würden: es sei denn, dass Sie lieber die Abschriften in Göttingen machen liessen (auf unsere Kosten natürlich); oder dass Ihrer Papiere Beschaffenheit es nicht erlaubte, die Inschriften abgesondert hierher zu schicken, weil Sie etwa andre Notizen damit untermischt geschrieben hätten. Was die in Cursivschrift gemachten Copien betrifft, so setze ich dabei voraus, dass sie in die gewöhnliche Steinschrift rückwärts übersetzt werden können; und bitte ich Sie in dieser Beziehung besonders mir über Σ, C oder dgl. Notiz zu geben.

Ueber Einzelnes zu schreiben, ist jetzt zwar zwecklos; indessen will ich doch Einiges zufügen. Das Fragment bei Lord Guilford, προπομπείαν etc. erinnere ich mich nicht gelesen zu haben; die Pembrokeschen zwei alten Steine habe ich aber beide, indessen sind mir Ihre Abschriften dennoch wichtig. Von Teos habe ich auch Inschriften, wo der νέος Ἀθάμας vorkommt; die φυλὴ Γελεόντων ist wohl in einer andern, die ich auch habe; aber in dem mir bekannten Exemplar ist die Lesart ganz verschieden. Ich weiss nicht, ob die mir bekannten und die von Ihnen bezeichneten Inschriften dieselben sind. Die Delphische Inschrift aus der Choiseulschen Sammlung habe ich auch. Begierig bin ich, wie Sie es nun mit den übrigen *Choiseulianis* gehalten haben; es wäre mir sehr erfreulich, wenn Sie dieselben copirt hätten; ebenso die Rückseite des κατ' ἐξοχήν Choiseulisch genannten Steines. Den Auftrag an Sypsomo wegen des Copirens einiger Steine (ich denke es werden die von mir Ihnen besonders bezeichneten gewesen sein) habe ich, wie Sie wissen werden, eben darum suspendirt, weil Sie nach Paris kamen; auch weiss ich nicht, warum Brandis gerade 100 Fr. dafür versprochen hat, und glaube, dass Sypsomo noch andres dazu arbeiten sollte; weil ich aber die Correspondenz darüber nicht selbst geführt habe, kann ich mich der Sache gar nicht genau erinnern. Mit solchen unzuverlässigen Leuten zu thun zu haben, ist schlimm, zumahl wenn die Correspondenz in verschiedenen Händen ist, wie bei uns. — Die Krissäische Inschrift, um die ich Sie anfangs gebeten hatte, habe ich bald hernach selbst in der Reise von Hughes gefunden, und es ist mir auch gelungen sie zu entziffern.

Ich schliesse hier, da ich doch nichts Wesentliches mehr zu sagen habe. Dass ich im September in Göttingen gewesen bin, aber nur ganz kurz, werden Sie von Dissen erfahren, dem ich auch Einiges über Minutoli's Sachen geschrieben habe. Es war mir leid, dass ich Sie noch nicht wieder traf. Leben Sie wohl, bester Müller, und bleiben Sie mir gut.

Stets von Herzen der Ihrige

Böckh.

[Göttingen,] Freitag den 18. Oct. [1822].

Mein verehrtester Freund.

Ich bin vorgestern am Mittwoch hier angelangt, und nachdem ich erst ein wenig mich wieder eingerichtet, denke ich zunächst daran, Ihnen meine Inschriften einzuhändigen. Ich weiss nicht, ob Sie meine Briefe, namentlich aus Frankreich 2, die von dem, was ich gefunden, melden, alle erhalten haben; auf jeden Fall setze ich hier einen Katalog dessen her, was ich habe:

Aus England:
1. Das *Marmor Tenium* 3 Bogen.
2. Die andern für Sie noch nicht copirten Inschriften des Britt. Museum, und manche auch schon copirte Inschrift 18 Blätter.
3. Die Inschriften von Beaufort. Jetzt auf 21 Blättern sehr eng geschrieben.
4. Aus Pembroke's Galerie 1 Blatt.
5. Aus Blundell's Museum 2 Bl.
6. Belmore's Sammlung 1 Bl.
7. Aus *Codex Dorvillianus* 2 Bl.
8. Aus *Museum Worsleyanum* 3 Bl.
9. Von Linwood und Burgon ein paar Worte.
10. *Marmora Cantabrigiensia* 7 Blätter.
11. Aus L. Guilford's Hause 5 Bl.
12. Mittheilungen von Colonel Leake 4 Bl.
13. Ein paar Worte aus Leyden.
14. Die unedirten Inschriften aus Codex Sherard und Askew mit einer *notitia* darüber; ohne diese: 100 Blätter. Ich denke, dass es der Genauigkeit der Abschriften keinen Eintrag thut, dass ich viele mit kleinen Buchstaben cursiv geschrieben habe, wo im Codex — wo alle Worte abgetheilt — gar nichts Besonderes in der Schreibung sich vorfand; ist etwas nicht deutlich, so will ich hier unter meinen Augen deutlichere Abschriften machen lassen.*

Aus Frankreich:
15. Alle Inschriften vom Louvre mit Einschluss der Choiseulschen.
16. Die im *Cabinet de la Bibliothèque du Roi* befindlichen, die ich zum Theil unter Schutt und Steinen vorgesucht.
17. Ein paar Stückchen aus Durand's Sammlung und durch Mittheilung Hugot's.
18. Nachträge zu den Inschriften aus Fourmont's Papieren, die ich excerpirte.
19. Etwas von Saint-Martin an Sie addressirtes.

Ich möchte, dass ich 20. den Seguer'schen Catalog beifügen könnte, aber Sypsomo ist ein Sch..., der mich von einer Woche zur andern hingehalten, und noch zuletzt mir versprochen es in 14 Tagen zu liefern, Gott weiss, ob? Ich habe mir redliche Mühe gegeben, aber die Sache doch wieder Hase aufhalsen müssen. Von den 19 Nummern schicke ich Ihnen, da ich Nr. 1 und 15 bis 18 incl. noch nicht ganz ordentlich zusammengeschrieben habe, indess 2 bis 14, nebst 19, woran Sie ja indess wohl zu thun finden. Ich hoffe, dass ich Ihnen die Mühe nicht zu oft durch die grosse Schnelligkeit, mit der ich Manches arbeiten musste, vermehrt haben möge.

Mit Gau bin ich in Paris sehr freundschaftlich bekannt geworden, und kenne die unglücklichen Umstände, die die Erscheinung seines Werkes von Berlin aus hinderten. Niebuhr hat ihn kürzlich wissen lassen, dass er über seinen Inschriften arbeitet. Letronne hat nur unbedeutende Stücke prüoccupirt, aber schön zu einem Ganzen zu verbinden gewusst; er wird Ihnen sein Werk wohl vor Ablauf des Jahres schicken. Die Inschriften, die John Bankes jetzt in London lithographiren lässt, werden im Ganzen dieselben sein, wie die Gau'schen, da sie fast zugleich und in einer Richtung reisten. Nur hat Gau die altgriechische Inschrift an dem Coloss von Ipsambul, aus Psammetichs Zeit, wie das Gerücht sagt, nicht finden können, und meint, die Engländer hätten sie abgekratzt.

Sie glauben nicht, wie sehr ich wünsche, mit Ihnen über so Vieles zu sprechen, was sehr weitläuftig zu schreiben ist. Ich hoffe, dass ich auf Ostern ein paar Tage in Berlin sein werde.

Da ich jetzt ganz wieder in den Doriern drin bin und gern mich des Stoffes so vollständig als möglich bemächtigen möchte, so wage ich die Bitte — die allerbescheidenste und anspruchsloseste Bitte — ob Sie etwa aus Ihrem Inschriftenschatze, was für Dorischen Dialekt, oder Verfassung, oder Geschichte wichtig ist, herauslegen und für mich copiren lassen wollen. Es wird nicht sehr viel sein, da ich die Fourmontiana für diesen Zweck schon durchgesehen habe. — Giebt es nicht eine Inschrift von Erineos in Achaja, die von Hercules oder den Doriern oder sonst etwas spricht?

Haben Sie die Güte mich zu benachrichtigen, ob das

Inschriftenpacket glücklich angelangt. — Ich lege auch einige Bücher bei, die Saint-Martin, der junge Gail, und ich habe vergessen wer das dritte, mir mitgegeben haben.

Mit herzlicher und treuer Ergebenheit
Ihr
C. O. Müller.

Nachträglich noch eine zweite Bitte. Ich habe vor, einmal eine Abhandlung zu schreiben: *Artis opera inscripta* enthaltend, wozu ich Manches gesammelt, um Epóchen der Kunst genauer zu fixiren. Wollen Sie mir dazu Ihr Gutachten über das Alter der Inschrift ΜΟΣΙΑΝΑΣ; dann der beiden bei Pembroke; und einiger unter den Parisern, die ich Ihnen bald bezeichnen werde, geben. Dafür schicke ich Ihnen auch einige Zeichnungen nach Basreliefs mit Inschriften zur Ansicht, wenn Sie wollen. Ich schicke diesen Brief erst Sonntag, den 20sten zur Post, weil ich mit dem Anordnen der Beaufortschen Inschr. nach seiner *Caramania* erst jetzt fertig geworden bin. — Die Bücher will ich lieber mit Gelegenheit schicken, da sie das Packet sehr beschweren würden.

B. d. 5. Nov. 22.

Ohne Zweifel, theuerster Freund, haben Sie meinen letzten Brief durch Dissen empfangen, sowie ich Ihre Sendung der Inschriften vergangene Woche richtig erhalten habe. Es war meine Pflicht, Ihnen gleich mit der Sonnabend-Post zu antworten; aber die äusserste Beschränktheit meiner Zeit hat mich abgehalten es zu thun; auch hatte ich noch nicht an die genaue Untersuchung des Päckchens gehen können, sondern es nur den ersten Abend mit Buttmann rasch durchgesehen. Was soll ich Ihnen nun erst noch Lobeserhebungen machen, da die Sache für sich selbst spricht? Unvermeidlich war es natürlich, dass Sie manches copirt haben, was ich schon habe; aber auch so ist es mir angenehm. Der Cod. Sherard ist mir besonders wichtig; ich habe erst heute Abend angefangen diese Parthie durchzugehen, und bin erstaunt über die Masse der Inschriften von Aphrodisias, an die ich mich auch schon gemacht habe, um sie zu digeriren. Ausserdem hatte ich an St. Martin's Mittheilungen angefangen zu arbeiten; aber ich habe es wieder liegen lassen, weil ich voraussehe, dass ich von Ihren Abschriften der Choiseulschen Steine dabei Nutzen ziehen werde. An den Inschriften des Brittischen Museums habe ich auch schon angefangen; dabei bin ich auf die Inschrift über den Bau des Poliastempels gestossen, in welcher Sie dunkle Stellen nachgesehen zu haben sagen; die Collation ist nicht beigelegt; wollten Sie wol die Güte haben sie zu senden, wenn es Ihnen nöthig scheint? Die fünf fehlenden Nummern erwarte ich mit Begierde; schicken Sie sie nur mitsammt den Büchern unter der vorigen Adresse „Sachen der Akad. d. Wiss." ohne Rücksicht auf die Kosten. Was ich Ihnen für Ihre grossen und wichtigen Bemühungen vergelten soll, weiss ich nicht; ich hoffe nur, Ihre Freundschaft für mich wird mich für meine Armuth entschuldigen; und das Bewusstsein etwas Nützliches gefördert zu haben, wird Ihnen Ihre Mühe vergelten. Die Akademie hat leider jetzt bis gegen Neujahr Ferien, weil wir erst ein neues Local erhalten; wenn wir wieder zusammenkommen, werde ich aber Ihre Bemühungen nach Verdienst rühmen, und ich kann erwarten, dass die Akademie sich Ihnen dankbar erweisen wird. Kommen Sie zu Ostern, so wollen wir recht vergnügt sein.

Die Aexonische Inschrift habe ich von Reuvens erhalten. Den Stratoniceischen Römischen Victualientarif, wovon Sie schreiben, kenne ich gar nicht; in den Excerpten des Cod. Sherard habe ich ihn noch nicht gefunden. Ist er etwa Lateinisch? Ich bitte um Auskunft. Alle Inschriften, die Sie cursiv geschrieben, haben ja wol Σ und Ω?

Fast schäme ich mich, bei Ihren grossen Leistungen für uns nicht sogleich Ihren Wunsch zu befriedigen, betreffend die Dorer und die alten Inschriften ΜΟΣΙΑΝΑΞ etc. und die beiden Pembrokeschen. Leider leide ich an einem sehr heftigen Katarrh, so dass ich nicht ohne Anstrengung schreiben kann; und ich denke, wenn Sie die Pariser Sachen, die Sie mir näher bezeichnen wollen, schicken, dann alles auf einmahl abzumachen. Von den Dorern will ich dann alles heraussuchen, was aber, wie Sie schon sagen, nicht viel sein wird. Ueber die *Pembrokiana* will ich nur vorläufig bemerken, dass ich sie nicht für sehr alt halte; über die eine, den Pentathlos betreffend, steht eine lange Abhandlung von Bimard de la Bastie im Murator. *Thes. Inscr.*, die aber von falschen Voraussetzungen ausgeht. Maffei (*crit. lapid.*) hat sie für unächt gehalten; sehr abgeschmackt. Auch die andere steht im Muratori. Die Didymäische MΠΣΙΑϞΑΞ halte ich auch nicht für sehr alt. Sie mögen alle zwischen Ol. 80—90. sein, wenn sie nicht aus Affectation in so alter Schrift verfasst sind. Ich kannte auch diese schon, und lese Ἑρμησιάναξ, ·· MΠΣΙΑϞΑΞ: denn Π kann nicht Ο sein. Das Ende habe ich noch nicht entziffern können; heute ist mir eingefallen, es sei ἅμα Σώῳ zu lesen. ΙϺ muss Μ sein; denn Ϻ kann nicht Ν sein, weil es verkehrt stände. Das übrige ist klar, wie Sie es auch genommen haben. So viel jetzt über diese; nächstens ein Mehreres. Doch über die Inschrift von Erineos in Achaia bin ich Ihnen gleich Auskunft schuldig, da ich sie geben kann. Ich habe dieselbe ursprünglich durch Mustoxidi, so: *εἰς χωρίον ὀνομαζόμενον Μετόχι δύο ὥρας ἀπέχον τῦ Λοιδορικίου* (in Doris).

ΚΑΛΧΑϞΤΑ ΜΟΥΟϞ ΔΙΚΑΙΟΣ ΗΡΑΚΛΗΣ
ΧΛΕΥΜΕϞΟΣ ΠΕΙ ΕΡΙϞΕΟΙ ΠΛΗΞΑΣ
ΑΥΤΟϞ ΤΩ ΚΟΛΑΦΩ ΚΑΙ ΑΠΕΚΤΕΙϞΑΣ
ΤΕΘΑΨΕϞ ΕϞ ΕΡΙϞΕΩ

Nachher habe ich sie bei Pouqueville gefunden, als bei den Mönchen zu Artotina gefunden (Bd. III. S. 249.); wie es scheint aus den Resten von Erineos in Doris; ich gestehe aber, die ganze Inschrift ist mir räthselhaft; wenn ichs wagte, hielte ich sie für untergeschoben. Pouqueville hat Varianten, ΠΕΡΙ statt ΠΕΙ; und ΕϞΘ ΕΡΙϞΕΩ. Urtheilen Sie selbst, was damit zu machen ist.

Die Augen thun mir so weh, dass ich schliessen muss; und ich will doch den Brief noch gerne heute abschicken, also nicht gerne warten, bis ich wieder fortfahren kann. Leben Sie herzlich wohl, und schreiben Sie recht bald. Tausend Grüsse an Dissen.

Von ganzem Herzen der Ihrige

Böckh.

Gött., 20. Nov. 22.

Ihre beiden Briefe, verehrtester Freund, habe ich richtig erhalten und komme jetzt, da ich die Inschriften von Paris zusammengebracht, dazu, sie zu beantworten. Ich bin sehr glücklich, dass meine erste Sendung Ihre Erwartung nicht getäuscht hat, und Ihre Freude an der Vermehrung der Sammlung entschädigt mich hinlänglich für jede Mühe. In Aphrodisias muss noch jetzt sehr viel von Inschriften sein; Cousinéry sagt mir, dass er eine grosse Menge dort, in Geyra gesehen, aber nicht copirt. — Ich sende Ihnen nun das *Marmor Tenium*. Ich hätte es gern vollständig entziffert und ergänzt, aber ich bin nicht dazu gekommen, und die beigelegte Cursivschrift enthält nur hier und da einen Gedanken. Schreiben Sie mir nur gütigst, was Sie von der Inschrift denken; ist sie wirklich aus dem öffentlichen Archiv von Tenos, sind die Phylen *tribus rusticae*, woher die Heraklidenphyle? Die Vermehrung der ionischen Monate ist gewiss sehr wichtig; mag wohl Apellaeon recht sein? Bemerken Sie nur, dass ich fast mehr hingeschrieben, als man *de facto* lesen kann, indem ich nur die leisen Spuren oft aufzufassen suchte, um sie zur Ergänzung zu benutzen; ich habe dann immer Puncte untergesetzt. Die Buchstaben sind nicht tief eingeschnitten und nicht immer gleich gross; man bemerkt verschiedene Hände. Die Breite des Steines ist genau 3 F. 4 Zoll engl., Höhe 6 F. 6 Zoll, wovon aber 1 F. oben und unten zusammen etwa unbeschrieben. — Dann folgen die Choiseulschen Inschr., die ich recht sorgfältig abgeschrieben, und mehrere der bedeutendsten Graf Clarac mitgetheilt, dessen Copien meinen nachstanden. Er will Ihnen daher die wenigen Chois. Inschr. schicken, die Graf Pourtalès angekauft hat, wenn sie nicht schon im Dubois stehn, wo einige sind, die man jetzt nicht im Louvre hat; Graf Pourtalès ist der Einzige, der ausser dem Museum etwas von den Choiseulschen Inschriften gekauft hat. Wenn Osann etwa Abschriften der Chois. Steine gemacht hat, da sie noch im Garten Marboeuf waren, so können diese manchen Eckbuchstaben mehr geben, da manche bei dem *encastrer* in die Wände des Museums gelitten haben. Um einige paläographische Auskunft werde ich Sie noch bitten, wenn ich Ihnen einige Zeichnungen nach Basreliefs zuschicke. Die grosse Delphische Inschrift, die Sie schon haben, möchte ich gern herausgeben; Sie werden mich sehr beglücken, wenn Sie mir einiges darüber schicken. Die andern 3 Nummern sind nicht von Bedeutung. — Der Stratoniceische Tarif ist lateinisch, und ich habe nur einiges daraus excerpirt; auch hat ihn John Bankes nach einer andern Abschrift lithographirt herausgegeben. Haben Sie schon etwas von den Inschriften aus Aegypten, die er herausgeben wollte? Von der Polias-Inschrift kann ich Ihnen nur sehr wenig schicken, das Collationiren derselben war zu schrecklich unbequem; man musste dabei fast auf dem Bauche liegen. — Was ich im Cod. Sherard cursiv geschrieben, ist dort mit den jetzt im Druck gewöhnlichen grossen Buchstaben geschrieben, Σ Ω u. s. w., jede kleine Abweichung ist genau angegeben.

Sie sind sehr gütig, indem Sie mir gleich auf meine Fragen über einige Inschriften antworten. Die mit dem Pentathlos möchte ich gern etwas höher hinauf haben, als die andre; sie ist in ganz reinem alten Styl von Phidias gearbeitet. Ob die Meinung von ihrer Unächtheit sich etwa darauf gründet, dass sie etwas bekratzt und bearbeitet ist? Die Didymäische Inschr. steht auf einer Statue des allerältesten Styls; indessen kann diese freilich auch später gesetzt sein. Ἑρμησιάναξ leuchtet mir ein, auch ἅμα Σώῳ ist gewiss ein glücklicher Gedanke. — Die Inschrift von Erineos kannte ich aus Pouqueville, ich hatte aber geträumt, es gäbe was Aehnliches von Erineos in Achaja. Ich bemerke nur, dass Pouqueville's Artotina unmöglich Erineos sein kann, sondern noch in Lokris liegt; es liegt an einem Flusse, der zuletzt in den Korinthischen Meerbusen mündet; Erineos aber am Pindos, der in den Kephissos u. s. w. Ich denke, dass die Inschrift spät gemacht ist, aber nach alter Sage von einem Grabe des Mopsos in der Gegend, von dem man sonst mehrere Gräber zeigte, und dessen prophetischer Wettkampf um den Feigenbaum so berühmt war. Doch bin ich noch nicht recht im Klaren.

Sonst schicke ich noch die Bücher, den Bacchuscult von Gail, und die 3 Schriften von St. Martin mit. — Ich hoffe, dass dieser Brief Sie wohl, und von dem Katarrh völlig genesen antrifft; Dissen ist recht krank, er hat wüthende Schmerzen in den Kinnladen und dem ganzen Gesicht, wohl eine Art Kopfgicht. — Ich freue mich unmässig auf Ostern, wo ich gegen Ende unserer Ferien Berlin besuchen will.

Immerdar
Ihr
treuer
K. O. Müller.

Berlin, d. 2. Dec. 22.

Vor drei Tagen habe ich Ihre zweite Sendung erhalten, theuerster Freund, nachdem ich eben erst den Tag vorher mit dem Aufräumen der ersten fertig geworden war. Nachdem ich alles an Ort und Stelle gebracht habe, kann ich selbst kaum mehr sagen, wie viel Neues darin ist; von Aphrodisias fast alles, weniger von den übrigen Kleinasiatischen, doch überall etwas, besonders dann unter Beauforts Sachen, wobei ich gelegentlich bemerke, dass Alles was B. unter Knidos hat, nach Kos gehört. Jetzt gehe ich daran das Neuangekommene, was meine Erwartung weit übertroffen hat, zu recognosciren; denn ein genaueres Studium muss ich der folgenden Zeit vorbehalten. Soviel ich dem *Marm. Ten.* ansehen kann, so halte ich es allerdings für ein öffentliches Verzeichniss der verkauften Grundstücke, damit man wisse, wem jedes gehöre, und also der Besitz sicher sei. Die Monathe sind allerdings merkwürdig, aber ich fürchte, dass es schwer halten wird, daraus etwas Zusammenhängendes zu bilden, da die Ionischen Städte gewaltig in den Monathen differiren. Der erste scheint der Buphonion = Hekatombaeon, wie ich vermuthe. Die Tribus scheinen allerdings *rusticae*: von den Herakliden weiss ich für jetzt gar nichts zu sagen. Für die Ergänzung haben Sie schon sehr viel gethan; bei besserer Musse will ich sehn, was ich noch herausbringen kann. Was die *Choiseuliana* betrifft, so befindet sich ein Theil derselben in St. Martins Papieren, wovon ich schon Gebrauch gemacht habe; aber die Hauptsache bleibt doch Ihre Abschrift. Osann hat davon gar nichts, wird also auch darin mir nicht vorarbeiten, was mir aber überhaupt wenig hilft: denn was er bis jetzt geliefert hat, ist grossentheils ... gedankenlos ... Unter allem früher geschickten ist das Decret des Q. Fab. Maximus an die Dymäer vielleicht das allerschönste; bei der jetzt angekommenen Sendung finde ich besonders merkwürdig Catal. Clarac. n. 540. 575. 597. (die neuen Stücke, die nicht unbedeutend sind), 576. 638. abgerechnet, was ich schon früher kannte. Wo Clarac die Nummern von Dubois nicht angegeben hat, ist es mir bei den Fragmenten schwer geworden, die Identität auszumitteln; Clarac. n. 553. habe ich gar nicht bei Dubois finden können; bei andern habe ich mich mit wahrscheinlicher Combination behelfen müssen; und wenn mich diese nicht täuscht, was aber höchstens bei ganz geringen Bruchstücken möglich ist, fehlen mir von den bei Dubois verzeichneten Inschriften nur N. 181. 183. 201. 234. Die letzte Nummer kann nicht bedeutend sein; die erste ist mir aber wichtig, da sie auf das Attische Rechnungswesen bezüglich ist, und die zweite verdient wegen der Künstlernahmen, Phidias, Kalamis, Nikandros Aufmerksamkeit, und ist wahrscheinlich deshalb weggekauft, und es würde sie also der Graf Pourtalès haben, der gerade nach einer frühern Notiz, die ich aus Paris erhalten, vier Choiseulsche Inschriften angekauft haben soll. Ich werde suchen, ob ich dieselben erhalten kann. Von Bankes Inschriften aus Aegypten habe ich noch nichts; ich kann aber damit warten, bis sie herausgegeben sind; Gau wird davon ja auch viele haben: dessen erstes Heft habe ich noch nicht einmahl angesehen, obgleich eine Inschrift darin ist; denn ich muss allmählig eins nach dem andern nehmen. Was die Fourmontischen Sachen betrifft, so werde ich mich, wenn mir in Zukunft eine Unklarheit über seine Angaben vorkommt, an Sie wenden. Bis jetzt habe ich das Meiste ungefähr ausgemittelt; wiewohl im Einzelnen mir oft Zweifel vorgekommen sind, wie wenn er Inschriften anführt gefunden *in Suburbio Geraniae, cui nomen* μεγάλη Μαντίνεια. Ich habe diese alle nach Gerania gebracht; ich kenne aber den andern Nahmen des Ortes nicht. Indessen habe ich mich überzeugt, dass wirklich Gerania gemeint ist. Die übrigen geographischen Angaben des Fourmont haben keinen Einfluss auf die Inschriften: es ist, soviel

ich jetzt finde, von allen jenen Orten keine Inschrift da. Von den Sachen, die er gefunden habe, über die Tribute Lakoniens, Schöpse und Schaafe etc. finde ich nichts in meinen Inschriften; doch habe ich unter Tegea eine allerdings merkwürdige Inschrift über Geldzahlung an Sparta; ich kann aber nicht glauben, dass sich diese etwa aus Versehen in Bekkers Papieren unter Tegea verloren habe. Dagegen behauptet Bekker, dass viele Fourmontische Inschriftencopien verfault seien. Ein wunderliches Ding ist die Inschrift, die Sie mir in den *Fourmentianis* ohne weitere Notiz geschickt haben, die von der rechten zur linken in zwei Zeilen geht und mir nicht erinnerlich ist: etc. ὃΜΒ⏋IЯQ
etc. ΛꞀΑΜЯΙΑ

Fast glaube ich sie lesen zu können; ist sie aus Lakonika? Ich werde in meinen Papieren noch einmahl darnach suchen; denn ich schreibe fast aus dem Stegereif neben dem Zerschneiden der Blätter, die ich nachher erst eintrage.

Mit der Delphischen Inschrift habe ich mich noch nicht besonders beschäftigt, theils weil ich bei dem fortwährenden Sammeln noch nicht an ernste Bearbeitung des Einzelnen denken kann, theils weil sie doch gewaltig fragmentarisch ist; denn mir scheint eine ziemliche Breite zu fehlen. Ich habe daher nur einige Kleinigkeiten beim Durchgehen notirt. Wenn Sie sie aber herausgeben wollen, so will ich, sobald Sie die Arbeit angefangen haben, sie gleichzeitig anfassen.

Eine ganz feste Ansicht kann ich noch nicht davon fassen; so viel scheint mir klar, dass es eine Vertragsurkunde über die Benutzung des Delphischen Tempels u. s. w. sei; Athen ist ohne Zweifel dabei implicirt, und Z. 1. zu lesen Πυθέου ἄρχοντος, ἐπὶ τῆς Ἱπποθωντίδος τρίτης πρυτανευούσης, Ol. 100, 1.

An der Richtigkeit der Lage von Erineos habe ich auch gezweifelt. Indem ich mir das Suchen der Dorischen Sachen bis zu Ihren nächsten Fragen verspare, will ich noch einige Worte über die drei alten Inschriften zufügen. Wenn wir die Didymäische bis Ol. 80. heraufrücken, wird es wol auch für das Bildwerk hinreichend sein. Was die Lesung betrifft, so habe ich mich nachher noch überzeugt, dass es zwei Hexameter sind, die man nun freilich nicht herstellen kann; z. B.

[Σώου παῖς Ἑρ]μησιάναξ ἡμέας ἀνέθηκεν
[Ἀντ' εὐεργεσίης] ἅμα Σώῳ τὠπόλλωνι.

Ueber die Bacchische Ara weiss ich weiter nichts zu sagen, als dass ich glaube, die Verse sind aus einem Lyriker. Um Ihnen das Nachsehen zu erleichtern, bemerke ich, dass sie gedruckt ist: Murat. T. IV. p. MCMLXXXIX. 5. u. *Archaeol. Britann.* T. I. p. 155. wo sie in Ol. 50. gesetzt wird. Das ist was Rares von Kritik. Die andere Pembrokesche finden Sie mit einer langen ganz unbefriedigenden Abhandlung von Bimard de la Bastie bei Muratori T. I. p. 35. sqq., der sie für Nemeisch hält, ohne allen Grund, und zwischen Ol. 70 bis 80. setzt; ich halte sie für jünger als die übrigen der Schrift dieser Art, wegen des OY, was doch sehr auffallend ist. Noch ist sie gedruckt: *Nouv. traité de diplom.* T. I. p. 626. Corsini *Diss. agon.* p. 53. Ihre Unächtheit ist eine Grille von Maffei, bei Donat. *Inscr.* T. I. p. XIX. cf. *Mus. Veron.* p. CCCCX. Er hatte sie nicht gesehen, und konnte sie nirgends finden, hat daher geglaubt, es hätte einer den P. Montfaucon damit foppen wollen. Auch Villoison *Anecd.* T. II. p. 169. hat sich von ihm täuschen lassen. Auch einen wunderlichen Zweifelsgrund dagegen können Sie bei Dallaway *Anecdotes of the arts in England* p. 268. finden.

Dass Dissen so krank ist, thut mir herzlich leid; es ist eine traurige Sache um seine schwache Gesundheit. Wenn es mir möglich ist, schreibe ich noch an ihn. Ich freue mich sehr Sie Ostern hier zu sehn, und es wäre recht schön, wenn Sie Dissen, wie er immer versprochen hat, bewegen könnten mitzukommen.

Ich danke Ihnen nun noch einmahl für die unermessliche Mühe, die Sie mir zum Opfer gebracht haben; durch Sie bin ich nun in den Stand gesetzt das Werk früher erscheinen zu lassen, und denke denn doch künftigen Sommer vielleicht den Druck beginnen lassen zu können. Grüssen Sie Dissen recht sehr.

Von Herzen der Ihrige

Böckh.

[Berlin,] d. 24. Dec. 22.

Sie werden meinen letzten Brief empfangen haben, theuerster Freund; ehe Sie nun wieder schreiben, komme ich zuvor, um eine Frage an Sie zu thun, über welche Sie vielleicht jetzt noch Auskunft geben können, so lange die Sache noch frisch in Ihrem Gedächtniss ist. Nachdem ich mich durch die neue Sendung der Osannischen Sachen, die der ersten an Gehalt ziemlich gleich ist und allerlei Wunderliches enthält (wohin ich die Erfindung des Schatzhauses auf der Burg rechne, welches vom Opisthodomos des Parthenon soll verschieden gewesen sein, gewiss aber nicht gewesen ist), durchgeschlagen hatte, habe ich der Aehnlichkeit des Inhaltes wegen die Rückseite des *Marbre de Choiseul* studirt. Leider erfordert die sorgfältige Betrachtung solcher Bruchstücke mehr Zeit als sie Erfolg hat: aber da man nicht wissen kann, wie viel herauskommt, wenn man sie sorgfältig studirt, so muss man es doch thun auch auf die Gefahr hin zuletzt kein die Mühe lohnendes Ergebniss zu finden. Ich habe mich damit mehrere Tage herumgeschlagen, um alle möglichen Aufgaben, die dabei vorkommen, zu berücksichtigen, und nachdem ich alles wohl überlegt habe, bin ich nun genöthigt über die Stellung der Inschriften etwas von Ihnen zu erfragen. Nach Barthélemy ist der Stein 3′ 8″ 4‴ hoch; oben, wo auf der bessern Seite das Relief steht, ist er 1′ 11″ breit, unten wo die Inschrift von Ol. 92, 3. (*Archonte Glaucippo*) steht, ist er 2′ 4″ 6‴ breit. Dubois giebt nur ungenaue Angaben. Wo stehen nun aber die Inschriften der Rückseite? Ich will Ihnen meine Ansichten über die Inschriften, soweit sie hierher gehören, erst auseinandersetzen, und frage Sie dann, wie diese mit ihrer Stellung und der Beschaffenheit des Steines zusammen zu bringen seien. Erstlich nehmlich ist meiner Ueberzeugung nach nicht anzunehmen, dass die untere Inschrift, wie Clarac meint, älter sei als die obere. Die obere ist eben so gut vor Euklid verfasst als die untere, ist aber nachlässiger eingehauen, und daher sind hier und da Ionische Buchstaben eingemischt, die damals schon gangbar wurden. Ich denke: die untere Inschrift ist eine Rechnung aus dem nächsten Jahre nach der vorhergehenden, und da die Rechnungen der Schatzmeister gewöhnlich nach einer 4jährigen Periode, von Panathenäen zu Panathenäen zusammen verzeichnet sind, so werde ich schwerlich irren, wenn ich folgendes setze: 1) die Inschrift Ol. 92, 3. wobei das Relief, ist die erste der Periode; daher ist eben dabei das Relief, welches für dieses Denkmahl bestimmt war. 2) Es folgt die Rechung von Ol. 92, 4. wovon das Ende in der obern Inschrift ΛΟΓΙΣΤΑΙ Z. 1. bis Z. 20. ΤΟ.ΣΣΚΙΡΟΦΟ-ΡΙΟΝΟΣ. Dies Bruchstück scheint ungefähr im Anthesterion zu beginnen, und es fehlt daher über die Hälfte vom Anfang. 3) Hierauf folgt die Rechnung von Ol. 93, 1. wovon in der obern Inschrift Z. 21—27. übrig; es fehlt aber gewaltig viel, da das Erhaltene noch nicht die ganze erste Prytanie umfasst. 4) Hierauf folgte die Rechnung von Ol. 93, 2. wovon die Ueberschrift und die erste Prytanie oben fehlt, und unten fehlen die 8 letzten Prytanien. Aus Clarac kann ich nur sehen, dass der Stein unten abgebrochen ist; es ist also unten Raum genug für das Ende von Ol. 93, 2. gewesen: ausserdem sagt er, die untere Inschrift sei von der obern durch einen breiten leeren Raum getrennt. Ich frage nun folgendes:

1) Ist über dem Anfang des mitgetheilten obern Bruchstückes ΛΟΓΙΣΤΑΙ etc. oben noch Raum für etwa 20—30 Zeilen, wo der Anfang von Ol. 92, 4. gestanden haben könnte? Oder ist jene Zeile die oberste? Ist letzteres der Fall, so muss der Anfang des Jahres auf der andern Seite gestanden haben. 2) Ist zwischen dem Ende der obern Inschrift Z. 27. bis zu dem Anfange der untern soviel Raum, dass die 9 letzten Prytanien, welche von dem Jahre Ol. 93, 1. fehlen, nebst Ueberschrift und Prytanie I. des folgenden Jahres Platz hatten? Sind Spuren von Schrift vorhanden, und wo ist der angebliche leere Raum, der das obere und untere sondert? Ist er vielleicht gar nicht vorhanden, sondern nur verwischte Schrift daselbst? 3) Steht der Anfang der obern Inschrift auf der schmalen obern Seite hinter dem Relief, oder fängt die Inschrift erst auf dem breitern Theile der Tafel an? Oder erinnern Sie sich sonst irgend eines besondern Umstandes in der Form des Steines, wodurch etwas in Rücksicht der äussern Form der Inschriften klar würde? Nach dem, was ich über

diesen Stein gelesen und gedacht habe, scheint es mir, er müsse diese Form haben: A, und unten könnte noch ein Stück gewesen sein, entweder mit dem andern aus einem Stück, oder angesetzt, wodurch noch ein vorspringendes Feld entstand, nehmlich B. Auf letzterem würde dann die Fortsetzung der unteren Inschrift gestanden haben. Bis jetzt habe ich also folgende Vorstellung von dem Steine:

Vorderseite	Rückseite
Relief	Fortsetzung der Inschr. v. Ol. 92, 4. welche vorhanden ist, nebst der von Ol. 93, 1. wov. der Anfang da ist — — dann grosse Lücke und die untere Inschrift.
Inschrift von Ol. 92, 3.	
Verlorener Anfang der Inschrift v. Ol. 92, 4. abgebrochen.	Fortsetzung der untern Inschrift, abgebrochen.

Dass übrigens alle diese Inschriften vor Euklid fallen, ist ganz gewiss auch aus dem Inhalt; ja sie müssen auch alle vor die Anarchie selbst fallen; höchstens könnte die neueste in Ol. 93, 3. gesetzt werden; aber ich bin vollkommen überzeugt, dass sie der Reihe nach Ol. 92, 3. 4. und 93, 1. 2. betreffen.

Die obere Inschrift ist natürlich von der Art, dass daraus gar nichts entwickelt werden kann; die untere giebt uns wenigstens eine Vergleichung der Monathe und Prytanien, aus der etwas geschlossen werden kann, und nachdem Sie mir in der Ergänzung schon vorgearbeitet haben, ist es mir leicht geworden, das Uebrige zu vollenden, so dass etwas Wesentliches nicht mehr fehlt. Was werden Sie aber dazu sagen, wenn ich Ihnen, dem Aegineten, Aegina darin nachweise? Das ganze Bruchstück bezieht sich auf die Diobelie, von welcher

sich von selbst versteht, dass sie für Athen bestimmt ist; was
Clarac von Demen spricht, ist nur Unkunde. Das Z. 3. 19.
und 17. vorkommende ΑΘΕΝΑΙ[ΑΣ] geht auf den Schatz der
Minerva, wie in der Inschrift von Ol. 92, 3. $'A\vartheta\eta\nu\alpha\acute{\iota}\alpha\varsigma\ \Pi o\lambda\iota\acute{\alpha}\delta o\varsigma$ so vorkommt. Aber Z. 7. *init.* ist eine nähere Bestimmung der Diobelie jenes Postens, ΤΕΣΔΙΛΙΝΙ.ΤΤ etc. (so
hat Clarac gelesen, mit ΤΤ). Ich habe lange daran gedacht,
was darin stecken soll, und zweifle jetzt nicht mehr, dass es
hiess ΤΕΣΑΙΛΙΝΕΣ. Ich glaube daher, dass man den Kleruchen
als Bürgern die Attische Diobelie bezahlt habe, wenn sie auch
als Aegineten wieder die $\varepsilon\iota\varkappa o\sigma\tau\acute{\eta}$ zu tragen hatten. Zu Ende
der Ziffern hat Clarac statt Ι gelesen Ͱ, was wohl sicher.
Wenn ich die Ziffern nun corrigire, wie es nöthig ist, kommt
ΤΤϼΗΗΗΗϜΔΔΔΓͰͰ heraus, welches 38961 Portionen Diobelie
sind. Diese gehen gerade auf, wenn ich für 1443 Männer und
27 Tage die Diobelie rechne, und ich glaube, dass 1443 Kleruchen und 27 Tage der Diobelie anzunehmen nicht ungeschickt
ist. So würde man die Diobelie eines ganzen Jahres nach
Aegina geschickt haben.

Es ist mir, da ich gerade jetzt alle Rechungen der Schatzmeister durchgegangen habe, verdriesslich, die eine, welche bei
Dubois N. 181. ist, nicht zu besitzen. Ich will einmahl morgen
noch an Clarac schreiben und den guten Asopios beauftragen,
mir die Sache zu betreiben; denn sonst bringt man doch
nichts heraus. — Das Buch des jungen Gail ist etwas abgeschmackt.

Ich will hier schliessen, weil ich den Brief noch gerne
fort haben möchte. Sie sind ja wohl so gütig, die Einlage
an Dissen zu geben, von dem ich leider höre, dass es
ihm sehr schlecht gehe, und dass man sogar für sein
Leben besorgt sei. Gebe Gott, dass er sich wieder erhole,
die Nachricht hat mich recht erschreckt. Doch ich will
hoffen, dass es Vergrösserung ist. Leben Sie wohl, theuerster
Freund.

  Von ganzem Herzen wie immer
        der Ihrige
         Böckh.

Göttingen (Anfang Januar 1823).

Verehrtester Freund!

Als ich Ihren letzteren Brief vom 24. Dec. erhielt, auch der andere vom 2. Dec. ist mir richtig zugekommen, wollte ich mich gleich zur Beantwortung hinsetzen, doch haben die Weihnachtszerstreuungen und einige Geschäfte mich ein paar Tage davon abgehalten. Zuerst bekenne ich mich innig erfreut und wirklich dankbar für die Güte und Freundschaft, mit der Sie meine anspruchslose Gabe von Inschriften aufgenommen, und preise mein Geschick, das mir vergönnte zu der Unternehmung, die ich als Student schon mit wahrer Ehrfurcht betrachtete, selbst etwas beizutragen. Dann antworte ich gleich auf Ihre Anfragen wegen der Gestalt des Choiseul'schen Steines. Wenn ich mich nicht täusche, ist er so gestaltet:

Pars anterior	*posterior*
Basrelief	rauhe Oberfläche ohne Spur von Buchstaben.
	Inschr. ΛΟΓΙΣΤΑΙ etc.
Barthélemy's Inschrift.	freies Spat. v. 2—3 Z., worin nichts stand.
	Inschr. ΕΠΙΤΕΣΕΡΕΧΘ etc.

a—b ist scharf abgeschnitten um den Stein aufzusetzen, so dass man nicht sieht, ob noch mehr folgte; doch sitzt die unterste Zeile der Rückseite, so viel ich mich erinnere, unmittelbar am Rande, und hier ist kein offenes Spatium bemerkbar. Barthélemy's Maasse der Breite sind wohl richtig. Darnach scheint es, dass, was fehlt, nur unten an Vorder- und Rückseite gestanden haben kann, über ΛΟΓΙΣΤΑΙ schwerlich und zwischen der oberen und unteren Inschrift gewiss nicht. Spuren von Zeilen erkennt man doch immer und hätten nicht unbemerkt bleiben dürfen. Was unten fehlte, mag aber wohl auf gleich breitem Stein gestanden haben, als die erhaltenen Stücke. So denk' ich: [s. die punktirte Stelle der Zeichnung!]

Die schöne Conjectur ΑΙΛΙΝΕΣ veranlasst mich zu der Frage, ob in meiner Abschrift auch richtig ΔΙΛΙΝΙ.. steht, wie ich es hier habe; der Punkt unter Δ zeigt mir, dass ich beim Lesen zweifelte, ob es wirklich ein δ sei. Mit den Inschriften bei Graf Pourtalès wird es keine Schwierigkeit haben, wenn der Graf zu Paris ist, weil man sonst nicht in seine Sammlung kann; der Graf Clarac hatte mir bestimmt versprochen, sie Ihnen zu verschaffen, und da Asopios Clarac recht gut kennt — Cl. war besonders artig gegen ihn — so kann er es gewiss besorgen. Asopios Umgang ist mir in Paris sehr angenehm gewesen, und ich habe meinerseits gethan, was ich konnte, ihn zu erheitern und in Bewegung zu bringen.

Ich komme nun auf Ihren vorigen Brief zurück; verzeihen Sie diese abgebrochene Manier im Beantworten. Machen Sie Beaufort keinen Vorwurf, dass er die Inschriften von Kos nach Knidos transportirt habe. Die Schuld liegt eher an mir oder an keinem. Die Inschriften standen auf besonderen in sein Journal eingehefteten Blättern — grossentheils — und konnten daher leicht falsch bezogen werden. Was das *Marmor Tenium* betrifft, so sind Sie wohl auch der Meinung, dass es wirklich von Tenos, obgleich das Dialektische darin mehr dem Aeolischen anzugehören scheint als dem Ionischen. Wenn ich nur wüsste, wie die Herakliden herein kämen. Ueber den Fourmontschen Inschriften waltet noch manches Dunkel. Dass viele Inschriften verfault, ist darum nicht recht wahrscheinlich, weil fast jede 2 mal copirt ist — doch liegen freilich die Copien meist beieinander. F. scheint sie ursprünglich mit Bleistift und ziemlich unordentlich zusammengeschrieben zu haben; so ist noch ein Blatt da, wo alle Inschr. von Hermione darauf stehn, die erst hernach jede auf einem grossen Bogen sehr weitläufig abgeschrieben sind. Die Inschrift von Tegea über die Beiträge an Sparta habe ich auch gelesen, aber diese kann nicht die gemeinte sein, und theils dieses Beispiel, theils andere Stellen in der Reise von vielen gefundenen Inschriften an Orten, wovon er jetzt keine hat, machen glaublich, dass wirklich viele verloren gegangen. Die Zahl der in Sparta gefundenen Inschriften, die ausgenommen, die Anagnosti entdeckte, wird auf mehr als 300 angegeben; wie viel sind wohl jetzt da? Von der Fourmontschen Inschrift, wegen der Sie mich fragen, weiss ich nichts zu sagen, da ich keine Copie zurückbehalten; wenn ich sie selbst sehe, werde ich mich erinnern, woher sie ist. Die Delphische Inschrift habe ich auch noch nicht wieder vorgenommen, aber komme bald dazu; die Ergänzung der ersten Zeile, wie Sie sie vorschlagen, war auch in Paris bekannt, und stimmt in der That zu den Zügen sehr wohl.

Ich schicke Ihnen einige Zeichnungen zu, wo auf Nr. 1. auch eine Inschrift ist, welche das Basrelief zu einem der interessantesten Stücke der Art macht. Von diesem wage ich zu behaupten, dass es vor Ol. 60 gemacht sein muss, da es im allerächtesten alten Styl gemacht ist. Das Ω ist dunkel; Millingen, mit dem ich viel davon sprach, wollte einen Gypsabguss davon machen lassen, nach welchem es sich besser wird beurtheilen lassen, ob es wirklich vorhanden ist. Nr. 2 ist das Relief von dem Choiseulschen Marmor, was mir noch gar nicht recht verständlich ist. Nr. 3 das Pembrokesche im hieratischen Styl. Dabei ist 4. eine Copie mit Ergänzung der Statue an dem Wege zum Branchidentempel aus der neuen Ausgabe der *Ionian Antiquities*. Die Worte — μησιαναξ stehen so darauf, als füllten sie die ganze Fläche aus; doch ist das vielleicht nur falsch gezeichnet. Aber dass eine so grosse Menge Statuen (denn es stehen sehr viele da) des ältesten Styls erst in der Zeit des Phidias gemacht worden wären, will mir nicht in den Kopf. Nr. 5 bitte ich Sie gelegentlich Hrn. Hofrath Hirt zu zeigen, da es für die Geschichte der Baukunst ein sehr interessantes Stück ist; ich habe auch sonst noch Manches, besonders aus Lusieri's Zeichnungen der Mittheilung werthes. — Den Brief von Sypsomo schicke ich bloss der Curiosität wegen mit, da er eine Lüge von Anfang bis Ende ist.

Dissen ist immer noch recht schlimm, und man kann ihn nicht sehen, da es der Arzt verboten hat. Seit einigen

Tagen, hör' ich, empfindet er Linderung. Ich bin sehr betrübt über seine Lage.

Eben fängt der Druck meiner Dorier an, und wenn Sie mir etwas von Inschriften schicken wollen, werden Sie mich jetzt sehr erfreuen, da ich sie gleich von vornherein werde brauchen können.

Ein glückliches Neujahr Ihnen und den lieben Ihrigen; ich freue mich sehr Sie bald zu sehen.

Ihr

treuergebener

K. Otfr. Müller.

Berlin, d. 7. Januar 23.

Obgleich die Hände bei der jetzigen Kälte sehr undienstfertig sind, versuche ich es doch zu antworten, theuerster Freund. Zunächst danke ich Ihnen für die Auskunft über den Choiseulschen Stein; wiewohl es mir jetzt schwer wird, der Inschrift eine vernünftige Ansicht, oder bei einer solchen eine begreifliche Disposition der Parthien abzugewinnen. ΔΙΛΙΝΙ haben Sie mir wirklich geschrieben. Wegen der Inschriften des Grafen Pourtalès habe ich an Clarac und Asopios geschrieben, und will nun sehen, was daraus wird. Worauf gründet sich Ihre Frage, ob das *Marmor Tenium* wirklich von Tenos sei? Es ist doch unbezweifelt, dass es dort hergekommen? Dann brauchen wir uns um den Dialekt nicht zu bekümmern. — Von den Spartanischen Inschriften des Fourmont ist wol schwerlich etwas verloren gegangen; abgerechnet die grossen zweifelhaften Listen, die christlichen und die Doubletten habe ich etwa 225; rechnet man das übrige dazu, kommen wol ziemlich an die 300 heraus.

Für die Zeichnungen danke ich Ihnen sehr; das Capitäl habe ich heute an Hirt geschickt und ihm geschrieben, er solle sich auch die andern Sachen ansehen. Das Relief von Samothrake ist höchst merkwürdig: ich kann nichts dagegen einwenden, wenn Sie es vor Ol. 60. setzen; die Schriftzüge beweisen nirgends was; denn wir wissen davon soviel als gar nichts mit Sicherheit; fällt das Ω weg, so bleibt kein Kriterium über. Es ist alles beinahe Aberglaube, was man von den Schriftzügen sagt; nur das OY in der Pembrokeschen Pentathleninschrift kann man doch nicht früh nachweisen. Die Didymäische Statue kann, wenn der Stil es erfordert, freilich auch höher hinauf gesetzt werden; denn was wissen wir viel von Inschriften in Ionien aus der Zeit von Ol. 60—80? Ich habe eben neulich geurtheilt, wie man kann, wenn wenig Kriterien vorhanden sind; aber man kann nicht beweisen, dass nicht auch Ol. 70. das Ɵ als Vocal, und das Ξ etc. kann gebraucht worden sein. Meines Erachtens ist auf die Inschriften in diesen Zeitbestimmungen so viel nicht zu geben, wenn andere Gründe für ein höheres Alter vorhanden sind.

Indem ich daran ging nachzusehen, was ich an Inschriften für Ihre Dorer aussuchen könnte, gerieth ich in Verlegenheit, weil ich eben die Sache nicht recht anzufangen wusste. Indessen habe ich angefangen und will sehen, wie es weiter geht. Leider bin ich gleich bei dem ersten Stück ins Stocken gerathen; denn da ich meine Notate darüber zu einem Resultat verbinden wollte, bin ich in Weitläuftigkeiten gerathen, in welche ich Sie nun auch verwickeln muss. Es ist dies der Fall bei der Leukadischen Inschrift aus Petrizzopulo, welche Ihnen, dachte ich, vielleicht wegen des Apollcultus, nicht unwichtig sein würde; aber bei näherer Untersuchung schien es mir, dass dem Glauben an die Aechtheit dieser Inschrift viel entgegenstehe, und ich schicke Ihnen hierbei mein ganzes Ms., wie ich es vorläufig für den Druck ausgearbeitet habe, mit der Bitte dasselbe mir wieder mit der Post unter der gewöhnlichen Adresse zurückzusenden, sobald wie möglich.*) Hierbei habe ich nun freilich noch die Bitte, die ich Ihnen und den Göttinger Bibliothecaren gemeinsam vortrage. Es ist nehmlich möglich, dass ich den Petrizzopulo mit Unrecht für einen Sch... erklärt habe; aber nicht wahrscheinlich. Es kommt darauf an, ob die Bücher existiren, von welchen ich keine Spur habe finden können, nehmlich Scheffer *de perantiquis Corinthiis*, Upsal. 1653. 4. Norden *en Grèce, ses* *lettres et observations*, Copenhagen 1752. 8. (welches ein Roman sein müsste, wenn das Buch wirklich existirte), ferner Gottlieb Wernsdorf *de Lycurgi epochis specimen*, Nürnberg 1741. 8. und Chardin *des mémoires conservés sur le saut de Leucade et le temple d'Apollon*, Amsterd. 1709. 4., welches auch ein Roman sein müsste; endlich *Prisca fasta Ditionis Venetae Insulis spectantia, Aristotele suisque Scholiastis collecta a Blasio Zane e colonia Cretensi Presbytero ac in. D. Basilii ordinem accito*, Venet. 1697. 8. Ich bitte Sie doch alles mögliche auf der Bibliothek anzuwenden, damit wir ins Klare kommen. Und sollten Sie etwas von den seltsamen Notizen, die angeblich aus diesen Büchern excerpirt sind, finden, so werden Sie es mir schon geben; ich habe nichts finden können.

Unter den übrigen sehr alten Inschriften finde ich nichts für die Dorer Merkwürdiges; das alte sehr dunkle Heroenverzeichniss, wie es scheint, von Larissa in Argos bei Dodwell t. II. p. 221. und früher Gell *(Argolis)* tab. VII. werden Sie kennen; ich sehe aber nicht, wozu es dienen könnte. Anderes übergehe ich, weil ich weiss, dass Sie es schon kennen. Auch die Helminschrift bei Payne Knight *Class. Journ.* t. I. p. 328. kennen Sie ohne Zweifel, auf Korinth und vielleicht Argos bezüglich; ich weiss aber nicht, ob dergleichen für Sie brauchbar ist, da Sie mir Ihren Plan gar nicht angegeben haben. Für die Sprache ist darin $\alpha\nu\acute{\epsilon}\vartheta\epsilon\nu$ f. $\alpha\nu\acute{\epsilon}\vartheta\epsilon\sigma\alpha\nu$ merkwürdig. Da ich nach meiner Mappe gehe, so käme nun Africa: es kann wol aber schwerlich Ihnen von Bedeutung sein Nahmen von Korinthern oder Rhodiern mit Athenern u. dgl. untermischt auf einem Aegyptischen Stein zu finden, der übrigens aus der guten Zeit, vor oder unter Alexander ist. Kyrenaisch-Dorisches habe ich nicht ausser aus Della Cella; nichts als gewöhnliche Dorische Nahmen. Von Sicilien und Unteritalien habe ich nichts Unbekanntes, was merkwürdig wäre. Aus Asien weiss ich nur folgendes. Die Verhandlungen zwischen Priene und Samos sind Dorisch geschrieben und scheinen mir zum Theil *arbitria* eines Dorischen Staates, vielleicht Rhodos. Sie sind bei Chandler p. 14. Die Teischen Sachen übergehe ich, da Sie diese alle kennen, ich meine die kretischen Decrete etc. und so finde ich überhaupt in Asien gar nichts.

Ich hatte gehofft unter Lampsakos ein Dorisches Decret eines andern Staates zu finden, und zwar ein ungedrucktes, was ich schicken wollte, um nicht ganz kuhl zu erscheinen; aber indem ich es durchgehe, sehe ich, dass es Aeolisch ist. Von den Inseln notire ich Einiges: was in gewöhnlichen Büchern gedruckt ist, werden Sie wol nicht abgeschrieben haben wollen, welches ohne Nutzen ist, da Sie doch die Bücher nachsehen müssten. Sie kennen ohne Zweifel das Decret der Allarioten bei Gruter p. DV. Montfauc. *Diar. Ital.* p. 72. Chishull *Antt. As.* p. 173. Die Steine von Hierapytna, deren einer bei Pricaeus *ad Appuleium* p. 59. *Marm. Oxon.* Maittair. III. Chandl. II, 27. Reines. p. 491. Chishull p. 129., der andere bei Gruter p. DV. 2. Chish. p. 133. Cornel. Flamin. *Cret. sacr.* t. I. p. 243. und was sonst bei Chishull ist. Das Hierapytn. Decret bei Montfaucon p. 74. *Diar. Ital.* ist spät, enthält jedoch einige antike Ausdrücke. Ich weiss nicht, ob das Fragment der mythischen Genealogie, von Hierapytna, Maffei *Mus. Veron.* p. XXXVI. *Creta Sacra* v. Corn. Flam. t. I. p. 249. Ihnen brauchbar ist. Von Corcyra habe ich fast nichts, als was Sie bei Mustoxidi zusammengestellt finden. Von Pholegandros ist bei Villois. *Mém. de l'Ac.* t. 47. p. 339. eine Dorische Inschrift, bloss wegen des Dialekts anzuführen:

ΤΑΝ ΑΔΕΛΦΑΝ
ΜΝΑΣΙΔΙΚΑΝΘΕΟΙΣ

Ein Fragment von Anaphe, Dorisch, aus Villoisons Papieren liegt hierbei. Von Thera habe ich wohl eine Menge kleiner Inschriften; es ist aber darin nichts Merkwürdiges als Nahmen und gewöhnlicher Dorismus: wie bei Kos, wobei ich nur bemerke, dass die Koer Κεῖοι heissen in der bei Villois. *Mém. de l'acad.* t. 47. p. 325. Ebenso bei Rhodos, welches ganz dürftig ist. Von Astypalaea schicke ich zwei Decrete. Von Melos nichts bemerkenswerth als der freilich nicht sehr merkwürdige Dorismus in den kleinen Inschriften bei Turner t. I. p. 34. — Von Megara ist wenig zu sagen. Die Inschrift, wo der Stamm der Pamphyler vorkommt, habe ich schon *ad Pind.* Pyth. 1. nachgewiesen: merkwürdig dürfte doch die sein ἐπὶ βασιλέος Πασγάδα bei Chandler, *Marm. Oxon.* II, 28. Von Doris selbst habe ich keine einzige Inschrift. Im Peloponnes ist Fourmont die Hauptsache. Eine Inschrift von Argos (Maffei *Mus. Ver.* p. XLIII. *Verona illustr.* t. 1. p. LX. Muratori, T. II, p. DLXI. 2.) nennt einen Argiver Περσέος καὶ Διοσκούρων ἀπόγονον, aus der Römischen Zeit. ΑΡΤΑΜΥΤΙ, wenn die Lesart richtig, wäre ein merkwürdiger Dorismus in einer Inschrift bei Epidauros und Nauplia, Chandl. *Inscr.* p. 82. u. 145. Das Decret von Hermione, zur Befestigung der Freundschaft mit Asine bei Doni p. 137. Murat. T. II, DCVII. 1. Castell. *Inscr. Sic.* p. 89. kennen Sie ohne Zweifel. Ephoren in Pylus Messeniaca, wie es scheint, in später Zeit, in der Inschrift bei Reines. p. 335. Was Pouqueville hat, übergehe ich als Ihnen bekannt; ebenso die Inschriften bei Paciaudi; ein wunderliches Ding aber, welches ich für Peloponnesisch halte, ist das bei Biagi *Monum. Gr.* p. 200. oder 195. und wieder in dem *Prolog.* zu den *Mon. Gr. et Lat.* p. XVIII. vgl. Visconti *Mus. Pio-Clem.* t. II, p. 66. der gewiss mit Unrecht an Opus denkt in Elis. Ich möchte wol wissen, was Sie davon meinen. Ephoren bei den Geronthraten Muratori p. MXLIX. 1. τὸ κοινὸν τῶν Ἐλευθερολακώνων Reines. p. 457. Van Dale p. 295. Walpole *Mem.* p. 466. Von Sparta habe ich ausser Fourmont nichts Bedeutendes.

So viel habe ich eben finden können. Alles sehr unbefriedigend; aber ich wusste selbst nicht recht, wie ichs anfangen sollte. Kommen Sie im Frühjahr her, und glauben was Besseres zu finden, woran ich zweifle, so soll es mir angenehm sein.

Ich freue mich sehr, Sie zu Ostern bei uns zu sehen, wo wir dann allerlei besprechen können. Grüssen Sie Heeren und Göschen, wenn Sie ihn sehen: letzterem geht es ja wohl recht gut. Dissens Leiden thut mir sehr leid; grüssen Sie ihn recht sehr, wenn er wieder zugänglich ist. Leben Sie recht wohl.

Von ganzem Herzen der Ihrige

Böckh.

---

*) Während des Schreibens habe ich mich anders besonnen und die kleine Abhandlung von einem Studenten geschwinde abschreiben lassen; es ist also nicht nöthig sie wieder zu schicken.

Göttingen, 17. Febr. 23.

Ich weiss nicht, wie es gekommen ist, verehrtester Freund, dass ich auf Ihren so inhaltsschweren und mir so wichtigen Brief bis jetzt zu antworten unterlassen habe; der Hauptgrund war wohl, dass ich nichts zu antworten hatte, als die lebhafteste Danksagung, und diese verstand sich von selbst. Ich habe sowohl die Abhandlung über die leukad. Inschrift, als die Inscr. von Anaphe und Astypaläa gleich bei dem Coloniencapitel benutzen können, und werde noch sonst viel davon gebrauchen. Was die letztern betrifft: so haben Sie mir nicht geschrieben, ob ich sie behalten kann: sie sind ganz zu Ihrer fernern Disposition. Die Abhandlung habe ich mit grossem Interesse gelesen, und mir mit Ihnen den Kopf zerbrochen über die wunderliche Inschrift; über die citirten Bücher habe ich sogleich grosse Nachforschung auf der Bibliothek erhoben, aber auch nicht eine Spur davon hat sich finden lassen, Hofr. Reuss hat mitgesucht. Die Basreliefs mit Inschr. habe ich auf die Seite gelegt, weil ich doch nicht viel für Kunstgeschichte gewinne; dagegen beschäftige ich mich, soviel ich meinen Doriern abzwacken kann, mit der Combination und Restitution des Frieses vom Parthenon, doch ohne dass ich recht weiss, was ich hernach mit anfangen soll. Von meinen Doriern habe ich schon 10 Bogen, und es geht jetzt noch schneller. Da Sie darnach fragen, will ich blos einen ganz allgemeinen Conspectus des Ganzen hersetzen mit Angabe der Bogenzahl. Buch I: äussere Geschichte — doch nur der Dorier im Peloponnes — von den Colonien wird nur Herkunft und Verhältniss zum Mutterlande angegeben; im Ganzen ist dies Buch etwas fragmentarisch, da es nur 11—12 Bogen einnimmt. B. 2: Religion und Mythus. Apollo und zwar zuerst eine durchgeführte Geschichte der Verbreitung, dann von den Ideen und Symbolen des Cultus, wird gegen 10 Bogen stark; dann von der Artemis, den andern Culten, dem Herakles, zusammen gegen 8 Bogen. B. 3: Staat, wo Nachrichten von allen Dorischen Städten aufgenommen werden, aber Sparta als Normalstaat behandelt wird, gegen 10 Bogen. B. 4: Sitte und Kunst — ist noch nicht gemacht und kommt erst diesen Sommer dran;

weiss noch nicht recht, was es werden soll. Beilagen 1. zur Karte des Peloponnes, 2. über die Herakleen, 3. vom Dorischen Volks-Dialekt. Ich dachte mir das Buch, ehe ich den Druck anfangen liess, runder, fliessender in Darstellung, zusammenhängender, als ich nun sehe, dass es wird. Indessen habe ich nicht aufhalten wollen, weil ich denke, dass es grade zurecht kommt, und mir die lebendige Einwirkung auf einen Zweig der Wissenschaft lieber ist, als der schriftstellerische Name. — Dabei fällt mir ein, dass Osann doch recht wunderlich ist mit seinen Angriffen auch auf mich; sie sind theils sehr kleinlich oder verfehlt, und er nimmt immer eine lächerlich breite Stellung dabei an; er muss noch eine besondre Malice gegen mich haben. Seine Erfindung des Opisthodomos ausser dem Parthenon ist gewiss höchst grundlos, er sagt dabei: *qui leviter inspexerit Parthenonis figuram*, und es zeigt sich gleich darauf, dass er selbst den Plan bei Stuart nicht einmal ordentlich angesehen hat. Gegen Sie, scheint es mir, weiss er seine Stellung, und wie er sich benehmen soll, gar nicht zu treffen. Auch vermisst man in seinem Latein sehr die nachbessernde Hand; man findet öfter derbe Schnitzer.

Haben Sie das alte Namenverzeichniss von Larissa, was Sie mir aus Gell und Dodwell angeben, nicht auch unter den Fourmontschen Papieren gefunden? es existirt da. Von der ἱερὰ οὐκησία der Inschrift bei Biagi weiss ich noch nichts zu sagen; vielleicht komme ich noch auf etwas durch Zufall.

Dissen bessert sich sehr bedeutend und ist wohl in 4 Wochen ganz hergestellt; es ist rührend, ihn nach so schweren Leiden reconvalesciren zu sehen, sein erster Brief wird an Sie sein. Heeren und Göschen grüssen wieder, letztrer gefällt sich hier sehr wohl, ganz besonders die Familie, in der ich auch manchen angenehmen Abend zubringe. Nach Berlin komm' ich erst am Ende der Ferien, da ich meinen Bruder von Breslau dahin begleiten will, welcher seine theologischen Studien da vollenden will; ich werde Sie noch um gütigen Rath wegen seines Fortkommens in Berlin ersuchen.

Mit alter Treue und Ergebenheit
Ihr
C. O. Müller.

Berlin, d. 20. Februar 23.

Wenn ich einen Brief auf der Seele habe, theuerster Freund, habe ich ihn gern davon; indem ich also den Ihrigen um 3 Uhr, als ich eben ins Collegium wollte, empfangen habe, schreibe ich gleich um 4 Uhr, wie ich aus dem Collegium komme, wieder. Es hat mich gefreut, Ihren Brief zu erhalten, theils weil ich mich immer sehnte zu erfahren, wie es mit Dissen gehe, und ich danke Ihnen nun, dass Sie mich beruhigt haben; theils weil ich glaubte, Sie wären darob verdriesslich, dass ich Ihnen nichts Besseres geschickt hätte, und Ihnen noch mit dem Leukadischen Charlatan Mühe verursachte. Die Inschriften von Astypaläa und alles, was ich geschickt habe, brauche ich nicht wieder. Ihr Ueberblick des Werkes über die Dorer hat mir viel Freude gemacht, und ich sehe der Vollendung desselben mit Erwartung entgegen. Ohne Zweifel haben Sie hier wieder wie bei den Minyern auch chronologische Bestimmungen über die Gründung der Staaten, welche bei der enormen Unwissenheit der Menschen sehr nothwendig sind. So hat der wunderliche Kortüm mich geglaubt belehren zu können, dass Rhodos zwischen Olymp. 92—94. Stadt geworden, und will darnach eine Stelle in meiner Staatshaushaltung verbessern: hätte der gute Mann gewusst, dass es allgemein bekannt sei, die Stadt Rhodos sei Ol. 93, 1. gegründet, so würde er bemerkt haben, dass, was ich von Rhodos sage, dies als bekannt voraussetzt, und würde dann leicht haben sehen können, dass er mich nicht versteht, statt dass er tadelt, was vollkommen richtig ist. Aber der gute, wie Sie sehr wohl sagen, eine breite Stellung annehmende Osann ist noch weit zutäppischer. Ich habe, wie Sie schon aus meinen frühern Briefen schliessen können, seine Sachen Schritt vor Schritt genau studirt, habe aber nichts daraus gelernt, sondern die Zeit mit der Widerlegung seiner Absurditäten verdorben. Kein Blatt, worauf nicht eine Albernheit vorkäme. Dabei . . . einem Manne, wie Bekker, *insignem negligentiam* vorzuwerfen! Während er selbst in Latein und Griechisch überall die gröbsten Schnitzer macht. In der That verdiente er eine derbe Züchtigung, die ich aber gerade ihm nicht gehen mag, ob ich gleich nur einen halben Tag brauchte, um seine Sachen zu nichte zu machen. Was Sie betrifft, so habe ich mich auch über sein Reden von Ihnen geärgert; glauben Sie aber ja nicht, dass er eine besondere Bosheit gegen Sie habe; es ist bloss die allgemeine *invidia* einer schwächlichen Seele, ἃ τὸ μὲν λαμπρὸν βιᾶται, τῶν δ' ἀφάντων κῦδος ἀντείνει σαθρόν. Was Sie vom Parthenon schreiben, habe ich ebenfalls bemerkt; es ist ganz unverschämt zu sagen, was er sagt, man brauche bloss *leviter* die Figur des Parthenon anzusehen um zu sehen, dass er recht habe; da doch gerade in der Stuartschen Zeichnung die dicke Mauer, die noch steht, angegeben ist, wodurch des Parthenons hintere Seite geschlossen ist. Aber jene ganze Abhandlung ist rein absurd; er spricht von einer doppelten Mauer, womit sein angebliches Schatzhaus umringt gewesen sei, statt dass beim Schol. Aristoph., worauf er sich beruft, von einer doppelten Wand, διπλοῦς τοῖχος, die Rede ist. Die von ihm entworfene Tafel der Schatzmeister ist ein Gewebe von Absurditäten, das bei der ersten Berührung zerfällt; die beiden vierjährigen Schatzverzeichnisse, die er aus den *Elginianis* herausgegeben hat (und die ich ihn erst hier verstehen lehrte, da er vorher glaubte, es seien gar keine Lacunen darin, und anfangs sehr böse wurde, als ich ihm sagte, es fehlte mindestens die Hülfte), hält er für zusammenhängend; was man nur kann, wenn man völlig ἐμβρόντητος ist: das Gegentheil ist ganz einleuchtend. Nicht minder falsch ist auch seine dem Visconti nachgebetete Vorstellung von dem Bündnisse der Athener und Reginer. Ganz unverschämt ist die S. 72. gegebene Exposition von dem *Spiritus asper in mediis vocabulis*, dass er nicht Attisch sei: dies habe er gefunden nach Vergleichung aller (*quotquot extant*) Attischen Inschriften, da doch gerade in der schönen Inschrift vom Bau des Polias-Tempels ganz deutlich ΤΡΙΗΕΜΙΠΟΔΙΟΣ steht. Da Sie doch über die Dorische Sprache schreiben, so schlägt jene Untersuchung auch in die Ihrige ein; das Η (*spiritus asper*) in der Mitte soll Dorisch sein; doch Mazochi irre, dass das ⊦ bloss in *Magna Graecia* (in den Herakl. Tafeln) vorkomme, wovon die Lacedämonische Erztafel bei Maffei den Gegenbeweis liefere. Schlägt man nun nach, was das für eine Erztafel sei (denn es giebt gar keine Laced. Erztafel), so findet sich, dass es die eine Herakleische Tafel selbst ist! Was sagen Sie zu solchen Widerlegungen? ... Sollten Sie etwa veranlasst sein, eine Anzeige in den G.G.A. zu machen, so würde ich Ihnen gerne Beiträge liefern, da solche ganz heillose Fehler zum Theil gar nicht in die Augen fallen, und nur bei genauem Studium, wobei man alles nachschlägt, entdeckt werden können. Ich könnte noch ein ganzes Register liefern; aber ich schreibe nur aus dem Gedächtniss, in welchem mir das Citat (S. 72.) zufällig sitzen geblieben ist, wie das oft bei mir der Fall ist. Ich habe — denn ich muss dies sagen, wenn es auch undelicat scheint — während ich das Osannische Wesen las, oft zu meiner Frau, die in meinem Zimmer sass, gesagt, wie gräulich es wäre solche Sachen zu lesen, wo nirgends Licht und Sinn; da lobe ich mir unsern Müller, sagte ich; wenn man etwas von dem liest, weiss man doch, was man vor sich hat, und kann sich auf dasselbe verlassen.

Vielleicht ist es Ihnen für die Dorer nicht gleichgültig zu hören, dass ich nun weiss, wo das Testament der Epikteta her ist: ich bin erst kürzlich darauf gekommen, seitdem ich zuletzt an Sie geschrieben habe. Es ist von Thera ganz offenbar. Ich hatte mir schon immer den Grinos, König von Thera, zu diesem Monument gemerkt, und indem ich neulich die Theräischen Inschriften durchging, habe ich eine solche bis ins Speciellste gehende Uebereinstimmung aller Nahmen auf Einen Blick gefunden, dass kein Zweifel stattfinden kann. Dazu kommt, dass das $\dot{\alpha}\varphi\eta\varrho\omega\ddot{\iota}\zeta\varepsilon\iota\nu$, worauf doch das Testament hinausläuft, besonders in den Theräischen Inschriften vorkommt, Sie können sich darauf verlassen. Ueber die Dorische Sprache kann noch allerlei aus den Inschriften herauskommen, besonders aus den ältesten; diese habe ich jetzt zum Druck ausgearbeitet und erst dabei allerlei gefunden, was ich früher nicht erkannt hatte, z. B. in Argos $\pi\varepsilon\delta\dot{\alpha}\mathrm{F}o\iota\varkappa o\iota$ statt $\mu\dot{\varepsilon}\tau o\iota\varkappa o\iota$, merkwürdig genug. Ich denke wir durchgehen einmahl diese Sachen, wenn Sie kommen, da dieser Theil Ihres Werkes doch den Schluss macht. Das Nahmenregister von Larissa habe ich auch schon erklärt; ich habe es aus Fourmont auch. Was sagen Sie aber dazu? Ich habe einen von Hipparch's Hermen gefunden, den der zwischen Thria und Athen stand. Fourmont hat ihn aber so verpfuscht, dass ich ihn nur durch einen glücklichen Einfall wieder erkannt habe; einmahl erkannt ist aber die Sache evident. Bei Gelegenheit der Sig. Inschrift bin ich auch auf die Inschrift vom Tempel der Polias gekommen, und zwar auf die Stelle, wo ἐπὶ τῶν ἐπιστατῶν τούτων vorkommt, wo Sie mit Bedenken an *epistylia* denken. Die Stelle hat mich sehr geplagt; denn ἐπίστατον oder ἐπιστάτης ist gerade umgekehrt der Fuss oder das Untergestell einer Sache: endlich habe ich gesehen, dass hier die ἐπιστάται τῶν ἔργων, die Vorsteher des Baues gemeint sind, und gar nicht ein Theil des Werkes selbst. — Was die ἱερὰ οὐπησία betrifft, weiss ich nicht, ob ich Ihnen geschrieben habe, ich vermuthe, dass dies nichts als ein Lesefehler st. γερωσία ist: aber die Kühnheit der Veränderung macht mich zweifelhaft.

Doch ich breche ab. Grüssen Sie Dissen von ganzem Herzen von mir, und schreiben Sie bald wieder, kommen aber auch recht bald. Ich bitte auch Göschen zu grüssen und Heeren.

   Stets herzlich der Ihrige

      Böckh.

Nachdem ich geschlossen hatte, fiel mir erst ein, dass Hirt mir zwei Schriftchen für Sie gegeben hat; ich schliesse also den Brief diesen bei; daher die Adresse mit weggeschnittenem Siegel. Es sind wohl zwei närrische Dinger; ich habe sie nicht gelesen. — Der Graf Clarac . . . . . hat dem Asopios gesagt, er könne „*sa foi*" die Inschriften von Pourtalès nicht hergeben; ich werde nun versuchen sie von Köhler in Petersburg zu bekommen, der aber auch zäh ist; oder von Pourtalès selbst durch Alex. v. Humboldt. — Hirt hat den superklugen Einfall, dass das Samothrakische Monument und das Pembrokesche von dem Pentathlos unächt seien! Wie sich doch die schönen Geister begegnen! — Ich halte dagegen die Sig. Inschrift für ein spätes Machwerk.

[Göttingen,] 14. März 23.

Verehrtester Freund. Ich schreibe kurz vor meiner Abreise nach Schlesien, blos in zweierlei Absicht, erstens, um Ihnen für den wahren Trost- und Labebrief zu danken, mit dem Sie mein zaghaftes Gemüth, das oft zweifelt, ob es den rechten Weg ergriffen, und, wenn das, ob es damit durchkommen wird, aufgerichtet und gestärkt haben; auch Ihr Zorn gegen Osann war für mich eine Erquickung, weil sich der Ernst der Wissenschaft so kräftig darin ausspricht; möchte nur, was von meinem Buche jetzt vor mir liegt, Ihrer guten Meinung entsprechen. Zweitens, um Ihnen von unsers lieben Dissen Befinden Nachricht zu geben, das leider noch schlimmer ist, als ich früher erwartet, dass es jetzt sein würde. Etwas hat ihm auch ein plötzlicher Schreck geschadet, da in dem Nebenzimmer des Raumes, wo er lag, durch die erhitzte Röhre — da keine Brandmauer am Ofen war — ein Balken in Brand gerathen und verkohlt war, ehe der Rauch darauf aufmerksam machte; der Abhelf dieses Uebels hat Dissen viel Unruhe gemacht. Indess leidet er nur noch an Schwäche, ohne positive Krankheit; ich hoffe, dass der erste Frühlingsmonat ihn wieder herstellen wird; jetzt pflegt ihn seine Schwester. Alles andere mündlich.

Ihr
treuergebener
C. Otfr. Müller.

Berlin, d. 8. Juni 1823.

Schon lange, theuerster Freund, habe ich an Sie schreiben wollen, habe es aber bisher immer unterlassen, weil ich erst das Ms. zum 1sten Fascikel der Inschriften ganz fertig haben wollte, ehe ich mich ans Briefschreiben begäbe. Jetzt ist dies geschehn, und der erste Brief, den ich schreibe, ist an Sie, theils freilich nur, um Ihnen von Neuem Unbequemlichkeit zu machen. Ich habe Ihnen nehmlich schon früher gesagt, dass ich um einige Bücher von Göttingen bitten müsste; und ich glaube fast, es ist kürzer Sie als Reuss darum zu ersuchen, wiewohl auch dieser alles bei meiner letzten Anwesenheit in Göttingen mir zugesagt hat. Die *Recherches sur l'origine et les progrès des arts dans la Grèce v. D'Hancarville*, 8°, soviel ich mich erinnere 3 Bände, kann ich hier durchaus nicht auftreiben, und doch sind sie mir wegen einiger Münzen, die angeblich sehr alt sein sollen, von Wichtigkeit; ich wollte Sie also bitten mir die 2 ersten Bände nur auf eine Woche zu schicken; aussen adressirt an die Akademie der Wissenschaften, und innen bemerkt, dass es an mich abzugeben. Ferner habe ich in Göttingen eine Dissertation ehemals gelesen*) *de vasculi Graeci in Mus. Eq. de Hamilton inscriptione Graeca*, Göttingen 1804. 4. ich habe mir aber daraus nichts notirt, weil mir alles ungereimt vorkam: die Inschrift ist sehr schwer, und ich bitte Sie um die Güte mir doch nur mit Wenigem den Inhalt der Abhandlung anzugeben; was nehmlich Fiorillo von dem Bildwerke sagt, und wie er die Inschrift erklärt, wenn Letzteres der Mühe werth ist.

Ich wünsche Ihnen Glück zu dem Ordinariat, und hoffe Sie werden auch Zulage erhalten haben. Da Sie für die Akademie so viel mit mir correspondirt haben, hat Sie die Akademie letzten Donnerstag einstimmig zum Correspondenten erwählt, welches jedoch erst zum 3. Juli als an der Leibnitzischen Sitzung bekannt gemacht wird.

Von Dissen höre ich durchaus nichts; ich denke immer, er soll einmahl schreiben; denn ich hoffe doch, dass er gesund sein wird. Grüssen Sie ihn herzlich von mir und bitten ihn in meinem Nahmen, doch etwas von sich hören zu lassen.

Ihrem Bruder habe ich Gelegenheit gehabt seinem Wunsche gemäss einige Privatstunden zu verschaffen. Mir und den Meinigen geht es gut; Ihnen gewiss auch.

  Von ganzem Herzen
    der Ihrige
      Böckh.

---

*) Beim Wiederlesen des Briefes sehe ich, dass ich den Verf. vergessen habe, nehmlich Raph. Fiorillo.

Göttingen, 17. Juni 1823.

Auch ich, verehrtester Freund, wollte nicht eher an Sie schreiben, bis ich Ihnen den ersten Band meiner Dorier zuschicken könnte, über dem ich mich bis jetzt bass geplagt habe, aber ihn auch nun binnen 14 Tagen fertig zu haben denke. Diese Zeilen betreffen nur das vorliegende Geschäft, und ich lege sie in das Packet hinein, in das der Bibliothekdiener die *Recherches sur l'origine* etc. für Sie emballirt.

Die *Dissertatio de Inscriptione Graeca Vasculi Picti ex Museo Eq. de Hamilton — Raphael Fiorillo. Gottingae 1804.* beschäftigt sich mit dem Vasengemälde bei Tischbein T. I tab. 23. Nach der Erklärung Fiorillos ist die Figur in der Mitte Dolon, die zu beiden Seiten mit Schwert und Scheide in den Händen Diomedes und Ulyss. Die Inschrift liest Fior. nach Tischbeins Werk so: ΔΣΜΠΕΠΥΙΣΔΟΜΤΟΣ ΟΝΝΥΕΠΑΜΑΤΟ ΧΕΕΝ, und erklärt: δος μοι πεφυζοτος ον νυν επειμι αἱμα το χεειν (d. h. τῷ, τῷ ξίφει), welches er im Einzelnen durch Buchstaben- und dialektische Verwandlungen nachzuweisen sucht, und dann noch jambische Verse oder Palimbacchien daraus machen will.

Die *Recherches* haben wir nur in 4°, und ich weiss nicht, ob sie auch in 8° existiren. Den dritten Band, ein *Supplément* zu den vorigen, habe ich zurückgelassen, da Sie ihn nicht verlangen. Reuss war gleich willig das Werk Ihnen zu übersenden; und wenn Sie irgend sonst etwas brauchen, wird sich hier Alles beeilen Ihnen zu dienen.

Von Dissen haben Sie nun schon einen Brief mit guten Nachrichten erhalten. Ich freue mich täglich, wie er stärker und munterer wird, und es ist eine rechte Heiterkeit über sein Wesen verbreitet, obgleich fast sein ganzes tägliches Leben sich noch um die Gesundheit dreht. Ich mache mir Vorwürfe, dass ich Ihnen nicht schon von seiner Rekonvalescenz, die besonders recht sichtlich 8 Tage vor Pfingsten begann — geschrieben habe; aber ich dachte, Sie hätten sonst Nachrichten davon.

Die grosse und unverhoffte Ehre, die Ihre Akademie mir erwiesen hat, hat mich sehr überrascht und erfreut; ich danke es einem sehr guten Glücke, dass es mir grade mit diesem Institute, dem ersten seiner Art, in für mich so ehrenvolle Verbindung zu treten vergönnt hat.

Von Ihrer Güte für meinen Bruder hat er mir schon geschrieben, und wir sind Ihnen beide gleich dankbar dafür.

Ihr
treuergebner
C. O. Müller.

Göttingen, 11. Juli 1823.

Ich sende Ihnen hier, verehrtester Freund, den ersten Band meines Buchs, wie er ist, ohne Vorrede und Titel selbst, um davon zu profitiren, nämlich Zurechtweisungen und Besserungen. Ich werde ängstlicher und furchtsamer, je älter; und möchte um desto weniger geschrieben haben, je mehr ich schreibe; also können Sie mir Alles sagen. Nachzutragen habe ich auch schon Manches; doch noch eben nichts entschieden zu corrigiren. Dissen sagt mir, dass Sie ein Programm *de Orsippo* geschrieben haben, und wird es mir auch geben, wenn er seine Bücher wieder in Ordnung bringt; ich denke es noch im 4ten Buch zu benutzen.

Dissen wird täglich wohler und munterer; er wohnt jetzt auf dem Bethmannschen Garten, und grüsst Sie herzlich. Er ist sehr zufrieden mit meiner Leistung, aber er ist zu gut. — Vor kurzem war Meineke auch bei uns; er hat uns sehr gefallen, jetzt ist Wachsmuth da; er grüsst auch.

Sie fragten neulich, ob ich Gehaltszulage bekommen, und ich habe zu antworten vergessen, nämlich negativ. Indessen rechnet die Regierung wohl die Summe, die meine Reise gekostet hat, mir an, und das mit Recht. Auch brauche ich es eben nicht dringend.

Nächstens werde ich Sie um die *Symbolas in Osannum* bitten; er ist doch gar zu übermüthig.

Ihr
treuergebner
C. Otfr. Müller.

Berlin, d. 5. August 1823.

Ihren Brief vom 11. Juli, lieber Müller, hätte ich schon längst beantworten sollen; aber ich bin durch allerlei abgehalten worden. Erst hatte ich das Buch von Letronne über Aegypten unter den Händen, welches ich erst durchlesen wollte, da ich es angefangen hatte: das beste Buch, was mir von einem Franzosen seit langer Zeit vorgekommen ist; nachher beschäftigte mich die Geburtstagsrede, die ich nun hinuntergeschluckt habe; und zudem kommen in den Hundstagsferien so viele Fremde hierher, dass man diesen viel Zeit widmen muss. Daher bin ich auch noch nicht im Stande gewesen, das Buch über die Dorer zu lesen, sondern nur zu durchblättern; aber auch so erkennt man schon seine vielseitige Vortrefflichkeit. Es sind mir nur zwei Kleinigkeiten aufgefallen: dass Sie den Korinthischen Helm zu Olympia mit einem Sikyonischen Kampf zusammenbringen (denke ich wenigstens, denn ich schreibe aus dem Gedächtniss), wozu keine Andeutung vorhanden ist: ich möchte ihn vielmehr aus einem ganz besonderen Grunde mit dem Thesaurus der Megarer combiniren, worin die Bildwerke des Dontas standen, die Sie auch berührt haben, und in Rücksicht deren ich ganz Aehnliches wie Sie geschrieben habe. Das andere ist in Betreff des Orsippus, der offenbar in die 15. Olymp. gehört. Ein in Rücksicht des Historischen unbedeutendes Epigramm, worüber ich ein unbedeutendes Proömium geschrieben habe, beweiset freilich nichts dafür, aber Corsini hat die Sache hinlänglich bewiesen. Ich lege dies Proömium nebst einem andern bei.

Sie erhalten mit Dank den d'Hancarville zurück, der durch Nachlässigkeit, wiewohl nicht meine, so lange liegen geblieben ist; es ist ein fabelhaft abgeschmacktes Buch. Den dritten Band will ich nicht; doch bitte ich Sie um die Gefälligkeit nachzusehen, ob der dritte Band keine Inschriften unter den Kupfertafeln enthält. Durch sonderbaren Zufall bin ich nicht im Stande weder hier, noch in Leipzig den 7. Fascikel des *Musei critici Cantabrigiensis* aufzutreiben, worin ein Aufsatz von Rose über Inschriften steht; wenn es nicht zu unverschämt ist Sie schon wieder zu plagen, so würden Sie mich verbinden, wenn Sie mir ihn schicken wollten, und er soll so lange nicht wieder hier liegen, sondern gleich den andern Tag abgesandt werden, nachdem er angekommen ist.

Wenn ich Musse habe, werde ich die Dorer mit Musse lesen; jetzo werde ich ganz obruirt von meinen Vorlesungen, indem ich, um dieselben zu vollenden, diese Woche habe anfangen müssen zu dupliren. Dass Dissen so wohl und heiter ist, höre ich von verschiedenen Seiten, auch von Meineke, der in diesen Tagen hier war und Ihr grosser Verehrer ist. Grüssen Sie Dissen recht sehr; ich habe vor einiger Zeit durch einen Dr. Weisse an ihn geschrieben, der Sie ohne Zweifel auch besucht haben wird: er plagte mich immer mit Disputationen über das Griechische Alterthum, scheint mir aber wunderliche Ansichten zu haben.

Stets von Herzen der Ihrige

Böckh.

Berlin, d. 8. August 23.

Lieber Müller,

Nachdem mein voriger Brief mit dem d'Hancarville schon fort ist, erhalte ich eben das *Mus. crit. Cantabr. Fasc. VII.* und schreibe daher nur mit drei Worten, dass Sie mir dasselbe nicht schicken mögen.

Von Herzen der Ihrige

Böckh.

An Herrn Prof. Müller in Göttingen.

Berlin, den 13. Dec. 1823.

Ich erneuere, mein verehrter Herr und Freund, mein Andenken bei Ihnen in einer Sache, die mir und vielen Gleichgesinnten sehr am Herzen liegt.

Sie wissen, welch' unglückliche Krankheit unsern armen Wilken ergriffen hat, und noch immer ist gar keine bestimmte Aussicht auf seine Herstellung. Dies vermochte mich in der Fakultät die Lage der Dinge zur Sprache zu bringen, insbesondere auch, wie mich die mittlere und moderne Geschichte so beschäftigte, dass ich mich von allen auf das Alterthum Bezug habenden Vorlesungen zu entbinden bitte. Dazu kommt, dass auf die Vorlesungen des H. G. Rath Wolf nicht immer mit Bestimmtheit zu rechnen ist, H. Pr. Bekker niemals lieset; also die Last allein auf Boeckh ruht. So waren alle Glieder der Fakultät darüber einig: dass Sie, mein verehrter Freund, als der tüchtigste und würdigste unter allen uns bekannten Gelehrten, für alte Geschichte, kurz für die Fächer zu berufen wären, welche Sie mit so viel Liebe und Erfolg betreiben.

Hiernach ging unser Bericht an das Ministerium, und nicht ohne Veranlassung frage ich Sie: ob, und unter welchen Bedingungen Sie geneigt wären eine ordentliche Professur hier anzunehmen. Ich wiederhole, dass wir sehr wünschen, die Sache möge zu Stande kommen. Sie werden freundlich gesinnte Collegen und ordentliche Studenten finden. Denn soviel widerwärtiger Zank und Hader in Breslau war, so friedlich und einig ist hier alles. Unsere Bibliothek mehrt sich dergestalt, dass Göttingen darin nicht wie sonst allein steht; noch rascher rücken die Kunstsammlungen vor, und wenn Sie meine Ansicht theilen, so hat das Leben in dieser Königsstadt doch gar viele Vorzüge vor dem in einer kleinen Universitätsstadt. Lassen Sie mir eiligst eine und womöglich dergestalt gefasste Antwort zukommen, dass sich das Weitere bejahend daran anreihen lässt.

Empfehlen Sie mich den H. Eichhorn, Heeren und Sartorius und behalten Sie in gutem Andenken

Ihren aufrichtigen Freund und Diener
v. Raumer.

Berlin, d. 6. Januar 1824.

Da ich heute an Dissen schreibe, kann ich nicht umhin, liebster Freund, ein Paar Worte an Sie beizulegen, da es Sie vielleicht ohnehin befremdet haben mag, dass ich Ihnen in diesen Wochen nicht geschrieben habe; ich habe es aber absichtlich gethan, um Sie nicht in Ihren Deliberationen zu stören. Die hiesige philosophische Facultät hat auf Raumers und meinen Betrieb beim Ministerium darauf angetragen Sie hierher zu berufen, worauf denn Raumer nach einer Privatäusserung von Süvern Ihnen vor etlichen Wochen geschrieben hat*); da er mir gestern sagte, dass er noch keine Antwort habe, habe ich ihm versprochen Sie heute zu mahnen. Ich gestehe, dass ich kein grosses Vertrauen dazu hatte, dass Sie kommen dürften, da Sie in Göttingen jedenfalls eine vortheilhafte Stellung und viele Aussichten haben; indessen sagt mir Raumer heute, von Ihrem Bruder, den er gestern Ihretwegen sprach, gehört zu haben, dass Sie wieder gern ins Preussische zurückgingen. Ist dies wirklich so, so brauche ich Ihnen nicht zu sagen, wie herzlich willkommen Sie uns allen sein werden; aber in dem Falle, dass Sie Lust hätten hierher zu kommen, lassen Sie uns nicht lange warten; denn bei der besondern Art, wie hier regiert wird, muss man die Gelegenheit ergreifen, wenn sie da ist, und diese geht oft sehr schnell vorüber: um so mehr müssten wir diese Sache beschleunigen, da nicht klar ist, wie viel Vollmacht Süvern überhaupt in dieser Sache hat, und wie viel er auf seinen Kopf gethan hat. Ich kann mich hierüber nicht näher erklären; wenn aber die Sache auf eine oder die andere Art zu Ende ist, und wir uns wieder persönlich sehen, will ich davon mehr sagen. Also, wenn Sie Lust haben hierher zu kommen, so schreiben Sie bald; wo nicht, so hat es keine Eile. Aus dem, was ich gesagt habe, folgt übrigens noch dieses, dass Sie, wenn Sie Lust haben hierher zu kommen, vorsichtig sein müssen, und nicht eher in Göttingen sich auch nur halb los machen dürfen,

---

*) Der betreffende Brief ist von solcher Bedeutung, dass wir nicht unterlassen konnten, ihn vor diesem einzuschieben.

ehe Sie von hier aus völlige Sicherheit haben; denn es ist, wie gesagt, Alles noch gewissermassen unter uns, und wenn Sie kommen wollen, müssen erst die Mittel beschafft werden. Uebrigens würden Sie hier gewiss in eine angenehme Thätigkeit kommen. Die Studenten sind jetzt in *Philologicis* in gutem Zuge; ich habe z. B. in den Griechischen Alterthümern an 100 Zuhörer, im Sophokles etwa 80; und da Wolf allmählich abgängig wird, ist keine zu grosse Concurrenz hier. In der Kunstgeschichte und Mythologie ist freilich Tölken noch da; aber er macht, so viel ich weiss, keine grossen Geschäfte . . . Mir wäre es um so lieber Sie hier zu sehen, da ich wol von Ihnen auch Unterstützung bei dem Inschriftenwerk erwarten dürfte.

Ich muss abbrechen, da ich machen muss, dass der Brief noch zeitig zur Post kommt. Ueberlegen Sie nun alles, wenn Sie noch nicht völlig überlegt haben, und schreiben Sie uns recht bald.

Von ganzem Herzen wie immer
der Ihrige
Böckh.

[Göttingen, Anfang März 1824.]

Mein verehrter Freund.

Ich habe sehr lange Zeit nichts von mir hören lassen, und Sie werden sich gewundert haben, dass ich selbst Ihren gütigen Brief, der mich nach Berlin einlud, unbeantwortet liess und erwartete, dass Sie die Antwort an Hrn. v. Raumer mit dafür annehmen würden. Zwei Umstände waren es besonders, die mich am Schreiben hinderten. Erstens der Wunsch meine Dorier vorher zu vollenden und Ihnen mit dem Briefe zu senden. Nun sind diese zwar mehrere Wochen her fertig geworden, und ich würde sie Ihnen längst geschickt haben, wenn mir nicht mein Verleger bis jetzt gesäumt hätte die Karte zuzusenden. Sobald ich diese bekomme, geht auch sogleich eine bedeutende Sendung von Exemplaren nach Berlin ab, die ich mir die Freiheit nehmen werde an Sie, verehrtester Freund, zu adressiren. Der zweite weit wichtigere Umstand war meine stille, aber sehr leidenschaftliche Bewerbung um Pauline Hugo, die am letzten Freitage zum glücklichen Ziel der Verlobung gelangt ist, und die Ihnen und Ihrer lieben Frau zu melden der einzige Zweck dieses Briefes ist. Ich erinnere mich noch recht wohl an ein Elogium von Paulinen, das Ihre liebe Frau im vorigen Herbste im Gasthause am Schilde zu Osterode anstimmte, und mit dem schon damals mein Gefühl völlig einstimmig war; um desto mehr wird sie sich nun der Erfüllung so schöner Ahnungen freuen.

Ich hoffe, dass dieser Brief Sie und die Ihrigen in guter Gesundheit trifft. Dass er so wenig enthält, verzeihen Sie einer mit dessen Inhalt ganz allein beschäftigten Seele,

Ihrem
C. O. Müller.

Grüssen Sie mir Hrn. Prof. Buttmann herzlich, der die Nachricht von unsrer Verlobung noch von einer andern Seite erhält, wo sie ihn noch mehr angeht und interessiren wird als von der meinigen. Auch danke ich kurz für die übersandten Abhandlungen. Wann kommt die erste Lieferung des Inschriftenthesaurus?

Berlin, d. 20. März 1824.

Dass Sie auf meinen letzten Brief nicht antworteten, liebster Freund, darüber hatte ich mich eben nicht gewundert; denn kaum war er auf der Post, so hörte ich von Raumer, dass Sie sich schon abschläglich gegen ihn erklärt hätten. Ich dachte also, Sie fänden es nicht nöthig zu antworten, wie ich auch es weiter nicht nöthig fand, und dabei dachte ich mir Sie bis über die Ohren in den Studien vertieft, weshalb Sie um so weniger antworten würden; endlich glaubte ich auch mit dem zweiten Bande der Dorer Nachricht zu erhalten. Da überraschte uns die Nachricht von Ihrer Verlobung mit

Pauline Hugo, welche wir zuerst von meiner Schwiegermutter erhielten; nach einigen Tagen fieng ich allerdings an etwas verlegen darüber zu werden, dass Sie mir davon gar nicht schrieben; was für ein Gefühl es eigentlich war, kann ich selbst nicht recht sagen. Für Zurücksetzung hielt ich es nicht; denn das wusste ich wohl, dass ich nicht die ersten Ansprüche auf die Anzeige Ihrer Verlobung hatte. Am Ende muss es wohl Eifersucht gewesen sein. Desto mehr erfreute es mich eines Tages ein Briefchen vorzufinden; und ich brauche wol nicht viel zu reden, um Ihnen die herzliche Theilnahme an Ihrem Glück zu versichern. Eben dieselben Empfindungen hat meine Frau für Sie und Pauline, und sie hat dabei noch das Verdienst zum Voraus Sie für einander durch ein Schicksalswort bestimmt zu haben, welches Sie nicht vergessen haben. Auch alle andern hier, die das edle junge Paar kennen, freuen sich herzlich, und so möge denn der Himmel alle die Segnungen auf Sie herabgiessen, die Ihre Herzen verdienen. Buttmann, der an allem so herzlichen Antheil nimmt, hat die frohe Nachricht zuerst von uns empfangen; ob schon von Hugo's Seite, weiss ich nicht. Buttmann ist jetzt ein Leidensgenosse seines alten Göttinger Freundes; er ist vorgestern Abend gefallen und hat sich das Bein beschädigt, zwar ohne Gefahr oder grosse Bedeutung, aber er wird vielleicht doch etwas lange damit zu thun haben: wie ich selbst, als ich von meiner letzten Reise zurückkam, auf Buttmanns Treppe fiel und viele Wochen brauchte, bis ich wieder frisch und frei auftreten konnte.

Ich weiss nicht, soll ich es lustig oder rührend nennen, dass Sie neben Ihrer Braut noch an die erste Lieferung des *Thes. Inscr.* denken. Schwerlich dürfte diese vor Ihrer Hochzeit kommen, welche, wie uns geschrieben wird, auf den November festgesetzt ist. Es sind von dem *Thes.* sechs Bogen gedruckt; ich würde Ihnen, wenn etwas mehr fertig ist, eine Anzahl Bogen schicken; aber die Kupfertafeln sind noch nicht eingedruckt, und ich will sie noch nicht eindrucken lassen, so lange der Druck noch nicht recht trocken ist. Auch werde ich nicht im Kleinen wie ein Krämer verkaufen; unter 50 —60 Bogen gebe ich nicht aus. Anfang Winters habe ich mich mit dem Sophokles beschäftigt; seit dem Februar bin ich wieder an die Inschriften gegangen, und habe gestern die erste Classe der *Attica*, nehmlich die Psephismen u. dgl. fertig gemacht. Zunächst werde ich nun die Schatzmeisteracten u. dgl. als zweite Classe bearbeiten, und damit auf jeden Fall die erste Lieferung beschliessen. Osanns Sachen finde ich bei der Ausarbeitung des Meinigen noch viel schlechter als früher; nicht ein einziges Stück, was mir bis jetzt vorgekommen, hat er auch nur erträglich behandelt. Die Ausarbeitung ist zum Theil höchst lästig; doch lerne ich allerlei dabei.

Ich muss schliessen, da der Brief zur Post soll. Grüssen Sie Dissen von mir und meiner Frau; ich habe lange nichts von ihm gehört. Meine Frau lässt Ihre Braut noch insbesondre herzlich grüssen.

Von Herzen
der Ihrige
Böckh.

[Göttingen,] 30. März 24.

Verehrtester Freund.

Für Ihren und Ihrer lieben Frau herzlichen Glückwunsch wieder meinen herzlichen Dank. Wie sehr ich jenen verdiene, empfinde ich alle Tage mehr; und Sie sind menschlich und theilnehmend genug, um mir in solcher Zeit die Kürze und Abgebrochenheit meiner Briefe zu verzeihn. Diese Zeilen schreibe ich nur bei Gelegenheit der lange verzögerten Uebersendung meines zweiten Bandes der Dorier (nebst Vorrede und Karte zum ersten), von dem ich, aber weit mehr fürchtend als hoffend, wünsche, dass er nicht ganz unter Ihren Erwartungen sein möge.

Die Nachricht von Buttmann hat uns besorgt gemacht; er ist doch auf einem guten Wege der Besserung? Dissen hat sich den Winter über immer recht wohl befunden, ausgenommen dass er einmal eine unförmlich dicke Backe hatte, und sonst unausgesetzt gelesen; doch geht er sehr wenig aus dem Hause, und so kommt es, dass ich ihn jetzt grade einige Tage nicht gesehn habe, da mein Weg fast immer nach andern Regionen gerichtet ist.

So mild ich auch jetzt gestimmt bin, habe ich doch von Osanns *Opus* eine eben nicht freundliche Anzeige gemacht. Ich würde mehr in Sie gedrungen haben, mir den verheissenen Beitrag dazu zu senden; wenn man nicht die Schlechtigkeit der Arbeit gleich entdeckte, sobald man in die Sache ein wenig eingeht, und zu einer ausführlicheren, gründlicheren Beurtheilung in unsern Blättern der Raum wäre.

Meine liebe Pauline empfiehlt sich Ihrer lieben Frau, der vortrefflichen Prophetin, aufs herzlichste.

Stets der
Ihrige
C. O. Müller.

Berlin, d. 22. Apr. 24.

Beinahe, lieber Freund, ist ein Monath seit Absendung Ihres letzten Briefes verflossen, und ich habe den zweiten Band der Dorer, wofür meinen Dank, auch schon geraume Zeit erhalten; aber gelesen habe ich ihn noch nicht, theils wegen anderer Störungen, theils weil er jetzt beim Buchbinder ist. Indessen habe ich hineingesehen. In der Zerstreuung, worin ich, unterbrochen von Studenten, die sich melden, jetzt schreibe, kann ich das Gefühl nicht reproduciren, womit ich Ihre Vorrede gelesen habe, in Bezug auf Ihre Aeusserungen über unser Verhältniss; wenn ich Ihnen irgend etwas gewesen bin, haben Sie es mir vielfach vergolten, und ich bin in Ihrer Schuld. Doch lassen wir das Abrechnen; möge das stets rege Gefühl für die wissenschaftliche Wahrheit das Band befestigen, welches uns verknüpft.

Sie stehen noch in den Vorhallen des Lebens; ich bin nun bald ziemlich auf der Spitze, von der es wieder heruntergeht. Wenn Sie mir Ihre Verlobung angezeigt haben, melde ich Ihnen die Geburt eines kleinen, recht lieben Knaben, etwas spät, denn er war schon vor Ihrem letzten Briefe da. Viele Freude, aber auch viele Sorge für Vater und Mutter; und ich bin der Sorgen fast schon entwöhnt. Je älter, desto ängstlicher werde ich wenigstens. Indessen geht alles vorüber, und der folgende Tag bringt wieder Heitere.

Ihre Anzeige des Osann habe ich noch nicht gesehen; ich bin die letzte Zeit vergraben gewesen in den Attischen Schatzregistern, die ich nun in völliger Ordnung habe, so dass ich sie auch chronologisch ordnen kann von der Vollendung des Parthenon an bis Olymp. 90. Die Stücke, welche Osann herausgegeben hat, hat er nicht von ferne verstanden, und die zwei Stücke nahmentlich, enthaltend die Schätze des Προνήϊον, höchst ridicul behandelt. Das eine, was er für jünger hält als das andere, und was er für dessen unmittelbare Fortsetzung hält, ungeachtet er glaubt, es enthalte ganz andere Sachen, ist zwei Olympiaden älter und enthält dieselben Stücke wie das andere, nur wenigere. Merkwürdig ist auch, dass ich gefunden habe, ein Elginscher Stein, den Osann nicht hat, sei die rechte Ecke eines andern, den Chandler herausgegeben hat. Dies zu finden hat mir freilich an zwei Tage gekostet; gefunden, ist es evident. Noch sonderbarer ist es, dass aus diesen Inschriften hervorgeht, die Alten in Perikles Zeit haben Parthenon nicht das genannt, was wir jetzt Parthenon nennen. Ich habe nehmlich gefunden, dass das Schatzregister bei Stuart, worin die Donarien des Parthenon verzeichnet sind, völlig gleichzeitig und von derselben Behörde verfasst ist, welche ein Register der Sachen ἐν τῷ νεῷ τῷ ἑκατομπέδῳ aufgestellt hat, was dem schon ehemals aus Chandler gegebenen ähnlich, aber noch ungedruckt ist. Hieraus geht meines Erachtens unwidersprechlich hervor, dass der Parthenon damals nur das *adytum* hiess, wo die Bildsäule stand, und nur der dem Opisthodomos zunächst gelegene Theil des Hekatompedos ist, worunter (unter Hekatompedos) niemals der ganze Tempel, sondern nur der eigentliche ναός zu verstehen ist. Wahrscheinlich waren Schranken zwischen diesem Parthenon und dem übrigen Hekatompedos, wie im Zeustempel zu Olympia. Ich fange jetzt an meine Behandlung dieser Schatzregister ins

Reine zu schreiben, und sie sollen gleich noch ins erste Heft kommen.

Buttmann hat sich nicht lange mit seinem wehen Bein gequält, sondern ist bald wieder auf die Beine gekommen. Am Charfreitage aber hat ihn im Tod Jesu ein fataler Zufall betroffen. Er war im Opernhause heftigem Zugwind ausgesetzt und hat nachher einen Anfall von Schlagfluss bekommen, der ihm die linke Hand steif gemacht hat und den Mund etwas verzogen. Es ist nicht gefährlich; aber er ist etwas kleinmüthig geworden, und dergleichen Anfälle pflegen sich zu wiederholen.

Gelegentlich schicke ich Ihnen etliche Abhandlungen, die theils gedruckt sind, theils in der Presse. Grüssen Sie Dissen von mir; er lässt nichts von sich hören. Meine Frau lässt sich Ihnen und Ihrer lieben Braut empfehlen.

Von Herzen der Ihrige
Böckh.

Berlin, d. 24. Aug. 1824.

Schon lange, theuerster Freund, gehe ich mit dem Gedanken um, an Sie zu schreiben; oder vielmehr ich hatte schon einmahl angefangen, zerriss aber das Blatt wieder, weil ich keine Zeit hatte fortzufahren, und versparte das Schreiben auf Zeiten der Musse, die ich jetzt wenigstens Nachmittags habe, da ich Morgens noch lese. Die Sehnsucht nach Ihnen ist mir inniger rege geworden, indem ich erst jetzt den zweiten Band der Dorer genauer lesen konnte; ich kann Ihnen nicht genug sagen, wie befriedigend und ansprechend mir alles ist, nahmentlich die vielseitige Entwickelung der politischen Verhältnisse; aber ich will dabei nicht länger verweilen, weil ich fürchte, Ihnen überhaupt jetzt mit der Litteratur nicht zur rechten Zeit zu kommen. Doch muss ich noch die bewunderswürdige Fülle und die herrliche Lebendigkeit der Auffassung und Darstellung erwähnen: die Liebe scheint Ihnen eine neue

Begeisterung gegeben zu haben, die sich auch auf Ihr Werk übertragen hat. Statt dieser will ich nun, vielleicht vergeblich, Sie auf ein anderes Feld zu führen versuchen. Ich habe mich Anfangs Juli daran gemacht die Inschrift über den Bau des Tempels der Polias für mein Werk zu bearbeiten, und mich also in Ihre Erklärung derselben hineingearbeitet, Anfangs mit dem Entschluss mich ganz in dieselbe zu ergeben; aber hernach sind mir Bedenken aufgestossen, die ich, ehe ich drucken lasse, Ihnen zu möglichen Gegenbedenken vorlegen möchte.

Zuvörderst habe ich mir vergeblich Mühe gegeben, der Inschrift, so lange ich Ihnen folgen musste, eine auch nur einigermassen erträgliche Disposition abzugewinnen. Nahmentlich ist es unerklärlich, warum nur der Defect am Bau an der Ecke beim Kekropion erwähnt wird, da Sie noch mehr an der nördlichen Mauer fehlen lassen. Ich habe mir eine Zeit lang mit verwickelten Hypothesen geholfen, die ich hier nicht auseinandersetzen will: die Sache ist um so schlimmer, da die Steine zum Fehlenden am Bau bei der nördlichen Mauer bereit liegen, und zwar vollendet, und eben dies bei den Steinen an der Ecke des Kekropion der Fall ist; warum werden nun die letzteren gleich Anfangs genannt als fehlend, die ersteren aber erst später, und nur unter den bereit liegenden Steinen, ohne dass vorher bemerkt wäre, dass am Bau auf der nördlichen Seite etwas fehle? Wenn Sie bei den an der Ecke am Kekropion fehlenden Steinen sagen: *Ea quae proxime sequuntur omnia humi adhuc iacere cogita*, so wird diese Schwierigkeit in der Disposition nur noch mehr hervorgehoben; obgleich aus der Inschrift nicht erhellt, dass diese Voraussetzung bei diesen Steinen gemacht ist: nach dem Wortverstande ist nichts gesagt, als dass diese Steine am Bau fehlen. Daher bin ich zuletzt auf den Gedanken gerathen, dass nichts an den Mauern des Tempels mehr fehlte, als gerade das, was zuerst als fehlend in der Gegend beim Kekropion bemerkt wird; und davon habe ich mich auch endlich ganz überzeugt. So wird die Disposition sehr gut; zuerst wird nehmlich alles angegeben, was noch fehlt, bis §. 5.; dann von §. 6. an, was dazu von Material vorbereitet ist. Beim Ersten vermisse ich nichts unterhalb des

Frieses, als die zu Ende vorkommenden Thüren; was aber vom Fries an nach oben fehlte, brauchte nicht besonders aufgezählt zu werden, wenn, wie ich erkläre, §. 3. eine allgemeine Angabe enthalten ist, wie weit das gesammte Werk nach oben vorgerückt war. Um nun bei §. 2. stehen zu bleiben, so erkenne ich die Vortrefflichkeit Ihrer Erklärung des γογγύλος λίθος und der ἐπικρανίτιδες: aber offenbar kann S. 48 nicht der Plural γογγύλους λίθους — δεκάποδας geschrieben werden; sondern es muss γογγύλος λίθος ἄθετος — δεκάπους geschrieben werden; denn es steht die Zahl 1 am Rande; und der Casus ist nur verändert, was etwas Gewöhnliches ist. Ich finde in der Inschrift alle Zahlen ohne Ausnahme richtig, auch sind ausser den Zahlen keine Emendationen nöthig. Nun passt aber die Länge des γογγύλος λίθος, der zu den ἐπικρανίτιδες gehört, nicht mehr zu dem Masse der fehlenden ἐπικρανίτιδες, da nur 10′ γογγύλος λίθος fehlt. Ferner, wenn der γογγύλος λίθος, wie wol nicht zu bezweifeln ist, ein antepagmentum für die ἐπικρανίτιδες ist, so könnten die ἐπικρανίτιδες nicht mehr 3′ dick sein: diese Schwierigkeit dürften Sie schwer heben können, wenn Sie nicht meinen Weg einschlagen, den ich endlich ausgefunden habe. Nehmlich es wird überall hier nur das Fehlende angegeben; zuerst fehlende Epikranitiden, 3′ dick, wobei die antepagmenta als Theil des Ganzen einbegriffen sind; der γογγύλος λίθος ἀντίμορος ταῖς ἐπικρανίτισιν liegt dagegen an einer andern Stelle, wo die Hauptsteine schon gesetzt sind, aber die antepagmenta noch fehlen. Dasselbe gilt S. 48. von den γογγύλοις der Epistylien; diese Epistylien können gewiss nicht die 5 S. 49. sein, da diese sonst hätten zuerst genannt werden müssen, sondern bei diesen 5 Epistylien wird der fehlende γογγύλος λίθος von selbst *implicite* als fehlend mitverstanden, und die 2 γογγύλοι der Epistylien S. 48. müssen anderswohin gelegt werden, was auch daraus klar ist, dass das Mass nicht auf jene 5 Epistylien passt. Mir scheint, diese 2 γογγύλοι gehören auf die Fenstermauer, zu welcher von ihnen auch unmittelbar übergegangen wird; und ich gehe darauf auch über. Das μέτοπον und das ganz ungewöhnliche τεθησόμενον zu vertheidigen, dürfte schwer fallen. Ich lese: 1 κιόκρανον ἄθετον [καὶ] μέτωπον τὸ ἔσω μῆ[κος : . . . was sich genau an den Sprachgebrauch und die Lesart anschliesst, und verstehe unter μέτωπον die Stirn oder den Kopf des der Säule innen entsprechenden Pilasters, der auch nicht gesetzt war wie der Säulenkopf. Das darüber kommende Epistylium kann schon auf die Mauer gelegt gewesen sein, und muss es sogar; sonst müssten die fehlenden Epistylien bemerkt sein: wenn sie etwas breiter als die übrigen waren, lagen sie sicher, und man schob den Säulenkopf und das μέτωπον nachher drunter. — §. 3. kann ich nicht anders als so verstehen: der Anfang des übrigen Baues, mit Ausschluss der ebenbeschriebenen Stelle, werde mit dem Fries gemacht, und zwar mit der Setzung der Tafeln (Wilkins behauptet, nicht die Balken des Frieses, sondern vorgesetzte Tafeln, seien der Eleusinische Stein). Der Fries muss also schon grösstentheils gesetzt gewesen sein. Ich lese: πρὸς ᾧ τὰ ζῶα· καὶ ἐτέθη III ἐπὶ τῶν ἐπιστατῶν τούτων (his curatoribus): III, nehmlich ζῶα. Die Zahl 3 ist deutlich erhalten; bei Wilkins steht sie aber wohl falsch rechts. Wenn Sie meine Erklärung, von der ich nur eine kurze Andeutung gebe, verfolgen, werden Sie finden, dass der Fries schon überall, ausser an der Ecke beim Kekropion, gestanden haben kann. Die 4 Säulen S. 49. sind gewiss die Halbsäulen. Ich construire: Ἐπὶ τῶ τοίχου τῶ πρὸς τῶ Πανδροσείου (sc. ἡμίεργον oder ἡμίεργα) IIII κειμένων κιόνων etc. Κειμένων heisst wohl ohne Zweifel *collocatarum*. Ich halte dafür, dass alle Säulen gesetzt sind; daher wird nur der Mangel der Striatur nachher an ihnen bemerkt. Warum aber soll das ἀνθέμιον der *encarpus* sein? Offenbar ist es das *hypotrachelium*, worauf der Nahme und die Erklärung des Hesychios allein passt. ἐκ τῶ ἐντός heisst meines Erachtens **von innen heraus** (von der Wand aus, nach der Peripherie gerechnet). Der vierte Säulenkopf ist zwar noch nicht gesetzt; aber wenn an allen vier Säulen das *hypotrachelium* noch nicht fertig war, verstand es sich von selbst, dass dies auch bei dem vorher als noch nicht aufgesetzt bemerkten Säulenkopf der Fall sei, und dass dieser hier mitbegriffen sei; denn vorher war bloss bemerkt, dass er nicht gesetzt sei; nun wird die fehlende Arbeit daran *implicite* angegeben. S. 50. Sollte κρηπίς bloss das sein, was Sie sagen? Warum nicht, da *ἐν κύκλῳ* dabei steht, der ganze Fuss des gesammten Baues?

Von S. 50. unten an kann ich mich in Ihre Erklärung nicht mehr vollkommen finden. Nach Ihrer Abtheilung müssten die Worte *τῦ τοίχου τοῦ ἐκτὸς ἀκατάξεστα* eine allgemeine Ueberschrift sein; aber die nachher angegebenen Orte sind (den ersten nach Ihrer Aenderung abgerechnet, die Sie selbst jetzt aufgeben werden) alle nicht an der äussern Mauer. Ich habe schon früher immer so verbunden: *τῦ τοίχου τοῦ ἐκτὸς ἀκατάξεστα γογγύλϑ λίϑου τετραποδίας* ⌐III, welche zerstreut liegen können. Dann ein neuer Artikel *τῦ ἐν τῷ προστομιαίῳ* (sc. *γογγύλϑ λίϑϑ ἀκατάξ.*) *τετραποδίας* ΔII. *Προστομιαίῳ* scheint mir sicher, und ich verstehe dies von den *antepagmentis* und dem *supercilio* einer Thür, welche gleichsam den Lippenrand bilden; ich glaube es ist die Thür der nördlichen Stoa gemeint, wo reiche Verzierungen waren. ΔII mache ich aus Chandlers ΔΥ. Hernach weiter: *τῆς παραστάδος τετραποδίας* . . . Nahe der genannten Thür ist die nach Westen auslaufende Mauer mit der Ante: erklären wir davon *παραστάς* (wie *ναὸς ἐν παραστάσιν*), so liegt beides zusammen wie in der Inschrift. Nach *παραστάδος* könnte *τῆς ἔσω* gestanden haben, da dort eine Lücke ist. Ferner: *τοῦ πρὸς τἀγάλματος* (sc. *τοίχου, γογγύλϑ λίϑϑ*) *τετραποδίας* . . . Bei *τῦ* muss wohl hier *τοίχου* zunächst supplirt werden, wegen des Parallelismus mit *τῆς παραστάδος*. Verfolge ich nun die Inschrift weiter, so muss *ἐν τῇ προστάσει τῇ πρὸς τῦ θυρώματος* zum folgenden gehören, als generelle Ueberschrift für *τὸν βωμὸν τῦ θυηκῦ* (so ist wohl zu lesen): welches auch Ihrer Ansicht angemessen ist; dass es so sei, zeigt auch die plötzliche Verschiedenheit der Wendung mit *ἐν*. Aber nun kann ich auch die Worte *τῆς ἐπωροφίας σφηκίσκϑς κ̓ ἱμάντας ἀθέτϑς* nicht zum folgenden ziehen: sondern das folgende *ἐπὶ τῇ προστάσει τῇ πρὸς τῷ Κεκροπίῳ* gehört wieder zum folgenden; und dies halte ich schon darum für zuverlässig, weil sonst der Ausdruck ganz verkehrt wird: denn da nach Ihrer Erklärung auch die *σφηκίσκοι* etc. an der *ἐπωροφία ἐπὶ τῶν κορῶν* sind, wäre nicht einzusehn, warum die Worte *ἐπὶ τῶν κορῶν* erst bei *τὰς λίϑϑς ὀροφιαίους* stünden. Daher bin ich überzeugt, dass die Worte τῆς ἐπωροφίας σφηκίσκυς καὶ ἱμάντας ἀθέτυς unter die allgemeine Ueberschrift ἐν τῇ προστάσει τῇ πρὸς τῦ θυρώματος subsumirt sind; also nehme ich das Dach der nördlichen Stoa schon soweit fertig, dass das Gebälke gelegt ist, und verstehe σφηκίσκοι und ἱμάντες von Verbindungsmitteln, seien es nun Schwalbenschwänze und Klammern, oder sonst was. Dass die Zahnschnitte sollten abgesondert ausgearbeitet worden sein, ist doch auch ganz unglaublich. — Bei den Dachplatten über den Karyatiden sehe ich nicht ein, warum Sie die Zahl III in IIII verwandeln wollen; die Länge von 13′ reicht gerade nur durch drei Platten durch.

S. 52. oben beginne ich nun den zweiten Haupttheil, der die bereit liegenden Steine enthält. Hier ist mir zuerst aufgefallen, dass die Steine, die nach der Ueberschrift παντελῶς ἐξειργασμένα sind, nachher fast alle noch Mängel haben. Ihr Zusatz: *Spectat tantum ad laborem caedendi*, hebt die Schwierigkeit nicht. Denn der Ausdruck ist nachher immer wieder dieser: τύτων οὐκ ἐξείργασται etc. Dies ist in directem Widerspruch mit dem παντελῶς ἐξειργασμένα; auch werden manche Sachen nachher geradezu ἡμίεργα genannt etc. Nach vergeblichem Sträuben habe ich mich fest überzeugt, dass unten eine ganze Tafel fehlt. Dies ist auch grammatisch klar. Denn *col. I. extr.* ist das Subject Femininum (πλίνθοι, μάσχαλιαία): *col. II. init.* aber ist es durchaus Masc. τύτων ἑκάστυ etc. Hierdurch stellt sich manches anders. Ganz ausgearbeitet sind noch allerdings die ersten 11 Plinthen S. 52. Z. 3., welche Sie auf die nördliche Mauer setzen, geleitet durch ἀπ' ὤμυ. Rose und Wilkins haben den Stein von neuem untersucht und behaupten jetzt mit Sicherheit, es stehe darauf ΑΡΥΘΜΟ: schon Chandl. las ΑΡΙΘΜΟ. Dies ist sehr viel werth. Offenbar sind dies verworfene Steine, die für die südliche Mauer bestimmt waren, wo noch 4 fehlen; vorher fehlten natürlich noch mehr. Ihr Mass ist ganz das jener 4: aber sie waren incongruent gearbeitet, ἄῤῥυθμοι, und darum weggeworfen; eben dadurch scheint der Bau der südlichen Mauer aufgehalten worden zu sein. Nachdem wir diese Steine los sind, hebt sich die Hauptschwierigkeit, die ich immer in der Disposition fand. Nach den weggeworfenen Steinen kommt die μασχαλιαία; nehmlich eben dieselbe, die §. 2. als fehlend an der Mauer bemerkt wurde, wird nun als fertig gearbeitet und an der Erde liegend hier angegeben: und so folgten nun auf der verlorenen Tafel ohne Zweifel die meisten der §. 2. angegebenen Steine, gerade wie die Steine zum Altar, der §. 5. angeführt wird als ungesetzt, nachher am Ende von *col. II.* angegeben werden. So kommt alles in Uebereinstimmung. Vor S. 52. Z. 8. ist dann die grosse Lücke; und die Worte τούτων ἑκάστου gehen nicht auf die femininischen Plinthen, sondern auf andere λίθυς. Die Mauersteine scheinen durchaus πλίνθοι zu heissen: die 12 Steine Z. 10. sind aber keine Plinthen, sondern λίθοι: wenn Sie Ihre Construction des Tempels betrachten und die verschiedenen Seiten vergleichen, werden Sie auch sehen, dass dies keine Plinthen sind. Denn Sie legen diese 12 Steine an der nördlichen Mauer in dieselbe Reihe, wie die §. 2. an der südlichen: aber die Höhen sind ganz verschieden; an der südlichen Mauer sind diese Steine 1½ Fuss hoch, und die 12 der nördlichen sind nur 1 Fuss hoch. So würden sich die Reihen gar nicht entsprochen haben; was unmöglich ist. Die 1' hohen Steine (λίθοι) sind offenbar anderer Art; und ich wüsste nicht, was wir damit machen wollten, als dass es die Balken zu dem noch fehlenden Theil des Frieses wären. Da dieser vorn mit Tafeln zugedeckt war, mag er aus zwei einfüssigen Lagen übereinander zusammengesetzt gewesen sein; die ὄπισθεν ἁρμοί möchte ich gerne als ὀπαί ansehen für das Dachgebälke; sie kommen nur hier vor bei den einfüssigen Steinen, die ich in den Fries lege. §. 7. S. 53 ff. stimme ich ganz mit Ihnen überein, ausser dass ich die Sätze etwas anders ordne, nehmlich so im Anfang: Γεῖσα μῆκος τετράποδα, πλάτος τρίποδα, πάχος πεντεπάλαστα (allgemeine Ueberschrift): 1) ΓΙΙ λεῖα etc. 2) Γ ἑτέρων etc. und so fort bis zu den 4 von der Stoa. S. 54. Z. 7. ist ohne Zweifel ἐξείργαστο zu schreiben. S. 54. *extr.* ist ein lücherlicher Fehler in der Inschrift, desgleichen S. 55. *init.* Die Giebelsteine aus dem Giebelfeld sollen 3½' breit sein; dies ist ganz unmöglich. Dies ist ein Fehler des Concipienten; es muss anderthalb Fuss (τριῶν ἡμιποδίων) heissen. S. 55. bei den γείσοις ist die Wilk. Leseart ganz richtig, und in den Zahlen die Chandl. Man muss so theilen: γεῖσα ἐπὶ τὰς ἀιετούς, πλάτος πέντε ἡμιποδίων — ποδιαῖα: 1) | τὴν λείαν ἐργασίαν ἐκπεποιημένον. 2) | ἕτερον ἡμίεργον τῆς λείας ἐργασίας. Die θύραι sind ein schweres Object; ich muss die Steine als zur Thüre am πρόστυλον gehörig ansehen, wenn meine Erklärung des προστομιαῖον richtig sein soll. Die schwarzen Steine hält Hirt für Einsätze in das Supercilium, in welchen sich die Angeln bewegten. Hirt will überdies durchaus haben, dass das Pandroseum und Minervium auf gleichem Fussboden mit dem Erechtheum gelegen, und Souterrains gehabt habe; wegen der Stellung der Halbsäulen, die da anzeigten, dass der Fussboden so hoch gewesen sei, als das Ende dieser Halbsäulen. Ich wünschte, dass man ihn widerlegen könnte; aber so lange man die Thür in der Stoa nicht recht kennt, wird dies schwer sein. Darin scheint er mir aber Recht zu haben, dass aus dem Erechtheum eine Thür nach dem Minervium gegangen sein muss. Denn dass der Eingang neben und hinter der Bildsäule sei, ist doch etwas unregelmässig. — Am Schluss dürften nach den λιθίνοις noch ξύλινα gestanden haben; vergessen habe ich zu bemerken, dass ich in der Lücke *col. I. extr.* die Ueberschrift supplire: λίθινα ἡμίεργα ἃ χαμαί.

Hier haben Sie nun einen gedrängten Auszug meiner Ansicht, inwiefern sie von der Ihrigen differirt. Ich habe dies alles weiter ausgeführt, als ich es hier auszuführen über mich gewinnen konnte, indem Sie auch aus Andeutungen alles leicht werden durchschauen können. Widersprüche finde ich in meiner Ansicht nicht; nur dass die fehlende Thür im ersten Theil nicht aufgeführt wird, kann ich noch nicht reimen. Rose, der vor etlichen Wochen hier gewesen ist und die Inschrift auch drucken lässt *cum nott. varr.*, behauptete, die Länge der Plinthen, die Sie angenommen (an der südlichen Mauer), stimme nach einer von Wilkins ihm mitgetheilten Bemerkung nicht mit der wahren an dem Gebäude; denn diese sei 5' nach Stuart. Ich habe ihm den Stuart vorgelegt, damit er mir zeige, wo Stuart dies sage; er konnte es aber nicht finden, und es ist gewiss nichts: denn Sie und ich, wir hätten es auch gesehen. Am Ende überzeugte ich ihn, dass Wilkins dies wohl aus der Stuartischen Restauration entnommen habe, wo die Länge der Plinthen, offenbar nur aus Phantasie, wirklich fünffüssig gezeichnet ist. Indessen wollte er an W. schreiben, damit ihm dieser Auskunft gäbe. Wiewohl ich Ihnen nun eben nicht zumuthen kann sich über meine Vorstellung ausführlich zu erklären, da Ihre Gedanken jetzt eben nicht auf Architektur werden gerichtet sein; so habe · ich wenigstens den Versuch gemacht Sie dazu zu provociren, wenn es möglich wäre.

Wir sind Alle wohl. Grüssen Sie von uns Ihre liebe Braut herzlich: auch den guten Dissen.

Von Herzen wie immer der Ihrige
Böckh.

[Göttingen,] 3. Sept. 24.

Vorgestern erhielt ich Ihren Brief, mein verehrtester Freund, und noch denselben Tag setzte ich mich ein paar Stunden hin und studirte im Schweisse meines Angesichtes die Inschrift, Ihren Brief in Händen, von neuem durch. Ich fand bald, dass Ihre Disposition die richtige ist, und dass ich selber mir von dem Zusammenhange des Ganzen nie eine hinlänglich klare Idee gemacht hatte, indem ich wähnte, die Anordnung habe von Umständen abgehangen, die man jetzt schwerlich mehr auffinden könne, es käme nur darauf an die Identität der genannten Stücke mit denen am Bau noch befindlichen zu ermitteln. — Zuerst machte mich diese Erkenntniss recht unglücklich: ich glaubte nun meine Arbeit ganz unnütz, und dass kein Stein auf dem andern stehen bleiben würde; indessen sah ich hernach, dass die meisten meiner Indicationen noch richtig bleiben, und einer und der andere Gedanke von mir in Ihre endlich befriedigende Erklärung übergeht, und tröstete mich einigermassen.

Dass ich die grossen Lücken nicht gemerkt habe, war mein Hauptfehler; der andre, dass ich $ἔργα$ $ἡμίεργα$ für Mauerstücke nahm, die man zu behauen erst angefangen; jetzt bin ich überzeugt, dass es unfertige Theile des Baues sind, und übersetze mit Ihnen: in diesen Theilen erhielten wir den Tempel unfertig. Was Sie nun im Einzelnen bemerken, unterschreibe ich mit einigen Ausnahmen, und will daher nur diese, nicht jenes bemerken.

Zu diesen gehört das μέτωπον τὸ ἔσω; wogegen ich manches habe. 1) Dass ein Mauercapitäl schon ἐπικρανῖτις heisst und diese Pilastercapitäle gewiss von derselben Art waren, wie die der Anten (γωνιαῖαι ἐπικρανίτιδες). 2) Dass es sich nicht wohl denken lässt, dass ein Architrav gelegt werden könne, ehe das Säulen- und Pilastercapitäl, auf dem er doch mit ruht, gesetzt sind, da diese Stücke doch sicher in der Construction nicht unnütz sind. Dazu fehlt auch noch das Antencapitäl, die γωνιαία ἐπικρανῖτις; ich kann daher an der Fensterwand nicht mehr Architrav statuiren, als geschehen. 3) Dass 1½ Fuss zu viel ist für die Stärke eines auf einem so sehr wenig hervortretenden Pilaster ruhenden Capitäls. Indessen ist es möglich, dass Kenner der Architektur die beiden letzteren Bedenken für keine erklären, dann gebe ich auch gern das erste auf. In dem Satze S. 49 § 3 befremdet mich auch noch Einiges: 1. sollen die Arbeiten unter diesen ἐπιστάταις schon begonnen haben, wovon doch sonst keine Spur vorkommt; es soll ja nur verzeichnet werden, in welchem Zustande sie den Tempel erhalten haben; 2. wollen mir die drei ζῷα nicht eingehn; ich kann mir die Reliefs oder metallenen Zierrathen nicht so numerirt denken. Dann im Folgenden: τῶν κιόνων τῶν ἐπὶ τοῦ τοίχου τοῦ πρὸς τοῦ πανδροσείου IIII κειμένων κιόνων — verstehe ich nicht, warum κιόνων wiederholt und κειμένων beigesetzt wird, da nach Ihrer Erklärung des Vorigen nothwendig alle Säulen stehen müssen. Doch wünsche ich jetzt selbst auch diese Schwierigkeit beseitigt zu sehen, da mich im Ganzen auch hier Ihre Ansicht überzeugt hat. S. 50 ist der τοῖχος ὁ ἐκτός wahrscheinlich der nördliche, soweit er in demselben Planum liegt, wie die Akropolis; zu der südlichen Mauer konnte man nur durch Treppen kommen, und ich denke mir, dass sich am Rande des erhöhten Grundes eine Ringmauer hinzog. Das προστομιαῖον als Thürverkleidung missfällt mir nicht; nur muss dann γογγύλος λίθος mehr heissen, als das *Cymatium cum astragalo* und auch die verzierten Streifen an den Seiten der Thür bedeuten. Sie sehen dies aus beiliegender Zeichnung — die ich Sie mir gelegentlich wiederzusenden bitte, — es ist eine Copie eines Stücks einer sehr schönen Lusierischen von jener Thür im nördlichen Porticus; ich habe nur leider die Maasse und Verhältnisse des Ganzen, die ich mir besonders bemerkt hatte, verloren. Die σφηκίσκοι und ἱμάντες als Klammern und dgl. wollen mir nicht ein; ich sehe nicht, warum die Verbindungsmittel besonders erwähnt werden sollen: entweder waren die Theile, die sie verbanden, schon gesetzt, dann können sie selbst nicht ἄθετοι sein; oder sie fehlten noch, dann ist die Bemerkung sehr überflüssig. Warum soll bei den λίθοις ἐπορροφιαίοις der Karyatidenstoa die Länge von 13′ nur durch 3 Steine reichen? Ich denke, die 4 Steine liegen so:

Nichts vortrefflicher und schöner, als was Sie über das Ansagen, in dem die heben eines neuen Theils zum Tempelbau herbeigeschafften und vorbereiteten Werkstücke aufgezählt werden; mir selbst ist erst dadurch alles klar und lichtvoll geworden, während ich vorher in dunkler Nacht wandelte. Auch im Folgenden habe ich nichts, worüber ich mit Ihnen streiten könnte.

Dagegen will ich Ihnen hier noch verzeichnen, was ich in England von Fragmenten der Architektur des Erechtheions gesehen habe, die zur Erklärung der Inschrift dienen können. Bei dem Architekten Linwood zu London sah ich ein Stück von dem kleinen Gesims der Inseite (κυμάτιον ἐς τὸ ἔσω), welches besonders gearbeitet und zum Einfügen gemacht war. Die Gestalt war diese: im Profil. Im Brittischen Museum *Elgin-Room* Nr. 85 ist ein Stück Architrav mit dem Gesims darüber aus einem Stücke. Das Profil ist dies: Die Höhe ist 3 Spannen (25 Zoll), Dicke 1 (8$\frac{1}{2}$ Z.) Länge 11$\frac{1}{2}$.) (8 F.). Ist dies ein *antepagmentum epistylii?* Dann muss aber dazu mehr als die verzierten Glieder gehört haben.

No. 291 ist ein ähnliches Stück Architrav, welches noch länger (12$\frac{1}{2}$ Spannen) ist, und an beiden Seiten abgebrochen. No. 127. 128. 129. 130. sind Stücke des Mauercapitäls, von diesem Profil: 2⅓ Spannen (20 Z.), die unten ⅔. Die Länge von Sp. oder etwas darüber ein Eckstück, welches an der anderen 3½ Spannen im horizontalen Durchschnitt so gestaltet ist: 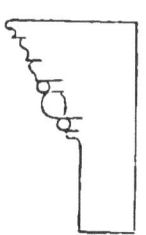 Die Höhe beträgt Dicke oben 1 Sp. 127. 129. 130. 5⅔ (4 Fuss); 128 ist einer Seite 7½, an lang und breit, und

Dies müssen γογγύλοι λίθοι ἀντίμοροι ταῖς ἐπικρανίτισι sein, wenn man nicht annehmen will, dass die Elginschen Plünderer die Mauersteine haben durchsägen lassen, um den verzierten Theil besser zu transportieren.

No. 165 ist ein γεῖσον vom Porticus (ob dem der Karyatiden?) so im Profil: Die Länge beträgt 6½ Spannen.

[Weiteres fehlt, namentlich also die Anfrage, auf welche sich die Nachschrift der Böckh'schen Antwort bezieht, sowie die in dieser Antwort erwähnte Erklärung einer Stelle des Pindar.]

B. d. 15. Oct. 1824.

Schon nach Carlsruhe, theuerster Freund, hätte ich Ihnen geschrieben, wenn ich irgend hätte Zeit finden können; allein ich bin die ganze Zeit über in der grössten Unordnung und Unruhe gewesen, da ich theils aus dem Thiergarten in die Stadt ziehen musste, theils auch meine Wohnung in der Stadt verändert und dabei so viele Aenderungen und Einrichtungen zu besorgen gehabt habe, dass ich selbst jetzo noch nicht recht eingerichtet bin, und alle Arbeiten in Rückstand gerathen sind.

Zuerst nun danke ich Ihnen für die schleunige Beantwortung meines letzten Briefes, in Rücksicht des Baues des Tempels der Polias. Ich habe von Ihren Bemerkungen zweierlei Nutzen gezogen: den ersten aus Ihren Einwürfen. Diese hatte ich nun allerdings zum grösseren Theil mir schon gemacht und beseitigt; indessen da Sie sie auch machten, habe ich die Begründung meiner Widerlegung derselben noch etwas verbessert, und Sie werden finden, dass dieselbe triftig ist, wiewohl ich sie nur andeuten will in diesem kurzen Briefe. Ihr erster Einwurf betrifft den Ausdruck μέτωπον τὸ ἔσω, da doch ein Mauercapitäl schon ἐπικρανῖτις heisse, und 1½ Fuss zu viel sei für die Dicke des innern Pilastercapitäls; auch hiessen die Antencapitäler γωνιαῖαι ἐπικρανίτιδες. Ich finde aber, dass ἐπικρανίτιδες genau genommen alle Steine heissen, die das Mauer- oder Antencapitäl bilden, sc. πλίνθοι ἐπικρανίτιδες: und auch die γωνιαία ἐπικρανῖτις ist nicht das Antencapitäl, sondern ein Stein, der ein Stück Mauer-, ein Stück Antencapitäl ist. Das μέτωπον dagegen ist zwar auch eine ἐπικρανῖτις; aber da dabei kein Stück Mauercapitäl mit einbegriffen ist, so wird es mit seinem eigenthümlichen Nahmen μέτωπον genannt. Μέτωπον ist die bestimmte Species des Genus *Epicranitis*. Die Stärke oder Breite des μέτωπον ist die Mauerdicke bis an die Halbsäule, mit Einschluss der Proiectur des μέτωπον, und ist bei Stuart in einem gegebenen Durchschnitt genau 1½ Fuss. Ungeachtet nun dies μέτωπον nebst dem Kopf der Halbsäule und dem benachbarten Antencapitäl noch gesetzt werden muss, muss doch der Architrav daselbst schon gelegt sein, aber ohne die Antepagmenta. Diese letzteren liegen bloss auf den Capitälen auf, und gehen, wie ich nun von Ihnen lerne, durch die ganze Höhe des Architrav; dagegen liegt der übrige Architrav auf der Mauer ganz fest, ehe die Capitäler und selbst das μέτωπον gesetzt sind. Sie werden finden, dass alles genau passt, wenn die Stücke so gesetzt werden, wie nach meinem vorigen Briefe. Die Antepp. fehlen gerade deshalb, weil die Capitäler noch fehlen. — Dass S. 49. §. 3. die Arbeit unter diesen ἐπιστάταις schon als begonnen gesetzt wird, hat gar nichts gegen sich: die Inschrift enthält nicht den Zustand, wie ihn die ἐπιστάται erhalten (παρέλαβον), sondern wie sie ihn bei vorgenommener δοκιμασία befunden (κατέλαβον). Für die Zeichnung der Thür danke ich Ihnen sehr; überzeugt, dass Sie nichts gegen deren Bekanntmachung haben werden, habe ich sie nebst einigen andern Ornamenten und Erklärungsfiguren stechen lassen, ohne erst Ihre Einwilligung einzuholen*). Meine Erklärung von σφηκίσκοι καὶ ἱμάντες habe ich wieder aufgegeben und statt deren eine andere aufgestellt, die sich wol halten wird. Es ist beides Gebälke von der grössern Stoa, und zwar durch sonderbare Uebereinstimmung mit Ihrer Erklärung sind die ἱμάντες die Balken im Innern, die äusserlich durch die taenia repräsentirt werden, und die σφηκίσκοι diejenigen, die durch die Zahnschnitte vorgestellt werden; nur sind diese an der Stoa [noch] nicht angebracht. Die Architekturfragmente habe ich alle [benutzt], und finde sie alle ziemlich passend und viel erläuternd.

Ihre Erklärung der Pindarischen Stelle kann ich noch nicht beurtheilen, da mir dazu noch die Musse fehlt. Ich habe daher nach meiner Gewohnheit diesen Theil Ihres Briefes einstweilen *ad agenda* gelegt um auf denselben wieder zurückzukommen.

Mehrere hatten mir von der Recension Ihrer Dorer in der J. A. L. Z. erzählt, bis ich heute selbst die ersten fünf Blätter zu Gesicht bekommen habe. Uebler Wille und Selbstgefälligkeit ist daran nicht zu verkennen; doch scheint eine eigentlich persönliche Absicht dabei nicht obzuwalten. Eine Erklärung würde ich dagegen nicht eher abgeben, als bis ich den Verfasser wüsste; denn gegen die Anonymität zieht man immer den Kürzern. Mir ist nach der grossen Weitschweifigkeit, besonders der Einleitung, in den Sinn gekommen, dass Dahlmann der Verfasser sei; indessen kann man sich in dergleichen täuschen. Ueberhaupt erscheint mir die Recension gar nicht bedeutend, und vielleicht thun Sie am besten ganz, wenigstens vorläufig, dazu zu schweigen.

Ich habe diesen Brief anfänglich einem jungen Hamilton, dem Sohne des Britt. Gesandten in Neapel, mitgeben wollen; allein ich konnte nicht dazu kommen, denselben so früh fertig zu machen. Ich will Ihnen also den jungen Hamilton, dessen Vater mir in Neapel gefällig gewesen ist, empfohlen haben.

Haben Sie die Güte beifolgendes Briefchen an meine Schwiegermutter zu schicken. Wir grüssen Ihre liebe Frau von Herzen; auch grüssen Sie meinen alten Landsmann Hugo.

Von Herzen der Ihrige
Bh.

Zweierlei habe ich noch vergessen. Sie fragen, ob Wolf Grundrisse herausgegeben hat. Ich kenne nur einen kleinen Grundriss der Röm. Litter. und drei Bogen eines unvollendeten und nicht bedeutenden Grundrisses der Griech. Alterthümer. Wenn ich mich recht erinnere, hatte er auch einen Grundriss der Griech. Litt. angefangen, wovon 1 oder 2 Bogen gedruckt waren, alles noch in Halle. — Könnten Sie die Güte haben, mir van Goens *de Simonide* zu schicken von der Bibliothek? Sander, ein ausgezeichneter junger Mann, will die Fragmm. des Simonides herausgeben, und wir können das Buch hier nirgends auftreiben. Schicken Sie es an mich, aber mit einem äussern Umschlag an die Sandersche Buchhandlung auf die Post.

*) Ihr Original schicke ich Ihnen heute noch nicht, da es Kolbe noch hat; es soll aber richtig wieder abgesandt werden.

Göttingen, 22. Oct. 24.

Mein verehrter Freund.

Eben von der Reise zurückgekehrt, die ich mit Frau und Schwiegervater auch nach Ihrem Vaterlande unternommen, setze ich mich hin, um die abgerissene Correspondenz mit Ihnen wieder recht schnell in Gang zu bringen. Meinen letzten Brief über das Erechtheion, den ich kurz vor meiner Hochzeit und Abreise schrieb, haben Sie doch erhalten; vielleicht gönnen Sie mir bald ein Wort Antwort darauf.

Unsre Reise war sehr glücklich. Das angenehme Zusammensein mit meiner Frau in einem Wagen allein, die freundliche

Aufnahme bei Verwandten, die schönen Gegenden des Rheins und Schwarzwalds, die wir passirt, die 6 Universitäten, die auf unserm Wege lagen, Alles war gemacht, das Herz zu erfreun. Um nicht in Freude und Genuss zu erschlaffen, jagte ich nebenbei römischen Alterthümern und gothischen Kirchen nach. Mit Niebuhr, A.W.Schlegel, Tafel in Tübingen, Voss, Creuzer, Schorn in Stuttgart, den beiden Schlossern in Frankfurt, Platner in Marburg habe ich angenehme Stunden zugebracht; dass ich Welcker, den j. Schweighäuser in Strassburg, der mir über die Alterthümer des Elsass viel hätte sagen können, und Völcker in Giessen, der ein, nach meinem Bedünken recht schönes Buch über die Mythologie der Iapetiden geschrieben, nicht traf, hat mir leid gethan.

Jetzt dachte ich mich nun im Arm eines lieben, herrlichen Weibes ein wenig pflegen zu können — was ich vielleicht bedarf — aber da bläst mir eine Jenaische Schlachttrompete rauhe Töne ins Ohr. Was sagen Sie zu der Recension? Mir ist wohl in den letzten Zeiten zu viel Ehre geschehen, aber das heisst doch unbillig mit mir umgehn. Meinen Sie nicht auch, dass die Malice unverkennbar, und die Unwissenheit des Mannes dazu? Sollte wirklich Döderlein der Vf. sein? Er ist Freund von Kortüm, und jetzt eifriger Vossianer; das passt. Heisst er L. B. D.? Voss selbst denkt nicht so über mich, sondern günstiger; er liest und benutzt meine Sachen auf seine Weise und hat mir Stunden lang von seinem System vorgeredet, das er für ganz gewiss hält: dass ein grosser Pfaffenbund zwischen Homer und Herodot die Griech. Mythologie umgeschaffen und umgedeutet, und tausende von Sagen ersonnen habe, die ich für unbefangne Ansicht des Volks nehme. Ich habe vor, ein Büchlein: „Zur Methodik und Critik des mythologischen Studiums" zu schreiben, und darin das Verfahren des Recensenten deutlich zu machen. Ich muss es wirklich thun, da die Recension hier herum den grössten Eindruck gemacht hat, Viele nicht wissen, was sie denken sollen, andern feindseelig Gesinnten auf einmal die Zunge gelöst ist u. s. w.

Doch verliere ich vielleicht meine Sache in den Augen der Unkundigen, wenn noch mehrere ähnliche Anfälle hinzukommen. Nun denken Sie, dass auch der Heidelberger Schlosser gegen mich auftritt. Ich befreundete mich vor 2 Jahren mit ihm in Paris unter Fremden, obgleich er mir schon damals sagte, ihm sei meine Berliner Weise zuwider. Nun glaubt er jetzt berufen zu sein, das Jahrhundert in sein rechtes Gleis rücken zu müssen, schlägt nach allen Seiten um sich, und so auch auf mich. Er hat schon in den Heidelb. Jahrbüchern eine Recension meines Buches mit den Bemerkungen angekündigt, ich vernachlässigte den Deutschen Styl unglaublich, und ginge auf den Stelzen einer neuen und schlechten Philosophie einher. Ich weiss nicht, was der Mann will. Seine Einwürfe im Einzelnen fing er an mir persönlich vorzulegen, da ich ihm aber zufällig den ersten zu nichte machte, wollte er nicht mehr herausrücken.

Das habe ich mir vorgenommen, meine Darstellung und namentlich die Deduktion der Thatsachen aus den Stellen mit mehr Deutlichkeit und Präcision einzurichten, Nachlässigkeiten sorgfältiger zu verhüten und mich fleissiger gegen Missverstand und Missdeutung zu wahren, endlich mein Wissen bis zu seinen Quellen zu revidiren und nur zu behalten, was strenge Wahrheitsliebe fordert. Dann wird auch dieser Angriff mir und Andern zum Besten gereichen.

Schreiben Sie mir bald ein paar Worte des Trostes, wenn Sie dessen für mich haben. Buttmann danke ich herzlich für die übersandte Abhandlung. Was fördern Sie da für Schätze!

Ihr
C. O. Müller.

Meine Frau grüsst herzlich.

Eben erhalte ich, ganz zur rechten Zeit, Ihren Brief vom 15. Oct. Wegen der Inschrift haben Sie mich nun ganz beruhigt, und ich sehe mit Freude der, freilich wohl nicht so bald zu erwartenden, Erscheinung Ihrer Erklärung entgegen. Was aber die Recension betrifft, so, glaube ich, würden Sie mir wohl selbst rathen zu antworten, wenn Sie hörten, wie sie hier Tagesgespräch geworden ist. Dissen drang in mich es zu thun, ehe ich ihm noch meinen Plan eröffnet hatte.

Dahlmann ist nicht der Vf., vielmehr indignirt darüber. Ich glaube, dass es der Vf. der „Schutz- und Trutzstellen" ist, der mich so angetrutzt.

Den van Goens *de Simonide* schicke ich gewiss sehr bald; heute kann ich noch nicht dazu kommen.

Berlin, d. 27. Oct. 24.

Gestern, theuerster Freund, habe ich Ihren Brief vom 22. Oct. erhalten und benutze heute einige freie Augenblicke zum Schreiben um meine Antwort nicht zu verzögern. Ich freue mich über Ihre Befriedigung über Ihre Reise und gehe gleich auf den Hauptpunkt Ihres Briefes, nehmlich auf die Recension über. Es freut mich, dass ich mich in meiner sehr flüchtig gemachten Coniectur irre, und rathe Ihnen zu allererst sich recht auf die Lauer zu legen, wer der Verfasser sei. Wachler hat Jemandem gesagt, es sei der Dr. Lange, der das Schubarthsche Buch weitläuftig recensirt hat, und gegenwärtig hier lebt. Allein dies glaube ich, so weit ich den jetzt hier lebenden Mann kenne, ganz und gar nicht. Ich habe die Recension selbst noch nicht vollständig gelesen, sondern erst wieder nach dem vorigen Briefe zwei Blätter, da das Uebrige zufällig in unserem Exemplar auf der Universität abhanden gekommen oder verworfen ist; was ich gelesen, habe ich auch nur eigentlich flüchtig angesehen. Daher kann ich nicht ganz beurtheilen, ob es Döderlein ist; das L. B. D. mag auf ihn passen, wiewohl ich von dem B. nichts finden kann. Jedoch muss ich sagen, dass Döderlein, vielleicht vor einem halben Jahre mit vieler Achtung von Ihnen geschrieben hat; indessen kann er hernach von Kortüm verhetzt worden sein, und Kortüm kann auch Beiträge geliefert haben. Dazu hat Döderlein wol allerdings ... in seinem Wesen auch eine Portion Uebermuth: dies passt wohl auf den Verfasser, der obendrein den Voss nachahmen will. Suchen Sie also Ihren Verdacht durch weitere Nachspürung zu bewahrheiten, was nicht schwer fallen kann. Aber ich bitte Sie nochmals, lassen Sie sich nicht ein mit einem, den die Maske der Anonymität schützt, während sie ihm zugleich erlaubt alles zu sagen; sondern erst, wenn Sie ihn heraushaben, gehen Sie ihm nahmentlich zu Leibe. So weit ich die Rec. gelesen habe, ist ein absichtliches Aufsuchen und übelwilliges Zusammenstellen schwächerer Parthien, die man so hinwirft, nicht zu verkennen; dabei giebt sich aber der Rec. so viel Blössen, dass Sie ihn leicht, wenn er erst blank mit seinem Nahmen dasteht, werden überwinden können. Erst zuletzt habe ich die lächerliche Deduction gelesen, dass die Pelasgisch-Kyklopischen Mauern erst nach der Einwanderung der Dorer gebaut seien. Wie leicht kann man dergleichen lächerlich machen. Einige Versehen können Sie mit Ehren zurücknehmen. Wenn Sie nun den Verf. heraushaben, so würden Sie meines Erachtens am Besten in der Hallischen Zeitung einen kurzen Artikel einrücken lassen, worin Sie den Verf. aus Licht zögen, damit der Nimbus für die Plebs verschwinde, und anzeigten, dass Sie demselben in der projectirten Schrift antworten würden etc. Dies ist mein Rath, der liebevoll gemeint, aber kalt überdacht ist. Uebrigens lassen Sie sich durch diesen Angriff nicht muthlos machen. Eine solche Rec. schadet gar nichts; sie hebt bloss. Ich habe mir wol noch Aergeres sagen lassen müssen, und bin dazu gekommen alle Angriffe kalt aufzunehmen und abzuschlagen. Aber derb müssen Sie sein, wenn Sie antworten. Ich pflege auch wenig in die Tasche zu stecken, wenn ich auch manchmahl ein Jahr oder drüber schweige. Dass Sie nun durch Ihre Umgebung noch mehr zum Antworten genöthigt sind, gebe ich auch zu; da Sie etwas rasch in Ihrer Stellung gestiegen sind und in der Meinung der Menschen, giebt es in Göttingen und ausserhalb Neider; und viele wollen Ihnen übel. Unter diese gehört, wenn Sie es nicht wissen sollten, nahmentlich auch Höck, wie mir einer versichert hat, der in Dresden ihn gesprochen hatte. Auch verlassen Sie sich nicht auf ... Böttiger. Etwas weniger Kühnheit wird Ihnen schon die Zeit geben; denn da könnte man Sie bisweilen wol etwas angreifen; aber wo so glänzende Eigenschaften hervortreten, kann nur die Bosheit einige schwächere Stellen ausschliesslich hervorheben. Dass mir Ihr Stil gefällt, habe ich schon früher geschrieben;

die Einmischung fremder Worte ist zwar gegen meine Grundsätze, und ist mir bisweilen beim Lesen Ihres Buches auch aufgefallen; aber was Schlosser eigentlich will, sehe ich doch nicht. Ich habe dessen Geschichte aufgeschlagen, die so höchst gewöhnlich geschrieben ist, dass der wahrlich nicht von Stil reden kann. . . . Was er unter der Berliner Weise versteht, kann ich nicht einsehen. Auf keinen Fall würde ich diesen schonen; auf einen groben Klotz gehört ein grober Keil. Der Mann scheint mir sehr unbeholfen; persönlich kenne ich ihn nicht.

Das erste Heft der Inschriften wird wol in zwei Monathen ausgegeben werden; ohne Zweifel werde ich auch den Teufel auf den Hals bekommen; denn dass ich verstanden werde, glaube ich nicht. Gegen Osann habe ich wider Willen doch etwas stark sein müssen, wiewohl ohne Animosität. Ist Ihre Recension der Sylloge gedruckt oder nicht? Hätten Sie ein Exemplar, wenn sie gedruckt ist, was Sie mir unter der Voraussetzung der Zurücksendung schicken könnten? Ich bin entsetzlich nachlässig im Lesen der Zeitschriften. Die Thür des Erechtheion schicke ich im nächsten Briefe. Grüssen Sie Ihre Frau von uns herzlich.

Mit ganzer Seele
der Ihrige
Böckh.

Berlin, 11. Nov. 24.

Ueberhäuft mit allerlei Bagatellen schreibe ich nur ein Paar Worte um sie dem Simonides mitzugeben, wenn er abgeht, und um Ihnen zugleich die Copie der Zeichnung von Lusieri*) zurückzuschicken. Sie werden meinen letzten Brief erhalten haben. Unterdessen habe ich nun erst die Recension zu Ende gelesen, und mich geschämt am Anfang geglaubt zu haben, dass Dahlmann der Verf. sein könne. Verschiedene Hände sind in der Rec. nicht zu verkennen; die Parthie über den Peloponnesischen Krieg ist offenbar ein Stück von Kortüm, wenn auch überarbeitet von einem andern.

Unterdessen höre ich denn, dass Schlosser auch losgegangen ist. Es ist eine verdriessliche Sache um solche Streitigkeiten; indessen müssen Sie durch; denn das Stück ist in der That sehr boshaft. Die neue Theorie des Apoll habe ich nur kurz übersehen; sie scheint possirlich. Das Ganze ist eine recht abgeschmackte Nachäfferei von Vossischem Ton und Vossischer Kraftsprache.

Wegen des Brinkner weiss ich nicht recht, was ich antworten soll. Erstlich ist dabei zu bedenken, dass bei uns keine Ausländer im Schulfache mehr angestellt werden sollen; sodann kann ich überhaupt niemandem versprechen, ihn ins Seminar für gel. Schulen aufzunehmen, da ich nicht im Voraus weiss, ob Stellen erledigt werden, und immer ohnehin supernumeräre Stellen besetzt und viele Bewerber da sind. Mit dem philologischen Seminar ist es noch ärger. Daher kann ich dem jungen Manne gar keine Hoffnungen machen, und wenn er hierher kommen will, kann er es nur auf seine Gefahr thun. Uebrigens ist es nun eben so theuer hier nicht; es kommt nur darauf an, wie Einer leben will. Kommt er und ich kann ihm dienen, so werde ich es gern thun. Grüssen Sie Ihre liebe Frau von uns.

Stets mit gleicher Liebe
der Ihrige
Böckh.

*) Wegen der Paar Buchstaben, die ich auf die Zeichnung gesetzt habe, bitte ich um Verzeihung.

[Göttingen,] d. 23. Nov. 24.

Mein verehrter Freund.

Ich habe ein paar Wochen mit Schreiben an mich gehalten, weil ich Ihnen gleich melden wollte, wie ich es jetzt wirklich kann, dass meine Schrift „Zur Methodik und Critik des mythol. Studiums" unter der Presse ist. Den Anfang macht die „Charakteristik des Herrn Dr. Lange als Recensenten der Dorier in der J. A. L. Z." Dann kommt die Antwort auf Schlossers Recension. Wie plump, ungeschickt und unverständig die letzte ist, haben Sie gewiss auch gleich bemerkt. Dr. Lange ist wirklich der gesuchte Mann; Wachler hat es mir als seine Ueberzeugung, der Verleger der Dorier als eine völlig ausgemachte Sache geschrieben. Er ist Freund von Schubarth, dessen närrisches Buch über Homer, den Trojaner, er mit grossem Lobe und Preise vorher angezeigt hatte — und ich hatte Schubarth, einen Universitätsbekannten, ganz mit Stillschweigen übergangen. Die Identität des Verf. beider Recensionen ist in einzelnen Stellen, z. B. über die Cyclopischen Mauern, unverkennbar, und für mich klärt sich Vieles dadurch auf. Auch ein eifriger Turner der Breslauer Schule hat Antheil genommen. Döderlein habe ich in Gedanken schon um Verzeihung gebeten. Obgleich ich mich jetzt von allen Seiten heftiger Angriffe versehn muss, da mein vielleicht verwegenes Beginnen mir fast nur Feinde gemacht hat. Auch Göttling, Osanns College, sucht sich an mir zu reiben, in seiner Ausg. von Aristoteles Politik. Was sagen Sie zu den neuen — zehn Phylen von Sparta? Was Sie von Böttiger und Hoeck sagen, bewährt sich auch von andern Seiten als wahr. Böttiger trägt auch jetzt den Mantel nach dem Winde, und Hoeck hat eine sehr schlechte Politik gegen mich angenommen. Einen eifrigen Freund habe ich an Dr. Völcker in Giessen, der ein recht hübsches Buch über die Mythol. der Iapetiden geschrieben hat, und etwas über Lykophron. — Ob ich etwas in die Hall. Litteraturztg. setzen lasse, wie Sie mir so gütig gerathen haben, schwanke ich noch; es ist sonst nicht Mode der Göttinger, und ich möchte mich dieser hierin fügen; unsre Anzeigen kommen freilich nicht so herum; doch wird es auch dadurch bekannt. — Die Ausarbeitung des mythol. Büchleins hat mir viel Freude gemacht; ich denke, meine Ansichten sind zusammenhängend und probabel; auch habe ich dabei mehrere mythol. Untersuchungen, die in Orchomenos und den Doriern vorkommen, wieder ganz von neuem gemacht und bin ganz auf denselben Punkten wieder angelangt. Hermanns Einsprache gegen die Erklärung von Apollos Knechtschaft in Pherä, aus dem Cultus und den Theorien nach Tempe, ist doch sehr unbegründet; was er über meine Darstellung sagt, mag wahr sein. Ich will der Schrift etwa 2 Bogen „Zusätze, Erläute-

rungen, Berichtigungen" beigeben und darin manchen Punkt
retraktiren; Sie haben gewiss auch viel Striche an den Rand
gemacht beim Lesen meines Buches; doch will ich Sie nicht
um ausführliche Mittheilung quälen. Einiges Auffallende führen
Sie mir aber vielleicht mit ein paar Worten zu Gemüthe. —
Dass das Inschriftenheft nun bald kommt, freut mich erstaunend. Meine Recension der Sylloge ist unbedeutend, und
obgleich vor langer Zeit abgegeben, noch nicht abgedruckt.
Sonst schickt' ich sie Ihnen doch. — Meine Frau und mein
Schwiegervater grüssen herzlich. Mit treuer Ergebenheit

Ihr
C. O. Müller.

Warum glaubten Sie nicht, dass Lange der Verf. der
Recension sei? Die Stelle Ihres Briefes geht mir — bei der
Gewissheit, die ich sonst erlangt zu haben glaube, im Kopfe
herum.

[Berlin,] den 24. Nov. [1824.]

Nachdem ich das Briefchen vom 11. November schon geschrieben hatte, fiel mir erst ein, dass ich schon lange etwas
vorbereitet hatte, um dessen Erfüllung ich Sie hatte bitten
wollen. Ich habe mir nehmlich ein kleines Register von
Büchern angefertigt, worin Inschriften enthalten sind, und die
hier nicht aufzutreiben; und meine Bitte ist diese, dass Sie
einen kleinen Theil dieser Bücher mir mit Reussens Bewilligung zusenden, die andern aber excerpiren lassen möchten.
Zu letzterer Arbeit werden Sie ja wol einen Studenten auftreiben können, der unter Ihrer gütigen Aufsicht die Sache
verrichtet. In den meisten dieser Bücher wird vielleicht wenig
oder nichts Griechisches enthalten sein; aber ich muss doch
Sicherheit haben. Ist die Arbeit vollendet, so schreiben
Sie mir, was der junge Mann verdient, und ich werde ihm
dann dies auszahlen lassen. Die Art des Excerpirens werden
Sie ihm schon angeben können; was er findet, soll er aber so
schreiben, dass die Rückseite stets leer bleibt.

Ich schicke Ihnen die Liste beifolgend, 19 Nummern.*) Hiervon wünschte ich Nr. 6. 9. 12. 14. 15. 18. selbst zu erhalten; wobei ich noch bemerken muss, dass ich dieselben in Göttingen selbst gesehen habe, ausgenommen Nr. 15, welches Buch ich bloss von Ihnen kenne, und Nr. 18, wovon mir Reuvens geschrieben hat; beider Titel kann ich nicht angeben. Was die übrigen Titel betrifft, so ist Nr. 1 eine Octavausgabe der Clarkeschen Reise, wovon nur die Vorrede von Bd. VII. nachzusehen ist, in der eine neue Inschrift stehen soll. Von Nr. 5. sind bloss die drei verzeichneten Bände nachzusehen; in Nr. 11. nur die zufällig eingesprengten Inschriften, nicht die sogenannte *tessera hospitalis* selbst. Nr. 16. soll sehr selten sein. Findet sich eines der Bücher nicht, so haben Sie die Güte es zu bemerken; ist keine griech. Inschrift darin, gleichfalls; von den Büchern aber, worin was gefunden ist, soll der Mann den Titel genau einmahl angeben.

Verzeihen Sie, dass ich Sie mit dieser Geschichte belästige.

Der van Goens erfolgt zurück mit grossem Dank.

Böckh.

*) Hier nicht vorhanden:
1. Clarke *Travels Vol. VII. 8.*
2. Norry *Mémoires sur l'Egypte.*
3. *Anecdota Romana.*
4. *Giornale dell' Italia letterata. Padova 1811.*
5. Guattani *Monum. inedd. T. I.* 1784. *T. II.* 1786. *T. VII.* vor 1805.
6. Clarke *the Tomb of Alexander.*
7. Millin *Voyage dans le Midi.*
8. *Fragmens historiques et géographiques sur la Scythie, la Sarmatie et les Slaves,* vom Grafen Jean Potocki. Brschw. 1796. 4.
9. (Bouhier) *Explication de quelques marbres antiques, dont les originaux sont dans le Cabinet de M . . . . .* (Lebret). Aix. 1783. 4.
10. *Sopra una iscrizione Greca d'Aquileja da D.* Angelo M. Cortenovio, *Barnabita. Bassano.* 1792. 8.
11. Siebenkees *Expositio tabulae hospitalis ex aere antiquissimae. Rom.* 1789. 4.
12. *De antiqua inscriptione nuper effossa in Melitae urbe notabili. Diss. Comitis* Jo. Ant. Ciantar. 1749. 4.
13. *Dichiarazione di una tavola ospitale, ritrovata in Roma.* (v. Spalletti.) *Rom. 1777.* 4.

14. *Explication historique d'un tableau en relief 1752. 4.* (Vom l'Evêque di Varmiu.)

15. te Water Nachtrag zum *Mus. Papenbrock.*

16. **Monumenti scritti del Museo del Sgr. Jenkins**, von Visconti. *Rom. 1787. 4.*

17. Celanus *Itinerar. Neapol.*

18. .Saxe hat 2 zu Utrecht vorhandene Inschr. edirt.

19. *Explication d'une Inscription taurobolique, trouvée à Lyon,* par Goos de Boze. *Par. 1705. 8.*

Ich eröffne heute den 26. Nov. den Brief abermals, um noch ein Paar Worte über Ihren eben empfangenen Brief vom 23. Nov. zu sagen. Meine Nachricht, dass der Verf. der Recension der Dr. Lange sei, kam ebenfalls von Wachler; es ist wohl immer dieselbe Quelle. Seitdem ich mit demselben, im April d. J. unangenehme Sachen zu thun gehabt, habe ich ihn bis vor wenigen Tagen nicht wieder gesehen und war im Begriff bei meiner letzten Unterredung mit ihm von der Recension zu sprechen, habe es aber dennoch unterlassen. Aber — ich kann irren, doch ich muss es sagen — ich kann mich nicht überzeugen, dass der Dr. Lange der Verf. der Recension ist. Dieser Mann müsste ein curioser Kauz sein und sich sehr verstellen können, wenn er es wäre. Denn so oft er bei mir ist, spricht er nur von Varianten zum Aeschylos und nur von den Tragg. aber niemals ein Wort von Mythologie oder Apollocultus u. dgl. Er scheint mir ganz andere Gesichtspunkte zu haben. Uebereilen Sie sich ja nicht; denn da würden die Leute lachen, wenn Sie einen Unrechten gegriffen hätten. — Schlossers Sachen habe ich nicht gelesen, werde es auch nicht thun. — Göttling soll ja nach Einigen auch der Recensent sein. Seine Politik des Aristot. habe ich noch nicht gesehen; stehen darin die zehn Phylen von Sparta? Schreiben Sie in Ernst oder Scherz davon? Ich werde das Buch bestellen.

Ich habe den Kopf so voll von nichtigem Allerlei, dass ich nicht mehr schreiben kann. Also leben Sie wohl.

Von Herzen
wie immer
Bh.

Eben habe ich mir noch Göttlings Aristot. Polit. holen lassen, und darin die 10 Dor. Stämme gefunden, die aus Hüllmann entlehnt sind. Die Sache ist so absurd als möglich. Wenn Sie dagegen schreiben, so sagen Sie doch auch, dass ich die vier längst aufgegeben hätte und eben die drei annähme, wovon ich gerade in der Recension des Hüllmannischen Buches gehandelt habe. — Höchst absurd ist auch, dass Lykurg die Zehnzahl der Ephoren auf 5 herabgesetzt! Aber das lächerlichste in G. Buch ist, dass Platons Rep. Kallipolis geheissen habe (*Praefat.*): welches doch offenbar bei Platon nur ein Scherz ist.

[Göttingen,] 16. Jan. 26.

Verehrtester Freund.

Sie warten gewiss schon lange auf eine Antwort auf Ihren Brief vom 24. Nov. Aber erstens ist dieser Brief sehr lange unterweges gewesen; dann kamen die Weihnachtsferien dazwischen, wo sich auf der Bibliothek nichts thun liess; darauf mussten erst allerlei Nachsuchungen und Forschungen gehalten werden, wobei Reuss sich sehr gefällig und eifrig erzeigte, und so ist es gekommen, dass ich Ihnen erst jetzt die verlangten Bücher zusenden kann. Sie erhalten die angestrichenen sämmtlich (te Water hat uns viel Mühe gemacht aufzufinden) mit der Ausnahme von Saxe, da wir durchaus nicht herausbringen können, wo, wann, wie dieser 2 Inschriften von Utrecht herausgegeben. In den *Lapidum vetustorum epigrammata Lips.* 1746 und in den von Saxe herausgegebenen Noten *ad vetus apographum thesauri Muratoriani*, welche Bücher ich darum durchsuchte, findet sich Nichts der Art. Vielleicht kann Ihnen Reuvens die Sache übersenden. — Von den andern Büchern haben wir hier nicht Nr. 1. die Octavausgabe von Clarke's *Travels.* Die *Anecdota Romana* (Nr. 3) sind ohne Zweifel die *Anecdota litteraria ex mss. codicibus eruta, Romae,* wo auch bei jedem Bande eine nicht unbedeutende *Sylloge inscript. anecd.* ist. Die *Monumenti scritti* v. Jenkins Nr. 16, haben wir; sie sind schon ausgezogen. Celanus *Itinerar.* Nea-

polit. Nr. 17 soll wohl Carlo Celano *della città di Napoli* sein? Nr. 19. *Explication d'une Inscription taurobolique, trouvée à Lyon, par* Goos de Boze, *Paris 1705. 8.* haben wir nicht besonders, aber die Abhandlung steht in den *Mémoires de l'Acad. des Inscript. T. II. p. 475.* Die Auszüge habe ich selbst zu besorgen angefangen, da ich kein passendes Subject dazu fand, und das Instruiren und Nachsehen mich am Ende mehr Zeit gekostet hätte als die Arbeit selbst; auch ist es keine grosse Sache und macht mir Freude. In einer Woche denke ich auch dies abzusenden.

Ich sitze jetzt sehr eifrig hinter meiner mythologischen Schrift, die wieder weit stärker geworden ist, als ich wollte; aber wenn man einmal von solchen Sachen im Allgemeinen zu reden anfängt, so macht ein Wort das andere nöthig. Es werden 24 Bogen, wovon 11 schon gedruckt sind, und es wird jetzt sehr rasch gehen. Ich habe auch einen pomphafteren Titel wählen müssen „Prolegomena zu einer wissenschaftlichen Mythologie". Dissen ist damit zufrieden. Klar ist es, denk' ich, aber wenig eigentlich Neues drin; ich habe nur vieles, was ich sonst gesagt, in syllogistische Form gebracht. Ueber den Verfasser der Antikritik lasse ich noch in Breslau nachforschen; kommt Ihnen irgend etwas zu Ohren, so sind Sie so gütig es mir zu schreiben.

Der Ihrige

C. O. Mr.

Berlin, 3. Febr. 25.

Sehr vielen Dank bin ich Ihnen schuldig, theuerster Freund, für die Erfüllung meiner Bitten; und ich bedauere nur, dass Sie davon so grosse Mühe gehabt haben. Dies nimmt mir beinahe den Muth Sie noch ferner zu belästigen. Sagen Sie auch Reuss den ergebensten Dank von mir für seine Bemühungen. Die Büchertitel habe ich freilich zum Theil sehr ungenau angegeben; ich war aber nicht im Stande es anders zu machen, weil ich nur entfernte Notizen von den Büchern hatte und sie nicht selbst kannte. Nunmehr vermisse ich nur noch drei Sachen, nehmlich des Carlo Celano *della città di Napoli*, Norry *Relation de l'expédition d'Egypte*, und Clarke *the tomb of Alexander*. In dem Norry ist vermuthlich nichts von Inschriften enthalten; Sie haben wol die Güte es durchzublättern, und wenn Sie nichts finden, es nur mit einem Worte zu schreiben. Sollte der Celano auch wenig enthalten, so haben Sie wol die Güte die Kleinigkeit auszuziehen. Clarke's Buch habe ich vor vielen Jahren auf einer Reise gesehen; es ist eine Inschrift von Tithorea darin; diese bitte ich mir zu excerpiren, obgleich es wahrscheinlich eine derer ist, die nachher wieder gedruckt worden sind. Noch füge ich eine vierte Bitte hinzu. Von (Taylor Combe) *A description of a collection of ancient marbles in the British Museum, fol.* haben wir den 3. Band nicht. Wollten Sie wol nachsehen, ob dieser Inschriften enthält? Die mir gütigst übersandten Bücher werde ich in wenigen Tagen absolviren und zurückschicken. Nun fällt mir aber gar noch eine fünfte Bitte ein; bis zur siebenten soll es aber gewiss nicht kommen. Der Engländer Rose lässt Sie durch mich um ein Exemplar Ihrer Abhandlung *de tripode Delphico* und um die Erlaubniss bitten sie im *Mus. crit.* abdrucken zu lassen. Genehmigen Sie diese Bitte, so schicken Sie die Abh. entweder an mich, oder, was wohl eben so gut sein wird, an Blomfield.

Hoffentlich bleibt es noch bei Ihrem Versprechen auf Ostern im Vorbeigehen hierher zu kommen; dann wollen wir zusammen recht vergnügt sein. Für jetzt nun wieder von dem *odioso*. Da ich so gut als gar keine Litteraturzeitungen lese, so ist es kein Wunder, dass ich über den unbekannten Recensenten wie ein Rohr hin- und herschwanke. Indessen horche ich doch ein bischen hier und da zu, und sehe auch einmahl zu. Zufälligerweise fiel mir dieser Tage die Recension von Vossens Antisymbolik in die Augen; diese ist wieder sehr gross, und mir scheint, diese grossen Recensionen sind alle aus Einer Schmiede. Die Recension ist mir, als ich kaum hineingesehen hatte, wieder aus den Augen gekommen; ich kann also ihren Inhalt weiter nicht beurtheilen. Aber, ich glaube denselben Tag, kam der Dr. Lange zu mir um mir seine Ausgabe der Aeschyleischen Perser zu bringen; zugleich verlangte er von mir auf einen Tag Creuzers Symbolik und liess sich mit mir in ein weitläuftiges mythologisches Gespräch ein, sagte mir auch, dass er im künftigen Sommer griechische Geschichte lesen wolle. Ich habe mich also darin ganz geirrt, dass ich glaubte, der Dr. Lange beschäftige sich nicht mit dergleichen; und ich fasste gleich den Gedanken, dass Ihre Meinung, er sei der Recensent, vollkommen gegründet sei. Ihm nun zu handgreiflich zu Leibe zu gehen war nicht rathsam; indessen suchte ich ihn auf den Apoll zu bringen. Als ein sehr circumspecter Mann wollte er nun mit dem lycischen Apoll nicht recht heraus, welchen doch, so viel ich mich erinnere, der Rec. vorzüglich poussiren will: indessen zeigte er sich im Gespräch demselben doch nicht abhold. Als ich ihn fragte, ob er Ihre Dorer gelesen habe, gerieth er sichtbar in Verlegenheit und Verwirrung: „er habe sie gelesen, könne aber in vielem nicht beistimmen"; er wollte nun eben nicht weiter heraus, sagte aber, um doch nicht ganz zu verstummen, so könne er z. B. nicht annehmen, dass Herakles der Dorische Heros sei; sondern er sei Achäisch. Er suchte bei der Sache nicht zu verweilen und äusserte noch, es scheine in Ihrem Buche über das Politische manches Gute enthalten zu sein. Kurz sein ganzes Benehmen bei der Sache zeigte, dass er hierüber nur mit der grössten Befangenheit sprechen könne, sich zu verrathen fürchte und sich alle Mühe gebe sich zu verbergen. Ich bin daher allerdings überzeugt, dass der Dr. Lange der gesuchte ist. Seine mythologische Grundansicht ist: dass der Polytheismus entstanden sei, indem die Localgottheit jedes Ortes, welche eine einzige gewesen, allgemeiner bekannt geworden, und so statt einer Gottheit viele entsprungen seien. Der Busenfreund des L. ist Pinzger: es fragt sich, ob dieser nicht auch geholfen? Noch erinnere ich mich, dass L. einmahl vor Erscheinung Ihres Buches von den Dorern mit mir gesprochen, dass er sich mit deren Geschichte beschäftigen wolle, da davon viel Licht zu erwarten sei: das Nähere habe ich aber vergessen; denn ich merkte nicht viel darauf, weil mir die Ansichten eben nicht tief schienen. Wenn Lange der Rec. ist, so muss es Wachler freilich wissen: aber wie kommt es, dass Wachler es Ihnen sagt, da Wachler Ihnen abgeneigt ist und Passow ein Freund des L. zu sein scheint? Oder ist es etwa nicht so? Ich denke, es sind nun so viele Indicien da, dass, wenn sich alles vereinigen lässt, die Sache klar werden muss.

Herzliche Grüsse an Ihre liebe Frau und an Hugo.

Von Herzen der Ihrige
Bh.

B. d. 15. Apr. 26.

Nach langem Zögern, theuerster Freund, habe ich mich heute daran gemacht die Exemplare des ersten Heftes des *Corp. Inscr. Gr.* die ich versenden wollte, zu expediren, und dabei kam mir ein, dass bei einem Werke, was nicht sowohl mein, als der Akademie Werk ist, es anständig sei, dass es Ihrer Societät eingeschickt werde. Ich übersende Ihnen also ein Exemplar um es vorzulegen, und schreibe auch nichts weiteres oder nicht viel, da das verzweifelte Verpacken der Sachen mich ganz abgemüdet hat. Nur das muss ich sagen, dass ich Ihre Prolegg. mit dem grössten Eifer und Vergnügen durchstudirt habe, und dass Sie mir die grösste Lust gemacht haben auch einmahl Mythologie zu studiren. Ueber allerlei Einzelnes möchte ich wol gerne mit Ihnen sprechen, und es thut mir leid, dass ich Ihr Buch nicht vorher gehabt habe, ehe Sie hier waren; denn beim Schreiben hat man nicht alles so bei der Hand, und es ist alles so weitläuftig. Ganz meisterhaft ist Ihre Darstellung von der Knechtschaft des Apoll zu Pherae, die so viel Klarheit hat, als man nur immer geben kann, und Hermann wird wohl abziehen müssen.

Grüssen Sie Ihre liebenswürdige Frau von der meinigen und von mir herzlich, desgleichen den guten Schwiegervater.

Mit herzlicher Liebe
der Ihrige
Bh.

[Göttingen,] 5. Juli 25.

Mein verehrter Freund.

Ich warte umsonst auf einen besondern Anlass an Sie zu schreiben, und finde am Ende, dass ich unrecht gethan habe Ihnen nicht gleich nach Empfang Ihres Briefes vom 15ten April den Empfang des *Corp. inscr.* anzuzeigen und im Namen der Societät, wie mir aufgetragen ist, sehr dafür zu danken. Da unsere Societät die Bücher an die Bibliothek abgiebt, so bekommt es diese zugleich, was mir sehr lieb ist, da ich Reuss einige Hoffnung darauf gemacht hatte. — Was Sie mir von meinen Prolegomenen schreiben, hat mich sehr erfreut; am meisten, dass Sie selbst dabei Lust bekommen haben Mythologie zu treiben. Wie sehne ich mich Sie zu sprechen und von Ihnen zu hören, was Ihnen mangelhaft und unsicher, und was wieder probabel oder sicher scheint. Was mag wohl Buttmann dazu sagen? Ich habe Lust einmal ein paar Capitel einer Mythologie auszuarbeiten und sie Ihnen und Buttmann und einigen Andern schriftlich mitzutheilen; drucken will ich sobald nichts Mythologisches lassen, als wenn man mich nöthigt, da die Leute im Ganzen doch gar zu verstockt sind. In der Jenaer A.L.Z. hat wieder Einer meine Erklärung von Apolls Dienstbarkeit mystisch und unkritisch genannt. Lange hat eine Einleitung in die Mythologie geschrieben, die einige eben so triviale wie falsche Gedanken schrecklich breit durchführt, aber auf meine Prolegomenen keine Rücksicht zu nehmen affektirt. Uebrigens habe ich vor, wenn er sich weiter gegen mich vernehmen lässt, ihn noch viel schlimmer zu zausen und überhaupt Niemandem etwas zu schenken. Am besten wäre es, wenn eine Anzahl Gelehrter, die in Hauptsachen mit einander einig wären, zu einem hauptsächlich mythologischen Journal zusammentreten, um einen gewissen Ton zu erhalten und der Anarchie ein Ende zu machen; ich will mich gerne möglichst anschliessen und subordiniren. — In diesem Sommer, wo ich sonst nicht viel zu thun habe, treibe ich Allerlei, worauf mich die Vorlesungen und die G.G.Anzeigen bringen. So suche ich, so viel möglich, den neuen Entdeckungen in Aegyptischer Litteratur nachzukommen, und lese wenigstens alles dahin einschlagende. Sie haben sich wohl auch schon aus dem Greyschen Papyrus bei Young überzeugt, dass die λογευόμενα in Ihrer Zollakte die Einnahmen, Collekten, sind, welche die Familie der Cholchyten von den Gräbern geniesst für die Dienste, die sie dabei zu leisten hat. Das ἀντίγραφον συγγραφῆς auf diesem Papyrus zeigt auch, dass Spohn in der Lesung der demotischen Schrift noch nicht sehr weit gekommen war; Einzelnes hat er getroffen, Vieles nicht. Doch mehren sich die Hilfsmittel alle Tage, und es ist zu beklagen, dass er so hat abbrechen müssen — überhaupt ein Jammer bei allen wissenschaftlichen Arbeiten, *qui spem vetat inchoare longam.*

Doch ich komme ins Schwatzen und will lieber schliessen. Herzliche Grüsse von uns allen an Sie und Ihre verehrte Frau Gemahlin. Dissen will bald schreiben. Sein Umgang wird täglich wichtiger und nützlicher für mich. Stände ich hier ganz allein, so würde ich manchmal verzagen.

    Mit treuer Anhänglichkeit
       Ihr
         C. O. Müller.

[Göttingen,] 9. Sept. 25.

Verehrtester Freund.

Ich schreibe Ihnen eigentlich nur, um mich Ihnen ins Gedächtniss zurückzurufen, da wir seit Monaten gar nichts mehr von Ihnen erfahren, und habe Dissen bewogen ein Briefchen bei mir einzulegen, damit der meinige doch etwas Inhalt erhält. Den Dank für das *Corp. Inscr. Gracc.* haben Sie doch erhalten, unter den Hiesigen interessirte sich ausser uns wohl am meisten Tychsen dafür. Die in manchen Stücken einfältige Recension von Kopp hat Sie gewiss nicht zu sehr verdrossen; er weiss gar nicht, was für ein Unterschied ist zwischen einem Manuscript und der oft ziemlich eilig gemachten Abschrift eines halbverwitterten Steines. Ob indessen nicht wirklich in der ersten Inschrift κλεϝος ἄφθιτον αἰει anzunehmen ist, etwa wenn es die Sprache gestattet, τὸ σεῦ κλέϝος ἄφθιτον αἰεί? Die Branchiden-Inschrift hat jetzt Leake in dem schönen Buche *Journal of a Tour in Asia minor* herausgegeben, und da meine, ziemlich abweichende, Abschrift doch auch nur auf einer Mittheilung Leake's beruht: so muss ich glauben, dass jene die genauere ist. Mich verdriesst es sehr Ihnen eine, vielleicht durch meine Schuld, ungenaue Abschrift geschickt zu haben; die Rose'sche war vielleicht genauer; indess, denk' ich, habe ich Ihnen damals geschrieben, wie wenig Zeit ich gehabt habe, Leake's Sachen zu benutzen. Den Sherard'schen Codex kennen sie nun in England auch, ich meine durch uns. — Ich habe in diesem Sommer, unter anderm, Delphische Alterthümer auszuarbeiten angefangen (doch nicht für den Druck, da mich mein eigen Gedrucktes schon genug drückt), und mich ziemlich genau um das Local bekümmert, auch Karten und Pläne angefertigt für Stadt und Gegend; wollen Sie es einmal gelegentlich durchlesen, etwa für die Delphischen Inschriften: so soll es mir sehr lieb sein. — Ein junger Philolog Lorentz, ein Berliner, der zuerst in Leipzig, dann hier studirt hat und jetzt in Berlin noch weiter studiren will, bittet mich um eine Empfehlung an Sie; er ist in vielen Stücken recht gescheut und ausnehmend fleissig. Auch möchte er gern an Buttmann empfohlen sein, was Sie vielleicht in meinem Namen zu thun die Güte haben. Wissen Sie vielleicht, ob Buttmann meine Prolegomenen sehr missfallen? Ich habe nach bestem Wissen und Willen geschrieben, hätte zwar in manchen Stücken weiter gehn können, aber für die Meisten ist auch das zu viel. Meine Gegner sind sonderbar still; ist Ihnen vielleicht etwas zu Ohren gekommen?

Die vielen Fragezeichen werden Sie hoffentlich bald zu ein paar Zeilen Antwort ermuntern.

Treuergeben
Ihr
C. O. Müller.

Berlin, d. 13. Sept. 1825.

Schon seit mehreren Tagen, bester Freund, hatte ich mir vorgenommen an Sie zu schreiben, habe es aber immer unterlassen, theils aus einem nachher zu berührenden Grunde, theils weil ich in eine andere Arbeit hineingerathen war. Da ich nun heute Ihren Brief erhalten habe, setze ich mich noch nach 10 Uhr Nachts hin um schnell zu antworten. Da Sie mit der Koppischen Rec. den Anfang machen, will ich es auch thun. Er ist ein dummer Teufel, dem man nichts übel nehmen kann, und ich werde darüber kein Wort verlieren, es sei denn, dass ich in der Vorrede des ersten Bandes, die erst mit dem 3ten Fascikel erscheint, indirect seine Zweifel hebe. Was den Anfang der ersten Inschrift betrifft, so habe ich ihn vielseitig überdacht: ich sehe jedoch, dass τὸ σεῦ κλέος ἄφθιτον ἀεί sich hereinbringen lässt. Indessen werden Sie doch gestehn, dass meine Emendation einfach, und der Sinn sehr natürlich ist, und mehr kann man bei einem solchen Ding nicht verlangen. Die Mittheilungen, die Leake in dem *Journal of a Tour* etc. gemacht hat, habe ich alle benutzt, freilich erst nach dem Druck des ersten Heftes; ich werde das Nöthige später anzeigen. Jetzt erwarte ich eine Recension von Hermann, der wahrscheinlich es nicht am besten meint.[*]) Ob ich durch ihn veranlasst werde mich aus meiner Ruhe herauszubegeben, weiss ich nicht: wenn er es nicht zu unsüuberlich macht, schweige ich stille. Denn es ist mir daran gelegen Zeit für die Fortsetzung des *Corp. Inscr.* zu gewinnen, und ich möchte so wenig als möglich durch Polemik davon abgeführt werden. Die Wahrheit muss doch siegen; aber es giebt viele Streiter dagegen, und diese muss man sich müde

---

[*]) Böckh hatte inzwischen den nachstehenden Brief von G. Hermann vom 6. September erhalten, den er am 24. September beantwortete. Beide Briefe sind zu charakteristisch, als dass wir dieselben hier nicht mittheilen sollten, zumal an eine Herausgabe des höchst interessanten Briefwechsels zwischen August Böckh und Gottfried Hermann einstweilen schon desshalb nicht gedacht werden kann, weil neben den zahlreichen Briefen Hermann's aus früheren Jahren bis jetzt nur einzelne Antworten Böckh's uns vorliegen.

arbeiten lassen. Sie werden es nun wieder verdriesslich genug erfahren haben, dass man mit dem Gesindel nicht fertig werden kann. Ich habe des Lange heilloses Geschwätz in der J. A. L. Z. vor etlichen Tagen angesehen, und es hat mich so indignirt, dass ich zwei Tage davon beunruhigt wurde. Aber was wollen Sie nun dagegen machen? . . . Ich düchte, Sie lassen die Sache jetzt ruhen und begnügen sich mit der Freundschaft und Hochachtung der Bessern. Buttmann ist Ihnen herzlich gewogen. Was Sie mir von Delphi schreiben, dafür danke ich Ihnen; sobald ich an Delphi komme, werde ich Sie um Ihr Ms. bitten. Für jetzt stecke ich im Peloponnes, und zwar in Sparta; die Spartanischen Inschriften sind schwer, und ich habe wohl zwei Wochen gebraucht oder etwas weniger, um nur die Kataloge der Magistrate einigermassen verständlich zu machen: doch habe ich auch Einiges gefunden, was lohnt, wenigstens für die spätern Zeiten. Doch bleibt manches ganz dunkel. Das Wunderlichste ist, dass in diesem Kataloge nicht die Ephoren *eponymi* sind, sondern die Patronomen: die Sache ist aber evident, obgleich Pausanias das Gegentheil von seiner Zeit aussagt. Mit nicht geringer Mühe habe ich eine Art *Fasti* von etlichen und 70 *Patronomis eponymis* zusammengeklaubt.

Den Lorentz werde ich mir bestens empfohlen sein lassen und es auch bei Buttmann besorgen, dass er empfohlen sei.

Was Sie über die *Aegyptiaca* in dem vorletzten Briefe schreiben, hat mich gefreut. Dass meine Erklärung der λογευόμενα nicht richtig war, gebe ich zu. Nun kommen noch zwei Bitten. In dem *Giornale dell' Italia letterata*, Padua 1811. T. XXVIII. p. 93. steht eine Argivische Inschrift φθέγγεται ἠρεμέει etc. Das Buch kann ich nicht auftreiben. Sollte es in Göttingen sein, so schlagen Sie doch nach, und schreiben Sie mir gefällig das Ding, auch wenn sonst noch was drin sein sollte. Das Einzige, was ich aus Kopps Recension gelernt habe, ist: dass im *Gentleman Mag.* LXIX. 25. die Säulen des Herodes Atticus am besten sollen abgebildet sein. Das Buch ist auch nicht hier. Könnten Sie mir die Abschrift procuriren? Ich habe noch eine Abschrift, die ich erst nach dem Druck fand.

Weshalb ich zum Theil das Schreiben liess, wie ich oben sagte? Ich hatte mir vorgenommen diese Woche mit der Eilpost nach Göttingen zu kommen und 4—5 Tage dort zu bleiben, um mich zu recreiren. Aber ich habe es wieder aufgegeben, weil ich dachte, es würde mich etwas stark strapazieren Tag und Nacht bis Heiligenstadt Courier zu fahren, und ich würde dann zuletzt in Göttingen nur müde sein, auch Sie und Dissen am Ende wenig geniessen können, und so habe ich meinen Plan aufgegeben und fahre statt dessen alle Tage hier *in loco* spazieren, nachdem ich den Morgen gearbeitet habe. Ich muss für den Winter Kräfte sammeln. Das lange Lesen hat mich zuletzt mitgenommen und die grosse Augusthitze, so dass ich etwas hypochondrisch wurde, mehr an Körper als an Geist. Leider muss ich das nächste Jahr das Rectorat führen, was mir vollends die beste Zeit rauben wird; und so will ich denn sehen, wie viel ich in den Ferien noch von den Inschriften werde vor mich bringen können. — Osann hat meine Bemerkungen nicht übel aufgenommen.

Es ist nun wohl Zeit geworden zu Bette zu gehn, und ich schliesse also. Grüssen Sie Ihre liebe Frau bestens von uns, und den lieben Dissen, dem ich vielleicht morgen schreiben werde.

Von ganzem Herzen innigst
der Ihrige
Böckh.

Gottfr. Hermann an Aug. Böckh.

Leipzig, d. 6. Sept. 1825.

Sie haben mir, mein theurer Freund, im verwichenen Frühjahr das erste Heft Ihrer Inschriften geschickt, wofür ich Ihnen verbindlichst danke. Ich hatte nicht mehr als die erste Inschrift gelesen, als ich ins Karlsbad und nach Franzensbrunn ging. Nach meiner Rückkehr liess ich mich, ohne noch weiter gelesen zu haben, zu einer Recension dieses Buches für die hiesige Literaturzeitung bestimmen. Unglücklicherweise fand ich, dass ich mehr, als ich gewünscht hatte, mich gegen Sie erklären musste. Ich kann daher voraussehen, dass Sie, der

Sie Widerspruch weit weniger als ich scheinen vertragen zu
können, mit dieser Recension, die zu Anfang Octobers erscheinen
wird, ebenso wenig zufrieden sein werden, als, wie ich höre,
Herr Lange mit der ist, die ich von seinen Persern gemacht
habe, oder, wie ich vermuthe, Welcker mit der seiner Trilogie, und, wie ich ganz offen eingestehe, ich selbst mit Ihrer
Behandlung der Inschriften bin. Eben deswegen schreibe ich
Ihnen das selbst. Mir liegt überall bloss an der Wahrheit,
die ich ebenso freimüthig nach meiner Ueberzeugung aus-
spreche, als ich willig und gern, wo ich sie von andern höre,
eine irrige Meinung, die ich gehegt hatte, aufgebe. Wer etwas
drucken lässt, glaube ich, stellt es vor das Publicum zu Jeder-
manns Beurtheilung hin. Wie das mit einem Buche der Fall
ist, so ist es auch mit einer Recension beschaffen, und nur
ein Recensent, der sich hinter dem Vorhang der Anonymität
verbirgt, kann hoffen ungestraft Falsches zu sagen: obgleich
auch das nicht immer gelingt, wie neulich der arme Osann
durch Dindorf's Recension einer Recension schrecklich erfahren
hat. Wie wenig Ihnen also auch meine Recension Ihres Buches
gefallen wird, so werden Sie doch daraus, dass ich mich im
Voraus dazu bekenne, abnehmen können, dass, was ich über
Ihre Behauptungen und Ihre Art diese Materie zu behandeln
sage, keinen Einfluss auf meine persönlichen Gesinnungen
gegen Sie hat. Leben Sie wohl, und grüssen Sie Buttmann
schönstens. Denn Bekker, höre ich, holt seine Braut. Möge
sie, das wünsche ich ihm zur Hochzeit, seine überlakonische
Wortkargheit mildern.

Der Ihrige
Hermann.

Aug. Böckh an G. Hermann.

B. 24. Sept. 25.

Schon längst im Begriff an Sie zu schreiben, theuerster
Herr Prof., habe ich es bisher unterlassen, weil ich Ihre Recension meines Inschriftenwerkes, von welcher mir schon vor
etwa 4 Wochen die Kunde zugekommen war, abwarten wollte.
Ihr Brief vom 6. Sept. welchen ich erst heute erhalten habe,

giebt mir nun eine nähere Veranlassung das Schreiben zu beschleunigen. Dass das Buch vielfältigen Widerspruch erfahren würde, habe ich vorausgesehen; und ich glaube auch die Gründe davon zu wissen, welche ich jedoch keinesweges etwa in unlautern Absichten suche. Was Ihre Beurtheilung betrifft, so kann ich natürlich von derselben, ehe ich sie gelesen habe, nicht wissen, ob sie mich trifft, oder nicht; aber das weiss ich, dass ich meine Behandlungsart lange und wohl erwogen habe, und wenn auch im Einzelnen manches mag geändert werden können, so bin ich doch überzeugt mir diejenige Erfahrung und die Kenntnisse erworben zu haben, welche nöthig sind zur Beurtheilung der einzelnen Inschrift sowohl als der zu wählenden Methode. Auch mir ist es einzig und allein um die Wahrheit zu thun; je nach der Verschiedenheit des Standpunctes erscheint aber dem einen und dem andern dies und jenes als Wahrheit. Widerspruch, der auf gründliche Untersuchung gebaut ist, und von dessen Wahrheit ich mich überzeuge, wird von mir nicht minder gern als von Ihnen ertragen: was Sie schon daraus erkennen können, dass ich auf den Widerspruch, den ich nicht anerkenne, oft Jahre lang nicht entgegne: aber wenn ich überzeugt bin, unbillig angegriffen zu sein, halte ich es für eine Pflicht, die man der Wissenschaft schuldig ist, das als richtig Erkannte zu vertheidigen.

Bei meiner grossen Achtung für Ihr Wissen thut es mir leid, gerade mit Ihnen immer tiefer verwickelt zu werden; aber ich glaube in dem, was ich gegen Sie schreibe, die persönliche Achtung nicht zu verletzen. Einen Beweis davon wird Ihnen auch die beifolgende Kleinigkeit geben, die ich zu schreiben unternommen habe, weil ich gewiss bin, dass Sie sich geirrt haben, nicht weil ich in allem [meine] Meinung vertheidigen wollte, an der mir wenig gelegen sein könnte, wenn ich glaubte, dass sie widerlegt sei. Das letztere ist aber nicht der Fall, wie sicher Sie es auch in der Vorrede zum *Oed. C.* ausgesprochen haben, und ich müsste mich sehr irren, wenn Sie nicht selbst zugäben, dass meine Gegner sich irren. Können Sie es nun mir verargen, dass ich dem Widerspruche widerspreche? Ich bin völlig überzeugt, wenn wir an Einem Orte lebten, und mündliche Mittheilungen zwischen uns stattfänden, würden wir uns aussprechen, ehe der eine gegen den andern die Feder eintauchte.

Da dies nun nicht ist, so führen wir beständige Fehde, obgleich ich der Polemik längst müde bin. So sehe ich denn auch Ihrer Recension mit der Aussicht entgegen vielleicht gegen dieselbe schreiben zu müssen, wenn die Sache so angethan ist, dass ich nicht dazu schweigen kann. Uebrigens geht das Werk seinen Gang vorwärts, da ich es viele Jahre vorbereitet habe, und es ist beinahe die Hälfte des folgenden Fasc. gedruckt.

Nun bis auf Weiteres nehmen Sie von mir ein herzliches Lebewohl.

Bh.

[Bruchstück eines Briefes von Müller v. 22. Sept. 1825].

Die Nachrichten von dem Inschriften-Thesaurus haben mich sehr erfreut, und ich bin voll Sehnsucht nach der Fortsetzung. Wie Hermann sich nehmen wird, bin ich begierig. Doch zweifle ich, ob er die Gründe und Regeln dieser Kritik viel besser durchschauen wird, als der abergläubische Kopp.

Mein Lange besitzt wirklich eine bewundernswürdige Verdrehungskunst, und es wäre ein Buch nöthig, seine *tricks* überall aufzudecken und zu Schanden zu machen. Ich werde jetzt nur eine Selbstanzeige des Buchs verfassen und dieser ein paar Zeilen für Eichstädt und Lange anhängen. Um aber an einem Beispiel zu zeigen, wie er auf die unkundigste Weise angreift, was er erst verstehen lernen sollte, lasse ich in diesen Wochen eine ganz kleine Abhandlung drucken: Ueber Ursprung, Nationalität und Sprache der Macedonier. Am Schlusse folgt als Resultat die angefochtene Seite aus den Doriern; doch habe ich dabei noch manches Andre gefunden, auch gebe ich ein kleines Kärtchen bei.

Wären Sie gekommen, oder kommen Sie noch! Wie wollen wir uns freuen. Dissen ist eben verreist, aber nur auf wenige Tage. Meine Frau empfiehlt sich Ihnen und Ihrer Frau Gemahlin bestens, sowie ich.

Ihr
K. O. Müller.

[Poststempel: Göttingen, 18. Octbr. 1825.]

Sie werden neulich, verehrtester Freund, die Inschrift aus dem *Giornale* von Padua erhalten haben: seit der Zeit wollte ich Ihnen schon mehrmals wieder schreiben, aber die Unruhe des Umziehens — wir sind aus meines Schwiegervaters Hause nach der Allee gezogen — liess mich nicht dazu kommen. Am meisten drängte es mich meinen Unwillen und Unmuth auszulassen über die Hermannische Recension. Machen Sie doch um Gotteswillen mit diesem ebenso insolenten wie bornirten Manne im Leben nicht mehr Frieden; gegen solche Einseitigkeit und Anmassung müsste ein $πόλεμος$ $ἀκήρυκτος$ $καὶ$ $ἄσπονδος$ geführt werden. Er denkt nun in seinem Sinne, über Buttmann, Niebuhr, Sie, Creuzer, Welcker glorios triumphirt zu haben, ohne dass er im geringsten im Stande ist nur zu begreifen, wie die Kenntniss des Alterthums durch mehrere von diesen erweitert worden ist. Was der erste *Fasciculus* durch Stoff und Behandlung schon der Wissenschaft beigetragen, das auseinanderzusetzen fällt ihm gar nicht ein, weil er es auch wirklich zu fassen kaum im Stande ist; nun hängt er sich an einiges Controverse; als wenn nicht in jeder Ausgabe von ihm selbst kühnere Aenderungen vorkämen, mit völliger Sicherheit vorgetragen und doch vielleicht nicht lange darauf durch ganz andere ersetzt. Dabei muss er wirklich erbittert sein, denn da er sonst seine Meinung immer mit grosser Umständlichkeit und in sehr lehrhaftem Ton vorträgt: so hat er sich hier zu allerlei, recht hämischen und gemeinen Insinuationen herabgelassen. — Was denken Sie zu seinem, mir komisch vorkommenden: Du bist in der Mitte von Thria und der Stadt, wo Hermes?

Sich zu rechtfertigen gegen Hermann, glaube ich, würde zu keinem wesentlichen Resultat führen. Er hat gar nicht das Talent sich in die Denkweise Anderer hinein zu versetzen und deren Consequenz zu erkennen. Man mag sich die grösste Mühe darum geben, er bleibt rein verstockt. Dieses Talent, Andere zu begreifen, ist aber gerade das philologische und in weiterem Kreise das historische; und so glaub' ich kann man mit Grund behaupten, dass Hermann, bei manchen eminenten Gaben, eigentlich das Haupterforderniss zum Philologen abgeht. Wie wenig er eigentlich die Alten versteht und verstehen will, habe ich recht bei einer genauen Durcharbeitung der Homerischen Hymnen gesehen. Der Hymnus auf Hermes ist in einer ganz besondern Manier abgefasst, die von der Homerischen sehr verschieden; H. stellt Regeln auf, wie er sein müsse, und verdirbt ihn darüber ganz. Aus dem trefflich componirten Hymnus auf Apollo Pythius macht er zwei recht nüchterne und lederne. Darüber liesse sich gar Vieles sagen. Am meisten aber ist gewiss zu wünschen, dass einmal Einer auftritt, der die Sprache der Hellenen im Ganzen und in allen ihren Modificationen geschichtlich betrachtet und entwickelt, wodurch die Anmassungen der Leipziger ganz von selbst beschränkt werden müssen, und die Philologie im Ganzen eine andre Gestalt erhalten würde.

Doch ich bin sehr thöricht Ihnen dergleichen vorzuschwatzen, da Sie Hermanns Eigenthümlichkeit und Stellung zur übrigen Litteratur natürlich zehnmal genauer kennen als ich; es ist auch nur um mein Herz zu erleichtern und meinem Unmuth freien Lauf geben zu können. — Meinen edlen Lange habe ich darüber ganz vergessen, und, wie mir alle Welt räth, will ich auf den Sch . . . auch nicht ein paar Zeilen mehr wenden.

Ich will weiter arbeiten; das Folgende setzt dann das Vorige von neuem ins Licht, und am Ende sehen die Leute, wo man weiter kommt. Für mich hat das mythologische und antiquarische Recherchiren so viel Reiz und Annehmlichkeit, es erquickt und belebt mich so innerlich, dass ich auch zufrieden sein könnte, wenn Niemand meiner achtete, und die Sachen selber ungedruckt blieben. Die eigne lebendige Anschauung, die man erhält, ist ja am Ende ebenso Zweck der Thätigkeit als die Erweiterung der Wissenschaft in Andern. Die kleine Schrift über die Makedonier erhalten Sie nächstens.

Ich möchte Ihnen noch Manches vortragen, aber es ist alles zu weitläuftig. Wie viel schöner wäre es gewesen, wenn Sie uns besucht hätten. Auf die Peloponnesischen Monumente freue ich mich sehr.

Das Facsimile des Facsimile der Farnesischen Säulen liegt

bei. Nach dem dazu gehörigen Briefe in *Gentleman's Magazine* Vol. 69 p. 25 sq. wusste der Einsender, R. G., nicht, wer die Copien gemacht. Beigegebene *Observations* von Mr. Wagstaff enthalten eine Umschrift in kleinen Buchstaben, eine lateinische Uebersetzung, genaue Angabe des Platzes, wo die Säulen im Palast Farnese lagen, und Vergleichung der Schrift mit der Sigeischen Inschrift. Wagstaff verfasste sie 11. Januar N. S. 1743—4 (*sic*).

Beiläufig, können Sie bei der *Sigea* (Συκεεῦσι) nicht die Stelle des Hesychios: Σίκεον, ὡς Ἴστρος, brauchen?

Ich hoffe, Dissen schickt noch einen Brief mit.

Mit grösster Verehrung
Ihr
C. O. Müller.

Berlin, d. 22. Oct. 25.

Haben Sie Dank, lieber Freund, für Ihren theuren Brief, den Sie, wie Dissen den seinigen, wie es scheint in der Hitze des Unmuthes, zu datiren vergessen haben; zugleich für die Beilage, die nun eben auch nicht die Vorzüge hat, die Kopp ihr beilegt. Die Hermannische Rec. ist ein **ganz klägliches** Machwerk, welches ich in Halle, wo ich mich eben befand, bei Meier abfertigte, womit wir uns einen Scherz machten. Sie werden diese Abfertigung in der Hall. Zeitung finden. Gegen diese ist nun Hermann, wie ich von Reisenden höre, wieder aufgetreten; das Blatt ist aber noch nicht hier. Da ich dies erwartete, habe ich mich etliche Tage damit beschäftigt die ganze Recension zu widerlegen, und bin gerade heute Morgen mit dem Abschreiben fertig geworden; finde ich seine Antwort zu impertinent, so schicke ich diese Widerlegung gleich in die Druckerei; wo nicht, so bleibt sie vielleicht ungedruckt. Frieden werde ich mit ihm nicht wieder machen: aber antwortet er auf meine Widerlegung wieder, so antworte ich nicht wieder; denn die Sache muss ihr Ende haben, und ich habe sie absichtlich heute beendigt, weil ich heute Abend das Rectorat antrete, und dann keine Zeit mehr habe solchen kleinen Krieg zu führen.

Da ich von verschiedenen Seiten ungefähr wie Sie gehetzt werde, so wünschte ich, wiewohl ich mir aus den Angriffen der Canaille nichts mache, dass doch diejenigen, denen litt. Blätter zu Gebote stehen, und die mir günstig sind, eine unpartheiische Beurtheilung unternähmen. Die Jenaische Zeitung wird sehr leicht von einem Hermannianer in Beschlag genommen werden können: die Hallische ist mir treu; wollten Sie sich nicht dazu verstehen, oder Dissen, in den Göttinger Anzeigen eine Anzeige des 1ten Heftes des *Corp. Inscr.* zu machen? Denn übergehen wird es Ihr Blatt doch nicht. Reden Sie einmahl mit Dissen darüber, dem ich auch ein Wort schreiben werde.

Für jetzt stelle ich auf einige Zeit die Inschriftenarbeit ein, bis mir die Geschäfte des Rectorats weniger Mühe machen; ich habe so stark vorgearbeitet, dass ich wohl ein ganzes Jahr drucken lassen kann, ohne dass mir das Manuscript ausgeht. Ich habe nur noch eine Kleinigkeit vom Peloponnes übrig, nehmlich Arkadia und Achaia; und ich denke vielleicht mit dem Peloponnes den ganzen ersten Band abzuschliessen. Ich weiss nicht, ob ich Ihnen und Dissen die Abh. über den *Oed. Col.* vor dem Lectionskatalog (gegen Hermann) geschickt habe; ist es nicht geschehen, geschieht es gelegentlich. Grüssen Sie Ihre liebe Frau.

Mit herzlicher Freundschaft wie immer
ganz der Ihrige
Böckh.

[Göttingen,] 18. Nov. 25.

Ich schicke Ihnen hier, verehrtester Freund, die Kleinigkeit über die Makedoner, die hauptsächlich darum geschrieben ist um denen, die sich um die Sache bekümmern, zu zeigen, dass ich nicht so leichtsinnig in die Welt hineinschreibe, als manche das Publikum wollen glauben machen. Wollen Sie die andern Exemplare an Buttmann, Hirt, Bekker geben. Macht es sich, so versichern Sie doch gelegentlich Herrn Prof. Bekker meines grossen Respekts und meiner Anhänglichkeit an ihn von der Zeit her, da er mich für die Varianten des Plato brauchte.

Er ist hier gewesen und hat als Grund, warum er mich nicht besucht, angeführt, dass ich ihn in Berlin auch nicht aufgesucht; ich habe aber blos gefürchtet ihn zu belästigen und hatte immer auch die Aussicht ihn sonst zu treffen, was hier nicht der Fall war. — Hermanns Antwort ist nun wirklich impertinent, und Sie werden nun, was gewiss zu wünschen, die Widerlegung abdrucken lassen. Dissen, der herzlich grüsst, hat schon an Thiersch geschrieben. In den G.G.A. zeigen wir (ich möchte, dass Dissen mir hülfe) das Werk auf jeden Fall an, und ich denke, etwas ausführlicher als die meisten andern Sachen, aber ich kann wegen allerlei Arbeiten, auch für Collegien, erst nach Weihnachten daran kommen, was wohl auch nichts schadet. Ich lebe nun schon über ein Jahr in der Verdammniss von wegen meiner Dorier; doch hoffe ich, dass sich nun auch einige mildere Stimmen darüber werden vernehmen lassen. Der Fortsetzung des *Corpus* sehe ich mit grösster Freude entgegen. In 2 Abhandlungen *de Phidiae vita*, die bald gedruckt werden, habe ich auch für die Kunstgeschichte schon Nutzen daraus gezogen. Die Abhandl. über *Oedip. Coloneus* haben wir noch nicht.

Meine Frau empfiehlt sich der Ihrigen und Ihnen.

Mit treuer Ergebenheit

Ihr

COM.

Göttingen, 29. März (31. abgeschickt) [1826].

Kaum hat unser Briefwechsel, mein verehrter Lehrer und Freund, seit Sie nach dem Haupt Johannis in Breslau Ihre Briefe schickten, eine so lange Unterbrechung erfahren, wie diesmal; denn ich weiss nicht einmal, ob ich Ihren Brief vom 22. Oct. 25 beantwortet habe. Die Hauptschuld davon liegt in einer litterarischen Arbeit, (von der ich Ihnen ein andermal schreiben will,) die ich nach der grössten Anstrengung von Körper und Geist erst vor kurzem gewissermassen beendet habe. Ich habe mir vorgenommen mich in keine solche Hetze mehr einzulassen, und überhaupt mehr in Musse für meine eigne wissenschaftliche Ausbildung als für litterarische Unternehmungen zu arbeiten. So bin ich auch noch nicht zur Anzeige des *Corp. Inscr.* gekommen und gehe eben erst dran; indessen hat ja der wackre Meier die Sache schon so brav und ritterlich geführt, dass das Geschwätz der Leipziger Faktion fürs erste niedergeschlagen ist. Ich werde die Gesichtspunkte in unserm Blatt allgemeiner nehmen müssen. Bei dem *Corp. Inscr.* fällt mir die Frage ein, ob Sie einen *Caduceus* von Tarent mit einer Inschrift haben, der unter allerlei Sachen aus dem Museum Borgia mir durch die Hände gegangen ist; wo nicht, steht die Copie gleich zu Diensten. Ich bin indess auch einmal recensirt worden, von Göttling im Hermes, und da ich es schlimmer gewohnt war, hat die Recension einen recht guten Eindruck auf mich gemacht, wenn mir auch gar mancher Einwand ungegründet schien; ich habe sogar einen Briefwechsel mit G. angefangen um mich über diesen und jenen Punkt mit ihm zu verständigen. — Die Abhandlung über den *Oed. Colon.* haben wir hier noch nicht erhalten und bitten sehr darum. Mein unnützes kleines Schriftchen über die Macedonier haben Sie doch durch die Mylius'sche Buchhandlung erhalten. Dissen war durch einen Catarrh eine Zeitlang bettlägerig geworden und wirklich recht mitgenommen, doch ist er wieder ziemlich munter und rüstig; ich habe eben einen sehr angenehmen Nachmittag bei dem trefflichen Freunde zugebracht, den ich immer mehr verehre und liebe, je länger ich ihn kenne. Wir haben an Seyffarths *Rudimentis Hieroglyphices* und der Vorrede seiner Beiträge viel Spass gehabt.

Empfehlen Sie mich und meine Frau Ihrer Frau Gemahlin aufs herzlichste. Mit treuer Ergebenheit

Ihr

COM.

Noch fällt mir ein, dass Reuss mich gefragt hat, ob wir die Abhandlungen Ihrer Akademie, die sie so gütig ist uns zu schenken, nicht etwas früher bekommen könnten, als es gewöhnlich geschieht; die Bibliothek hat sie meist schon kaufen müssen — so sehr schnappen wir darnach — wenn das Präsent anlangt.

Wollten Sie Inliegendes gelegentlich an seine Adresse befördern?

Berlin, d. 8. April 1826.

Allerdings, theuerster Freund, wusste ich gar nicht mehr, was ich von Euch Göttingern denken sollte, da ich durchaus keine Nachricht erhielt. Leider entschuldigte ich Dissen mit dem wahren Grunde und freue mich nun, dass dieser wieder gehoben ist; für Sie wusste ich nichts anderes zu sagen, als dass ich erwartete Ihre Schrift über Macedonien mit einem Briefe zu erhalten, welcher letztere dann durch die erstere, die irgendwo liegen gelassen sei, verzögert werde. Endlich erkannte ich plötzlich die Wahrheit. Buttmann erzählte in der Griechischen Gesellschaft, dass die Etruskische Preisfrage eine Antwort erhalten habe, die ihm recht wohl gefalle, so weit er gelesen habe; man war begierig sie zu sehen; denn die Gesellschaft war in seinem Hause; und ich hatte das Unglück mit dem ersten halben Auge, welches ich darauf warf, Ihre Hand zu erkennen. Dasselbe begegnete auch Bekkern. Buttmann las nachher weiter, und was er aus der Handschrift nicht errathen hatte und wir ihm natürlich auch nicht gesagt hatten, fand er dann aus dem Inhalt, indem er mir wenige Tage nachher erklärte, dass Niemand als Sie die Aufgabe zu lösen im Stande gewesen seyn würde. Ich selbst habe die Abhandlung noch nicht gehabt, wünsche uns aber im Voraus Glück dazu, dass Sie sich über die Preisfrage erbarmt haben. Den *Caduceus* von Tarent kenne ich nicht und bitte um dessen Aufschrift. Die Schrift über Macedonien ist mir auch nicht zu Händen gekommen; ich habe aber heute darum geschrieben. Von der Göttlingschen Recension im Hermes habe ich gehört; gelesen habe ich kaum die dortige über mein eigenes Buch. Es ist gut, dass Sie sich mit ihm setzen; er ist ein billiger Mensch. Die Abhandlung über den *Oedip. Col.* schicke ich heute an die Mylius'sche Buchhandlung.

Den Hermann hat der Teufel geritten, dass er, nach dem Messkatalog, ein Büchelchen gegen mich geschrieben hat. Jetzt werde ich wohl selbst vortreten müssen und wahrscheinlich ohne Rückhalt sprechen. Ich denke so viel Zeit im April, wenn ich die Schrift zeitig erhalte, und im Mai mir abmüssigen zu können. Wie ich höre, verzweifeln seine Leipziger Freunde selbst an einem siegreichen Erfolge für ihn, haben ihn aber nicht bewegen können zu schweigen. Ob ich meine Schrift einzeln drucken lasse, weiss ich noch nicht. Es ist mir von Bonn aus angetragen worden Antheil an der Redaction einer dortigen Zeitschrift für Philologie, Geschichte und Rechtswissenschaft zu nehmen, bei welcher die Redactoren nahmentlich einen Gegensatz gegen die Leipziger bezwecken; ich habe den Antrag lau angenommen, weil ich aller Vielthätigkeit abgeneigt bin; indessen könnte ich vielleicht dort antworten, wenn die Bonner Redactoren, die den Plan ersonnen haben, aber etwas hitziger Natur sind, die nicht vorhält, den Plan, von dem ich seit vierzehn Tagen nichts mehr höre, nicht wieder aufgegeben haben. Seyffarths *Aegyptiaca* missfallen auch hier allgemein; er hat sich nahmentlich nach Humboldts Urtheil gänzlich blamirt; selbst Buttmann ist von ihm zurückgekommen. Die Vorrede zu den Beiträgen ist wirklich sehr spasshaft, wie aller Leipziger Enthusiasmus.

Wegen der Abhandlungen der Akademie werde ich Buttmann erinnern; da es mit dem Druck so langsam geht, so ist es folgerecht, dass auch die Versendung verzögert wird.

Grüssen Sie Dissen von ganzem Herzen; er soll auch wieder etwas von sich hören lassen. Ihrer Frau empfehlen Sie mich und die meinige bestens.

Von ganzem Herzen
der Ihrige
Böckh.

[Göttingen,] 28. April 26.

Wie sehr mich Ihr Brief, verehrtester Freund, erfreut, können Sie leicht denken, besonders wegen der Nachricht von der gütigen Aufnahme, welche die Etrusker bei Buttmann gefunden. Möchten sie nur Ihnen und den andern Herren auch einigermassen zusagen. Die Abhandlung hat grosse *longueurs*, wo sich die Darstellung an unerquicklichen Gegenständen abmüdet; indessen ist doch wohl Liebe für den Gegenstand nicht zu verkennen. Auch werden Sie wohl etwas weniger

Verwegenheit und Anmassung und etwas mehr Besonnenheit darin finden, als in meinen vorigen Arbeiten, man wird mit dem Alter klüger. Manche Emendation ist nur aus Noth keck. Viel, sehr viel würde ich noch daran thun, wenn ich die Arbeit mit einiger Approbation wieder erhalte. Die nach dem ursprünglichen Plane noch hinzuzufügenden Capitel und Paragraphen könnte ich nachschicken, wenn nicht auch jetzt schon zu viel zu lesen da wäre. — Der *Caduceus* von Tarent folgt mit. Die Kupfertafel gehört zu einer bedeutenden Anzahl Borgia'scher Sachen, die wir in einzelnen Blättern auf der Bibliothek haben. Können Sie aus der Inschrift klug werden? Sind es vielleicht nur die letzten Worte längerer Reihen, die Befehle enthielten, und ist das IHI etwa die Summe der Strafe? Da die Copie nicht schattirt ist, bemerke ich nur, dass die Schlangen rund und der Schaft eckig ist. — Auf Hermanns Beurtheilung, so wie auf Voss Antisymbolik II, auch Welckers Anhang bin ich sehr begierig; es ist jetzt eine streitbare Zeit. Gewiss aber ist es gut, wenn der Streit ausgefochten wird, und ich freue mich, dass Sie antworten wollen. Auch muss ich gestehn, dass ich mich freuen würde, wenn die Bonner Zeitschrift (nicht wahr, Niebuhr und Hasse sind die Unternehmer?) zu Stande käme, und Sie Theil nähmen. — Wäre es nicht möglich, dass von den Berliner Papyrusschätzen fürs erste N. 36 (nach Seyffarth), die Rolle, von welcher bei Grey das ἀντίγραφον da ist, in einem *Facsimile* herausgegeben würde, wie die Engländer gleich den Stein von Rosette herausgegeben haben, mit dem diese Rolle an Wichtigkeit wetteifert. Das Material der Forschung wäre dadurch bedeutend vermehrt. — Auf die Abhandlung über den *Oed. Col.* freue ich mich sehr; auch die über die Epitriten hat mich sehr interessirt. Ich glaube nun zu sehn, dass in der Zeit, in welcher sich aus dem Hexameter die Versmaasse der ursprünglich Dorischen Chorik bildeten, nachdem man einmal den langen Vers in kürzere daktylische Reihen zerfällt, man zur Vermannigfaltigung des Metrums nichts leichter und eher thun konnte, als trochäische Dipodien hinzuzufügen, indem dieselben auch zu dem γένος ἴσον gehörten, und die Aequabilität und Ruhe des rhythmischen Ganges unter allen möglichen Maassen am wenigsten unterbrachen. Das giebt dann eine ordentliche Geschichte dieses Theils der Metrik. Billigen Sie diese Vorstellung? — Ihr letzter Brief hat Dissen, der jetzt recht wohl ist, sehr entzückt, und was er mir davon mitgetheilt, auch mich. Wie schön, dass Ihnen das Prorektorat so wenig Aerger, und Ihr Richardlein so viel Freude macht. Von dem trefflichen Fortgange des erstern hat uns auch Savigny erzählt. Dissen und ich haben in diesen Ferien viel mit einander geplaudert; er hat feine Gedanken über allerlei Dinge. Die Macedonier haben Sie doch nun endlich? Auch an Buttmann, Bekker und Andere hatte ich Exemplare geschickt. Mit der treusten Anhänglichkeit

Ihr

COMüller.

Berlin, d. 4. Mai 1826.

Mit Wenigem, theuerster Freund, beantworte ich Ihren lieben Brief vom 28. v. M., weil heute der Festtag Musse giebt, die freilich bald vorbei ist, da es schon Abend ist. Gleich nach dem Abgang meines vorigen Briefes erhielt ich die Abhandlung über die Etrusker und habe sie mit dem grössten Vergnügen nicht bloss gelesen, sondern verschlungen, wiewohl ich freilich bei der Eile, womit ich lesen musste, nicht alles gehörig erwägen konnte. Auch Uhden, der die Aufgabe vorgeschlagen hat, ist mit der Lösung ausserordentlich zufrieden; von andern habe ich noch kein entscheidendes Urtheil gehört; indessen ist an dem Erfolge Ihrer Bemühungen auf keine Weise zu zweifeln. Wenn irgend etwas meine Liebe und Hochachtung für Sie noch vermehren könnte, so würde es diese Abhandlung gewesen seyn; Ihre Gelehrsamkeit nicht allein, sondern der frische und allem Schönen und Edlen offene Sinn hat mich von Neuem daraus recht tief und kräftig angesprochen; und damit können Sie allen Anfeindungen kühn trotzen. Die Schrift über die Macedonier ist erst vor wenigen Tagen angekommen und von mir an die übrigen Empfänger abgeliefert worden. Mit dem *Caduceus* von Tarent, den ich doch, wie ich jetzt erst gesehen habe, aus dem *Giornale Arcadico*, aber aus einer schlechtern Abschrift kannte, weiss ich nichts anzufangen. Hermanns Schrift gegen mich enthält wenig Neues; ich habe sie vor zwölf Tagen erhalten, gelesen und bei Seite gelegt. Sie ist zu gemein und zugleich zu anmassend, als dass ich darauf besonders antworten möchte, welches denn doch nicht geschehen könnte ohne ihm Gleiches mit Gleichem zu vergelten; zugleich enthält sie ganz absurde Blössen, deren einige Meier in der H. A. L. Z. aufdecken wird: denn dieser muss allerdings, um sich zu vertheidigen, besonders schreiben. Was mich betrifft, so habe ich einen bessern Weg, auf welchem ich Hermann widerlegen kann ohne in eine Polemik zu gerathen, die nur zur Belustigung des Publicums dient: ich werde nehmlich in der Vorrede zum ersten Bande, die mit dem dritten Fascikel ausgegeben wird, das Allgemeine, was er gegen mich vorgebracht hat, zusammenfassen, und das Einzelne bei den einzelnen Inschriften im Anhange des ersten Bandes widerlegen: das Erstere veranlasst vielleicht zu einigen methodischen Bemerkungen, in die sich manches wird einschlingen lassen. Vielleicht sondere ich daraus eine Abhandlung aus, über die Logisten und Euthynen, worüber Hermann ein Gewebe von Sophismen zusammengeflickt hat, und gebe diese mit einigen polemischen Nebenbemerkungen in das Bonner Museum. Ich werde in diesen Tagen anfangen die ganze Geschichte zu schreiben, damit ich die Sache über die Seite bringe. Wenn Sie etwas für das Bonner Museum, in dessen Ankündigung ich als Mitredacteur genannt bin, mitzutheilen haben, so schicken Sie es mir. Sie bringen mich auf den Gedanken, ob der Aegypt. Papyrus N. 36. von welchem Sie sprechen, dort könnte lithographirt erscheinen; ich will erst mit Buttmann reden, da ich nicht weiss, ob vielleicht schon Kosegarten etwas über Copien der Papyre verabredet hat. — Uebrigens werde ich auf dem Umschlage des zweiten Heftes des *Corp. Inscr.*, welches in wenigen Wochen erscheint, anzeigen, dass ich dem *adversario* (seinen Nahmen mag ich gar nicht nennen) beim dritten Hefte antworten würde. Sie haben in den Hermannischen Noten zu Meiers Analyse auch einen Stoss bekommen, so geführt, dass er eigentlich mich selbst treffen soll. Wie steht es mit Ihrer Recension oder Anzeige des *Corp. Inscr.*?

Von Savigny höre ich zu meiner Freude, dass Ihre Frau schönen Hoffnungen entgegen sieht; wozu ich Ihnen von Herzen Glück wünsche, indem ich Ihnen zugleich für Ihre Theilnahme an meiner Freude an meinem jüngsten Sohne danke. Grüssen Sie Dissen von ganzem Herzen.
Wie immer der Ihrige
Böckh.

[Göttingen,] 2. Jun. 26.

Verehrtester Freund. Eben habe ich die etwa 16 Seiten lange Anzeige des *Corpus* beendigt und will sie nun nur Dissen vorlesen, dann aber Eichhorn bitten sie gleich abdrucken zu lassen. Ich habe so lange damit gezaudert, weil ich gern Hermanns Buch bei der Hand zu haben wünschte, um doch etwas gegen seine Behauptungen über die *Sigeensis* zu sagen. Ich habe einiges Derbe gesagt und wäre ganz zufrieden, wenn er darüber böse würde, da man an dem Delphin ἐν χέρσῳ viel Spass haben könnte. Mit Meier habe ich in Halle ein paar recht vergnügter Tage verlebt. Ich habe ihm auch zugeredet, er möchte doch wenigstens ein paar Albernheiten von Hermann ans Tageslicht bringen, da es doch auf Widerlegung kaum mehr ankommt, aber auf Bestrafung von Uebermuth und Tyrannei. Er will aber nicht recht. Auch seiner Stellung in Halle wegen muss er immer wehrhaft sein, die doch fatal genug ist. Ich lobe mir unsern Frieden in Göttingen. Dissen ist leider wieder ein paar Tage unwohl gewesen; er will bald schreiben. Er bittet, und ich auch, dass Sie doch ja im *Corpus* selbst, besonders in der Vorrede, nicht zu viel Rücksicht auf H. nehmen möchten; in 100 Jahren, wo man das *Corpus* am meisten brauchen wird, weiss Niemand mehr von diesen Streitschriften. Sind die Aspekten für meine Etrusker noch immerfort günstig? Dann könnte ich im Anfange Juli zwei schönen Dingen entgegensehn. Meine Frau ist recht wohl; möchte sie der Himmel erst über jeden Berg geführt haben. Das ist freilich die Hauptsache; doch wäre es recht niedlich, wenn der Kleine gewissermassen als ein

Pherenikos käme. — Was sagen Sie zu dem neuen Buch von Weisse in Leipzig? Wenn so ein Leipziger zu philosophiren anfängt, dünkt mich, wird er gleich rein verrückt. Manchmal muss man bei seinen Demonstrationen wirklich laut lachen. Welckers Nachtrag, von dem Dissen eine Anzahl Bogen gehabt hat, scheint mir in der Hauptsache recht gut; er bringt auch die Hermannsche Inschriftencritik hinein. Kommt wohl bald etwas von dem Bonner Museum? Empfehlen Sie mich und meine Frau gütigst Ihrer Frau Gemahlin und Buttmann, dessen unerwartetes Erscheinen in Halle für mich eine grosse Freude war, und bleiben Sie uns wohlgewogen.

Mit treuer Ergebenheit
Ihr
K. O. M.

Soll ich Ihnen die Anzeige schicken? Da sie durchaus nichts Neues und wenig Specielles enthält, ist es wohl nicht nöthig.

Berlin, d. 8. Juni 1826.

Einige freie Augenblicke benutzend fange ich die Antwort auf Ihren lieben Brief vom 2. Juni an, theuerster Freund. Zuvörderst bedaure ich, nicht mit in Halle gewesen zu seyn; ich weiss zwar nicht, ob ich es hätte möglich machen können zu kommen, wenn ich von Ihrer Reise dahin gewusst hätte; auch würde Hermann vollends in seiner thöricht stolzen Einbildung geglaubt haben, es werde da ein vollzähliger Congress gegen ihn gehalten: aber in Ueberlegung hätte ichs doch genommen, ob es mir möglich wäre dorthin zu reisen. Buttmann hat mir so etwas geschwatzt, als ob Sie gesagt hätten, ich wüsste von Ihrer Reise: das muss wol auf einem Missverständniss beruhen. Dass Dissen wieder unwohl gewesen ist, thut mir sehr leid: grüssen Sie ihn von ganzem Herzen von mir. Die Hermanniade scheint nun erst recht loszugehn. Meier hat sich denn doch noch entschlossen zu antworten; und die Antwort wird spätestens binnen vierzehn Tagen erfolgen: ich denke, er hat ihn genug zugedeckt. Er hat mir sie mitgetheilt, und ich habe ihm gerathen das Gröbste auszustreichen, was er denn auch gethan hat. Von Welcker habe ich ebenfalls bis jetzt 13 Bogen erhalten und finde darin viel Vortreffliches. Es ist mir angenehm, dass Sie auch etwas Rücksicht auf den Hermann in Ihrer Anzeige genommen haben, und ich bitte Sie allerdings mir dieselbe zu schicken, da ich die Göttinger Anzeigen nicht regelmässig zu Gesicht bekomme. Ich selbst habe nun meine Abhandlung fertig über die Logisten und Euthynen, worin ich die Hermannische *funditus* exstirpirt habe: derselben habe ich als Vorwort einiges Allgemeine vorangeschickt und als Vorübung gezeigt, was Hermann in der Streitsache über den *Oed. Col.* für Böck geschossen hat; dann befindet sich noch ein Anhang dabei, worin ich sein Verfahren charakterisire und von ihm Abschied nehme. Das 2te Heft des *Corp. Inscr.* ist fertig, und Sie sollen es bald erhalten; auf dem Umschlage habe ich nur in allgemeinen Ausdrücken meine Antwort angekündigt: beim dritten Heft wird in der Vorrede der Mann nur einmahl genannt; in den *Addendis* werde ich nur Sachen widerlegen; das Ganze soll so wenig polemisch als möglich werden, und Dissen braucht daher nicht zu besorgt zu seyn, dass ich zu viel sage. Ob ich die Logistenabhandlung besonders drucken lasse oder im Bonner Museum, von dessen Gang ich noch gar nichts weiss, ist mir noch unbewusst; ich habe erst vor acht Tagen an Niebuhr geschrieben, ob er die Abhandlung wolle, und muss erst Antwort abwarten.

An dem glücklichen Erfolge der Etruskischen Angelegenheiten zweifle ich gar nicht; ich schicke jedoch den Brief wahrscheinlich nicht eher ab, als bis sie entschieden sind. Ich vermuthe, dass künftigen Dienstag eine Sitzung gehalten wird, worin die Sache vorkommt; geschieht dies, so geht der Brief am Dienstag ab. Die andere Hoffnung, in der Sie stehen, und zu der ich den besten und leichtesten Erfolg wünsche, ist freilich die schönere; aber sie bringt auch schwere Sorgen, die ich viel gefühlt habe, und erst noch gestern recht schmerzlich, indem ich um meinen kleinen Richard, den süssen Knaben, sehr besorgt war. Heute steht es wieder besser, und ich hoffe, das Schlimmste soll überwunden seyn.

Das Buch von Weisse ist ein treffliches Schaustück von Unsinn und Anmassung verbunden mit der grössten Oberflächlichkeit und Plattheit. Hier kann einmahl die Leipziger Kritik sich gegen die Eingeweide wenden; besonders mag sich Dissen freuen, dass er den Pseudo-Pindar commentirt hat, was ich glücklicher Weise unterlassen habe. Solche Bücher verlieren sich zwar; doch verdiente der Unfug eine ernste Rüge. Diese ... Jungen aus der Hegelschen Schule sind nicht bloss arrogant, sondern sie haben auch noch besondere Bosheiten, wie dieser ... Weisse gegen Schleiermacher. Es ist mir gestern die Alterthumskunde von Wachsmuth zu Gesicht gekommen; dies Buch scheint doch etwas besser, als was er sonst geschrieben hat; wiewohl die Darstellung fast eben so unkräftig ist als in seinen frühern Schriften.

Empfehlen Sie mich und meine Frau der Ihrigen recht herzlich, und lassen Sie uns bald recht gute Nachricht hören.

Mit inniger Freundschaft der Ihrige

Böckh.

d. 13. Juni.

Nur mit einem Worte setze ich noch hinzu, dass Ihnen in der heutigen Sitzung der Classe definitiv der Preis für die Etruskische Schrift zuerkannt worden ist; welches jedoch natürlich bis zur Publication (d. 3. Juli) ein Geheimniss ist.

[Göttingen,] 16. Jun. 26.

Eben erhalte ich Ihren lieben Brief, verehrter Freund, und benutze sogleich eine Gelegenheit Ihnen zu verkünden, dass meine Frau heut früh von einem gesunden und munteren Mädchen entbunden worden ist. Sie und Ihre liebe Frau nehmen so freundlichen Antheil an uns, dass Sie sich gewiss auch darüber freuen. Das liebe Mütterchen ist wohl, wenn auch sehr erschöpft. Für Ihre Nachricht tausend Dank; es trifft sich herrlich. An die Streitsachen will ich an diesem schönen Tage nicht denken. Das Missverständniss in Buttmanns Reden habe ich verschuldet; ich hatte es wo anders hin geschrieben, dass ich nach Halle käme, und glaubte es Ihnen geschrieben zu haben. Nächstens mehr. Richard ist doch wieder wohl?

Mit treuer Anhänglichkeit
Ihr
COM.

[Göttingen,] 23. Jun. 26.

Ich schicke Ihnen hier, verehrter Freund, die Anzeige, die noch kürzer geworden ist, als ich dachte, da sie im Druck über Erwarten zusammenschwand. Es ist natürlich eine Anzeige im Göttingischen Ton, über den mir Meier viel Vorwürfe gemacht hat; doch werden die Leute wohl merken, wovon die Rede ist. Ich bin auf den weitern Fortgang der Sache begierig. Sollte Hermann den Alabandismus nicht auf sich sitzen lassen wollen, so liesse sich darüber mehr sagen. Haben Sie auf die Stelle über das Donarium des Polykrates bei Hermann geachtet? Die verheissne Stelle in Schäfers *Apparat. ad Demosth.* haben Sie nun auch wohl gelesen. Hübsch ist es, dass in derselben auch Hermann eben nicht als infallibler Grammaticus erscheint. Die Stelle zum Viger über $\mu\varepsilon\lambda\iota\sigma\sigma\tilde{\omega}\nu$ $\dot{\varepsilon}\rho\chi o\mu\dot{\varepsilon}\nu\omega\nu$ ist auch wirklich überaus unsinnig. — Wie wenig wahrer wissenschaftlicher Sinn und Geist in dem ganzen Leipzig herrsche, kann man nun schon hinlänglich an Seyffarth, Weisse, dem Buchmacher Dindorf und Andern sehn. Was Sie mir über Weisse schreiben, hat mich sehr gefreut; man sollte irgendwo gegen die gesammte Einwirkung der Hegelschen Schule auf die historischen Wissenschaften fechten; sie ist gar zu verderblich für Schwachköpfe und Leute, die nichts lernen und gern das grosse Wort führen wollen. — Mit Dissen geht es wieder besser. Meine Frau ist noch schwach, aber im Ganzen wohl. Wollen Sie beiliegendes Briefchen an seine Adresse gelangen lassen? .

Ganz
der Ihrige, Müller.

Berlin, d. 10. Juli 1826.

Heute, theuerster Freund, sende ich mit Buchhändlergelegenheit das zweite Heft des *Corp. Inscr.* für Sie und Dissen ab; die *Attica* sind nun beendigt, desgleichen die *Megarica*: haben Sie die Güte, wie Sie versprochen haben, auch dies Heft anzuzeigen. Für die Anzeige des ersten bin ich Ihnen sehr verbunden; *Thriasiis* aus Seneca würde mir sehr erwünscht gewesen sein, wenn ich es nicht zufällig selbst schon gehabt hätte. Dagegen kann ich das Beispiel von Θρίασιος, worauf Hermann pocht ohne es anzugeben, noch nicht finden; sollte Ihnen etwas *pro* oder *contra* noch vorkommen, so bitte ich um Mittheilung. Die Etruskische Sache ist nun beendigt, und am dritten Juli Ihr Zettel eröffnet worden.

Ich schicke in diesen Tagen meine Abhandlung gegen Hermann nach Bonn; auch die übrige Widerlegung desselben habe ich fertig, ausgenommen was die Inschrift des Petrizzopulo und die Sigeische betrifft, welche Sachen ich diese Woche noch vornehmen will; es langweilt mich greulich einen solchen Hansdampf zu widerlegen, der wirklich gar nicht weiss, wovon die Rede ist. Niebuhr lässt Sie, und ich stimme ein, sehr bitten für das Bonner Museum mitzuarbeiten. Ich weiss zwar, dass die Göttinger nicht gern nach auswärts arbeiten; und vielleicht ist Ihnen Heeren ein Grund, der Klugheit zuliebe nicht an jener Zeitschrift Theil zu nehmen; indessen dächte ich könnten Sie die Sache doch verantworten und mit der Rücksicht auf mich als Mitredacteur entschuldigen.

Grüssen Sie Dissen von Herzen; hoffentlich wird er gesund seyn, wenigstens wenn er Hitze vertragen kann, die hier einen fast unerträglichen und unerhörten Grad erreicht hat. Sagen Sie ihm auch, dass ich ihn um kleine Beiträge zum Bonner Museum in Niebuhrs Nahmen bitte.

Ihre liebe gute Frau wird nun hoffentlich auch wieder ganz hergestellt seyn, und hoffentlich befindet sich auch Ihr kleines Töchterchen wohl, welches Ihnen einen schönen Zuwachs von Freude und Sorge bringt. Mein kleiner Richard ist Gottlob wieder frisch und gesund und hat nun die beiden letzten Zähne bekommen, bei deren Heraustreiben er das letzte Mahl uns ziemlich ängstigte, da er wirklich recht krank geworden war.

Meine Frau empfiehlt sich der Ihrigen von ganzem Herzen, wie ich auch.

Stets mit unveränderlicher Freundschaft
der Ihrige
Böckh.

[Göttingen,] 8. Aug. 26.

Ich glaube, dass ich Ihnen, verehrtester Freund, noch nicht einmal für Ihren Brief vom 10. Juli gedankt und darauf geantwortet habe. Ich hätte gern vorher das *Corp. Inscr.* Heft 2 gesehn, um gleich davon zu schreiben, aber unsre Buchhändler hier stehn in so weniger Verbindung, dass es noch nicht angekommen ist. Die Einladung zum Bonner Museum nehme ich mit Dank an, auch kann mir es Heeren nicht übel nehmen; ich bin sehr begierig auf den Beginn desselben. Ich habe fast Lust, einmal darin etwas über die Adjektiv-Composition Ἀγησί-λαος, φιλησί-μολπος u. dgl. zu schreiben; die Sache hat ein eignes sprachgeschichtliches Interesse und kann in ein anziehendes Licht gestellt werden, wie ich glaube. Dissen habe ich den Auftrag ausgerichtet; er ist ebenfalls geneigt dazu. Jetzt befindet er sich erträglich wohl. Das Buch des orthodoxen Helden Rose haben wir noch nicht, wie uns auch die von den Leipzigern gepriesenen *Fasti Hellenici* von Clinton fehlen. Was ist denn an diesen? Neulich habe ich die *Lesbiaca* von Plehn erhalten; ich freue mich auf die Lectüre und denke sie hier anzuzeigen; haben Sie vielleicht Gelegenheit meinen Dank dafür an Dr. Plehn zu bestellen? Einen täglichen Aerger habe ich, indem ich die *Dilucidationes Pindaricae* des sonst ganz wackern Tafel für mein Collegium durchlese. Wie oft setzt er neben Ihre einzig wahre Erklärung eine neue deutlich falsche; wie oft stellt er, was völlig sicher, als blosse Muthmassung dar. Mich ärgert

nichts mehr, als wenn die Leute, was vor ihnen liegt, nicht
einmal recht zu schätzen und zu benutzen verstehn. Manchmal macht er auch ganz derbe Fehler. Eben muss ich wieder
dran gehn und darum dies Briefchen schliessen.

Mit treuer Ergebenheit
Ihr
C. O. M.

Berlin, d. 17. August 26.

Indem ich Lachmanns Abreise benutzen will Ihnen zu
schreiben, werfe ich nur ein Paar Worte auf das Papier, da
ich eigentlich keinen Stoff zu einem vollständigen Briefe habe;
demselben gebe ich zwei Exemplare des letzten Lections-
kataloges mit, worin ich etwas über den Areopag geschrieben
habe. In der letzten Zeit habe ich nicht viel gemacht; ich
bin mit Amtsgeschäften um so mehr überladen gewesen, da
ich in den letzten fünf Wochen auch die Geschäfte des
Regierungsbevollmächtigten in dessen Abwesenheit zu ver-
walten hatte. Indessen habe ich in diesem Sommer wenigstens
nun Alles in der Hermannischen Sache abgemacht; meine
Abhandlung über die Logisten und Euthynen wird wol bald
in Bonn erscheinen; Niebuhren habe ich die Vollmacht gegeben den Ausdruck zu mildern, und dies hat er auch angenommen, obgleich er den Hermann hasst: er meint, es sei
denn doch besser etwas glimpflicher zu verfahren, und ihn
nicht verächtlich zu behandeln, was ich allerdings zu thun
Veranlassung hatte: übrigens, schreibt er, gehöre . . . Unredlichkeit dazu, nicht von meiner Abhandlung überzeugt zu
werden. Ferner bin ich mit der Vorrede und den *Addendis*
zum 1. Bd. des *Corp. Inscr.* im Concept fertig und denke zu
siegen. Die Leipziger sagen sich zum Theil selbst von Hermann
los; nahmentlich schimpft Dindorf auf Hermanns Recension.
Den 2ten Fascikel werden Sie nun hoffentlich erhalten haben;
der Druck des dritten hat schon angefangen; aber freilich
habe ich nur Ms. zur Hülfte. Rose's Buch habe ich erst in
diesen Tagen ganz durchgelesen; es ist nichts als Compilation

mit wenigem Urtheil und ohne organische Sachkenntnisse: eine Englische Fabrikarbeit, auf die ich nichts sagen mag, weil Rose mir sehr gefällig gewesen ist. Tafel ist ein Mensch wie Rose, ohne alle Penetration; überhaupt ist die Würtembergische Philologie armselig. Mit Clintons *Fastis* geht es mir wie Ihnen; ich habe sie auch noch nicht gesehen. Krüger will sie neu bearbeiten, wie er mir einmahl geschrieben hat. Etwas Aehnliches hat Schultz in Kiel vorbereitet und neulich ein Specimen davon herausgegeben. Haben Sie Bröndsteds Reise gesehen? Er liegt mir an sie zu empfehlen, und ich glaube, dass man es mit gutem Gewissen thun kann; Sie werden sie ja wol auch in den Anzeigen aufführen müssen. Wenn Sie, wie Sie versprochen haben, den 2. Fasc. der Inschriften anzeigen wollen, so verzögern Sie es nicht zu lange.

Grüssen Sie Ihre liebe Frau herzlich von uns; wir lassen Ihrem kleinen Töchterchen das beste Gedeihen wünschen.

Von Herzen der Ihrige
Böckh.

[Göttingen,] 10. Oct. 1826.

Verehrtester Freund.

Ich habe Ihnen sehr lange nicht geschrieben, will aber diesmal dafür desto länger schreiben, Alles was mir in den Sinn kommt. Das *Corp. Inscr.* Heft 2 erhielt ich sehr bald nach Absendung meines letzten Briefs, zu meiner grossen Freude. Ihre Behandlung der Orsipposgeschichte erkannte ich bald als die richtige und trug sie gleich den folgenden Tag gelegentlich im Collegium vor. Dass man von dem Stammbaum der Lykomeden so grosse Stücke herausbekommt, macht mir grosse Freude. Recht will ich das Werk in diesem Winter studiren, wo ich Griech. Alterthümer zu lesen habe, und dabei auch die Anzeige der *Attica* fertigen. Da ich nämlich hier so vielerlei anzeigen muss, so muss ich nothwendig eine gewisse Ordnung beobachten, und kann jederzeit nur das lesen und anzeigen, was eben mit meinen Studien in Verbindung steht. Jetzt bin ich noch ganz mit archäologischen Arbeiten beschäftigt. Den Rose haben wir indess auch bekommen, aber wie unbedeutend ist der Mann. Seine Behandlung Osann's scheint mir hart, und kleinlich dazu. Osann will sich rechtfertigen, hat er es schon irgendwo gethan? Mir druckt er nach, was ich indessen durch Sie zum grossen Theile aufzugeben bewogen worden bin und zurückgenommen habe. Warum wartete er das *Corpus* nicht ab? Lächerlich ist es mir, dass er mir Petulanz vorwirft, weil ich von Gailletière — einem überwiesenen Lügner — sage: *mentiri videtur*. Hermann sieht nun wohl ein, dass er Unrecht behalten wird; er soll aber sehr grimmig sein. Auf die Euthynen und Logisten bin ich sehr begierig. Ist zur Eleischen ϝρατρα das Fragment des Aeschylos, n. 312 bei Schütz, οὔτε δῆμος οὔτ' ἔτης ἀνήρ, noch nicht verglichen worden? es beweist doch sicher, dass δῆμος in dieser Redensart, die solenn gewesen zu sein scheint, keinen Mann aus dem Volke bedeutet. In Aeschylos Τροφοῖς kommt auch πέδοικος vor. Haben Sie vielleicht schon bemerkt, dass die Inschr., N. 74 bei Ihnen, in einem Facsimile zur französischen Ausgabe des Micali gegeben ist? — Hermann wird nun indess auch Welckers Nachtrag erhalten haben, der ihm doch manches Beherzigungswerthe sagt, obgleich ich wünschte, dass Welcker in eine polemische Schrift weniger Hypothetisches eingemischt hätte. Doch scheint mir die Classificirung der *dramata Satyr.* sehr schön und nützlich. Hermann mit seinem Wittern der *verba satyrica* kommt mir vor wie ein Franzose aus der alten Schule, der auch nur einen sehr beschränkten Wortvorrath für die Tragödie zulässt, Würde und Erhabenheit in dem strengen Bewahren einer beengenden Form suchend. Aber Aeschylos scheint eine mehr Shakespeare'sche Freiheit zu haben. Was sagen Sie zu diesem Nachtrage? Welcker war vor einiger Zeit bei uns, und ich bin mit ihm zu Fuss auf den Brocken gegangen; persönlich ist er sehr achtungswerth und angenehm, und in der Wissenschaft gewiss ohne Eigensinn und Dünkel. Er hat mir vielerlei von den Bonner Verhältnissen erzählt. Niebuhr spielt doch eine sonderbare Rolle; bald scheint er die Ansichten von Heinrich, der die Philologie sehr beschränken will, zu theilen, bald spricht er auch wieder dagegen. Ich bin begierig, was die Zeitschrift für einen Charakter tragen wird. — Ausser der Hermannschen Faktion ist jetzt der litterarischen Freiheit und der unbefangnen Forschung, wie mir scheint, die Heidelberger am gefährlichsten, die sich an Voss Schatten anschliesst. Haben Sie Schlossers neuausgearbeitete Alte Geschichte gesehn? Der Mann thut, als wenn dies nur die einzigen Resultate nüchterner Forschung wären, und wie armselig ist seine Behandlung, besonders Griechenlands. Die verpflanzten Unterthanen des Perserreiches, die ἀνάσπαστοι, übersetzt er: die Ungegrüssten, und von Alkman sagt er: dieser lydische Dichter schildere allen Luxus am Hofe zu Sardis. Haben Sie seine Selbstbiographie gelesen? Seine Behandlung Göttingens ist doch wirklich eine Flegelei, wozu ihm Niemand Veranlassung gegeben hat. — Wenn diese Leute gegen die terroristische Herrschaft, die die Schlegel zu üben versucht, schimpfen: so sollten sie nicht, was diese mit Geist und Witz thaten, mit Plumpheit und Geistlosigkeit nachzuahmen versuchen. Nun ist auch der zweite Band der Antisymbolik da, wo alle die alten, schon so oft dem Publicum vorgekauten Geschichten wieder aufgetischt werden, und dabei Voss sein durchaus willkührliches und erträumtes System von der Umwandlung des Griechischen Glaubens immer weiter ausspinnt. In den mythologischen Briefen, von denen noch ein dritter Theil herauskommt, und den mythol. Forschungen wird wahrscheinlich der Apollo und der Bacchus im Lichte dieses Systems dargestellt werden. Ich für meinen Theil will den Saus und Braus vorüberziehen lassen und meine mythol. Schriftstellerei auf die G.G.A. beschränken; vielleicht werden die Leute hinterher wieder ruhiger. — Ist etwas Wahres daran, dass in Berlin eine Litteraturzeitung herauskommen soll, dass Hegel sie dirigiren wird, dass Sie daran Theil nehmen wollen? — Für den Nachtrag zur Antigone, den ich in diesen Tagen bekommen, danke ich sehr. Hoffentlich ist der Streit damit beendigt, da die grössere Probabilität Ihrer Ansicht nun wohl am Tage liegt. Nur das erlauben Sie mir zu fragen, ob die Aussage des Biographen, Sophokles sei mit Thukydides Feldherr gewesen, nicht schon darum verworfen werden muss, weil dieser Thukydides nach

Plutarch Perikl. 16 schon Olymp. 84, 1. ostrakisirt wurde. Ich freue mich dieser Aufklärungen über den Samischen Krieg, da ich den geheimen Plan in mir trage, meine Hellen. Geschichten etwa in 3—4 Jahren mit einer politischen und Bildungsgeschichte Athens in dem Zeitraum vom Persischen bis zum Peloponnesischen Kriege zu schliessen. Für die politische Geschichte habe ich schon Einiges ausgearbeitet, und glaube schon dies und jenes etwas besser zu durchschaun als vorher. Dann will ich noch in einem besondern Bändchen eine Revision des ganzen Werks hinzufügen und dann damit ein Ende machen. Ich freue mich schon darauf, dann wieder ganz frei über mich selbst disponiren zu können. — Bröndsteds Reise, von der Sie sprechen, habe ich recht genau gelesen, und finde sie im Ganzen recht gut gearbeitet, eine Anzeige davon wird nächstens erscheinen. — Was sagen Sie denn zu Ritters Pythagoreern? Geht er nicht doch mit der Masse überlieferter Nachrichten zu wegwerfend um, indem ihm Alles, ohne Unterschied und Sichtung, späte Fabelei ist, aus der man auch nicht einige Grundfäden des Wahren auffinden könne? Was er gegen die politische Tendenz der Pythagoreer sagt, dass eine solche nicht bedeutend gewesen, scheint mir leicht zu widerlegen. Dass er mir das Geheimniss der Zahlenlehre klarer gemacht habe, kann ich auch nicht sagen. Aber das Buch liest sich recht gut. — Ich gebe eben zwei Abhandlungen von einem jüngern Bruder von mir, *Euripides deorum popularium contemtor*, an die Ruprechtsche Buchhandlung für Sie, geben Sie doch eine davon Buttmann. Können Sie vielleicht in Erfahrung bringen, wann Alex. v. Humboldt wieder zurückreist, und welchen Weg er nimmt: so würden Sie mich mit einer Nachricht darüber sehr erfreuen; mein Freund Hausmann ist sehr unglücklich darüber ihn hier verpasst zu haben, und würde wohl gern etwa nach Cassel reisen, wenn er darüber seinen Rückweg nähme. — Das Prorektorat haben Sie nun wohl überstanden und, wie man hört, zu allgemeiner Befriedigung verwaltet. Was Geschäfte sind, habe ich neulich auch zu schmecken angefangen. Die Regierung forderte den Directoren des philol. Seminars und Pott ein Gutachten ab über die Einrichtung von Maturitätsprüfungen in diesen Landen;

ich musste das Protocoll führen und hernach den Bericht ausarbeiten, was mir als eine ganz neue Sache ein eignes Vergnügen machte, aber doch auch manche kleine Verdrüsslichkeit herbeiführte. Im Ganzen haben Dissen und ich unsere Ansichten von der Sache in unsrer Commission ziemlich geltend gemacht. — Doch nun genug des Geschwätzes. Da ich Sie in diesem Jahre nicht sehe, habe ich einmal in einem Briefe mich der Lust mit Ihnen zu sprechen recht überlassen wollen; antworten Sie mir nur auf dies und das mit ein paar Worten, so bin ich zufrieden. Ihre Familie befindet sich doch recht wohl? Herzliche Grüsse von meiner Frau und mir.

Ihr
treuergebener
COM.

Wollen Sie die beigelegten paar Zeilen gütigst an Bopp schicken; es hat keine Eile. Ich danke auch sehr für das Programm über den Areopag.

Berlin, d. 22. October 1826.

Ein längerer Brief von Ihnen, theuerster Freund, ist mir immer ein Festschmaus, und da ich eben zum Studiren, wozu ich nur in abgerissenen Viertelstunden komme, nicht mehr aufgelegt bin, ergreife ich die Feder um in Musse eine Antwort anzufangen, die vielleicht später erst fortgesetzt wird. Ich folge der Ordnung Ihres Briefes. Es freut mich, dass Sie in dem zweiten Hefte des *Corp. Inscr.* Parthien finden, die Ihnen gefallen haben; da es immer spätere Inschriften werden, und die alten grossentheils vorweggenommen sind, kann man sich bei einem Theile derselben langweilen. Führt Sie Ihre Ordnung zur Anzeige, so machen Sie sie, ob etwas früher oder später, darauf wird es nicht ankommen. Was ich von Rose halte, habe ich vielleicht auch schon an Sie geschrieben; mein Verhältniss zu ihm erlaubt es aber nicht es laut werden zu lassen, obgleich ich es wegen Hermanns schamloser Lobpreisung desselben wohl gesagt wünschte. Ich bin auch nicht einverstanden mit dem, was er über Osann sagt: aber ich habe mir vorgenommen auch hierüber zu schweigen, so lange es geht. Osann ist allerdings unschuldig; aber er hat mich doch in Verlegenheit gesetzt dadurch, dass er mir den Gebrauch der Rose'schen Abschriften abverlangt hat, was ich ihm nach meiner Gesinnung nicht abschlagen konnte: übrigens wirft er dem Osann vor, Abschriften schlecht gebraucht zu haben, die Rose mir niemals geschickt hat. Was das von ihm gegen Sie Gesagte betrifft, so hatte ich ihm gerathen, als er hier war, es zu tilgen; auch andres hatte ich ihn gebeten auszutilgen; er hat es aber nicht gethan; nahmentlich hat er Briefe von mir abdrucken lassen, die nicht dazu bestimmt waren. Ob die Abhandlung über die Logisten und Euthynen schon gedruckt ist, weiss ich nicht: doch vermuthe ich es. Niebuhr hat sie, wie ich Ihnen vielleicht schon geschrieben habe, mit meiner Bewilligung beschnitten; so grimmig er gegen Hermann ist, wollte er den Ton gemässigt haben, und dabei kann ich nur gewinnen. Unangenehmer war es mir, dass er aus Furcht, man möchte eine Parthei wittern, . . . eine Anerkennung Welckers abdingte; aber ich habe ihm auch dieses Opfer gebracht. Ich bin nun selbst neugierig auf die Abhandlung. Mit dem Bruchstück des Aeschylos οὔτε δῆμος οὔτ' ἔτης ἀνήρ ist nichts anzufangen. Die französ. Ausgabe des Micali haben wir nicht: dürfte ich Sie bitten das Facsimile von N. 74. vielleicht mit meinem Texte zu vergleichen und mir zu schreiben, wenn eine erhebliche Abweichung darin ist? Von Welckers Nachtrag habe ich noch immer die letzten Bogen nicht; die übrigen habe ich gelesen, und dieselben haben mir im Ganzen gefallen; er hat den Hermann gut herumgenommen, und ich zweifle, dass der schweigen wird. Alle Partheisachen sind mir in den Tod zuwider, und nahmentlich daher auch die Bonner; ich habe einmahl an Niebuhr geschrieben um ihn für Welcker günstiger zu stimmen; aber Niebuhr ist zu heftig und fest in Hass und Liebe. Den Schlosser lese ich nicht; die ἀνάσπαστοι sind aber ein köstlicher Bissen, der doch gelegentlich aufgetischt zu werden verdient. Voss ist fast zu bedauern, dass so verkehrte Menschen, wie die jetzige Parthei in Heidelberg, sich zu den Vertretern seiner Ansichten aufgeworfen haben. Diese werden auch schwerlich durchdringen. Nur Schade, dass man es auch mit Creuzer nicht halten kann, obgleich er gute Seiten hat. Ich habe in diesen Tagen seine Recension des Bröndsted gelesen, die zwar voll von Pedantismus ist, aber doch einiges Gute enthält. Dies führt mich auf die sogenannte Berliner Litteraturzeitung. Ich weiss selber nicht recht, was und wie ich davon reden soll, um Ihnen einen Begriff von der Sache und meinem Verhältniss zu ihr zu geben; eine sehr natürliche Verlegenheit, da mein Verhältniss dazu selbst das der Verlegenheit ist. Bei einer zufälligen Unterredung mit Hegel und ohne von der zu errichtenden Anstalt genauere Kenntniss zu haben, auch in der Meinung, dass das Ministerium, wovon früher die Rede war, Veranlassung gegeben habe, sagte ich zu, dass ich nicht abgeneigt sei Theil zu nehmen; später schien es mir, dass viele, auf deren Zutritt ich gerechnet hatte, aus Scheu vor der Gesellschaft zurücktraten; indess die Ueberlegung, dass ich vielleicht einem Schlechtern Platz machte, der Wunsch die zwischen Hegel und mir längst vorhandene Spannung so weit aufzuheben, als die Verschiedenheit unserer Bestrebungen es erlaubt, ferner die Anfeindungen der Sächsischen Parthei, die es mir allerdings nöthig machen darauf zu sehen, dass nicht auch andere Zeitschriften gegen mich gewonnen werden, und die Wahrscheinlichkeit, dass, wenn ich nicht an der Berliner Zeitschrift Theil nähme, dieselbe gegen mich Parthei machen würde, endlich auch vorzüglich der Gedanke, dass, wenn einmahl hier so etwas erscheinen soll, jeder dafür sorgen müsse, dass keine Blame daraus entstehe, bestimmten mich, nicht ganz zurückzutreten. Wären meine eigentlichen hiesigen Freunde nicht so indolent, wäre auch nur auf die Mehrheit derselben sicher zu bauen, ... so würde ich den Widerwillen gegen die Hegelsche Parthei nicht überwunden haben; aber jene Herrn treten nirgends kräftig auf, und selbst in ihrem Gegensatz gegen diese Parthei gehen sie der eigenen Leidenschaft nach. Daher fand ich mich nicht bewogen mich für den Hass, den jene gegen diese Parthei haben, aufzuopfern und mir um ihretwillen neue Feindschaften aufzuladen. Jedoch ist es bei dieser, meiner Ueberzeugung nach unschuldigen

Politik nicht meine Absicht, positiv viel zu thun, sondern mehr, Schaden zu verhüten. Meine eigene Sache gedenke ich hier nicht zu führen, und recensiren werde ich auch nicht viel, da es gegen meine Neigung ist und mit meinen übrigen Geschäften unverträglich. Vorläufig habe ich nur die Anzeige des Bröndsted übernommen und habe diese so ziemlich fertig; wenn ich darüber auch eben nichts vorzüglich Wichtiges gesagt habe, so glaube ich doch auf einige übersehene Puncte aufmerksam gemacht zu haben.

Die Sache mit dem Ostracismus des Thucydides hat mich auf den ersten Augenblick etwas in Verlegenheit gesetzt. Indessen glaube ich, dass dieser auf die Untersuchung von der Antigone keinen Einfluss hat. Dass ein Thucydides Anführer im Samischen Feldzuge war, ist aus dem gleichnahmigen Geschichtsschreiber gewiss, und es kommt mir doch nicht wahrscheinlich vor, dass ein andrer als des Melesias Sohn gemeint sei: wogegen es doch unbedenklich ist anzunehmen, der Ostracismus sei nach ein Paar Jahren widerrufen worden. Ich freue mich darauf, dass Sie nun auch an Athen gehen wollen; lassen Sie sich durch die Schreier nicht irre machen; sie werden doch zuletzt das Feld räumen müssen. Beim Durchblättern des Ritterschen Buches über die Pythagoreer habe ich mit Missvergnügen gesehn, dass auch er sich gern an Ihnen reibt; ich halte das Buch im Ganzen auch für gut, aber die Forschung ist, das Philosophische abgerechnet, nicht gerade gross oder tief. Die Abhandlung Ihres Bruders habe ich noch nicht erhalten.

Alexandern von Humboldt habe ich letzten Donnerstag so zu sagen nur im Vorbeigehen und unter Störung von andern gesprochen, Ihr oder Hausmanns Anliegen jedoch nicht vergessen. Er sagte mir, dass er hier noch etwa 4 Wochen bleiben werde, und er bittet Hausmann, ihm hierher zu schreiben, vorzüglich wegen der Versteinerung, die er ihm in Göttingen hinterlassen habe. Seinen Rückweg werde er wahrscheinlich über Weimar und Frankfurt a./M. nehmen, und zwar in Eile; daher es unmöglich sei ein Zusammentreffen zu veranstalten: indessen hoffe er ihn künftigen Sommer in Göttingen zu sehen.

Den Anfang dieses Briefes habe ich vor einigen Tagen, ich weiss selbst nicht mehr wann, geschrieben; die darauf folgenden Tage bis heute haben mir die wiederkehrenden und am Ende sich häufenden Geschäfte des Rectorats weggenommen, welches ich nunmehr gestern Abend niedergelegt habe. Es hat mir zwar Zeit und Arbeit gekostet; aber ich habe keinen Verdruss davon gehabt, und scheide in Frieden aus. Das Unangenehmste dabei war, dass ich nicht verreisen konnte; jedoch zerstreut das Geschäftsleben mehr, als es angreift, und ich habe mich daher das ganze Jahr hindurch sehr wohl befunden. Dabei ist es auch nicht zu verachten, dass dieses Amt vielleicht das einträglichste Nebenamt ist, was man bekleiden kann . . . Wenn nun erst der Tumult der Meldungen zu den Vorlesungen vorüber ist, gedenke ich wieder an die Inschriften zu gehen, die leider die besten Jahre meines Lebens aufzehren.

In Ihrem Briefe hat uns die ganz einfache Erwähnung Ihrer Frau als Grüssender gefreut. Das wird Ihnen ein wunderlicher Ausdruck scheinen. L... nehmlich, der, im Vorbeigehen gesagt, ein recht guter Mensch, aber eine Erzklatsche ist, so gut eine solche nur auf allen Universitäten, die klatschhafter als die kleinsten Kleinstädter sind, gebildet werden kann, hat uns gesagt, dass Ihre Frau sich sehr übel befände; und das kann ich denn doch nicht glauben, da Sie davon gar nichts erwähnen. Ich wünsche Ihnen und Ihrer lieben Frau in meinem und der meinigen Nahmen die beste Gesundheit und hoffe, dass alle üblen Klatschereien sich nicht bewähren werden. Grüssen Sie auch den guten Dissen von ganzem Herzen von uns; an ihn zu schreiben, daran habe ich in der letzten Zeit nicht denken können; er konnte wohl eher Zeit dazu finden, und hat es doch nicht gethan. Indessen weiss ich, dass er mich ebenso liebt wie ich ihn. Nun habe ich doch wohl noch mehr geschwatzt als Sie, und somit Gute Nacht, theuerster Freund.

Von Herzen der Ihrige
Böckh.

[Göttingen,] 14. Nov. 26.

Ihr gütiger Brief, innigst verehrter Freund, hat mich und Dissen, dem ich Manches daraus sogleich mittheilte, gar sehr erfreut. In derselben Zeit brachte Professor Falk aus Kiel, der in Bonn gewesen war, das erste Heft des Rhein. Museums hieher, und ich konnte Ihre Abhandlung von den Euthynen in einigen Stunden durchlaufen. Seit der Zeit weiss ich nun eigentlich nicht, mit welcher Miene ich Ihnen unter die Augen treten soll, indem ich sehr deutlich fühle, wie vielfach Ihre Erwartungen von mir meine Kräfte übersteigen, und fürchten muss, dass alles, was ich nun thun kann, Ihnen schwach und unbedeutend erscheinen wird. Mehr kann ich aus Beschämung davon gar nicht aussprechen, und rede lieber davon, wie Ihre ganze Darstellung dem Leser das Gefühl sicherer Ueberlegenheit erweckt und den Streit mit entschiednem Siege beendigt. Ein Freund, Prof. Huschke der jüngre zu Rostock, der in Paris gewesen, schreibt mir eben, dass „Boissonade sowohl, wie nach dessen Versicherung die andern Leute vom Fach in ganz Paris in diesem Streite entschieden Ihnen Recht geben." Hat Niebuhr in jenem Aufsatze viel geändert? Es ist doch Schade, dass er, bei dem wahrhaft edlen und grossen Geiste, mit dem er auf die Jugend in Bonn wirkt, sich so einer Parthei hingiebt, an deren Spitze er nicht einmal steht... Mir hat N. sagen lassen, er habe vor meine Dorier zu recensiren, zwar als Athener, aber doch in anderm Sinn als meine frühern Recensenten; ich bin überzeugt, dass ich dadurch viel lernen würde, und freue mich im Ganzen darauf, doch bin ich auch wieder besorgt, dass er in eine verdrüssliche Stimmung gerathen und die Mängel und Fehler meines Buchs mit Bitterkeit hervorheben könnte. Wann wird nur die neue Röm. Gesch. Bd. 1. fertig? Meine Etrusker warten auf deren Erscheinen. Göttlings Recension habe ich jetzt ganz genau durchgearbeitet, in zwei oder drei Punkten belehrt er mich des Richtigen, in den allermeisten indessen ist seine abweichende Meinung wenig begründet, und einigemale beruht sie auf auffallenden Missverständnissen, wie auch Dissen bemerkt. Doch ist er, wie Sie sagen, von billiger Gesinnung,

und ich will keine Mühe weitläuftiger Auseinandersetzung
scheuen, um mich mit ihm *privatim* zu verständigen. — Was
Sie von Ihrem Verhältniss zur neuen Litteraturzeitung schreiben,
ist mir sehr klar und überzeugend; hier scheint Schleiermacher
die Sache aus einem andern Gesichtspunkt dargestellt zu haben,
da Göschen sich einmal im Gespräch mit mir gegen Ihre
Theilnahme daran äusserte; ich habe mir alle Mühe gegeben
ihn des Gegentheils zu überführen. Schl. scheint doch wirklich jetzt Manches aus Weltklugheit zu thun; ich wenigstens
kann seine Berufung auf Voss und überhaupt seine Stellung
zwischen Frommen und Pantheisten nicht recht verstehn. Von
Hegel mag natürlich in Göttingen fast Niemand etwas wissen,
aber was geht Hegels Philosophie und Construktion der Geschichte Ihre Recensionen an, die durch Hegels Redaktion
nichts von ihrer Trefflichkeit verlieren können? Bröndsteds
Buch hab' ich auf gewöhnliche Weise angezeigt; ich lege die
ganze Anzeige in den Brief, nicht als wenn irgend etwas drin-
stände; aber Sie werden vielleicht dadurch veranlasst sich über
einige streitige Punkte zu äussern, z. B. über den Teleklos.
Gern schickte ich Ihnen bald einmal etwas für das Rh. Museum
zu, doch hab' ich nichts Ordentliches. Ein paar Seiten könnt'
ich über den Babylonischen Krieg schreiben, an dem Alkäos
Bruder, Antimenidas, theilnahm und darin einen feindlichen
Goliath erschlug. Sehen Sie aber doch erst einmal zu, ob ich
die Stelle des Alkäos, die bei Strabon XIII p. 427 Sieb. auf
komische Weise verdorben ist, und in der Blomfield nichts
gesehn, so richtig restituire: Antimenidas habe die Baby-
lonier aus Noth errettet

> κτείνας ἄνδρα μαχάταν βασιλήϊον,
> παλαιστὰν ἀπολείποντα μόνον μίαν
> παχέων ἀπὸ πέμπ'

Sonst beschäftige ich mich jetzt in Stunden, wo ich mir
wohl sein lassen will, am liebsten mit Griechischer Wort-
bildung und überhaupt den *origines* der Sprache, wozu die
Sachen von Grimm und Humboldt mich auf eine eigne Weise
angeregt haben, doch will ich das nur zu eignem Vergnügen
und in der Stille treiben. — Dabei fällt mir ein, dass ich es

mir wohl denken kann, wie Sie das ungeheure Inscriptionenwerk manchmal ermüden und drücken muss, obgleich doch der Gedanke an den unberechenbaren Vortheil der philologischen Litteratur, der daraus nach allen Seiten hervorgeht, Sie wieder erheben und trösten kann. Aber sollten Sie nicht noch jetzt unter den vielen Zöglingen Ihres Seminars Einen finden können, der Ihnen das *taedium* der Arbeit zum grossen Theil abnähme, und die untergeordneten Parthien nach Ihrer Direktion ausarbeitete? Dagegen könnte doch Niemand etwas einwenden.

Für die Nachricht von Alex. v. Humboldt danke ich sehr. — Was den Ostracismus des Thukyd. betrifft, so finde ich es auch nicht unwahrscheinlich, dass er abgekürzt wurde, nachdem den Aristokraten die Schwäche ihrer Parthei demonstrirt worden war. Man könnte die *Vita Thuc. inc. script.*, p. 341 bei Poppo, für eine frühere Strategie des Geschichtsschreibers Thukydides anführen, aber offenbar findet dort die grösste Verwirrung statt. — Das Facsimile der Inschr. bei Micali, *copié par les soins de Lord Elgin et du S. Taylor-Combe*, muss sich auch in der neuern italiänischen Ausgabe des Werks befinden, nach der die französische übersetzt ist; es nimmt t. LXVII ein. Im Ganzen ist alles so wie bei Ihnen n. 74., nur ist die Unterstellung der Buchstaben etwas anders. Die Inschr. ist ziemlich ordentlich στοιχηδόν geschrieben, nur stehn die Reihen der zweiten Abtheilung nicht genau unter denen der ersten. Ich brauche Ihnen bloss die ersten und letzten Buchstaben jeder Zeile zu copiren, alles Andre ist gleich; die letzte Zeile ist vollständiger da, aber anders als bei Rose. — Wenn Sie mir wieder zu schreiben die Güte haben, sagen Sie mir doch mit einem Worte, was Sie von Lachmanns Entdeckungen in den Tragikern denken. Die Sache quält mich ordentlich, da ich bei aller Mühe zu keinem festen Urtheil darüber kommen kann. Das glaub' ich einzusehen, dass die Siebenzahl der ῥήσεις und der Verse, die jeder Agonist spricht, in den Persern, die L. zu Grunde legt, nur durch ein sehr willkührliches Verfahren herausgebracht wird, und zu solchen Willkührlichkeiten ist wohl in jeder Tragödie irgend ein Platz offen. Aber mit den Chorgesängen scheint es doch anders zu sein. — Meine

Frau, die sich Ihnen und Ihrer Frau Gemahlin bestens empfiehlt, ist im Ganzen wieder wohl, wenn auch noch etwas schwächer als früher; sie war auch schon wieder ganz gesund, als ich auf dem Harze war. L... brachte das Klatschen schon von Leipzig mit her. Dissen grüsst herzlich, seine Gesundheit ist in dieser Zeit nicht ohne Unterbrechung von Zahnschmerz, Schnupfen u. dgl., das hält ihn auch wohl vom Schreiben ab.

    Von ganzer Seele
        der Ihrige
            COMüller.

[Berlin,] d. 30. Nov. 26.

Nur mit wenigem, theuerster Freund, Antwort auf Ihren Brief v. 14. nebst der Bitte die Einlage an Dissen abzugeben, der mir auch in der vorigen Woche geschrieben hat. Ich antworte, wie gewöhnlich, $\kappa\varepsilon\varphi\alpha\lambda\alpha\iota\omega\delta\tilde{\omega}\varsigma$ und der Ordnung nach. Was ich über Sie gesagt habe, war ein Bedürfniss meines Herzens; und die Gesinnung, woraus dies hervorgegangen ist, wird stets dieselbe bleiben. Ich kenne meine Kräfte und auch die Ihrigen; wäre ich nicht in die Inschriften verschlagen worden, hätte ich vielleicht mehr geleistet: aber es geht mir wie den Holländern, über die ich oft selbst gelacht habe. Diese haben die Lexikographen bearbeitet, wie sie meinten, als Vorarbeit zu der Bearbeitung der Schriftsteller, die sie dann unternehmen wollten; aber daran sind sie nicht gekommen. Ich habe die Inschriften bearbeiten wollen um mir die Quellen zur Bearbeitung der innern Staatsverhältnisse und übrigen Dinge bei den Griechen zu eröffnen; aber der Stoff ist zu gross geworden, so dass er selbst Zweck werden musste. Nun komme ich schwerlich an das Uebrige, muss mich begnügen mündlich zu lehren und in dem Inschriftenwerke Winke zu geben, die wenige verstehn, und auf Voraussetzungen zu bauen, die nicht alle inne haben. Manches verlerne ich mittlerweile, wenn ich nicht kleine Abstecher mache. Dennoch verdriesst mich die Arbeit nicht ganz; sie wird, hoffe ich, trotz aller Anfeindung, doch bestehn. In der Seebode'schen

Krit. Bibl. hat Schömann eine gute Rec. geliefert, die einen bessern Ort verdiente. — Dass Sie von Niebuhr viel zu befürchten hätten, kann ich doch nicht glauben. Er ist allerdings erklärt Athenisch gesinnt, wie ich aus früherem Umgang weiss; aber er ist Ihnen wirklich sehr zugethan: sonst hätte er gewiss auch Einwendungen gegen die Stelle über Sie in meiner Logistenabhandlung gemacht, in der er übrigens nur Einiges gemässigt und nichts Wesentliches gestrichen hat; wie mir scheint, hat er sogar an etlichen Stellen wieder geschärft. Was Göschen über mein Verhältniss zur Hegelschen Zeitung sagt, kann schwerlich von Schleiermacher herrühren, da dieser wenig Briefe schreibt; es muss wol von Klenze kommen. Aber die Herrn haben sich schon eines Bessern überzeugt, da sie sehen, dass ich nicht im Sinn habe Hegeln zu gehorchen, sondern wirklich schon angefangen habe ihre eigene Sache zu vertreten. Von Ihrer Rec. des Bröndsted habe ich noch, als die meinige eben an Cotta geschickt wurde, einen kleinen Gebrauch gemacht. Ueber Teleklos habe ich eine andere Ansicht aufgestellt, die ich wahrscheinlich unterdrückt hätte, wenn ich die Ihrige gekannt hätte, die ich jedoch, wenn Sie nichts weiter in petto haben, als Dor. 1. 146. auch nicht für fest halten kann. Ich habe dem Br. den Teuklos zugegeben und halte diesen für einen Neliden von Athen, womit sich die Sache lösen lässt. Dass die Keischen Gesetze Kretisch seien, fiel mir auch ein, aber ich habe den ganzen Kretismus in meiner Recension bei Seite liegen lassen; der ist mir zu mythisch. Ich denke Sie zu überzeugen, dass die alten Keischen Institute Lokrisch sind: dahin weiset Alles, und ich habe dies im Kurzen durchgeführt. Wollen Sie nicht für das Bonner Museum liefern, was Sie gesagt haben, über $\varphi\iota\lambda\eta\sigma\iota\mu o\lambda\pi o\varsigma$ etc.? oder auch über den Babylonischen Krieg; am liebsten beides. Vergessen Sie es nicht. Wenn ich Ihre Herstellung des Alk. recht verstehe, so meinen Sie $\pi\alpha\chi\epsilon\omega\nu$ $\alpha\pi o$ $\pi\epsilon\mu\pi$', er schleuderte ihn von den Armen; das Ganze halte ich für sehr gelungen, würde aber doch $\pi\epsilon\mu\pi\omega\nu$ stehen lassen, da es im Zusammenhang gegründet seyn konnte, und $\pi\alpha\lambda\alpha\sigma\tau\alpha\nu$ schreiben, was ja auch Lesart ist und vollends beweist, dass nicht von $\pi\alpha\lambda\alpha\iota\sigma\tau\eta\varsigma$ die Rede sei. Coray hat $\varkappa\tau\iota\nu\nu\alpha\varsigma$, was wol auch richtig ist.

Blomfields Sachen sind allerdings gar nichts. Für die Inschriftensachen danke ich. Mir von einem andern im Wesentlichen helfen zu lassen geht schwerlich. Auf Lachmanns heilige Zahl halte ich nichts, in den Chören eben so wenig als im Uebrigen. Ich kann nicht finden, dass 7 sind, wo er 7 zählt. Ich habe die Probe gemacht; aber seine Abtheilungen sind willkührlich und offenbar unzulässig. *A posteriori* halte ich sie für unbewiesen; und *a priori* hat die Sache gar nichts für sich. Grüssen Sie Ihre liebe Frau herzlich von uns.

Von ganzem Herzen
der Ihrige
Böckh.

[Göttingen,] 12. Dec. 26.

Sie werden sich wundern, mein verehrter Freund, dass Sie schon wieder einen Brief von mir bekommen, und auch gleich eine Abhandlung dabei. Der Grund ist der. Sie fassen in Ihrem Briefe meine Aenderung der Stelle des Alkäos anders, als ich es meine; dies machte mich irre und misstrauisch; ich ging von neuem an die Sache und fand meine Ansicht neu bestätigt. Darüber arbeitete ich den kleinen Aufsatz aus, den ich nun mitschicke. Scheint Ihnen ein bedeutender Irrthum darin, so senden Sie mir ihn gelegentlich zurück; Kleinigkeiten corrigiren Sie gütigst; missfällt Ihnen die Arbeit nicht, so bitte ich sie bei Gelegenheit nach Bonn zu senden. Dass ich Ihnen geschrieben hatte, ich wolle über $\dot{\alpha}\lambda\varepsilon\xi\dot{\iota}\mu\beta\varrho\sigma\tau\sigma\varsigma$ u. dgl. arbeiten, hatte ich vergessen; ich beschäftige mich immer noch damit, aber die Geschichte dieser eigenthümlichen Composition von Homer bis zur späten $\varkappa\sigma\iota\nu\dot{\eta}$ ist weitläuftig, und ich bin dadurch in allerlei andre Untersuchungen gerathen, die mich sehr interessiren, aber noch ganz unreif sind. Dass ich diesen Brief als Correspondenz für die Akademie betrachte, macht die beigelegte Inschrift, die ich vom Steine selbst, den mir ein Student brachte, genau copirt habe. Vielleicht haben Sie sie aber schon. Die Schömannsche Recension habe ich gelesen, und sie hat mir auch sehr gefallen. Wann fängt denn die

Berl. L.Z. an? Ihre Andeutung über die Sache, die Sie schon vertreten haben, ist mir indess klarer geworden durch eine Erzählung von Nicolovius, die mir Göschen's mitgetheilt. Nicolovius und Göschen preisen Sie sehr darum. Aber von Schleiermacher wissen Sie nicht, dass er hier gewesen. Den Teleklos lass' ich mir noch nicht nehmen. Wie natürlich, dass der Fürst, der Pharis zerstört (was ich in der Anzeige anzuführen vergessen), auch das benachbarte Nedon verwüstet. Doch bin ich auf diese Auseinandersetzung, wie auf alles Andre in Ihrer Recension sehr begierig. Die Inschriften habe ich bald durchstudirt und eben so viel Freude wie Nutzen davon gehabt, ich habe noch gar Manches für ein paar Abhandlungen über Phidias, die nächstens gedruckt werden, benutzen können.

Ihr
treuergebner
C. O. Müller.

[Berlin,] d. 16. Dec. 26.

Ihre Abhandlung, theuerster Freund, habe ich sogleich gelesen, und obgleich freilich nach der Natur der Sache manches Hypothetische darin bleibt, zweifle ich nicht daran, dass sich nichts Besseres sagen lässt, und alles ist schön combinirt. In den nächsten Tagen werde ich sie nach Bonn schicken. Sie hatten in Ihrem vorigen Briefe Ihre Meinung gar nicht ausgesprochen, und daher war das Missverständniss, in welches ich gerathen war, sehr natürlich. Ich stellte mir allerdings, ich weiss selbst nicht warum, einen Riesen vor, der dem Antimenidas so nahe auf den Leib gerückt sei, dass er zwischen beiden bloss eine Spanne Raum übrig gelassen habe, so dass ihn Antimenidas auf die Arme fasste und wegschleuderte. Indessen ist dies nur ein Missverständniss, und Ihre Emendation und Erklärung ist zuverlässig: hätte ich die Stelle länger angesehen, würde ich es auch bemerkt haben, wie Sie es meinen; aber an πέμπε statt πέντε dachte ich eben gerade gar nicht. Ich finde nichts in der Abh. zu corrigiren; nur habe ich μαχατὰν statt μαχάταν geschrieben, was mir doch sicherer scheint; aber im alten Texte habe ich *μαχαίταν* gelassen. Für die Inschrift von Baiae danke ich Ihnen: ich glaube nicht, dass ich sie schon gehabt habe; wenigstens kann ich sie nicht an ihrem Orte finden. Dabei fällt mir ein, dass Sie mir eine Abhandlung von Ihrem Bruder geschickt haben; diese habe ich bis jetzt noch nicht bekommen. Ueber den Teleklos glaube ich schon geschrieben zu haben, dass ich meine Meinung ganz würde aufgegeben haben, wenn ich früher die Ihrige bemerkt hätte; aber die Stelle in den Dorern war mir entfallen. Ich habe nur noch ein Wort darüber in meiner Recension zusetzen können, von der Sie nun freilich so viel auch nicht erwarten dürfen. Der Anfang der Zeitschrift wird mit dem nächsten Jahre gemacht. Auf Ihre Abhandlungen über den Phidias bin ich begierig. Es ist noch eine wunderliche Sache um die Geschichte der Künstler: neulich habe ich wissen wollen, was für ein Landsmann Praxiteles sei, und habe es nirgends finden können.

Soviel für heute; ich habe noch allerlei zu thun, und kann daher nicht mehr schreiben. Herzliches Lebewohl.

Stets der Ihrige
Böckh.

[Göttingen,] 6. März 27.

Unser Briefwechsel, mein verehrter Freund, hat wieder eine lange Unterbrechung erlitten. Ihren lieben Brief vom 16. Dec. habe ich erst gegen den 16. Jan. erhalten, so dass ich schon zweifelte, ob die kleine Abhandlung Sie erreicht habe. Dass Sie damit zufrieden gewesen, freut mich sehr; auch Niebuhr hat sich, wie ich durch Göschen erfahren, freundlich darüber geäussert. Jetzt schreib' ich, um Ihnen meine Anzeige des *C. I. Fasc. 2.* mitschicken zu können, obgleich ich freilich nicht recht weiss, warum ich sie Ihnen schicke, da sie gar nichts Eignes enthält. Ich lege ein paar Bemerkungen bei, die daneben abgefallen sind, aber auch wenig zu bedeuten haben. Wann wird nun wohl der dritte Fascikel erscheinen? Rose habe ich auch schon lange recensirt —

nicht ohne ihm über Einiges die Wahrheit zu sagen — ich hoffe, die Rec. wird bald erscheinen. Hermanns gelegentliche Antwort über die Inschriftensache kommt mir vor wie ein Eingeständniss seiner Ohnmacht. Gegen Welcker verfährt er merkwürdig, alle positiven Erklärungen schlau vermeidend und sich auf einzelne Versehn, vor denen sich W. nicht genug hütet, herwerfend. Dissen redet mir zu, den Nachtrag anzuzeigen und dabei dies und jenes zu Gunsten Welckers zu opponiren. Dissen, der herzlich grüsst und sich im Ganzen erträglich wohl befindet, hat unsre guten G.G.A. neuerlich durch mehrere hübsche Anzeigen, über W. Müllers Vorschule, Nitzschs Odyssee, Wunders Sophokles, worin mancher eigne Gedanke niedergelegt ist, bereichert. Ihre Recension — da ich einmal von lauter Recensionen spreche — von Bröndsted habe ich mit grossem Vergnügen und Nutzen gelesen und mir mehreres daraus aneignen können; auch danke ich Ihnen, dass Sie mich in der Tripodensache einigermassen in Schutz nehmen; einige Recensenten, wie Osann, haben die Gelegenheit nicht vorübergehn lassen, in harten Ausdrücken auf mich loszuziehn. Werden Sie den Wachsmuth recensiren? Hirts Recension von Thiersch kommt ziemlich gleichzeitig mit einer ausführlichen Abhandlung über Meyers und Thierschs kunstgeschichtliche Sachen, die in den Wiener Jahrb. schon zum ersten Drittel abgedruckt ist; wenn sie Ihnen in die Hände fällt, überfliegen Sie sie doch. — Von Praxiteles, von dem Sie sprechen, giebt man an, dass er ein Andrier; aber das Epigramm des Damagetos, *Anthol. Pal.* VII, 355, scheint gar nicht auf den Künstler zu gehn. Die *Phidiaca* sind immer noch nicht gedruckt; es geht mit unsrer Societät, aufrichtig gesagt, etwas schläfrig. Auch ist ihr erst, nachdem es schon zu spät war, eingefallen, dass es angemessen gewesen wäre, Sie zum auswärtigen Mitgliede zu ernennen; es geschieht wohl das nächstemal. Die diesmalige Preisfrage, eine Geschichte der Griechischen Chronologie als Wissenschaft, habe ich gegeben, und es wäre mir sehr lieb, wenn sie beantwortet würde; wenn Sie Jemanden dazu anfeuern können, thun Sie es doch ja. Für Ihre Antigone dachte ich neulich was Besondres zu haben, als ich in einem Fragment des Androtion bei den Schol.

Aristid. p. 183 Frommel die 10 Feldherrn gegen Samos mit Sophokles aufgezählt fand; aber leider sind 2 Namen ausgefallen, und unter diesen grade der Feldherr der Aegeis, so dass man dadurch nicht weiter kommt, als Sie schon sind. Doch Sie haben diese herrlichen, aber schlecht herausgegebenen Scholien wohl selbst schon durchgesehn.

Wie sehne ich mich, bald einmal wieder ordentlich mit Ihnen zu sprechen und, wie in alten Zeiten, an Ihrem Munde hängen zu können.

Hier geht sonst Alles gut. Mit treuster Anhänglichkeit

Ihr

COM.

[Beilage.]

περιχύτρισμα N. 93. kann wohl eine blosse Vertiefung im Boden sein, da bei Orchomenos und in den Thermopylen Lachen, Sumpflöcher χύτροι hiessen. Orchomenos S. 78, 5.

Zu N. 155 χιτὼν ἐμ πλαισίῳ, tunica quadrata? Ich halte es für ein im Carré gewebtes Kleid, welches die Römer scutulatum nannten. Juvenal Sat. II. 97. Plin. VIII, 73 scutulato textu.

Zu 160. Von dem oberen Fussboden der Karyatiden-Halle kann ich mich nicht recht überzeugen. Wo wurzelte denn da der Oelbaum, wo war die θάλασσα?

Warum steht p. 262 Z. 30 μετοπον το εσομεν[ον] für με[κος διπον]?

Wenn auch zu Herodots Zeit der alte Tempel der Polias noch existirte (S. 264), so musste er doch wohl ein neues hölzernes Dach haben; das alte Holzbild konnte doch nicht im Freien stehn (τὸ μέγαρον τὸ πρὸς ἑσπέρην τετραμμένον Herod. V. 77. ist gewiss der Tempel der Polias im Gegensatze des Erechtheion).

p. 273 Col. 2 Z. 24 fehlt respondentes epistyliis.

p. 276 Col. 2. Die Tafeln des Eleusinischen Steins wurden doch wohl mit den ζῴοις zugleich aufgesetzt und angeschlagen; sonst vermisst man auch eine Angabe, wieviel

Tafeln ohne ζῶα schon angeschlagen waren. Auch könnten wohl sonst die metallenen Bildwerke nicht unter den λιθίνοις angegeben werden, wenn sie nicht mit den Steintafeln verbunden gedacht würden.

Zu p. 280 litt. f. über den τοῖχος ὁ ἐκτός. Die Theile des Tempels, welche auf einem hohen Unterbau liegen, und die, welche zur Erde herabsteigen, waren, wie man aus allen Abbildungen sieht, durch eine Mauer abgesondert, die also um den östlichen und nördlichen Theil des Tempels einen Hof bilden musste. Die Mauern, die nun nicht in den Hof hineingingen, könnten wohl ὁ τοῖχος ὁ ἐκτός heissen, besonders die von keinen Säulen verdeckte Südmauer, wo auch für den γογγύλος λίθος noch Platz ist.

Zu p. 280 litt. h. Gehört es aber nicht zum Begriffe der παραστάς, dass es ein Pfosten oder Pfeiler neben einer Pforte ist? Die Stellen der Alten führen darauf.

p. 281 Col. 2. Ich kann mir die Weise noch nicht deutlich machen, wie die Lacunaria construirt werden. Sonst geschieht es doch immer so, dass über die Epistylia nur noch eine Lage dünnerer Balken aus Stein gelegt wird, über deren Zwischenöffnungen gleich die Platten liegen, aus denen die Lacunaria bestehn, und die entweder aus einem Stücke, oder, wenn die Masse geringer werden sollte, mit Löchern versehn sind, über denen andre kleinere Steine liegen. *Uned. antiq.* 2. pl. 14; 6. pl. 3.

p. 282 a). Ich hatte μῆκος und πλάτος auf die einzelnen λίθοι ὀροφιαῖοι bezogen, und nun, wegen τοὺς, ||||| geschrieben, indem ich mir die Lage derselben so dachte:
Nun ist freilich dann das πλάτος sehr ungenau angegeben, da es nicht 5, sondern 5³⁄₄ heissen müsste; und überhaupt wird mir die entgegengesetzte Ansicht um so wahrscheinlicher, je mehr ich es mir überlege.

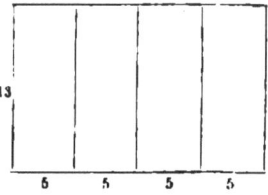

Dass ich thöricht war, zum Begriffe eines Doppeltempels eine Scheidewand ohne Thüre zu verlangen, sehe ich jetzt aus Pausanias VI. 20. 2, wo ein Doppeltempel in einen vordern und innern Theil geschieden wird.

Zu p. 11. Warum soll der πρόξενος in Sparta ein eigentlicher *magistratus* sein? Mir scheinen sie πρόξενοι fremder Staaten, die diese aber nicht nach Belieben erwählen, sondern von den Königen nehmen mussten, weil der Fremden-Verkehr unter Aufsicht des Staates stand, mehr als in andern Orten. Für Herod. VI, 37. schr. VI, 57.

S. 127. N. 88 in den Varianten Col. 2 Z. 1. *Vs. 16* schr. *15*.

S. 191. Col. 2. Z. 24. *ll. cc. ad gg*.) schr. *ll. cc. ad s) et gg*).

S. 234. Col. 2. Z. 3 v. u. p. 739. 14 schr. 738. 14.

S. 242 Col. 2. Das Gorgoneion auf der Brust der Pallas war, scheint mir, von Elfenbein — wie alles Fleisch an der Statue — mit goldnen Haaren und Schlangen; dann konnte man es golden und elfenbeinern nennen.

S. 120 Col. 2 Z. 3 v. u. soll es nicht für *epistates* — ὁ ἐπιψηφίζων heissen? Ich kann nicht finden, dass der Proedros, der später ἐπιψηφίζει, deswegen auch *epistates* genannt worden sei, und auch das *Corp. Inscr.* behauptet dies, soviel ich sehe, sonst nirgends. Doch sehe ich, dass auch zu N. 353 ein ἐπιστάτης, der nicht Prytan, angenommen wird. Ich habe aber den Grund davon noch nicht aufgefunden.

S. 344 Col. 2 Z. 7. *ad n.* 111 schr. 211.

S. 357. n. 241. Warum ist nicht angegeben, wer die Inschrift mitgetheilt hat?

S. 442 ist in der Genealogie Col. 1 ein Glied ausgefallen. Es steht:

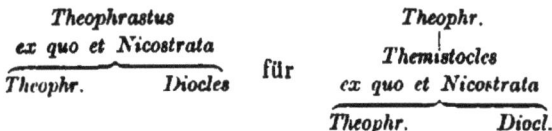

Der Diocles, der Col. 2 als Sohn des Them., der die Praxagora zur Frau hatte, steht, kann wohl mit dem Diocles Col. 1, Sohn des Them. und der Nicostrata, identisch sein.

S. 552. n. 1042 bezieht sich vielleicht auf den im Tempel der Eukleia begrabenen Läufer Euchidas von Plataä. Plutarch, Aristid. 20.

Zu Inschr. 145 erfährt man beiläufig, dass rechts im *C. I.* heisst, was dem Beschauer rechts ist. (Schärfer ist doch offenbar der Ausdruck, welcher das Ding selbst als Person betrachtet und danach rechts und links bestimmt, und dieser scheint auch jetzt zu überwiegen.) Es wäre wohl gut, wenn dies auch in den *Prolegg.* gesagt würde, weil man sonst oft irren kann.

[Berlin, 11./3. 1827.]

Vorgestern Abend, theuerster Freund, habe ich Ihren Brief erhalten, den ich um so mehr gleich beantworten wollte, als ich schon lange daran gedacht hatte Ihnen zu schreiben. Indessen ist es mir erst heute Abend möglich geworden daran zu kommen. Fürs Erste muss ich um Entschuldigung bitten, dass mein Brief v. 16. Dec. erst den 16. Jan. angekommen ist. Mit dem Datum hat es bei meinen Briefen immer seine Richtigkeit in Bezug auf das Geschriebenseyn; aber ich habe die schlechte Gewohnheit die Briefe gesiegelt liegen zu lassen an einem Orte, wo alles hingelegt wird, was aus dem Hause soll; und da mag auch jener Brief etwa bis zum 12. oder 13. Jan. ruhig Quarantaine gehalten haben. Hiernächst haben Sie meinen herzlichen Dank für Ihre Anerkennung der Att. Inschr., die Sie auf die Gefahr unternommen haben, dass man uns von feindlicher Seite vorwerfe, wir lobten uns wechselseitig: was mich nie abhalten soll meine Ueberzeugung auszusprechen. Alle noch schriftlich beigelegten Bemerkungen habe ich reiflich erwogen, und werde von einem Theile derselben in den *Addendis* Gebrauch machen: andere glaube ich Ihnen überlassen zu müssen, wenn Sie einmahl wieder auf solche Dinge zu sprechen kommen, weil sie das von mir Gesagte nicht unmittelbar aufheben. Ueber Einzelnes will ich mich kurz erklären. N. 93. ist es wol möglich, dass περιχύτρισμα nur so zu fassen, wie Sie sagen; ich sollte aber auch denken, der Rand des Baumgebietes könne mit (zerbrochenen) Topfscherben bezeichnet seyn; ganze Gefässe dachte ich mir dabei nicht. In der Karyatidenhalle nahmen Hirt und ich die Wurzel des

Oelbaums und die θάλασσα im unterirdischen Gemach an. S. 262. 30. habe ich μετοπον το εσομεν[ον] als Wilkinsschen Text mit Absicht stehen gelassen. Auf die Spartanischen Proxenoi komme ich bei den Böotischen Inschriften zurück, wo ich sie dann *quodammodo magistratus* nennen will; denn als vom Staate gesetzte ἐπιμεληταί, wie sie auch später heissen, sind sie Joch immer eine Art Magistrate. Ein Epistates, der nicht Prytanis ist, war in Athen allerdings; der Dirigent der *proedrorum non contribulium* ist auch Epistates; sehen Sie nur Harpokr. v. ἐπιστάτης. N. 241. konnte ich nicht mehr angeben, wer die Inschrift gefunden oder mitgetheilt habe, weil ich es zu notiren vergessen; und es war mir zu unbedeutend, um lange zu suchen. Wegen des Rechts und Links will ich mich in der Vorrede erklären; ich kann mich von der Zweckmässigkeit des andern Sprachgebrauchs nicht überzeugen, am wenigsten für Inschriften, wo jeder links die Seite nennen muss, von welcher in gewöhnlicher Schreibart zu schreiben angefangen wird; sonst müssten wir ja auch sagen, dass wir von der Rechten zur Linken schrieben: was doch niemand wagen wird. Bei Bildergruppen kann man freilich anders reden; aber ich muss den Sprachgebrauch von der Schrift hernehmen. S. 442. beim Stamme der Daduchen ist es mir schlimm gegangen; da Sie es nicht öffentlich gerügt haben, und der erste Band noch nicht bis zum Binden fertig ist, da ja Titel und Vorrede erst mit dem 3. Fasc. geliefert wird, so kann und soll das Versehen durch einen Carton getilgt werden, zumahl da ich nicht einmahl etwas Neues auszuarbeiten brauche, sondern nur mein ursprüngliches Ms. wieder herstelle. Ich hatte die ganze Sache richtig entworfen, wie Sie sie wollen; und um die beiden Genealogien aneinander zu knüpfen hatte ich in der zweiten supplirt: Διοκλέ]ους τ[ὖ Θεμιστοκλέους τῦ] Δᾳδούχου [Θεμιστοκλῆς, so dass die zweite gerade da anhebt, wo Ihre schliesst. Allein beim Schreiben des *Mundi* war zum Unglück der Themistokles des Diokles Vater durch Abgleiten des Auges auf den Themistokles Daduchus vom Theophrastus Daduchus per ὁμοιοτέλευτον ausgefallen. Als ich später das Ms. revidirte, bemerkte ich dies Versehen nicht, hielt daher alles, was ich im Folgenden geschrieben hatte, für Unsinn und veränderte es mit rechtem Aerger über meine D..., indem ich von einem Themistokles gesprochen hätte, der in der Genealogie gar nicht vorkäme. Soviel ich rechnen kann, passt nun alles zusammen, wenn man den Themistokles, mit welchem meine Genealogie beginnt, als den Plutarchischen und den Sohn des Diokles, des Bruders des letzten Theophrast ansieht. Doch stelle ich es problematisch hin. Den Carton schicke ich Ihnen gelegentlich im Voraus, damit ich diesen Pudel von der Seele weg bekomme, den ich mir weniger als Nachlässigkeit anrechnen kann, als vielmehr auf meine fatale Sucht schreiben muss Fehler in meinem Ms. zu entdecken und in meinen Demonstrationen.

Die Recension in den G.G.A. von W. Müllers Vorschule hatte ich, ein oberflächlicher Leser in trägen Augenblicken und ohne Zusammenhang, für Ihr Werk gehalten; die von Wunders Sophokles hatte ich weder als die Ihrige noch als Dissens erkannt. Wo hat Osann den Bröndsted, oder bei welcher Gelegenheit Ihre Tripodenansicht beurtheilt? Ich habe nichts davon gesehen; die Jenaische Recension wenigstens konnte ich nicht als Osanns erkennen; eine andre anonyme kenne ich nicht. Aber ich bin freilich in diesem Punct ein gewaltiger Ignorant. Den Wachsmuth will für die hiesigen Jahrbücher Schömann beurtheilen; aber ich weiss nicht, warum er so lange zögert. Dass der Andrier Praxiteles in der Anthologie nicht der Künstler ist, wie man allerdings theilweise angenommen findet, ist wol ganz klar; nach einer Thespischen Inschrift halte ich letztern für einen Athener. Wenn es mit Ihrer Societät schläfrig geht, so geht es nicht schlechter damit als mit unsrer Akademie, woran ich längst wenig Antheil mehr nehme; wird mich jedoch Ihre Societät zum Mitschläfer erwählen, so werde ich mich bemühen sie in ihrem Geschäft eifrig zu unterstützen. Dieser Witz ist nicht mein eigener, sondern eine Nachahmung eines gewissen Directors Plesmann, der des sel. Bernhardi's Vorgänger am Werderschen Gymnasium war; als einmahl ein Brand in diesem Gebäude war, erzählte dieser merkwürdige Plesmann: Er habe sich während des Brandes im obersten Stockwerke, wo die Alumnen wohnten, ganz unthätig verhalten, wobei er von dem Hrn. Collaborator

Bernhardi aufs Kräftigste unterstützt worden sei. Diese Erzählung ist in einem alten Programm gedruckt zu lesen. Ihre Preisaufgabe, wovon ich das Programm noch nicht gelesen habe, scheint mir schwierig. Die Stelle über die 10 Feldherrn gegen Samos in den *Scholl. Aristid.* hatte ich bei flüchtiger Durchsicht des Buches nicht bemerkt: sie hilft mir, und schadet mir, wie man will. Leider sind zwei der Herrn aus dem Akamant. Stamme dem Scheine nach, nehmlich der Χολαργεύς und der ἐκ Κεραμέων: aber da alle aus verschiedenen Stämmen sind ausser diesen, bin ich gewiss, dass Cholargos oder die Kerameer damals nicht zur Akamantis gehörten.

In dem neuen Hefte des Rhein. Mus. hat Niebuhr eine absurde Erklärung von der Helminschrift des Hieron geliefert; ich begreife nicht, wie man bei gesunden Sinnen auf solches Zeug verfallen kann. Ich habe das Heft noch nicht, sondern nur ein Paar Blätter, darunter das, worauf dies Ding steht, wobei er sich zugleich *in metricis* arg gestossen hat, indem er meint, der Paroemiacus sei bloss zum Schluss anapästischer Systeme gebraucht worden. Abgesehen von der Aufeinanderfolge mehrerer Paroemiaci in den Dramatikern und von Tyrtaeos Ἄγετ᾽ ὦ Σπάρτας εὐάνδρου etc. hat er nicht bedacht, dass der Paroemiacus, wie sein Nahme besagt und viele Beispiele zeigen, in den Sprüchwörtern häufig ganz einzeln vorkommt. In demselben Heft soll er wüthend wider Xenophon und die alten Liebhaber von Sparta losgegangen seyn. Er kann nicht ohne Leidenschaft schreiben. Der neue Band der Röm. Gesch. scheint mir viel Hypothetisches zu enthalten; ich begreife nicht, wie er immer noch die Meinung vertheidigen mag, dass Herodot die Tyrrhener v. Kortona im Sinn habe, u. dgl. m. Schlegel hat malitiös gegen Heeren geschrieben; doch scheint mir letzterer auch nicht unschuldig. An allen Orten und Enden nichts als Hader und Streit!

Ich habe mich in der letzten Zeit mit den Delphischen Inschriften abgeplagt; auf diese folgen die andern Phokischen, die ich nächste Woche zu Ende zu bringen hoffe; damit will ich den 1ten Band schliessen, der, denke ich, zu Michaelis erscheinen soll, nehmlich sein Ende, das dritte Heft. Es that mir bei den *Delphicis* leid, dass Sie die Bearbeitung des

Amphiktyonendecretes im Pariser Museum aufgegeben hatten. Dies Bruchstück ist zwar sehr schwer zu behandeln; doch glaube ich ein ziemliches Stück davon restituirt zu haben. Erst wusste ich mit dem Att. Archon nichts anzufangen; endlich fiel es mir ein, dass das Decret zwar Amphiktyonisch ist, aber *notitiae causa* zu Athen etc. publicirt. Ganz enorm sind darin die *pretia rerum*, z. B. der Ochse 100 Aeginetische Stater! Ich denke, ein Aeginetischer Stater ist ein Tetradrachmon, wie der Athenische. Oder wissen Sie es anders? Das muss ein besonderer Ochse gewesen seyn, der meines Erachtens ὁ βοῦς ὁ ἥρως heisst. Offenbar sind ferner nach diesem Decret dem Delphischen Apoll Esel geopfert worden. Wissen Sie davon etwas? Die Pythia werden darnach nicht im Monath Bysios gefeiert, sondern im Bukatios. Auch ist mir niemals die kleine jährliche Pythiade vorgekommen, die darin erwähnt wird. Haben Sie noch etwas Besonderes über dies Decret, so bitte ich um Mittheilung; im Ganzen glaube ich dafür den richtigen Gesichtspunct gefunden zu haben; es ist ein Decret einer Herbstpyläa; ein bedeutender Theil erklärt sich aus der Geschichte beim Dem. und Aesch. über die Amphissischen Lokrer, wiewohl diese nichts damit zu thun haben. Nächstdem hat mich das *iudicium finium regundorum* beschäftigt von Avidius Nigrinus, worüber Graefe eine . . . Abhandlung geschrieben hat. Ich glaube vom Griechischen das meiste heraus zu haben. Daselbst kommt vor, dass an einem gewissen Orte, welcher Astrabas heisst (den können Sie aber bei Dodwell nicht finden, sondern ich habe ihn aus einem Bruchstück des Cyriacus entdeckt, welches ganz unscheinbar ist und kaum für das erkannt werden konnte, was es ist) ein Grenzstein stehe, worauf ein Tripus eingehauen sei. Mir war halb und halb im Gedächtniss, dass es auch anderwärts stehe, es habe auf den Delphischen Grenzsteinen ein Dreifuss gestanden; aber ich habe in Ihren Abhh. nichts davon finden können. Ist Ihnen so etwas erinnerlich, oder täuscht mich mein Gedächtniss? Im Lateinischen steht, wie Sie wissen, das Vorgebirg Opoënta sei *Cirrhâ Anticyram navigantibus citra* **noxam** (Dodwell T. II. *extr.*, bei Cyriacus etwas anders). Ich emendire *citra* **nonam**, sc. *horam*, wo man zu essen pflegte, was mir eine sehr gute Bestimmung für die Schiffer zu seyn scheint. Was halten Sie davon?

Grüssen Sie Ihre liebe Frau und den guten Dissen herzlich von uns. Auf das Spätjahr hoffe ich Sie zu sehen und mit Ihnen herzlich vergnügt zu seyn.

Stets mit gleicher Liebe der Ihrige
Böckh.

In den nächsten Tagen schicke ich Ihnen einen metrischen Lect. Katal. zwar gegen Hermann, aber ihn doch lobend; glauben Sie deshalb nicht, dass ich ihm Frieden anbieten will.

[Göttingen,] 26. März 27.

Diesen Brief, mein verehrtester Freund, überbringt Ihnen ein ehemaliger Schüler von Ihnen, der auch jetzt noch viel Interesse an philologischen Studien nimmt, und ein sehr lieber Freund von mir, Professor Ribbentrop, der sich einige Wochen in Berlin aufhalten wird. Er kann Ihnen von uns Göttingern, und wird uns hoffentlich recht viel von Ihnen erzählen. Tausend Dank für Ihren letzten Brief. Ueber den ἐπιστάτης habe ich meine Gedanken gleich berichtigt. Ich bewundre die Gewissenhaftigkeit, mit der Sie jedes unbedeutende Versehn gleich wegzutilgen beeilt sind. Gott, wenn Alle so verführen! Dabei muss ich Ihnen aber gleich noch einen Zweifel mittheilen, der nur durch ein Versehen nicht auf das neulich übersandte Blatt gekommen war. Sie setzen im *C. I.* p. 252. wie in der Staatshaushaltung, die Synökesien mit dem Friedensopfer den 6. Hekatombäon. Aber Plutarch Thes. 24 und die Scholien zum Frieden 1017 haben den 16ten. Giebt es andre entgegenstehende Zeugnisse? Nun kommt man freilich mit dem 16ten ins Gedränge. Denn die kleinen Panathenäen des vierten Olymp. Jahres können dann erst einige Tage darauf folgen, und doch ist man gewohnt, diese nach Corsini den 14ten oder da herum zu setzen. Aber worauf gründet sich doch die ganze Annahme, dass die kl. Panath. auf einen andern Tag als die grossen, für die der 28. wohl sicher steht, fallen?

Soviel ich finde, darauf, dass der Vf. des ψήφισμα bei Demosth. *in Timocr.* p. 708, um die Nomotheten bald nach dem 11. Hekatombäon niederzusetzen, den Vorwand gebraucht: es könne dann noch über die διοίκησις der Panathenäen, wenn etwas daran fehle, ein Gesetz vorgebracht werden, was hernach aber doch nicht geschah. Daraus folgt aber weiter nichts, als dies: dass die Nomotheten, wenn sie, wie gewöhnlich, nach der dritten Versammlung niedergesetzt wurden, kein Gesetz mehr vornehmen konnten, welches auf die diesjährigen Panathenäen eine Anwendung erleiden konnte. Da nun die dritte Versammlung wohl ungefähr gegen den 30ten gesetzt werden kann, so streitet dies nicht mit der Ansetzung der Panathenäen auf den 28ten. Die ἱερομηνία p. 709 geht, soviel ich sehe, immer nur auf die Kronien, mit denen die Versammlung, den 12., zusammenfiel. Was Corsini sonst sagt, kann keine Entscheidung herbeiführen. — Ich bin begierig, was Sie dazu sagen werden; doch heg' ich die heimliche Furcht, dass ich etwas übersehen habe, da ich nur zu gewohnt bin, dass ich mich zehnmal übereile, ehe Sie einmal eine Kleinigkeit versehn.

Ueber die Delphischen Sachen will ich nächstens etwas an Sie schreiben; ich habe nämlich meine Papiere über die Topographie des Orts grösstentheils Kruse zugeschickt (was sagen Sie denn zu dessen Hellas? Ich wünschte, er hätte einen Freund, der ihn dabei zu bleiben nöthigte, wo er wirklich nützlich werden kann, und ihn von allerlei Sachen, wovon er nichts versteht, zurückhielte) und erwarte sie jetzt bald zurück.

Das dritte Heft des Rh. Museums hat mich bedauern lassen, dass Niebuhr solche Einfälle so unüberlegt in die Welt hineinschreiben kann. Was er über TYPAN sagt, ist doch gar zu komisch, und der Aufsatz über die Hellenika voll von . . . Plato ein Sünder gegen den *Sanctus* Demosthenes! Die Spartanische Mumie hat doch noch eine gewisse Wahrheit, aber was soll ich mir bei jenem denken? Das Hauptargument scheint mir schwach, da ja, wie Lysias g. Agorat zeigt, selbst Kinder, die nach der Schreckenszeit geboren waren, sich zu einer Art Blutrache für die Gerichts-Morde jener Tage verpflichtet glaubten, und die Amnestie also auch 30—40 Jahre später wohl noch in Anwendung kommen konnte. Auf seinen Hauslehrer Grauert (wie vielleicht auf die Bonnische Philologie überhaupt) scheint Niebuhr etwas zu viel zu halten. In dessen Bemerkungen zu Marcellinus finde ich viel Falsches, und was ihm Niebuhr gesagt hat, Pisistratos sei nicht κατὰ δῆμον sondern κατὰ γένος ein Philaide gewesen, und die Demen auf -ίδαι seien alles keine Demen, zeigt grosse Unkunde in den Griech. Alterthümern. Werden Sie nicht Nieb. darauf aufmerksam machen? Die Röm. Geschichte, die nun endlich zu uns gekommen ist, beschäftigt mich sehr viel; es ist doch sehr viel Wesentliches anders geworden. Ich habe doch wohl mit meinen Etruskern freie Hand zu ändern und hinzuzufügen, wie ich will; oder soll ich alle Aenderungen genau angeben und bezeichnen? Auch möchte ich gern den Titel allgemeiner fassen, als er in der Aufgabe ist, da das Buch doch ziemlich Alles, was man von den Etruskern weiss — die genauere Kunde der Bildwerke ausgenommen — zusammenfassen soll. Darf ich das? Max in Breslau wird es verlegen. — Was sagen Sie denn zu Gans' Unverschämtheit in der Recension von Savigny; wird denn nicht Alles, was erscheinen soll, erst dem Comité vorgelegt, und giebt es kein Mittel solcher Arroganz den Weg zu sperren? Heeren hat in einer besondern kleinen Schrift Schlegels Hauptbeschuldigung auf jeden Fall siegreich widerlegt, und Schlegel wird sich doch etwas beschämt fühlen.

Ihr Brief eröffnet gegen Ende mit einem Wort die schöne Aussicht Sie diesen Herbst hier zu sehen, wovon Dissen mir früher gesagt hatte. Nun bin ich zwar durch Versprechen an meine Eltern und meine Frau gebunden, diesen Herbst nach Schlesien zu reisen, und es wäre das Allerverdrüsslichste für mich, wenn ich durch Dies um Jenes kommen sollte. Ich hege aber immer noch die Hoffnung, dass eine gewisse Vereinigung möglich sein wird. Wann düchten Sie denn etwa zu kommen? Dissen ist verhältnissmässig wohl und schreibt bald.

Meine Frau empfiehlt sich Ihnen beiderseits aufs Beste.

In unveränderlicher Treue Ihr COM.

Osanns Critik von Bröndsted stand, glaub' ich, in der Hallischen A.L.Z. Sie war mit F. O. unterzeichnet.

[Berlin,] d. 12. Apr. 27.

Vor einigen Tagen, theuerster Freund, hat mir Ribbentrop Ihren freundlichen Brief gebracht, und hat mir zugleich, wie Sie schreiben, Allerlei erzählt. Ich schreibe heute einige Worte, obgleich nicht in der Absicht den Brief gleich abzusenden, zunächst um das zu beantworten, wovon Sie schreiben, und zwar der Ordnung nach. Wegen des Friedensopfers kann ich kurz seyn. Hekatomb. 6. statt 16. ist in der Staatsh. ursprünglich Druckfehler und daraus in das *Corp. Inscr.* übergegangen; ich habe auch schon längst in den *Addendis* dies berichtigt. In Rücksicht der kleinen Panathenäen stimme ich Ihnen völlig bei, dass sie zur Zeit der grossen gefeiert wurden. Ueber Kruse urtheile ich gerade wie Sie, und über das dritte Heft des Rhein. Mus. weiss ich nichts zu sagen, was Sie nicht gesagt hätten. Es sind mir bei Niebuhrs und Grauerts Sachen ganz dieselben Gedanken eingefallen wie Ihnen. Indessen werde ich mich hüten Niebuhr darauf aufmerksam zu machen, da er zu reizbar und empfindlich ist. Auf den Helm des Hieron muss ich schon noch einmahl zurückkommen und werde freilich Niebuhrs Meinung über ΤΥΡΑΝ weder aufführen noch widerlegen; aber beweisen werde ich so ziemlich, dass das Ding ein Paroemiacus ist, und zwar ein absichtlicher, und werde Niebuhrn, ohne ihn zu nennen, zeigen, dass der Paroemiacus nicht bloss der Schluss akatalektischer Anapästen ist, was ihm wahrscheinlich ein Schüler ins Ohr geraunt hat, sondern dass ihn Kratinos und Tyrtäos massenweise gebraucht, und dass man Sentenzen in denselben gefasst hat, wie in Hexameter und Trimeter, ganz natürlich also auch sententiös abgefasste Inschriften. Ueber die Philaiden will ich doch auch ein Wort sagen, was ich schon vor Ankunft Ihres Briefes abgefasst hatte. Die Römische Geschichte hatte ich zu lesen angefangen; aber es wurde mir etwas schwer, und so habe ich sie einstweilen bei Seite gestellt. Ueber die Etrusker dürfen Sie immerhin disponiren, wie Sie wollen; nur mit der Vorsicht, neuere Schriften nicht zu nennen ohne bei diesen die Zusätze einzuklammern; ich gebe zwar nur meine eigene Meinung, glaube sie aber vertreten zu können. Die Gansische Rec. gegen

Savigny hat mich wegen der nicht zu verkennenden Bosheit unangenehm berührt; indessen ist es nicht möglich in allen Fächern alles zu vermeiden. Allerdings wird alles vorgelegt denen, die da sind; aber ich habe mich nie dazu verpflichtet da zu seyn, und bin bis jetzt in einer einzigen Sitzung gewesen, in welcher Recensionen vorgelegt worden sind. Indem ich aber zugebe, dass Gans malitiös ist und aus Bosheit diese und jene Wendung genommen hat, scheint er mir doch in manchen Stücken, und nahmentlich in dem, was er über Litterargeschichte sagt, Recht zu haben; auch ist ihm überhaupt weder Geist noch Geschick abzusprechen. Nach allem, was ich höre, ist er vielfach gereizt und wird fortwährend gereizt gerade von Savigny's Schülern, und insonderheit missfällt mir, im Vertrauen gesagt, K...'s Betragen in jeder Hinsicht, dem ich überhaupt weder die Kenntnisse noch das Talent wie Gans zutraue, und der mir in allen Dingen mit viel grösseren Ansprüchen aufzutreten scheint, als die er ausfüllen kann, der zugleich überall eine leidenschaftliche Reizung zeigt und, wie ich glaube, diese auch durch Klatscherei nach aussen überträgt und gleichsam herumträgt. Ich meines Ortes befinde mich besser bei der Neutralität, die ich mir seit einiger Zeit gegen alle Partheisachen zum Gesetz gemacht habe, wo sie mit meiner wissenschaftlichen Ueberzeugung verträglich ist; daher kümmern mich weder die juristischen noch die theologischen Partheien. A.W. Schlegel hat allerdings einen ... Pudel geschossen, und ich bin begierig, wie er sich herauszuwinden versuchen wird. Heeren hat mir seine Schrift geschickt; es ist kaum passend, dass ich ihm wieder schreibe, es müsste denn die Laune mir besonders ankommen; einstweilen bitte ich Sie ihm zu sagen, dass ich ihm danken liesse, die Schrift mit Vergnügen und völliger Befriedigung gelesen habe und die beiden andern Exemplare sogleich an den Ort ihrer Bestimmung, an Bopp und Humboldt, und das dritte an die Bibliothek abgegeben hätte.

Wegen der Reise müssten wir denn doch späterhin noch eine besondere Abrede nehmen. Ich weiss nicht, wann Sie abreisen, und wann und wie Sie zurückkehren; und von mir weiss ich ebendasselbe noch nicht. Es wäre mir sehr betrübt

Sie überhaupt nicht zu sehen, auch unangenehm, wenn ich Sie nicht in Göttingen selbst in Ihrem eigenen Hauswesen sehen sollte. Dissen grüssen Sie von Herzen; ich glaube, die Reihe des Schreibens wird wol an ihm seyn. Wird er diesen Sommer ins Bad gehen?

Von mir ist wenig zu sagen. Wenn ich nicht gerade in der Arbeit bin, lasse ich mich sehr unwissenschaftlich gehen, lebe etwas vegetativ und denke also wenig, daher ich auch wenig Gedanken zu schreiben habe. So ist es nun jetzt; denn ich habe gestern den ersten Band des *Corp. Inscr.* im Manuscript geschlossen, nachdem ich die *Addenda* und die Vorrede fertig gemacht habe. Zwar habe ich den Hermann darin widerlegt, doch mit ziemlicher Kälte, indem ich das Ganze schon vorigen Sommer im Concept geschrieben und jetzt nur abgeschrieben habe: völlig abgekühlt, habe ich daher den grössten Theil aller Anzüglichkeiten getilgt, da mich die Polemik ohnehin langweilte, und sein ganzer Kram eigentlich zu schlecht ist. In den *Addendis* habe ich jedoch einige Puncte ausführlich erwogen, nahmentlich die Sigeische Inschrift; in der Vorrede habe ich, um mit Fichte zu reden, einen Versuch gemacht die Leser zum Verstehen zu zwingen, indem ich an der Krissäischen Inschrift und an der kleinen N. 9. desgleichen an einigen andern gezeigt habe, wie man finden müsse, was in einer Inschrift stehe; und so habe ich überhaupt meine ganze Methode in der Vorrede nachgewiesen. Ich bin bei beiden Abschnitten, Vorrede und *Addendis*, frei zu Werke gegangen, und habe stillschweigend mir alles angeeignet, was meine Freunde über die Methode u. dgl. gesagt, und stillschweigend widerlegt, was die Gegner vorgebracht haben, jedoch an seinem Ort auch angegeben, dass ich es so gemacht habe: und so werden Sie sich denn auch wieder darin finden.

d. 13. Apr.

Heute erhalte ich eben einen Brief von Dissen und werde auch diesen noch mit Ribbentrop beantworten. Gans ist mir heute Morgen auf der Strasse begegnet und erzählt mir, dass die Societät, die gestern wie gewöhnlich Donnerstags eine

Sitzung gehalten hat, in der ich wie gewöhnlich nicht war, Sie gern als Mitarbeiter anwerben will. Ich habe früher, um Ihnen eine Verlegenheit zu ersparen, immer gesagt, Sie würden durch die Göttinger Anzeigen so gebunden seyn, dass Sie nicht Theil nehmen könnten; mir wäre es natürlich sehr lieb, wenn Sie Theil nähmen; indessen dringe ich nicht in Sie und überlasse es um so mehr Ihrer eignen Ueberlegung, wie Sie antworten wollen.

Grüssen Sie Ihre Frau herzlich von uns.

Von ganzem Herzen der Ihrige
Böckh.

[Göttingen,] 17. Juli 27.

Ich habe Ihnen lange nicht geschrieben, innigst verehrter Freund, woran mehrere Umstände Schuld waren. Erstens wollte ich immer mit unserm Reiseprojekt ins Reine kommen; ich bin es nun, nämlich so, dass wir es aufgegeben haben. Mit doppelt grosser Freude sehen wir nun Ihrer Ankunft entgegen und bitten Sie dringend, ja recht zeitig zu kommen, spät abzureisen, lange zu bleiben. Dissen wird sich Sie nicht nehmen lassen, und Sie finden ja wohl auch das Leben in seiner Junggesellen-Wirthschaft — die übrigens jetzt viel splendider ist als sonst — ganz behaglich. Ich bitte also nun darum, Ihre Frau Gemahlin nebst Kindern und Kindlein sammt Zubehör beherbergen zu dürfen. Platz ist, denk' ich, genug; sollten Sie es zu eng bei mir finden, so erbietet sich auch die Justizräthin Planck, die uns grade gegen überwohnt, die beiden Knaben zu nehmen. Antworten Sie gütigst recht bald, dass wir Alles anordnen und festmachen können.

Ein zweiter Umstand war, dass ich Ihnen gern etwas über das Local der Auffindung Delphischer Inschriften schreiben wollte, aber immer erst einen Theil Papiere darüber von Kruse zurückerwartete, der sie mir noch nicht geschickt hat. Von dem Dreifuss auf Delphischen Gränzsteinen erinnere ich mich nicht etwas gelesen zu haben. Aber der $\beta o\tilde{v}\varsigma$ $\dot{o}$ $\tilde{\eta}\rho\omega\varsigma$, wenn man so verbinden soll, ist er vielleicht einerlei mit dem $\beta o\tilde{v}\varsigma$ $\dot{\eta}\gamma\varepsilon\mu\dot{\omega}\nu$ bei Xenoph. Hell. VI, 4, 29? Was den Stater von

Aegina betrifft, so sollte ich nach demselben Schriftsteller V, 2, 21 beinahe glauben, dass er nicht viel über eine Drachme gewesen. Für den Mann kann man 3 Obolen bezahlen; giebt man aber weder Mann noch Geld, dann als Strafe 1 Stater. Ist es wahrscheinlich, dass das Strafgeld gleich das Achtfache der Summe betrug, die man sonst hätte bezahlen müssen? Doch ist diese Wahrscheinlichkeitsbestimmung freilich sehr schwankend.

Dass ich die Einladung zu den Berliner Jahrbüchern ausgeschlagen habe, haben Sie mir gewiss nicht übelgenommen; ich habe mich so schon zu sehr zerstreut. Hätte ich freilich gewusst, dass man sich mit dem Raum so wenig zu genieren braucht (Leo schrieb mir, 1 Bogen sei die Regel): so hätte ich mehr gezweifelt. Jetzt muss ich für die Gött. G.A. noch fleissiger als bisher sein; Heeren hat sie übernommen, und ich will ihn gern möglichst unterstützen. Die Vergötterung Hegels in den Jahrbüchern nimmt doch immer mehr zu und schadet gewiss auch dem Institut beim Publicum. Ist Ihnen meine Recension von Thiersch und Meyer in den Wiener Jahrbüchern — wovon 2 Stücke erschienen sind, eins noch erscheinen soll — zu Gesicht gekommen; und wie finden sie denn den Ton? Hirt hat Thiersch schlimmer mitgenommen.

Die Hermannschen Streitigkeiten scheinen ja nun auch nachgrade zur Ruhe zu kommen. Er scheint den Ruhigen spielen zu wollen und setzt in seinen neueren Sachen, wie mir scheint, ungefähr den Ton fort, in dem er früher von Ihnen zu sprechen beliebte. Aber auf Welcker scheint er besonders aufgebracht. Der Eurípid. Ion von Hermann ist doch erschrecklich gehaltlos. Für die Sache nichts Neues, und nun gehen auch Sprache und Metrik bei ihm leer aus, weil er sich in seinen eignen Theorien verfangen zu haben scheint. Hermanns, aber halb und halb auch mein Schüler Sillig scheint in seinem *Catal. artificum* es mit keiner Parthei verderben zu wollen. Aber die Art seiner Polemik missfällt mir sehr. Er polemisirt, was mich betrifft, mit Ansichten, die er nur unvollkommen aus den G.G.A. kennen gelernt, und dann wieder mit solchen, die ich in den *Aeginet.* geäussert, aber hernach, wie er recht gut aus meinen Vorlesungen wissen muss, aufgegeben habe. Dass Sie mit dem *Kleötas* ganz Recht haben, wird er hoffentlich aus meinen Abhandlungen über Phidias, die jetzt bald fertig sind, einsehn, obgleich ich nichts Neues sagen kann.

Wird die Abhandlung von Leonh. Spengel über die Geschichte der Rhetorik bald im Druck erscheinen? Ich bin sehr begierig darauf. Sein Varro ist wegen der Collationen gewiss ein sehr nützliches Buch, obgleich er mit etwas mehr Nachdenken doch gleich hätte viel mehr leisten können, als einen solchen diplomatisch-sinnlosen Text zu geben. Ich glaube, dass man mit weniger Mühe und Aenderung zahlreiche Stellen in Ordnung bringen kann. Ueber die *descriptio* der *sacra Argeorum*, die ich durch eine mehrmalige Veränderung von OS und OIS in CIS (*terticepsois aedem* u. s. w. heisst immer *terticeps cis aedem*) und einiges Andre wiederhergestellt zu haben glaube, habe ich einen Aufsatz ausgearbeitet. Wollen Sie diesen etwa für das nächste Heft des Rhein. Museums haben? Es ist aber ein kleiner Plan der Regionen der Stadt dabei, der nicht gut weggelassen werden könnte; auch kann der Stich nur wenig kosten. Vielleicht könnte ich ihn hier besorgen lassen. — Ist das 4te Heft noch immer nicht heraus?

Was ist denn das für ein Winckelmann, der über den Lykurgos geschrieben hat? Er zapft meine Wenigkeit viel an, meist, scheint es mir, mit Unrecht. Den Bock, bei ἀγορὰ ἐφορία an ἔφοροι gedacht zu haben, habe ich schon früher mit heimlichem Verdrusse corrigirt: doch steht das bei mir nur ganz verloren in einer Note, und mit der Wegnahme dieses Steins fällt das Gebäude gar nicht zusammen. Die Ephoren für eine theokratische Behörde anzusehen, scheint mir, ungeachtet der 9jährigen Beobachtungen, das Umgekehrte des Wahren. In seine Behandlung der Sikyonischen Phylen kann ich durchaus nicht stimmen.

Von Lobeck kommen von Zeit zu Zeit Abhandlungen an, die auch gegen meine Vorstellungen von Mythendeutung gerichtet sind. Wenn der Mann nur nicht zu gleicher Zeit so gelehrt und so ohne Sinn für altes Völkerleben wäre. Alle diese treubewahrten, ängstlich wiederholten Bräuche sind ihm nichts als Narrethei und Carnevalsspass, die Mythen — ... Was wird dann aus der Griechischen Poesie, die solch Zeug immer wieder von neuem ... ausschmückte! Mich juckt es in den Fingern, über das Unbegründete dieser Ansichten zu schreiben; aber ich will mich zurückhalten und dem Mythenwesen eine Zeitlang möglichst aus dem Wege gehn. Lasst sie nur erst was Ordentliches setzen und aufstellen, was in sich begreiflich und zusammenhängend ist; aber vor lauter später Erfindung, Priestertrug u. dgl. kommen sie nie dazu, Reales zu setzen, in dem ein ächter Lebenskeim läge.

Was sagen Sie dazu, dass ich mich nach und nach immer mehr dahin gezogen fühle, die Stelle Herodots über Kreston oder Kroton auf Niebuhrs Weise zu fassen?

Doch genug des Schwatzens. Wie freue ich mich auf die Zeit Ihres Hierseins. Die herzlichsten Empfehlungen von meiner Frau, und an Ihre liebe Frau. Mit ganzer Seele

der Ihrige

COMüller.

Berlin, d. 5. Aug. 27.

Erst vor drei Tagen, theuerster Freund, habe ich Ihren lieben Brief v. 17. d. Mts. erhalten und kann denselben nur kurz beantworten, da ich langes Schreiben wegen eines rheumatischen Uebels in dem einen Schultermuskel nicht vertragen kann. Zuerst wollen wir die gelehrten Sachen abmachen. Den $βοῦς\ ἡγεμών$ aus Xenophon hatte ich schon verglichen, da er mir zufällig bei einer Untersuchung über die Zeit der Pyth. Spiele in den Weg lief. Was den Aeginet. Stater betrifft, wird er aber doch ein Tetradrachmon bleiben müssen, so lange man das Gegentheil nicht beweisen kann. — Leider habe ich die Hefte der W. J. worin Ihre Kritik von Meyer und Thiersch steht, noch nicht gelesen, und da ich jetzt sehr wenig studire und nicht gerne auf die zugige Bibl. gehe, muss ich es vor der Hand noch lassen. Hermanns Ion habe ich Anfangs recensiren wollen, weil etliche absichtliche oder unwissender Weise untergelaufene Entstellungen in der Geschichte über die

Teleonten sind; allein ich habe Gelegenheit bei Teos auf die Sache zu kommen und will es bis dahin lassen. Sillig kommt mir als ein Anfänger vor; seine Kritiken könnte man ihm schenken. Wie gefällt Ihnen der Kallimachos κατατηξί-τεχνος? Wie mir Spengel schreibt, wird er seine Geschichte der Rhet. allerdings bald geben; beim Varro wollte er wol mehr nicht; denn an Nachdenken fehlt es ihm nicht. Ihre Abhandlung wird das Rhein. Mus. gewiss gern aufnehmen; aber über die *Regg. U. R.* hat Niebuhr gewiss seine eigenen Ansichten, und da wünsche ich, dass Sie mit ihm zusammenstimmen mögen; so wie ich wünsche, dass Sie über Kreston nie mit ihm stimmen; denn diese Niebuhrsche Ansicht glaube ich nimmermehr. Der Winckelmann ist ein arroganter Mensch, der etliche Jahre im Seminar gewesen ist und sich nachher dem Stuhr ergeben hat, dass er ihm den Kopf verdrehe. Ich habe ihm Glück dazu gewünscht, da die Einwendungen nichts halfen, nahmentlich über die Sikyonischen Stämme. Es giebt jetzt curiose Subjecte: gewiss ist von der entgegengesetzten Seite Lobeck eines der curiosesten; seine Schüler sagen, er hätte grosse Ideen; ich kann sie aber nicht finden. Voss wird noch eine Zeitlang in ihm spuken. Wegen der lyrischen Tragödie soll er doch nicht ohne Antwort davon kommen; was er darüber sagt, erinnert mich an das Platonische ἄκρῳ ταῖς χερσίν: damit muss ers fassen können; sonst geht es nicht.

So weit habe ich vor etwa 6—7 Tagen geschrieben und nicht weiter schreiben können, weil mir lauter kleine Geschäfte in den Weg kamen. Mittlerweile ist mir Ihre Recension des Rose in die Hand gekommen, die recht zweckmässig ist und das Gute anerkennt, aber das Geringfügige des Ganzen auch hervorhebt. Wie ich höre, ist auch eine Hallische Recension der Dorer da, worin Lange tüchtig abgefertigt wird; aber auf der Universität ist sie entweder noch nicht, oder Lange hat sie brühwarm wegstipitzt. — Mit dem *Corp. Inscr.* geht es erbärmlich langsam; es sind noch immer vom letzten Hefte nicht über 40 Bogen gedruckt, und ich schlage das Fehlende auf ebenso viel an, da mir die *Addenda* durch neuliche Zusendung neuer Inschriften gewaltig angewachsen sind. Diese Zusendungen haben mir viel Mühe gekostet und mir, da ich sie (an 500—600 Stück) rasch durcharbeiten musste, fast eine Krankheit zugezogen. Es sind darunter einige merkwürdige verloren gegangene Psephismen, die Bundesacte zwischen Athen und Erythrä aus Kimons Zeit etc. aber scheusslich abgeschrieben, dagegen auch Abschriften von Choiseul'schen Steinen, die einen ganz reinen Text geben, weil sie früh genommen sind, während die Steine jetzt unleserlich sind. Ich gedenke mein Ms. so weit es nicht gedruckt ist, mitzubringen, damit Sie mir etwa Bemerkungen mittheilen können. In den Papieren, die ich erhalten habe, ist auch das Potidäische Epigramm etwas vollständiger; Thierschs Supplemente fast nirgends bestätigt, dagegen im 2ten Vers $\sigma\eta\mu\alpha\acute{\iota}\nu\epsilon\iota\nu$ $\dot{\alpha}\varrho\epsilon\tau[\acute{\eta}\nu$, wie ich ungefähr Thierschs Ergänzung verändert habe.

Was unsere Reise betrifft, so habe ich nun nach Ihrem Briefe den Plan ganz geändert. Da ich glaubte, Sie wollten verreisen, so wollte ich gleich zuerst nach Göttingen kommen um Sie noch zu treffen; da Sie aber nicht reisen, so ist es zweckmässiger, dass ich zuletzt nach Göttingen gehe, wenn Sie Ferien haben, und zuerst aufs Land, während die Witterung noch besser ist. Demnach werde ich wol erst Mitte Septembers nach Göttingen kommen. Für Ihr freundschaftliches Anerbieten meine Familie zu beherbergen bin ich Ihnen vielen Dank schuldig; allein es ist zu viel; bedenken Sie, dass ohne mich es 5 Seelen sind; wäre es möglich gewesen so zu theilen, dass ich und meine zwei ältern Söhne zusammenkämen, und meine Frau nebst den übrigen wieder zusammen bei Ihnen wären, so würde die Last geringer, vielleicht erträglich gewesen seyn. Ueberdies sind noch andere Bedenken da, weshalb ich meine Freunde nicht belästigen mag damit, dass wir bei Ihnen wohnen. Wir hatten uns gleich von Anfang vorgenommen in der Krone zu wohnen, und das wird auch das Beste seyn. Ueber 8 Tage werde ich freilich nicht in Göttingen bleiben können: hätte meine Schwiegermutter noch ihr eigenes Hauswesen wie ehemals, dann würde ich gern 4 Wochen einmal dort seyn, weil ich Niemandem zur Last wäre und doch meine behagliche Wohnung hätte.

Dieses habe ich wieder vor 4 Tagen geschrieben und will nun heute das Ende machen. Ich habe gehofft unterdessen noch die Wiener Jahrbücher zu bekommen, die mir Jemand zu heute versprochen hatte; ich habe sie aber nicht erhalten. Was die hiesigen Jahrbücher betrifft, so nehme ich so gut als keinen Antheil daran; ich gehe in keine Versammlung, und besonders die Recensionen von Leo . . . und die . . . von Marheineke schrecken mich zurück. Ich hätte schon aufgekündigt; aber ich halte es für zu kleinlich auf der Ausstreichung meines Nahmens zu bestehen, wiewohl ich vielleicht doch wieder darauf zurückkommen werde. Dass dem Streuen des Weihrauches für Hegel möchte einiger Einhalt gethan werden, darauf habe ich aufmerksam gemacht. Uebrigens wird Hegel jetzt hier von allen Seiten attakirt, und zwar auf eine plumpe und ungerechte Weise, während er gerade anfängt sich zu mässigen; alle dergleichen leidenschaftlichen Angriffe sind mir so zuwider, dass gerade nichts mehr als diese mich mit ihm aussöhnen. Und es ist gerade nicht zu verkennen, dass diejenigen, die gegen ihn Parthei machen, von einer blinden Leidenschaft hingerissen sind, die ohne alles Maass ist, und dass es ihnen nicht um die Sache, sondern bloss um Persönlichkeit zu thun ist.

Diesen Sommer habe ich endlich auch Clintons *F. H.* gelesen, die Sie unterdessen ohne Zweifel auch gesehen haben. Die Arbeit ist fleissig; dennoch halte ich vieles, besonders in den einzelnen Untersuchungen, die angehängt sind, für ganz falsch und bloss verführerisch aufgeschminkt, wie das über die Pythia und über das Leben des Demosthenes, und noch manches Andre, was mir bei einer Untersuchung über die *Archontes* ψευδεπ. vorgekommen ist, die ich diesen Sommer gemacht habe um die wunderlichen Vorstellungen zu beseitigen, die darüber im Schwang gehen. Es ist ein schwieriges Ding; aber ich denke dem Fass den Boden ausgestossen zu haben, und bin dabei noch auf allerlei merkwürdige Dinge gekommen, und will nahmentlich evident beweisen, dass die zwei ersten Decrete bei Demosth. *de corona*, obgleich ächt, doch ganz falsch an diesen Stellen eingeschoben sind, wohin sie gar nicht gehören.

Doch ich will endlich aufhören zu schwatzen. Grüssen Sie Ihre liebe Frau von Herzen von uns, so wie den guten Dissen, und leben Sie recht wohl.

Mit der herzlichsten Liebe und Freundschaft
stets der Ihrige
Bh.

Buttmann ist wieder hier; das Töplitzer Bad hat ihm wenig oder nichts geholfen.

Berlin, den 16. Octbr. 27.

Nur wenige Worte, theuerster Freund, zunächst um Ihnen den Ueberbringer, den Stud. Brockhausen zu empfehlen, und zugleich zu bitten, dass Sie diese Empfehlung für ihn auch bei Dissen anbringen mögen. Nachträglich schicke ich Ihnen zugleich den Lectionskatalog; wiewohl ich wahrscheinlich ihn gleich noch einmahl abdrucken und mit dem Uebrigen zusammen an Sie abgehen lassen werde. Der Brockhausen ist ein sehr guter Mensch, hat schon ziemlich lange studirt.

Ihre Abh. *de Phidia* habe ich mit wahrer Bewunderung der Klarheit, Sicherheit und Tiefe gelesen; Hirt ist auch davon erbaut, wiewohl er mir gestern mit neuer Ueberzeugung vorgetragen hat, er werde nie glauben, dass die Giebelbilder aus Phidias Zeit seien. Beinahe hat er auch einigen Eindruck auf mich gemacht. Auch Ihre Anzeige in den Gött. G. A. habe ich sorgfältig gelesen. Ich denke, dass wir jetzt bald auch besser bei der Bibliothek versehen seyn werden. Der König hat jetzt den jährlichen Etat für den Bücherankauf auf 7000 ₰ gesetzt und ausserdem für die nächsten 5 Jahre noch jährlich 3000 ₰ bewilligt um das Versäumte nachzuholen.

Nehmen Sie von mir und meiner Frau und allen den Meinigen den lebhaftesten Dank für Ihre viele Güte für mich und uns alle. Meine Frau dankt noch insbesondere für den Brief, der sie überredet haben würde, wenn er früher angekommen wäre. Tausend Grüsse noch besonders von ihr und uns allen an Ihre theure Frau.

Ihre Nebukadnezar-Abh. werden Sie nun wol gedruckt haben; auch die übrigen Sachen im letzten Hefte des Rhein. Mus. (von dem ich übrigens als Redacteur wol ausscheiden werde) sind nicht übel; wiewohl die Grauertsche Abh. über Arat einige Mängel hat.

Mit meinem Augenübel geht es besser; doch muss ich mich noch hüten. Die Recidive werden immer geringer, und im Ganzen ist das Auge gut.

So viel für heute. Leben Sie wohl. Herzliche Grüsse an Dissen!

Von ganzem Herzen
der Ihrige
Bh.

[Göttingen,] 1. Jan. 28. am 4. abges.

Dies Vierteljahr, mein verehrter Freund, ist ziemlich ohne Correspondenz hingegangen, indem wir gewissermassen noch von Ihren Mittheilungen und Gesprächen im Herbste in der Erinnerung zu zehren hatten. Jetzt ergreife ich die Feder mit dem Vorsatz, durch eignes Schreiben Sie wieder zu längeren Briefen herauszulocken.

Ihr Briefchen vom 16. October habe ich erhalten und danke Ihnen dafür. Dem Brockhausen gefällt es recht gut hier, wie er mir sagt. Mich besucht er bisweilen; öfter ist er mit Höck zusammen. Das Auge wird nun hoffentlich schon lange ganz gut sein.

Ich seufze jetzt unter dem Druck der Etrusker, obgleich er lange noch nicht schnell genug geht. Zu Ostern werde ich schwerlich fertig, da es doch wohl an 55 Bogen werden. Meine Werke ziehen sich immer mehr in die Länge, als es mein ursprünglicher Plan war. — Die Etruskischen Buchstaben, um die ich Sie bitten wollte, würden mir, wie ich jetzt sehe, wenig helfen, da die vorkommenden Formen zu mannigfaltig sind; ich werde mir durch eine Kupfertafel zu helfen suchen.

Die Abhandlung über die *Argei* habe ich Böttigern für die Neue Amalthea gegeben, erstens weil mir dran lag, diese bei Max herauskommende Zeitschrift nach Kräften zu unterstützen, dann weil ich doch fürchtete, dass einige Abweichungen von Niebuhrschen Annahmen übel aufgenommen werden würden, endlich weil, wenn Sie von dem Rheinischen Museum scheiden, ich auch keinen besondern Zug dahin fühle. Niebuhr ist doch zu fanatisch, als dass man nicht immer fürchten müsste es mit ihm zu verderben. Böttiger dagegen ist zum Redacteur einer Zeitschrift wie geschaffen.

Bei Gelegenheit der Etrusker ist mir Einiges, was Griechische Inschriften betrifft, in die Hände gekommen. Erstens sehe ich, dass Niebuhr R. G. I. S. 160 (1827) die angeblich Messapische Inschrift bei Lanzi *Sagg. II* p. 620 für altgriechisch erklärt. Ob er sie wohl lesen kann? Sie steht deutlicher und genauer in Galateus *Antt. Iapygiae, Thesaur. Antt. Ital. IX, VI p. 26:* aber ich habe mich umsonst gemüht etwas Griechisches herauszulesen. Wie werden Sie es damit halten?

In demselben *Thes. Antt. Ital.*, in *Valeriani Antiquit. Bellunenses, T. VI, p.* 4 ist ein angeblicher *terminus, ubi Juliam Albam versus Alpes transcenderis* stehend, mitgetheilt, dessen Inschrift sein soll:

ΤΡΟΙΑϞ	ΠΕ	ΤΟΥΟΥ	ΔΙΑΒΑΕ
ΑΛΟΥ	ΡΑΣ	ΑΙΝΕ	ΝΟΝ
ΣΗΣ		ΤΟΥ	ΤΟΣ

Ist sie Ihnen bekannt, und halten Sie es für einen blossen Betrug?

Derselbe Valerianus theilt p. 9 eine Inschrift auf C. Fl. Hostilius mit, wo unter sechs lateinischen Zeilen steht:

V ϝ
ΓΡΙΓΟΡΙΧΑΙΡΕ
ΟΡΕϹΙΑΕΙ
ΜΝΗΜΩΝ

Vielleicht sind Ihnen diese *Quisquiliae* lange bekannt; doch können sie an dem Ort, wo sie stehn, auch leicht verborgen bleiben.

Dass βοῦς ἡγεμών auch bei Athenäos VI, p. 235b vorkommt, haben Sie wohl bemerkt.

Corpus Inscr. p. 446 Col. 2 oben finde ich, dass Sie den Eleus. Hohenpriester Timotheos aus Ptolemäos Lagi's Zeit in die Vespasians versetzen. — Es ist an dem Werke Alles so vollkommen, dass, wenn ich auch nur ein ganz kleines Versehen finde, ich mich beeile es Ihnen anzuzeigen.

Joseph Max in Breslau hat mich gebeten, ihn Ihnen zu empfehlen. Er ist gewiss ein unternehmender und liberaler Mann und möchte gern etwas für die Litteratur in seinem Fache, als Buchhändler, leisten. Wenn Sie daher einmal einen Verleger brauchen: so wünscht er sehr, dass Sie an ihn denken möchten.

Doch ich eile, diesem in lauter kleine Stücke zerrissenen Briefe ein Ende zu machen, indem ich Sie bitte, mich Ihrer lieben Frau (hütt' ich mich eher mit einem Briefe an sie gewendet!) und Ihrer ganzen Familie zu empfehlen (an den lieben Kleinen denken wir häufig; besonders an die Ruinen) und mich selbst lieb. zu behalten, wie im alten Jahre. Meine Frau bittet um Gleiches. Dissen grüsst und verlangt sehr nach Briefen. Er ist diese Feiertage gar nicht wohl gewesen, obgleich er an keinem besondern Uebel leidet.

Von Herzen
Ihr
COMüller.

Berlin, den 9. Jan. 28.

Ihr lieber Brief, theuerster Freund, hat mich sehr erfreut, und ich habe mir gleich heute, nach dessen Empfang, den gesammten Inhalt in Ueberlegung genommen, habe jedoch darüber wenig zu schreiben, was ich gleich vorweg thun will. Den P. Valerianus habe ich schon benutzt; die Inschrift von Julia Alba habe ich jedoch gleich unter die untergeschobenen gelegt und kann mir nicht vorstellen, dass daran ein gutes Haar ist. Die Messapische von Basta habe ich auch bei Seite gelegt und bin für meine Person überzeugt, dass sie nicht Griechisch ist. Niebuhr hat mir schon einmahl gesagt, sie sei Griechisch; aber er konnte nichts davon lesen. In der

Vorrede habe ich diese und die Phrygische, die Osann für Griechisch erklärt, als solche angeführt, die ich als nicht Griechisch ausgelassen hätte, aber in der paläographischen Abhandlung einigermassen behandeln würde. Die Stelle über den βοῦς ἡγεμών bei Athenäos hatte ich zwar oft gelesen, aber zu Zeiten, wo ich an Delphi nicht dachte; auch kommt nichts darauf an, da sie doch nicht auf Delphi bezüglich ist. Sehr ärgerlich ist mir aber das Versehen mit dem Timotheos; da ich doch einmahl einen Carton zu Fasc. II habe machen lassen, will ich auch dies noch tilgen, da ich zumahl auf demselben Blatte noch etwas zu bessern habe. Das neueste Heft vom Rhein. Mus. habe ich noch nicht gesehen, höre aber, dass doch Welckern der Zutritt verstattet worden ist. Gegen das letzte Heft (vor diesem) werde ich leider auftreten: ich wollte nehmlich an Grauerts Abhandlung über den Arat etwas verbessern, und darüber bin ich dazu gekommen die ganze Abhandlung umzustossen. Ob das Niebuhr auch übel nehmen wird, muss sich zeigen; da ich dem Grauert nicht wehe thun will, habe ich ihm meine Abhandlung, die vor einen Lect. Katal. kommt, im Ms. zugesandt. Auf Ihre Abhandlung in der Amalthea bin ich sehr begierig, da mir zumahl deren Inhalt ganz entfallen ist. Nach den Etruskern, wie überhaupt nach Ihnen und Ihrer Thätigkeit werde ich sehr oft gefragt. Für die Güte Ihres Verlegers Max danke ich sehr; sehr gerne würde ich mit ihm in Verbindung treten; aber ich habe die Lust am Schreiben verloren und weiss nicht, wann ich wieder an etwas Neues gehe. Das *Corp. Inscr.* macht mir zu viel Mühe und Sorge, und die Arbeit ist um so unangenehmer, da sie kein Ende und Ziel hat; denn immer kommt wieder Neues. Nicht einmahl einen Band kann man abschliessen, ohne dass schon wieder neue Nachträge, die hineingesollt hätten, nachgeliefert werden oder ungekündigt werden, ohne dass sie zeitig genug kommen. Indessen werde ich nicht warten, sondern den ersten Band nun in Zeit von einem Monath schliessen.

Hirt will durchaus seine Meinung durchfechten, dass die Bilder im Giebel des Parthenon nicht von Phidias seien. Er hat eine Recension von Ihrem Phidias gemacht, die er mir in diesen Tagen vorlesen will; ich glaube nach seinen Aeusserungen, dass er Sie höchlich anerkennen wird, nur dürfen jene Werke nicht von Phidias seyn! Er hat in der letzten Zeit viel Verdruss gehabt, hält sich aber doch. Erst hatte er ein grosses Leiden mit seinem Adoptivsohne, wie man ihn wohl nennen kann, ... einem jungen Maler Mila, der Rauchs Tochter geheirathet hatte, und vor ... Eifersucht die tollsten Streiche machte, so dass sie wieder geschieden worden sind; dann ging ihm eine Recension seiner Ingenheimischen Vase in Jahns Jahrbüchern im Kopfe herum; ferner hatte er einen fatalen Streit über einen von Bunsen für das Museum gekauften Raphael, den er für ein Jugendwerk erklärt, was die andern alle durchaus nicht gelten lassen wollen; und endlich entstand ein Skandal über die Inschrift am Museum, die er, wider meinen Rath, während ich verreist war, hatte setzen lassen, und die man nachher zur Verbesserung an die Akademie wies. Ich habe mit Wilh. v. Humboldt nun eine andre vorgeschlagen, hoffe aber, dass der König durch Hirts Vertheidigung sich überzeugen lassen wird, und so die Hirtsche doch stehen bleiben wird.

Dem Hermann will ich einen neuen Beweis meiner Unpartheilichkeit geben. Bernhardy hat eine Rec. seiner *Opuscula* für die Jahrbücher gemacht, worin er über Gebühr Ehre und Recht erhält, selbst wo er Unrecht hat; ich will sie jedoch ohne Weiteres drucken lassen. Ich selbst bin das Recensiren so müde, dass ich ernstlich daran denke mich von den hiesigen Jahrbüchern nächstens loszusagen.

Mein Neffe, der hier studirt, hat eine Bearbeitung der Fragmente des Archytas vor und kann die zwei sehr seltenen Schriften, deren Titel beiliegen, nicht bekommen. Haben Sie doch die Güte sie mir zu schicken, wenn sie in Göttingen zu finden sind. Auf Veranlassung meiner Zuhörer habe ich einen Steindruck von meinem Gesichte machen lassen, wovon ich Ihnen zwei Exemplare, eines für Sie und das andere für Dissen, um einen Rollenstock, der anbei erfolgt, gewickelt übersende.

Der Bruder Ihrer lieben Frau hat uns neulich einmahl besucht; ich hoffe ihn noch öfter zu sehen, als bisher der Fall gewesen ist.

Sie haben mir einmahl geschrieben, dass mir die Gött. Soc. die Ehre erzeigen wolle mich zum Mitgliede zu ernennen. Ich halte mich zwar aller solcher Ehrenbezeigungen ziemlich unwürdig, und am meisten dann, wenn ich eben einen solchen Pudel gefunden habe, wie mit dem Timotheos: indessen, da Sie mir einmahl davon gesprochen haben, so möchte ich doch wissen, ob noch zu erwarten ist, dass es geschähe, oder ob es nicht durchgegangen sei. Die hiesige Akademie will sich durch Vereinigung der Classen, je zwei und zwei, organisiren; die philosophische soll mit der historisch-philologischen vereinigt werden. Ich habe die Abhandlung über die ψευδεπωνύμους in den Schriften der Akademie durch eine lateinische fortgesetzt; der erste Bogen ist gedruckt, die andern werden vielleicht in etlichen Monathen gedruckt werden, wo ich sie dann schicken will. Wenn auch kein ganz reines Resultat herauskommt, so denke ich soll doch für die Dem. Rede *de corona* etwas herauskommen, was neu ist und stehen bleiben wird. Bis diese Abhandlung fertig ist, wird wol auch die über den Arat gedruckt und der Fascikel des *Corp. Inscr.* fertig sein, so dass ich dann alles zusammen schicken kann.

An Dissen will ich in diesen Tagen auch noch schreiben; es ist mir nicht viel besser als ihm in den Feiertagen gegangen; ich habe vierzehn Tage Zahnweh gehabt, bis ich endlich meinen schönsten Zahn habe ausziehen lassen.

Wir sind alle noch voll von Ihnen, und meine Frau voll der zärtlichsten Anhänglichkeit an Ihre liebe Pauline. Richard gedenkt auch noch mit uns Ihres prächtigen kleinen Mädchens. Meine Frau lässt Sie beide recht herzlich und innig grüssen. Es thut mir noch leid, dass mein Augenübel mir den Göttinger Aufenthalt zum Theil verdorben hat; es ist nun wohl gehoben, doch muss ich mich immer noch in Acht nehmen.

Ich schliesse den bunten Brief, der etwas klatschhaft geworden ist und wenig enthält, worüber man sich freuen könnte. Grüssen Sie auch von mir Ihre Frau herzlich.

Ewig der Ihrige

Böckh.

Ich habe in diesen Tagen eine Rec. meiner Inschriften in den H. J. B. von einem C. Fr. Hermann gelesen. Der junge Mann ist nicht gerade dumm noch unwissend; aber die Leute können gar nicht begreifen, wie man den Gegenstand behandeln muss, und dass man bei solchen Monumenten nicht alles ganz sicher machen kann.

[Göttingen,] 6. Febr. 28.

Vielen Dank, verehrtester Freund, für Ihren lieben Brief, und besonders für das Porträt, welches ich, besonders dem geistigen Ausdrucke nach, sehr gut getroffen und geistreich aufgefasst finde. Es wird schon morgen in meiner Arbeitsstube paradiren. Wie die Savignianer gewöhnlich den *Savinium* als eine *sanctiorem animam* mit frommen Gelübden verehren: so habe ich nun auch etwas für mein *lararium*.

Sie nehmen kleinliche Bemerkungen, wie die über den Timotheos, wirklich zu schwer. Was sollte ein armer Schelm, wie ich, machen, wenn er sich jedes Versehen so zu Herzen gehen lassen wollte. Und lassen Sie sich nur ja nicht die unsägliche Mühe, die das C. I. kostet, verdriessen; sie wird Ihnen gewiss auch von recht Vielen gedankt. — Ich bin erstaunend begierig, die Delphischen Sachen gedruckt zu sehen.

Von den beiden Schriften über Archytas haben wir die eine, die ich, da sie klein ist, gleich in den Brief lege. Da Ihr Herr Neveu sie wohl nicht sehr lange braucht, hab' ich auf der Bibliothek nichts erst von einer Versendung gesagt, sondern sie blos auf meinen Namen geliehn.

Wie erscheint denn die Abhandlung über den Arat? Ganz abgesondert? Dass Niebuhrs Liebling auch einmal eine andre Beurtheilung erfährt, finde ich ganz billig. Welcker war mit seinem Betragen gegen ihn keineswegs zufrieden.

Hirts Verdrüsslichkeiten gehn auch mir zu Herzen. Die Mila'sche Geschichte muss nach dem, was der Ruf hieher gemeldet hat, gräulich sein, und die Schuld ist ja wohl ganz allein auf seiner Seite. Ich habe einen Trostbrief von Göthe an Rauch gelesen, der, bei aller Bequemlichkeit und Behaglichkeit beim Trösten, doch mir sehr gefallen hat. Hirts Erwiderung auf meine Abhandlung wird, auch wenn sie recht bestimmt auftritt, mir doch sehr lieb sein. Ist Bunsen noch in Berlin, und kommt er gar nicht hieher? Ich hoffte etwas über die Tarquinischen Nachgrabungen von ihm zu erfahren. Wissen Sie vielleicht über die dort gefundenen Inschriften etwas? Meine Etrusker gehn mir nicht schnell genug; ich habe erst 15 Bogen, und 50 werden es wenigstens.

Es ist mir sehr lieb, dass Sie die kleine Ehre, die Ihnen unsre Societät erzeigen kann, gut aufnehmen werden. Doch muss man dabei die gewöhnliche Wahlzeit abwarten. Sollte es Heeren wieder vergessen: so bin ich jetzt auch schon lange genug darin, um es in Vorschlag bringen zu können.

Die herzlichsten Grüsse von meiner Frau und mir an Sie und Ihre liebe Frau.

Dissen befindet sich erträglich und hat sich des Briefes und Bildes sehr gefreut. Immerdar

Ihr

Müller.

Berlin, den 16. Febr. 28.

Herzlichen Dank, theuerster Freund, für den Archytas, der hierbei wieder zurück erfolgt, nachdem ihn mein Neffe abgeschrieben hat; er wird ja wohl nicht zu lange ausgeblieben sein. Eben so danke ich Ihnen für die freundliche Aufnahme meines Bildes, dem Sie grosse Ehre erweisen, grössere als in meinem Hause geschieht, wo noch keines hängt. Die Abhandlung über den Arat schicke ich etwa in vier Wochen; es ist aber bloss ein kleiner Wisch vor dem Lectionskatalog: denn die ganze Geschichte ist sehr kurz abgemacht, und ich hatte die Untersuchung nur unternommen um zu wissen, was an der Sache sei, und so gefunden, es sei nichts daran. In diesen Tagen habe ich die Abhandlung über die $\psi ε υ δ ε π ω ν ύ μ ο υ ς$ in der Correctur gehabt, die mir unsäglichen Widerwillen erregte, da die Sache höchst intricat und das Ergebniss gering ist. An dem *Corp. Inscr.* habe ich in der letzten Zeit vor lauter Correcturen desselben nicht arbeiten können, und es ist auch gut etwas zu pausiren. Auch das hat mich davon abgehalten, dass ich verschiedene kleine Sendungen von ungedruckten Inschriften erhalten habe, Sicilische, Delische, Halikarnassische; die letztern sind nicht unbedeutend; nahmentlich ist darunter ein Verzeichniss der Priester des Poseidon vom Ursprung der Stadt an, nehmlich seit der Trözenischen Colonie: der erste ist, *mirabile dictu*, Telamon der Sohn des Poseidon. Dies Register ist nach der Inschrift aus einer alten Stele auf Volksbeschluss neu eingehauen worden. Anthas ist darin nicht Poseidons Sohn: auf Telamon, der 12 Jahre Priester war, folgt Antidios Telamons Sohn 27 Jahre; dann Hyperes Telamons Sohn 9 Jahre, Alkyoneus Telamons Sohn 12 Jahre, Telamon Antidios Sohn 22 Jahre, Anthas Alkyoneus Sohn 19 Jahre. Diese Liste scheint mir ein Unicum; ich erinnere mich nicht dergleichen gesehen zu haben. Ein Priester bringt mich auf den andern, ich meine den Timotheos. Meine Empfindlichkeit über solche Versehn steht ziemlich fest; dergleichen sollte eigentlich nie vorkommen, so leicht es begegnet, wenn man eben mit etwas Anderem beschäftigt auf eine solche Stelle stösst. Wenn Sie mich auf sich verweisen zum Trost, so bekenne ich, schon vor der Nachricht über den Timotheos bei andern Gelegenheiten Trost bei Ihnen gesucht zu haben, indem ich in den Prolegg. zur Mythol. nachsah, ob Sie dergleichen auch zu berichten hätten. Ich weiss nicht mehr, wie der Trost damals ausfiel.

Von Hirts Recension über Phidias habe ich nichts mehr gehört; er war eine Zeitlang unpässlich, und jetzt leiden alle meine Kinder an einer Art von Stickhusten; ich werde ihn also schwerlich in den nächsten Tagen sehen. Sehr moderat wird er gewiss gegen Sie seyn; denn er ist sehr eingenommen für die Abhandlung und muss nur seine Behauptung vertheidigen! Bunsen wollte schon lange täglich abreisen; vor 8 Tagen war er noch hier und wird es wohl noch seyn. Ich habe ihn nur einmahl gesprochen und weiss daher nicht, wie er seine weitere Reise geordnet hat. Eigentlich wollte er, im Vertrauen gesagt, gerne hier bleiben ... Er hat das unbedingte Zutrauen des Königs, aber auch Gegner, die unverhohlen über ihn sprechen: von denen ich dies eben weiss. — Dass der Druck der Etrusker langsam geht, lässt sich denken; desto weniger sind Sie von Correcturen geplagt; das ist auch ein Vortheil.

Ihren Schwager habe ich seit seiner Anwesenheit wenig gesehen, doch vor 8 Tagen einmahl bei uns gehabt. Es ist aber von ihm nicht viel über Sie zu hören.

Meine Frau lässt Sie und Ihre liebe Frau mit mir herzlich grüssen. Auch bitte ich Dissen recht sehr zu grüssen.

Von ganzem Herzen
der Ihrige
Böckh.

Ich nehme mir die Freiheit eine kleine Einlage an meine Schwiegermutter beizulegen.

Berlin, d. 17. Juni 1828.

Seit langer Zeit, theuerster Freund, bin ich in Ihrer Schuld. Hundertmahl habe ich daran gedacht, dass ich Ihnen zu der Geburt Ihrer jüngsten Tochter Glück wünschen müsste, nachdem Ihr Schwager mir sie angezeigt hatte; aber ich kam nicht zum Schreiben, bald aus diesen, bald aus jenen Gründen. Vor vierzehn Tagen vielleicht habe ich Ihnen das letzte Heft des *Corp. Inscr.* und andere Kleinigkeiten geschickt, und ermüdet von allen Päckereien, die ich abzufertigen hatte, war ich wieder verstimmt zum Schreiben. Hoffentlich wird nun Ihre liebe Frau wieder völlig hergestellt seyn und sich mit der Kleinen wohl befinden. Gottlob steht es bei uns auch wieder so ziemlich, wiewohl man der Sorgen nie ganz ledig wird, wenn man, wie meine Frau und ich, dazu hinneigt. Ueberdies bin ich die letzten vierzehn Tage ganz verdriesslich über meine gewöhnlichen Notharbeiten, die mich hindern das zu thun, was ich gern möchte. Ich habe nahmentlich in diesen Tagen wieder eine Vorrede zum Lectionskatalog schreiben müssen und habe dazu den Areopag noch einmahl vorgenommen, über den Meier im Rh. Mus. eine Abhandlung geschrieben hat, die zwar auf einem feinen Unterschiede zwischen Gericht und Rath beruht, übrigens aber nicht fein genug ist. Wenn man die Stellen genauer auslegt, ergiebt sich die Sache ganz anders.

Aus Versehn ist seit vier Wochen ein Brief an Höck bei mir liegen geblieben, welchen ich mir nun erlaube hier beizuschliessen. Ein alter Freund von mir, welcher in Clausthal Bergsecretär und Lehrer an der dortigen Bergschule ist, der Dr. Zimmermann, hat einen Sohn, welcher in Göttingen Philologie studirt. Sein Vater hat mich gebeten seinen Sohn Ihnen und Dissen zu empfehlen; ich habe daher dem Vater Karten zur Empfehlung an Sie beide geschickt und bitte Sie darauf Rücksicht zu nehmen. Die Mutter des jungen Mannes ist Creuzers Stieftochter; der Vater ist in Heidelberg mein herzlichster Freund gewesen, und ich habe viele Jahre mit dieser Familie in der innigsten Verbindung gestanden; Sie werden mich daher sehr verbinden, wenn Sie dem jungen Manne etwas Angenehmes erweisen können, und ich bitte Sie, Dissen dasselbe zu sagen.

Weiter habe ich heute nichts auf dem Herzen. Hoffentlich werden nun bald Ihre Etrusker ankommen. Bei Gelegenheit derselben fällt mir ein, dass neulich Schleiermacher mich fragte, was über den Druck derselben beschlossen sei, indem sich nichts in den Acten finde. Ich konnte über den officiellen Gang der Sache keinen Aufschluss geben und weiss nur, dass ich Ihnen geschrieben habe, es hätte kein Bedenken, dass Sie die Schrift in Verlag gäben. Sollten Sie indess dies so verstanden haben, dass es ohne weiteres geschehen könne, so habe ich Sie irre geführt; und wenn Sie mit dem Secretariat der Akademie darüber nichts verhandelt haben, so wird es doch nöthig seyn, dass Sie nachträglich schreiben, Sie hätten geglaubt, Sie könnten die Schrift ohne weiteres drucken lassen, und bäten daher die Akademie, Ihre getroffene Anordnung zu genehmigen. Eigentlich war die Akademie verpflichtet die Abhandlung drucken zu lassen: gewöhnlich thut sie dies aber so, dass sie den möglichen Vortheil des Verfassers befördert und zum Druck einen Zuschuss giebt, wofür sie eine Anzahl Exemplare erhält. Letztere wird sie nun wohl doch erhalten müssen; und hier fragt sich, ob Sie nicht noch dafür einen Zuschuss zu den Kosten erhalten müssen. Am besten wäre es, wenn Sie deshalb an Schleiermacher schrieben.

Grüssen Sie Ihre liebe Frau von Herzen, sowie auch Ihren Hrn. Schwiegervater, von welchen mir heute Mad. Haizinger-Neumann sehr viel Liebes erzählt hat.

Von ganzem Herzen wie immer
der Ihrige
Böckh.

[Göttingen,] 8. Juli 28.

Schon lange sehn' ich mich, mein innigst verehrter Freund, an Sie zu schreiben, aber habe noch immer nicht dazu kommen können, hauptsächlich meiner Vorlesungen wegen, die mich in diesem Sommer mehr als je beschäftigen. Ich lese diesmal 3 *privata*, und darunter 2 neue Collegia, eine comparative Darstellung der Griechischen und Lateinischen Sprache, und ein andres *de arte tragica*. Zu so kühnen Unternehmungen haben meine begonnenen Arbeiten über Athen mir Lust gemacht und mich gewissermassen hingetrieben. Ich will versuchen, ähnlich wie in den Doriern, nur hoffentlich besser, die Einheit des Athenischen Lebens, in der Gemeine und im Hause, in der Kunst und Wissenschaft, in der Rede und jeder andern Aeusserung, und zugleich den Zusammenhang in den überall in der Zeit des Peloponnesischen Kriegs eintretenden Veränderungen darzulegen. Einiges Ansprechende glaube ich schon für diesen Hauptzweck der Arbeit gefunden zu haben; aber je mehr ich hineinkam, um desto mehr sah ich, was ich noch für weitläuftige Studien machen müsste, um auch nur in dem beschränkten Raum, den ich mir vorgesetzt habe, mit Sicherheit zu wandeln. Daher lebe ich jetzt in Untersuchungen über sog. allgemeine Grammatik, comparative Sprachkunde, Geschichte der griechischen Sprache, von denen ich noch nicht recht weiss, zu welchem Ausgang sie mich führen werden, die mich aber, zusammen mit kopfzerbrechenden Spintisirereien über die Anlage und Oekonomie der Tragödie, sehr angestrengt beschäftigen und mitunter auch etwas quälen. — Die Etrusker werden indess, ohne viel Zuthun von meiner Seite, allgemach im Drucke fertig; jetzt fehlen nur noch etwa 6 Bogen; Mitte August wird wohl schon Alles beendet sein. Das Verhältniss dieses Buchs zu seiner Mutter, der Akademie, hatte ich mir allerdings anders gedacht, und es als ein sich (oder mir) überlassnes Kind betrachtet, was sich nun seinen Weg selbst zu suchen habe. Indess habe ich nach Ihrer Erinnerung gleich an Schleiermacher geschrieben, obgleich fürs erste noch privatim, und hoffe nächstens auf Antwort. Ich habe mich im Inhalt des Briefes ganz an Ihre Andeutungen gehalten. Wie viel mögen nur Exemplare der Akademie abgeliefert werden müssen? Sollten es ein 50 oder mehr sein: so würde ich, da das Buch nahe an 60 Bogen stark geworden ist, freilich schlecht wegkommen und bedeutenden Schaden davon haben, dass es eine Preisschrift ist: was indess doch die Akademie gewiss nicht wird haben wollen. Gäbe die Akademie einen Zuschuss zu den Kosten, der mit der Zahl der abzuliefernden Exemplare in Verhältniss stände: so wäre das allerdings vortrefflich, und um so vortrefflicher, je mehr Exemplare sie haben wollte; ich würde dem guten Max, der sich immer sehr bereitwillig für solche Unternehmungen zeigt, dann eine sehr grosse Freude machen. Die Dorier können doch im Buchhandel immer noch die Langesche Recension nicht recht verwinden. — Nun endlich mein Dank für die neuen Gaben, die, lange erwartet, in voriger Woche angekommen sind. Ueber das *Corpus Inscr.* bin ich gleich hergefallen und habe in einzelnen, andern Arbeiten entwandten Stunden mit einer wahren Wonne darin gelesen. Wie viel werde ich noch daraus lernen. Ihre Güte gegen mich ist allzugross; wollte Gott, ich hätte meine Mühe immer an einen so würdigen und erfreulichen Gegenstand gesetzt als die kleine, die ich für das *Corp. Inscr.* gehabt habe. Der Societät habe ich den neuen Fasciculus schon vorgelegt; Heeren hielt Ihnen dabei eine grosse und treu gemeinte Lobrede. Auch die Abhandlungen über den Arat und die *Pseudeponymi* habe ich erhalten, und danke herzlich dafür. In einem frühern Briefe schrieben Sie mir etwas von einem Catalogus Halikarnassischer Poseidons-Priester, was mich sehr interessirt, obgleich auch befremdet. Die Namen Anthas, Hyperes deuten so bestimmt auf das Trözenische Antheadengeschlecht, dass ich nicht zweifle, es sind Leute aus diesem gemeint. Hatten nun vielleicht die Halikarnassier die Sage, dass der erste Priester dieses Geschlechts bei ihnen zwar κατ' ἐπίκλησιν ein Antheade, aber in Wahrheit des Gottes Sohn gewesen sei? Bunsen, dessen Sie in demselben Briefe gedachten, ist auch hier gewesen und hat uns, seine liturgischen Geschichten abgerechnet, über die ich nicht urtheilen will, recht wohl gefallen; er ist ein Mann, der sich wohl in allerlei Leute zu finden weiss. Ich habe allerlei mit ihm über Römische Topographie verhandelt; auch hat er mir die Etruskischen Inschriften, die Stackelberg und Kestner in Tarquinii aufgefunden haben, zu verschaffen versprochen; doch ist noch Nichts angekommen. Ich machte gern einen Anhang darüber, wenn ich etwas herausbringen könnte. Auch Niebuhr haben wir 4 Tage hier gehabt; er war milder und ruhiger, als er es meist sein soll, so sehr, dass er oft etwas Liebenswürdiges hatte; er hatte es sich sichtlich vorgenommen die Göttinger nicht zu beleidigen, und hat sich hinwiederum mit mehr Zufriedenheit über Göttingen ausgesprochen, als man es nach dem alten Grolle gegen den Heynianismus erwarten sollte. Er hat auch Heeren besucht, und sie sind ganz freundlich zusammen gewesen. Von Buttmanns Befinden im Bade hört man ja Gutes, geb's der Himmel. Ist denn Meiers Abhandlung im Rheinischen Museum schon da? Wir wissen hier von Nichts. Ihr Zimmermann, der sehr fleissig bei mir hört, ist indessen Aspirant des Seminars geworden, was er sehr wünschte, und ich habe ihn gebeten, mich öfter zu besuchen, will auch sonst mich seiner nach Kräften annehmen. Zur Erholung für die Strapazen dieses Sommers habe ich mit meiner Frau eine Herbstreise nach Schlesien projektirt, die wahrscheinlich zu Stande kommen wird; wir freuen uns sehr darauf, auf der Rückreise nach Berlin zu kommen und Sie und Ihre liebe Frau wiederzusehen. Meine Frau, die sich Ihnen beiderseits sehr empfiehlt, befindet sich sehr wohl; sie nährt ihre Agnes selbst, und beide gedeihen dabei. Was macht denn der liebe Richard, baut er noch manchmal Ruinen?

Dissen befindet sich immer noch nicht recht wohl. Seine vielen Klagen machen mich oft ganz traurig; indess kann er aus seinem Missmuthe, wenn irgend ein wissenschaftlich interessantes Gespräch auf die Bahn kömmt, leicht in eine gewisse Heiterkeit übergehn, und man sieht, dass Aufregung, Erheiterung ihm vor allem Noth thut. Kommen Sie nur bald einmal wieder her; so vortrefflich, wie damals, hat er sich selten befunden.

Ich weiss auf die neue Seite, die ich angefangen habe, und nicht ganz leer lassen will, Nichts zu schreiben, als dass für den Paroemiacus wohl auch der Spruch Sullas bei Appian, *Bell. Civil.* I, 94 ein ganz artiges Beispiel ist: Ἐρέτην δεῖ πρῶτα γενέσθαι πρὶν πηδαλίοις ἐπιχειρεῖν. Und dann: wären Sie nicht auch zufrieden, wenn man das εἰςῆκται διὰ Καλλιστράτου, διὰ Φιλωνίδου, δι' αὐτοῦ τοῦ ποιητοῦ in den Didaskalien auf das διδάσκειν des Chors bezöge, welches in Aristophanes Abwesenheit (ich denke mir, er lebte in Aegina) sein erster Schauspieler besorgte; da die Annahme, dass ein Dichter blos dann als Sieger genannt werden kann, wenn er auch Protagonist gewesen (oder verstehe ich Sie unrecht, p. 351 Col. b.), sich doch schwer durchführen liesse. Doch deutet ihre Auseinandersetzung nur an, und ich kann mich auch hier nicht weitläuftig expliciren.

Mit treuer Ergebenheit
ganz der Ihrige
COMüller.

Berlin, d. 24. Juli 1828.

Nur mit wenigen Worten, theuerster Freund, beantworte ich Ihren lieben Brief v. 8. Juli, weil ich jetzo gerade Zeit habe, und später nicht leicht dazu kommen dürfte. Was Sie mir von Ihren jetzigen Studien schreiben, giebt ein sehr anziehendes Bild von denselben, und ich wünsche Ihnen dazu den besten Erfolg, der gewiss nicht fehlen wird, da Geist, Kraft und Musse nicht fehlt. Mit den Etruskern werden Sie ja in Bezug auf die Akademie leichtes Spiel haben; Schleiermacher hat mit mir darüber gesprochen und wird die Sache wol kurz abmachen und so, dass weder Sie noch der Buchhändler belästigt werden. Ein Genaueres kann ich darüber nicht schreiben, da ich in dem Augenblicke nicht genau weiss, wie Schleiermacher die Sache einzurichten gedachte. — Ueber den Priesterkatalog von Halikarnass muss ich Ihnen nicht deutlich genug geschrieben haben, indem Sie noch zweifeln, ob das Trözenische Antheadengeschlecht gemeint sei: dies versteht sich. Denn der Katalog giebt geradezu an, es seien dies die Priester, die da gewesen seien seit der Gründung der Colonie durch die Trözenier. — In Betreff der didaskalischen Sache *C. I.* p. 351. muss ich auf den Gang hinweisen, den ich in Aufstellung meiner Meinung verfolgt habe. Ich läugne natürlich nicht, dass der Dichter Sieger sein konnte ohne Protagonist zu seyn; p. 354.a. habe ich auch dies angedeutet, indem ich nur sage: *Potuit histrio pro poeta inscriptus esse.* p. 351. handle ich aber durchaus nicht vom Dichter, sondern nur vom *Actor primarum*, und behaupte nur, dass in den Aristophanischen Didaskalien der *Actor primarum* gemeint sei, wo die Formel διὰ Φιλωνίδου etc. vorkommt. Dies ist eine rein empirische Beobachtung, die zunächst von den Rittern ausgeht, in welchen Aristophanes Protagonist war, und hier heisst es δι' αὐτοῦ τοῦ Ἀριστοφάνους. Hierbei habe ich nun vorausgesetzt, dass die Didaskalien in jener Zeit und in der Komödie keinen Unterschied zwischen dem *Actor primarum* und dem, durch welchen das Stück auf die Bühne gebracht wurde, machten, weil der Dichter gewöhnlich *actor primarum* war, und im entgegengesetzten Falle der *actor primarum* in die Stelle des Dichters eintrat; und Philonides und Kallistratos werden doch auch gerade als ὑποκριταί des Aristophanes angeführt. Hierbei will ich jedoch nicht in Abrede stellen, dass diese auch den Chor lehrten und das Ganze ordneten; mir lag nur zuerst vor, dass der das Stück aufführen lässt, oder δι' οὗ es aufgeführt wird, in dem einzigen sicher gegebenen Falle der Protagonist ist, und die andern, durch welche die Stücke gegeben werden, auch Schauspieler sind; und es will mir nicht recht einleuchten, dass, wenn diese Leute nur die Didaskalie besorgten, ohne sonst etwas beizutragen, statt des Dichters sie als Sieger aufgeschrieben wurden. Ich enthalte mich absichtlich der Vergleichung der Tragödie und nahmentlich des Sophokles; denn wenn man daraus entscheiden wollte, würde man eher wieder zu Schwierigkeiten als zu einer Auflösung gelangen. Doch genug: die Sache ist ohnehin nicht von Belang.

Mit Buttmann, der vor drei Tagen wieder gekommen ist, ist es beim Alten, und bis jetzt keine wesentliche Besserung erfolgt. Dissen bitte ich tausendfältig zu grüssen; es thut mir sehr leid, dass er sich nie gründlich erholt. Dass Sie hierher kommen werden, freut uns herzlich; nur wünsche ich Sie nicht zu verfehlen. Ich reise selbst ungefähr d. 23. August hier ab, und denke um d. 8. October wieder hier zu seyn. Wann werden Sie abreisen, wann hierher kommen? Vielleicht, doch ich bin noch nicht entschieden, komme ich Anfangs September selbst durch Göttingen ohne mich jedoch länger als einen Tag aufzuhalten.

Grüssen Sie Ihre liebe Frau von Herzen von uns.

  Mit der herzlichsten Freundschaft
    ganz der Ihrige
      Böckh.

[Göttingen,] 15. Aug. 28.

Mein verehrter Freund.

Was die Sache mit Aristophanes Protagonisten oder Didaskalen betrifft: so sehe ich jetzt völlig die Begründung Ihrer Ansicht, und stimme auf diese Weise und in diesem Zusammenhange völlig ein. Was die Antheaden anlangt: so bleibt mir immer noch die Frage unaufgelöst — doch ich will Sie jetzt nicht mit meinen Fragen behelligen, da ich in wenigen Wochen die grosse Freude haben werde, Sie zu sehen, und vielleicht zweimal in diesen Ferien zu sehen, und auch nur deswegen schreibe, um diese Zusammenkünfte zu befördern. Wir reisen, wenn nichts Unvorhergesehnes dazwischen tritt, den 10. September von hier ab, und gehn über Halle und Dresden nach Schlesien, wo wir bis in die Mitte des Oct. ziemlich bleiben werden, dann über Berlin zurück. Wenn Sie also Ihren Plan noch festhalten, was ich sehr wünsche: so sehen wir uns gegen den 1. Sept. in Göttingen und gegen den 18. Okt. in Berlin.

Können Sie uns vielleicht noch ein Wort sagen lassen, ob Sie über Göttingen gehn?

Ich freue mich sehr auf die Reise, wenn auch manches Unangenehme dabei ist, da ich in diesem Sommer etwas abgearbeitet und dadurch verdriesslich geworden bin. Collegien-Arbeiten haben, besonders das erstemal, für mich immer etwas Unangenehmes; man muss oft tumultuarisch arbeiten, merkt das Beste erst hinterher, kann Nichts mit gehöriger Umständlichkeit behandeln, und wird unzufrieden mit sich selbst, was ich jetzt grade recht sehr bin.

Wenn Sie doch machen könnten, dass ich vor der Reise noch ein Wort von der Akademie erführe. Aber ich will Sie, da Sie eben auch in den letzten Tagen sind, nicht mit Geschäften quälen. Nur, wenn es sich gelegentlich machte.

Herzliche Grüsse. Ein Brief von Dissen liegt bei.

Mit treuer Ergebenheit
Ihr
Müller.

Berlin, d. 3. Dec. 28.

Wie gewöhnlich, theuerster Freund, komme ich als ein Bettler, und würde unter den jetzigen Umständen kaum schreiben, wenn mich nicht die Noth drängte. Ich arbeite nehmlich, soviel die üblen Umstände es erlauben, an den Inschriften des Kimmerischen Bosporos und der Umgegend, und zwar mit etwas ängstlicher Sorgfalt, weil der pedantische Köhler in diesem Felde jedem aufpasst, und auch Niebuhr seltsame Dinge darüber geschrieben hat, die ich nicht gerade übergehen kann; weshalb ich auch eine Einleitung dazu schreiben will. Wider Erwarten fehlt auf der Bibliothek eine Reisebeschreibung, Maria de Guthrie, *Voyage en Crimée*; darin sollen Brief 95—97. Inschriften stehen, zwar unbedeutende und meist bekannte, doch möchte ich wissen was. Daher bitte ich mir diese Kleinigkeiten zu excerpiren, und zugleich die Fundorte und genau den Titel des Buches anzugeben, oder wenn die

Sache zu beschwerlich ist, es mir zu schicken. Es ist um so nöthiger hier viel Abschriften zu haben, um sichere Lesearten der Skythischen oder Sarmatischen Nahmen zu bekommen, über die ich, weil sie merkwürdige Analogien bilden, auch schreiben will.

In meinem Hause steht es ganz schlecht. Meine arme Frau wird immer kränker, und es ist so wenig Hoffnung zu ihrer Wiederherstellung vorhanden, dass mir vielmehr von den Aerzten vorausgesagt ist, dass ihre Leiden im Frühjahre durch den Tod geendigt werden würden. Sie können sich denken, wie ich mich zusammennehmen muss um dies Elend mit anzusehen; nur wenig Trost gewährt das Studiren.

Grüssen Sie tausendmahl Ihre liebe Frau; wie leid that es mir, dass Sie mit ihr in einer Zeit hier waren, wo sich dies traurige Schicksal angefangen hatte. Auch bitte ich Dissen recht sehr zu grüssen und ihn in meinem Nahmen um Verzeihung zu bitten, dass ich aus Missmuth nicht schreibe.

Mit herzlicher Liebe und Freundschaft
wie immer der Ihrige
Böckh.

Ich erfahre soeben, dass auch die Schrift von Köhler, *Diss. sur le monument de la reine Comosarye* (8vo) nicht hier vorhanden ist. Ich bitte Sie, diese mir zuzuschicken, und lieber gleich den Guthrie auch mit, da ich die Schrift von Köhler doch selbst sehen muss.

[Göttingen,] 12. Dec. 28.

Ich würde Ihnen, verehrtester Freund, die Bücher gleich geschickt haben, wenn die fahrende Post nach Berlin zwischen Dienstag und Sonnabend abginge; jetzt nehme ich den ersten Termin wahr, mit um so grösserer Freude, da ich mich ordentlich schon wunderte, dass Sie mir so lange nichts für Sie zu thun gegeben hätten. Auf die Bosporanischen Inschriften von Ihrer Hand bearbeitet freue ich mich sehr; besonders auch darauf, dass Sie, wie ich aus Ihren Andeutungen entnehme, die Skythischen, Thrako-Getischen, Sarmatischen Namen bestimmter scheiden wollen, was auch für die alte Linguistik von grossem Vortheil sein wird. Woher leiten Sie die Thrakischen Namen, wie Pärisades, bei den Bosporanischen Fürsten selbst? — Wenn Ihnen etwa eine von den Broschüren Köhlers oder Pet. v. Köppen's fehlen sollte: so kann ich sie vielleicht auch schicken; wir haben hier viel von diesen Herrn.

Hirts Recension hat mich gefreut, obgleich er freilich nicht sehr fähig ist, sich in Anderer Gedankengang und Ansichten hineinzuversetzen; er zeigt aber soviel Wohlwollen und gute Gesinnung, dass ich mir gern Alles gefallen lasse. Mehr hat es mich von Thiersch gewundert, dass er in seiner Abhandlung im Kunstblatt über Griech. Künstlergenealogie Mehreres festhält, wovon ich dachte, er hätte es aufgeben müssen; er scheint mir jetzt etwas eifersüchtig auf seinen litterarischen Ruhm zu werden. In mehreren Punkten, glaub' ich, hat er entschieden Unrecht, namentlich was die beiden Ageladas und Polyklete betrifft. Gerhards Prachtwerk, was ich eben erhalten habe, zieht mich sehr an, und ich möchte mich gern mit ihm verständigen, obgleich ich nicht glaube, dass wir durch seine Kunsterklärung, welche ganz neue Göttergestalten aus der Idee heraus zu schaffen unternimmt, einen Schritt weiter kommen werden.

Ich suche Sie durch allerlei litterarische Bemerkungen zu zerstreun, und muss es mir doch selbst gestehn, dass, indem ich an Sie schreibe, ich an nichts anders denken kann als an das von Allen, die hier Ihre liebe Frau kennen, so schmerzlich empfundne Unglück, das Sie danieder drückt. Gott stärke Sie in diesen Leiden. Wir bekamen neulich so viel bessere Nachrichten über Jena.

Das Zusammensein mit Ihnen in Berlin war mir doch sehr viel werth; ich denke mit Rührung daran.

Lassen Sie uns doch bald wieder ein Wörtchen zukommen.

   Mit der innigsten Treue
       Ihr
       COMüller.

Dissen grüsst sehr; er befindet sich auch meist schlecht.

Berlin, d. 4. Jan. 1829.

Mit vielem Danke, theuerster Freund, sende ich Ihnen die beiden Bücher wieder zurück, nachdem ich die Bosporanischen Sachen so weit bearbeitet habe, dass die Inschriften fertig, und die Einleitung wenigstens bis auf das Abschreiben ausgearbeitet ist; es wäre freilich möglich, dass ich wegen des Köhlerschen Buches wieder in Verlegenheit käme, wenn ich beim Abschreiben auf Scrupel stiesse; doch glaube ich's nicht, und ich will die Bücher nicht zurückhalten, da ich an das Abschreiben jetzt in den nächsten Wochen nicht kommen kann. Die Streitschriften von Köhler und Köppen habe ich alle selber.

Die Nahmen habe ich mühselig auseinander gesondert, und finde in Olbia sehr wenig Skythisches und noch weniger Thrakisch-Getisches, wie denn Niebuhrs Thrakisches oder Getisches Reich jenseits des Borysthenes eitel Fabel und Traum ist. Im Bosporos giebt es keinen einzigen Thrakischen Nahmen ausser Spartokos und Pürisades und etwa Komosarye in der ersten Regentenlinie, und nachher einige in den spätern Dynastien, und zwar nur Nahmen, die auch in den Thrakischen Königshäusern vorkommen, wie eben Spartokos und Pärisades etc. Verwandtschaft der Völker finde ich nicht, und die Gleichheit der Nahmen dürfte daher nur durch Heirathen entstanden sein. Alle Nahmen beinahe von Olbia, und alle Bosporanischen, die nicht Griechisch, sind Mäotisch und Persisch zugleich, ein Ergebniss, welches mir nicht ganz unwichtig scheint, und damit stimmt offenbar das Sauromatische zusammen.

Den guten Hirt habe ich seit langer Zeit nicht gesehen, da ich nicht viel aus dem Hause komme, als eben um nothdürftig spazieren zu gehen. Wer von Jena gute Nachrichten über das Befinden meiner armen Frau geschrieben hat, muss sich diese zu seiner und Anderer Freude ausgedacht haben; sie ist fortdauernd immer elender geworden, und in einem ganz betrübten und herzzerreissenden Zustande; alle Mittel, die angewandt worden und noch angewandt werden, sind fruchtlos geblieben; für mich ist durchaus keine Hoffnung mehr vorhanden, und ich muss schon in das Unvermeidliche mich ergeben, wenn es kommen wird.

Doch ich breche ab. Leben Sie wohl, und grüssen Sie Ihre liebe Frau und Dissen, und wen Sie sonst von unsern Freunden und Verwandten sehen.

Von ganzem Herzen
der Ihrige
Böckh.

[Göttingen,] 24. Febr. 29.

Mein innig geliebter und verehrter Freund.

Ich schreibe Ihnen mit tiefbetrübter Seele, und statt Sie wegen des grossen Verlusts, der Sie betroffen, zu trösten, kann ich Ihnen auch nur von Leiden schreiben, die indess hoffentlich kein so trauriges Ende nehmen. Unser Dissen ist durch Ueberreizung und Erhitzung seines Nervensystems in einen sehr betrübten Zustand gekommen, in dem er sich selbst schon aufgegeben hatte; indess ist in den letzten Tagen ein wirklicher Nachlass eingetreten, und meine Ueberzeugung ist, dass er wieder wohl wird. Er zeigt eine zähere Kraft, als man ihm zugetraut; so viele schlaflose Nächte und Leiden haben ihn durchaus noch nicht unfühig gemacht, mit Kraft und Lebhaftigkeit, namentlich über seinen Pindar, dessen Schicksal ihm sehr am Herzen liegt, zu sprechen. Ich hoffe Ihnen bald Beruhigenderes schreiben zu können.

Was Sie im letzten Briefe als ein Ergebniss Ihrer Untersuchungen über die Bosporanischen Namen andeuten — ein Zusammentreffen des Persischen und Sauromatischen — ist gewiss im höchsten Grade wichtig. Die Sauromaten müssen wohl einmal mit Nordpersischen Stämmen sehr eng zusammengehangen haben; die Aehnlichkeit der Sprachen, der Lebensweise (beide leben auf den Pferden), auch der durchgehende Dualismus, Gut und Böse, Weiss und Schwarz, der Slavischen Religionen stimmen damit überein. Ich bin sehr begierig auf ihre Erörterungen.

Nun einige Bitten und Anfragen in Bezug auf eine Arbeit, die mich jetzt grade beschäftigt. Ich habe Aeschylos Eumen.

vor ein paar Jahren nach eignen Grundsätzen übersetzt und die Uebersetzung von Zeit zu Zeit wieder vorgenommen; ich denke, sie ist mittheilenswerth. Die Chöre kommen wirklich nach meinem Gefühl recht voll und rund heraus. Dazu will ich ein 100 Seiten erläuternde Untersuchungen mittheilen, über Theater und Chor, über Blutrache, Sühne, Areopag und Epheten; über den Gedanken der Trilogie u. dgl. Alles ist längst niedergeschrieben und darf nur in eine Form gebracht werden, in der es einigermassen geniessbar ist. Dabei fehlt mir denn sehr Ihre zweite Abhandlung über den Areopag, von der ich mich gar nicht erinnern kann, dass ich sie erhalten hätte; haben Sie noch ein Exemplar: so bitte ich, senden Sie mir es baldmöglichst durch die fahrende Post auf meine Kosten. Dann wollte ich Sie Einiges über die Phrygische Tonart fragen, zu der, wie ich meine, der Ὕμνος δέσμιος der Erinyen, der kitharlose (ἀφόρμιγκτος): Μᾶτερ ἅ μ'ἔτικτες, ὦ μᾶτερ — Νύξ, ἀλαοῖσι καὶ δεδορκόσιν ποινάν, gehörte. Wie ist denn zu verstehn, was Aristoxenos von Sophokles im Βίος Σοφοκλέους sagt: ὡς πρῶτος τῶν Ἀθήνηθεν ποιητῶν τὴν Φρυγίαν μελοποιίαν εἰς τὰ ἴδια ᾄσματα παρέλαβε? Dass Aeschylos die beim Dithyramb seit alten Zeiten gebräuchliche Phrygische Tonart nicht gebraucht habe, kann ich doch durchaus nicht glauben. Sind also etwa die ἴδια ᾄσματα Monodien, wie die Phrygische Monodie des Phrygers nach dem ἁρμάτειος νόμος in Euripides Orest, oder sind es Chorgesänge, aber κομματικῶς κατ' ἰδίαν (Schol. ad Eumen. 139) gesungene? Was denken Sie hierüber? — Wollen wir nicht annehmen, dass das ansehnliche Fragment eines Pindarischen Dithyrambs zu einer sehr langen Strophe gehört, auf die aber doch eine Antistrophe folgte; denn nach Aristoteles muss man doch wohl statuiren, dass der Chorische Dithyramb immer antistrophisch gewesen sei, und der nicht antistrophische erst mit den Umbildnern der Attischen Musik gegen Ende des Peloponn. Kriegs eintritt? — Sollen wir nicht das Wesen der ὄρθιοι νόμοι, die in Zusammenhang mit dem Dithyrambos vorkommen, darin suchen, dass Orthier und Trochäi Semanti als Basen und Ekbasen hier besonders viel vorkommen, was auch Plutarch *de mus.* 28. anzugeben scheint? Verstehe ich die

Stelle etwa recht, dass hier als Orthisch Rhythmen bezeichnet werden, die von einem Orthios als Basis anfangen und mit einem Trochäos Semantos als Ekbasis schliessen? Oder wie? Sonst scheinen Päonen besonders viel im Phrygischen vorgekommen zu sein; die Volubilität derselben im Gegensatze gegen das Hochfeierliche der Orthien scheint dem enthusiastischen Charakter jener Gattung besonders gemäss gewesen zu sein. Ich werde sehr zufrieden sein, wenn Sie mir hierauf ein paar Worte zur Belehrung antworten, und unterdrücke andere Fragen, um Ihnen besonders in solcher Zeit nicht überlästig zu sein. Doch vielleicht zerstreut Sie dies auch.

Der Himmel behüte und stärke Sie uns. Mit inniger Ergebenheit, wie immer

Ihr

treuer

COM.

Dissen erholt sich immer mehr und dictirt mir halbe Stunden lang *Pindarica*.

Berlin, d. 14. März 29.

Die Verwirrung meines Hauswesens hat mich abgehalten, theuerster Freund, Ihnen bisher zu antworten; da unter den Freundinnen meiner seel. Frau durchaus keine solche ist, die mir etwas helfen könnte, da vielmehr meine Frau den andern immer geholfen hat, so musste ich selbst Hand anlegen und war nun ohngefähr so weit gekommen, dass es Licht wurde; nun trifft mich wieder das Missgeschick, dass das Hausmädchen meiner Frau, welches noch allein Bescheid weiss, krank wird, und da wird die Unordnung wieder grösser als vorher. Wie soll man nun dabei studiren? Anfangs April will ich dem ganzen Wesen ein Ende machen; der kleine Richard, über den ich kaum mehr Herr werden kann, kommt zu Cauer nach Charlottenburg, und ich will mit meinen erwachsenen Söhnen und einem Bedienten allein leben. Bequemlichkeit verspreche ich mir davon freilich nicht, aber doch Ruhe und Musse. Dissens Schicksal thut mir wehe; es ist doch betrübt, dass er sich so elend durchs Leben durchwinden muss und nie zum Genuss frischer Gesundheit kommt. Es freut mich, dass er wenigstens wieder auf der Besserung ist.

Auf Ihre Eumeniden bin ich sehr begierig. Meine Abhandlung über den Areopag wird Ihnen wenig helfen, da sie sich eben auf Späteres bezieht, wenn auch die Eumeniden freilich eine Beziehung auf den Punkt haben, den ich behandle. Dass der Ar. die φονικά durch Ephialtes verloren habe, davon bin ich noch überzeugt, nachdem ein Dr. Forchmann dagegen geschrieben hat; der unter anderm den seltsamen Missgriff gethan hat die φονικά für politisch unwichtig zu halten und die Stelle des Lysias, auf die ich meine ganze Untersuchung basire, höchst schlecht erklärt. Ueberhaupt wird das Erklären jetzt höchst kläglich betrieben. Ich schicke die 2te Abhandlung dennoch, in losen Blättern. Ihren Combinationen über die Phrygischen ἴδια ἄσματα bin ich nachgegangen und finde sie sehr annehmlich: ob man nun die Monodien oder κατ' ἰδίαν gesungenen Chorparthien darunter verstehen solle, könnte gleichgültig scheinen, da beide doch ἴδια sind, und in dieser Beziehung sich gleich; doch will mir scheinen, dass wenigstens für leidenschaftliche κομματικῶς gesungene Chorparthien das Phrygische minder passe. Was den Pindarischen Dithyrambos betrifft, so können Sie leicht denken, dass ich nach Strophe und Gegenstrophe gesucht habe; und meine Anmerkung zeigt, dass ich mich wunderte keine gefunden zu haben. Indessen scheint mir doch die Stelle der Aristotelischen Probleme nicht zu beweisen, dass erst so spät, als die Attische Umbildung des Dithyrambos, das Antistrophische aufgehört habe. In Pindars Zeit ist denn doch der Dithyrambos zu Athen schon sehr ausgebildet gewesen, und es ist leicht möglich, dass von Lasos her die Umbildung des Dithyrambos ins Unstrophische entstanden ist. Gerade Lasos soll die Rhythmen εἰς τὴν διθυραμβικὴν ἀγωγήν gebracht haben (Plut. *Mus.* 29.), und es wird ihm daher sogar von Einigen zugeschrieben, er habe zuerst κυκλίους χορούς gestellt. Das Pindarische Fragment ist für eine Strophe enorm; und es dürfte gewagt seyn zu behaupten, dass man so grosse Strophen geschrieben habe: denn sie lassen sich doch gar nicht mehr als ein Ganzes übersehn. Die Plutarchische

Stelle über den Orthius und Troch. Sem. verstehe ich nicht, und es scheint mir nicht, dass daraus was gefolgert werden könne; aber die Anordnung des δέσμιος ὕμνος, wo Sie zu Ende schwere Fälle setzen, wie δεδορκόσιν | ποινάν billige ich und habe eben so getheilt, und diese schweren Rythmen verbunden mit den raschen Päonen passen wol allerdings für den Dithyrambos. Ob ποινάν u. dgl. wirklich Troch. Sem. sind, ist mir noch zweifelhaft. Das Päonische soll aus den Liedern des Olympos zuerst entlehnt seyn; so dass also sein Gebrauch in der Phrygischen Tonart sehr wahrscheinlich ist, und das grosse Pindar. Fragment enthält doch auch allerlei Päonisches.

Das ist Alles, was ich jetzt, in meinen miserabeln Umständen, sagen kann. Grüssen Sie Dissen von Herzen, und sagen Sie ihm meine innigsten Wünsche für ihn. Auch viele Grüsse an Ihre treffliche Frau.

Von ganzem Herzen
der Ihrige
Böckh.

[Göttingen,] 19. Mai 29.

Ich habe Ihnen, mein innigst verehrter Freund, glaub' ich, noch gar nicht für Ihren letzten Brief gedankt, in dem Sie mir ungeachtet aller Verwirrung Ihres Haushalts so belehrend auf meine Fragen geantwortet haben. Was Sie mir andeuten, passt vortrefflich in meinen Kram, und ich hoffe durch meine Anordnung der Eumeniden-Gesänge Ihrer Disciplin keine Schande zu machen. Wegen des Areopags halte ich mich auch an Ihre Auseinandersetzung, wenn mich auch die Verschiedenheit der Anrede im Antiphon und Lysias irrt, aber in der Erklärung der Lysiasschen Stelle haben Sie mich völlig überzeugt. Obgleich die Arbeit ziemlich fertig ist, werde ich sie doch nicht vor dem Winter drucken lassen.

Dissen reconvalescirt zusehends und hat viel mehr Lebensmuth, auch viel mehr Vorsatz, sich etwas allmülig abzuhärten, als vor der Krankheit. Ich freue mich recht wieder mit ihm gemeinsam zu wirken. Wäre nur hier nicht die Absonderung zwischen Facultät und nicht-Facultisten, so dass unser wirklich ganz eingeschlafner M . . . die schlechtesten Leute auf die schlechtesten Abhandlungen zu Doctoren macht: so könnte die Philologie hier zu einiger Blüthe gelangen. Meine Situation ist jetzt recht gut; die Regierung thut mir viel zu Gefallen; sie hat mir jetzt wieder die Anschaffung eines grossen Theils der Mionnetschen Münzen bewilligt, und nächstens kommen auch als ein Geschenk des Königs die Elginschen Statuen.

Was sagen Sie denn zu Thierschs sonderbarem Angriff; was wird denn Hirt thun? Er verdiente wirklich derb behandelt zu werden, und da er die Sache sehr leichtfertig nimmt und besonders in angeblichen Widerlegungen viel grobe Versehen gemacht hat: so könnte er einen sehr empfindlichen Stoss erhalten. Meinen Sie, dass ich mich in einer besondern kleinen Broschüre rechtfertigen muss, oder ist eine in ruhigem Tone, auf Göttinger Weise, gehaltne Anzeige genug? Ich will mein Betragen in der Sache ganz von Ihrem Rathe abhängen lassen.

Ihr
treuer
COM.

Wollen Sie Buttmann in meinem Namen für die Abhandlung über die Sternbilder, die mich ergötzt hat, und für das Geschenk des Mythologus danken?

Wo ist wohl die Abhandlung des Dr. Forchmann herausgekommen?

Meine Frau grüsst Sie herzlich.

Thiersch hat mir selbst sein Buch geschickt und freundlich dazu geschrieben, worauf ich bis jetzt noch nicht geantwortet habe.

Berlin, d. 28. Mai 1829.

Sie beschämen mich, lieber Freund, wenn Sie von Belehrung reden, die ich Ihnen in meinem letzten Briefe über Ihre Fragen gegeben habe; ich weiss davon wahrhaftig nichts mehr, als dass ich wenig wusste. Dass Sie durch meine Erklärung der Stelle des Lysias sich haben überzeugen lassen, freut mich sehr; für mich giebt es, obgleich ich die andern Schwierigkeiten der Sache nicht verkenne, nichts Klareres als diese Stelle. Die neulich bezeichnete *Disputatio de Areopago contra Böckhium* von Forchhammer (aus Versehen habe ich ihn wol neulich Forchmann genannt) ist zu Kiel in der Univ.-Buchhandlung erschienen. Von Thiersch's Buch habe ich bis jetzt nur die erste Abhandlung gelesen, die in der That eine unglaubliche Masse historischen Aberglaubens enthält; ich bin aber fast unfähig solche Schriften zu lesen, wo man vor lauter Noten nicht zum Texte gelangt und nirgends im Zusammenhange bleiben kann. Seine Erwiderungen, nahmentlich gegen Sie, sind wirklich zu übermüthig; mir wenigstens hat gerade Ihre Idee von einem handwerksmässigen Betriebe der Kunst in den alten Zeiten sehr zugesagt und schien mir das Räthsel am befriedigendsten zu lösen. Eine Göttingische Anzeige der Schrift scheint mir wenig zu helfen; in solcher Kürze macht man die Sachen entweder zu leicht ab, oder wird durch Sticheleien nur bitterer als in einer eigenen Schrift, wo man die Sache gründlich erwägen und gerade deswegen Bitterkeiten und Witz entbehren kann. Ich würde daher zu letzterm rathen, aber ohne auf den Ton, den Thiersch angestimmt hat, einzugehen, als etwa, inwiefern auf das Hochfahrende ... und Vornehme aufmerksam zu machen wäre, welches in seiner Schrift herrsche.

Dissens Wiedergenesung erfreut mich sehr; ich habe von ihm einen Brief erhalten und auch schon beantwortet. Mit Buttmann steht es fortwährend schlecht, und ohne Hoffnung. Ich werde im Juli in sein Haus ziehen; die Wohnung hat mir manche Bequemlichkeit, ob sie gleich nicht ganz nach meinem Sinne ist: für unvorhergesehene Fälle ist es auch gut eine befreundete Familie in der Nähe zu haben, und vorzüglich hat mich die Nähe des Brandenburger Thors gereizt, weil ich ein Bedeutendes näher zu Richard haben werde als jetzo. Dieser gedeiht in Charlottenburg recht gut, und ich bin eine grosse Sorge dadurch los. Ich lebe sehr isolirt und häuslich mit meinen beiden ältern Söhnen und nach den Umständen vergnügt.

Grüssen Sie Ihre treffliche Frau herzlich von mir.

Wie immer ganz der Ihrige

Böckh.

Amt Blumenau, d. 29. Sept. 1829.

Seit dem 13. Sept., theuerster Freund, treibe ich mich nun hier in Loccum und der Nähe herum und bin noch nicht einmahl in Hannover gewesen, ausser über Nacht. Morgen denke ich nun nach Hannover zu gehen, wo ich mich theils der Verwandten wegen, theils weil ich Geschäfte abzumachen habe, einige Tage aufhalten muss, etwa bis zum 2ten oder 3ten October. Dann ist meine Zeit ziemlich herum; denn ich wünsche um den 6ten oder 7ten dess. M. wieder zu Hause zu seyn, und es zieht mich dahin die Sehnsucht nach meinem kleinen Richard und einigermassen auch nach dem grossen Alexander; und ausserdem erlauben auch meine Geschäfte kaum eine längere Abwesenheit; endlich bin ich auch des ganz unthätigen Lebens überdrüssig, welches mir nicht einmahl körperlich vollkommen zuträglich ist. Unter diesen Umständen kann ich nicht mehr daran denken Ihrer gütigen Einladung folgend noch einmahl nach Göttingen zu kommen; mit vielem Danke erkenne ich die Güte, die Sie mit Ihrer lieben Frau für uns gehabt haben; aber ausserdem dass meine Zeit zu kurz ist, möchte ich Ihnen doch auch nicht gern zum zweiten Mahle Beschwerde machen, die die Hausfrau freilich mehr als der Hausherr fühlt, wenn sie sie auch gern übernimmt. Empfehlen Sie mich Ihrer Pauline recht herzlich, desgleichen Ihrem Hrn. Schwiegervater, den ich gern den letzten Tag noch einmahl gesehen hätte, endlich unserm guten Dissen, der leider bis jetzt schwerlich wird herausgekommen seyn an die Luft. Alexander schreibt mir, es sei an mich ein Brief von Göttingen vom 2. Aug. angekommen, nach der Handschrift der Adresse anscheinend von Dissen; das muss doch wol aber ein Missverständniss seyn.

Von Berlin aus schreibe ich bald wieder. Leben Sie wohl.

Von ganzem Herzen

der Ihrige

Böckh.

[Göttingen,] 11. Dec. 29.

Obgleich ich Ihnen, mein innigst verehrter Freund, eigentlich nichts zu schreiben habe, drängt es mich doch Ihnen wieder ein Zeichen des Lebens zu geben, um von Ihnen gelegentlich ein Wörtchen zu erhalten. Dass die Zeit Ihres Aufenthalts bei uns so kurz war, dass ich sie nicht noch besser nutzen konnte, habe ich hernach, als unsre Ferien begannen, viel beklagt; dass Sie nicht wiederkommen würden, konnte ich mir wohl denken, und doch liess ich die Hoffnung erst ganz fahren, als Ihr Briefchen ankam. Möchten Sie ein andermal ganz apart nach Göttingen, und zu uns kommen; meine Frau wünscht es gewiss eben so aufrichtig und herzlich wie ich. Dissen befindet sich für seine Umstände jetzt vortrefflich, ungeachtet des kalten Wetters; er hat auch schon einmal draussen freie Luft geschöpft. Ich sehe ihn viel und conversire über die Pindarischen Fragmente, da ich selbst mit Arbeiten nicht pressirt bin. Mein Compendium ist zwar noch nicht fertig, da allerlei Hemmungen im Drucke eingetreten sind, aber nimmt mir nur noch unbedeutende Zeit weg; Ende Januar denke ich es Ihnen übersenden zu können. Lobecks *Aglaophamus* hat mich in diesen Wochen viel beschäftigt; ich will es auch in unsern Blättern mit einiger Ausführlichkeit anzeigen. So viel Lehrreiches im Einzelnen: so unbedeutend ist es, wenn man nach dem wissenschaftlichen Zusammenhange des Ganzen fragt. Mich haben grade Nachforschungen über das Griechische Jahr in heortologischem und mythologischem Betracht, die ich für meine Vorlesungen unternommen, immer mehr zur Erkenntniss gebracht, wie tiefgreifend und fein ausgesponnen die Natursymbolik ist, die der ganzen Griechischen Religion zum Grunde liegt. Vielleicht hat Lobecks Buch grade die gute Folge, dass es zeigt, bis zu welchen sinnlosen Annahmen (sehen Sie nur besonders S. 672—692) diese nüchterne Ansicht führt; es ist oft grade gut, dass eine Ansicht bis auf die Spitze getrieben wird, damit ihr die Spitze abgebrochen werden könne. Mit dem Ton der Polemik in dem Buche bin ich, was mich betrifft, durchaus nicht unzufrieden; überhaupt erscheint mir der Mann ganz respektabel, wenn er nur etwas mehr Gefühl und Anschauung hätte. — Was sagen Sie zu meinem Streit mit Niebuhr, wenn ich es so nennen darf? Seine Widerlegung scheint mir zu sehr hin- und herzuspringen und stört meine Argumentation sehr wenig; ich bin immer noch überzeugt, dass der Gründer von Tarsos weder Sanherib, noch auch ein König Sardanapal, sondern ein rein mythologisches Wesen ist. Ich habe die kleine Untersuchung mit rechtem Vergnügen gemacht, welches auch jetzt ungetrübt geblieben ist, da Niebuhrs Entgegnung so ganz ohne Bitterkeit und Leidenschaft ist. Ich berühre noch einen Punkt meiner viel zersplitterten literarischen Thätigkeit: die Nachträge zu Leake. Sagt Ihnen die Entwicklung über Kolonos etc. zu, und meinen Sie, dass ich darauf weiter fussen kann? Leider sind mehrere fatale Druckfehler in diesen Nachträgen; zweimal fehlt: nicht; doch werden sie in einem beigelegten Blatte berichtigt. Doch ich bin sehr thöricht, Ihnen von Nichts als meinen zerstreuten Blättern zu sprechen, wobei ich Ihnen noch zumuthe, alle die Quisquilien zu lesen. Unsrer Universität gereicht es recht zum Vortheil, dass der äussre Glanz derselben etwas abgenommen; man thut in Hannover alles Mögliche für sie. Die Grimms sind gewiss eine unschätzbare Acquisition; ich komme ihnen auch dadurch näher, dass sie mit uns in dasselbe Haus ziehen, und denke Jacob für Sprachgeschichte u. dgl. recht auszusaugen. Mit Dahlmann geht es sich sehr gut um, und er scheint hier recht wohl zu gedeihen. Dissen sagt immer: hätten wir Sie einmal hier; ja wenn das möglich wäre — In unsrer Societät ist noch immer keine Rede von neuen Ernennungen; ich weiss nicht, wonach sich das richtet, und muss es doch abwarten.

Dass Höck hier den Preis für die Geschichte der Chronologie erhalten hat, werden Sie vielleicht gelesen haben; die Arbeit war fleissig, verständig angelegt und wird, noch mehr ausgearbeitet, gewiss recht nützlich werden. Er wollte an Sie schreiben wegen der Halikarnassischen Priester-Reihe; ich glaube aber, es ist nicht dazu gekommen. Erhalten wir bald die nächste Lieferung des *Corpus*, und wann kömmt wohl Kleinasien dran? Der Βύσιος von Delphi macht mir noch immer Magenbeschwerde; ich möchte diesen Eckstein des Griechischen Calenders gern fest haben.

Von Gerhard habe ich noch einen Brief, der auf Antwort über die Panathenaischen Gefässe drang, erhalten und, wie er mir es angab, an Panofka in Paris beantwortet. Ueber jene Vasen habe ich indessen nur ganz einfach meine Erklärung dahin abgegeben, dass ich sie für ganz mechanische, durch kein tieferes Verhältniss veranlasste Copien der Panathenaischen Vasen für Etruskische Spiele halte. Man wollte bei den Agonen von Tarquinii und andern philhellenischen Orten der Gegend netto solche Kampfpreise austheilen wie in Athen und machte deswegen Gefäss, Bild und Inschrift möglichst genau nach.

Nun leben Sie wohl, grüssen Sie Ihre Söhne herzlich von mir, und erfreuen Sie mich bald einmal mit ein paar Zeilen.

Ihr
treuer
COM.

Berlin, d. 21. Dec. 29.

Es geht mir ungefähr wie Ihnen, theuerster Freund; ich habe jetzt eben auch keine dringende Arbeit, und um so mehr könnte ich wohl einen langen Brief schreiben, wenn es nicht spät Abend wäre. Also mag wenigstens bis zu Tische geplaudert werden. Auch ich habe den *Aglaophamus* in der letzten Zeit gelesen um zu sehn, was bei der Sache herauskommt, und ich bin ganz Ihrer Meinung. Ich gestehe oft mit Widerwillen gelesen zu haben, weil die Einseitigkeit und Nüchternheit zu weit geht: auch ans Recensiren dachte ich, habe es aber aus vielen Gründen aufgegeben. Am aufmerksamsten habe ich die *Eleusinia* gelesen, die fast am anschauungslosesten sind. Sie haben, nachdem alle Narrheiten von Ste.-Croix etc. beseitigt sind, meine Ueberzeugung nur bestätigt, dass unter der Form eines agrarischen Cultes die Palingenesie darin enthalten sei. Dies will ich auch, wenn Sie nicht ganz dagegen sind, in einer Vorrede zum Lectionskatalog sagen, der freilich von einer andern Sache handelt, nehmlich von der Besetzung der Priesterthümer. Da ich wenig Collectaneen habe, musste ich diese Abhandlung ziemlich aus freier Faust schreiben und sah, nachdem ich schon drin stak, dass ich davon weniger wusste, als ich geglaubt hatte, z. B. wissen Sie ein Beispiel über Wahl zum Priesterthum (nicht Loos)? Ich habe wenig davon in meinem Gedächtniss auftreiben können. Ihnen ist vielleicht mehr vorgekommen. Ferner dass Priesterthümer verkauft worden sind, ist mir, Ungedrucktes abgerechnet, nur aus Dionysios bekannt. Wissen Sie mehr davon? Haben Sie etwas, so bitte ich es mir zeitig zu schreiben. Einen höchst merkwürdigen Irrthum von Lobeck habe ich dabei noch angeführt, nehmlich seinen Beweis, dass die Eleusinien erst nach Solons Zeit oder in ihr berühmt geworden seien, und früher Eleusis noch nicht fest Attisch gewesen sei. Soweit führt dieser Hypervossismus! Wegen der Halikarnass. Priesterreihe habe ich auch was beigefügt, aber die Nahmen will ich in dem Lect.-Katal. nicht herausgeben, sondern nur die Einleitung dazu.

Auf Ihr archäol. Compendium und Dissens Pindar bin ich recht begierig. Mit Vergnügen habe ich auch die Abh. über Sardanapal gelesen, die mich ziemlich überzeugt hat; Niebuhrs Abhandlungen sprechen in der Regel von so viel Nebensachen oder Allotrien, dass man die Sache aus dem Auge verliert; und ich habe allerdings auch die Sache etwas darüber aus den Augen verloren, dass ich besonders auf die Silbe *San* aufmerksam war, die ich für Bosporanische Alterthümer gebrauche im *Corp. Inscr.* Ich habe den Druck wieder anfangen lassen, doch langsam, da ich zumahl eine Zeitlang einen steifen Arm hatte, von dem ich jedoch vollständig wiederhergestellt bin, und zwar so, dass ich weniger als seit langer Zeit von Rheumatismus spüre. Ihre Bemerkungen über die Demen finde ich sehr gut; ich habe mir, ohne genaue Untersuchung, die Sache ursprünglich so vorgestellt, und nur nachher bin ich irre geworden, weil Sie in der Encycl. es nicht auch so stellten. Die Druckfehler sind ein vermaledeites Uebel. In den Gerhardischen *Annali* ist mir meine Abh. über eine Panathenäische Inschrift auch sehr verdruckfehlert; was um so schlimmer ist, da sie die Italiener auch ohne Druckfehler doch nicht verstehen werden. Bald hätte ich vergessen Ihnen und Dissen meine Abh. über die Antigone zu schicken, die nun fertig ist. Ich denke sie gelegentlich nach Hannover zu fördern, von wo sie leichter wird nach Göttingen kommen können. Hermann hat, wie ich höre, das Stück auch wieder herausgegeben: ich will ihn diesmahl, denke ich, gewähren lassen, wenn er bescheiden gewesen ist. In diesem Augenblicke arbeite ich eigentlich nichts, weil ich in den Inschriften bis Paros gekommen bin, und ich erst Muth schöpfen muss, um an die Parische Chronik zu gehen. Ich habe seit meiner Rückkehr bloss Keos bearbeitet, wobei vielleicht ein und die andere interessante Restitution vorkommt, die Bröndsted schwerlich finden wird. Der Fascikel wird die Inseln schwerlich alle fassen; an Kleinasien komme ich nach den Inseln.

Meine Wenigkeit gehört schon lange zu denen, die Göttingen gegen die gewöhnlichen Angriffe, welche man hört, vertheidigen, und ich bin nirgends lieber als in Göttingen. Ich weiss zwar nicht, ob ich mich noch mobil machen könnte, wenn ich einmahl eine ernstliche Veranlassung hätte daran zu denken, ob ich hier weggehen wollte; denn ich bin, durch einen zwanzigjährigen Aufenthalt nun bald, ziemlich hier eingewachsen; doch ist mir allmählig vieles hier zuwider. Von der Griechischen Gesellschaft, die mir den hauptsächlichsten litterarischen Verkehr gewährt, bin ich ausgeschieden, weil sie mir nicht mehr behagte; und meine Specialcollegen, Bekker und Lachmann, sind nicht nach meinem Sinn. Auch Schleiermacher ist mir zu sehr mit denen verbunden, die ich nicht leiden mag, als dass ich noch mit ihm stimmen könnte. Da ich eines gemüthlichen häuslichen Verhältnisses beraubt bin, müsste ich Freunde haben, die eine wohlwollende Gemüthlichkeit zeigten; diese sind aber in dieser Gesellschaft nicht zu finden . . . Dass ich mit Ihnen und Dissen in einem mir fruchtbaren Verkehr stehen würde, wenn wir zusammen wären, habe ich längst bis zum deutlichsten Bewusstseyn erkannt.

Wir sind Gottlob alle gesund, ich denke, Sie auch alle. Grüssen Sie Ihre vortreffliche Frau und die lieben Kleinen von uns allen herzlich. Jetzt ist das Blatt zu Ende, und so will ich schliessen um mit meinen Herrn Söhnen Punsch zur Erquickung der Glieder zu machen, die heute wie Pferdeglieder ermüdet sind in dem unendlich tiefen Schnee, der unsere Strassen seit letzter Nacht deckt. Leben Sie wohl, Theuerster. Grüssen Sie auch Dissen.

Von ganzem Herzen der Ihrige
Böckh.

[Göttingen,] 4. Jan. 1830.

Ihr Brief, verehrter Freund, hat mich sehr erfreut, besonders die günstigen Gesinnungen für Göttingen, die darin gegen Ende ausgesprochen werden. Dissen und ich, wir haben die Stelle mit Nachdenken gelesen und behalten Ihre Worte im Herzen um Sie gelegentlich daran zu erinnern. Dissen ist jetzt, ungeachtet der strengen Kälte, die wir ebenfalls gehabt haben, recht wohl, und ich hoffe ein neues Aufleben für ihn, wenn Frühjahr und Sommer gut sind. Sein Pindar wird jetzt wohl eben fertig gedruckt sein (wenigstens ist das letzte Mspt. abgegangen); mein Compendium wird, wegen Papiermangels, etwa erst in einem Monate beendet.

Was die Eleusinien betrifft: so sprechen Sie ganz meine Ueberzeugung aus. Ewigkeit des Lebens im Wechsel der Gestalten, in Natur und menschlichem Dasein, das scheint mir die mehr gefühlte als in klaren Begriffen erkannte Ueberzeugung, welche die Mysten heraus brachten. Was Lobecks fehlerhafte Behandlung der Geschichte von Eleusis im Verhältniss zu Athen betrifft: so deuten Sie wohl auf den Missverstand der Herodotischen Stelle von Tellos, welchen ich Lobeck schon in den Doriern I S. 176 N. 2 vorgeworfen habe. Meine Recension habe ich schon abgegeben; sie soll etwa in 14 Tagen in unsern G.G.A. erscheinen.

Dabei fällt mir ein, dass ich in einer Anzeige, die sonst ohne Belang ist, Einiges über Pierion oder Kierion in Thessalien gesagt habe, was Sie interessiren kann; ich schneide daher die 2 Blätter aus und lege sie hier ein. Die kleine Untersuchung, in der ich mich freue Leake gewissermassen fortgesetzt zu haben, ist wirklich der Angelpunkt der ganzen Geographie von Thessaliotis.

Auf das Programm über die Priesterthümer bin ich besonders begierig. So sehr mich der Gegenstand interessirt, so wenig Positives weiss ich davon. Ueber die Besetzung durch Wahl habe ich nur Stellen allgemeiner Art, die Ihnen ohne Zweifel eben so bekannt sind, wie Il. 6, 300, τὴν γὰρ Τρῶες ἔθηκαν Ἀθηναίης ἱέρειαν, wie in Ihrem *Corpus* Nr. 434 εὗτέ με Κεκροπίδαι Δηοῖ θέσαν Ἱεροφαντιν, wie das αἱρεῖσθαι von den Parasiten, Athen. VI p. 234 a. 235 c. Aber alle diese Stellen sind Ihnen wahrscheinlich nicht prücis genug.

Vor allem aber strebe und trachte ich jetzt nach Ihrer Abhandlung über die Antigone. Wenn sie noch nicht abgegangen ist, haben Sie nur die Güte sie ohne Weiteres durch die Post auf meine Kosten hierher zu schicken. Da ich eben die Antigone im Seminar traktire, ist es mir von solcher Wichtigkeit diese Abhandlung zu haben, dass ich gern ein zehnfaches Porto dafür bezahle. Von der Hermannschen neuen Ausgabe habe ich noch nichts gesehen. Die Wex'sche gefällt mir sehr wenig.

Ich sah in diesen Tagen eine Abhandlung durch, die ich früher für den Deutschen Stuart über den Fries des Parthenons geschrieben. Dabei fiel mir bei den gewaffneten Wagenkämpfern ein, dass Sie mir gesagt haben, dass in der Panathenaischen Inschrift solche Hopliten zu Wagen als eine besondere Kampfart vorkommen, neben dem gewöhnlichen Wagenrennen. Hab' ich die Sache so richtig im Gedächtniss, oder sind etwa alle Wagenlenker geharnischt, wie es an dem Friese der Fall ist? Ich möchte darüber gern das Richtige sagen, und habe doch die *Annali* des *Inst. di Corresp. archeol.* noch nicht erhalten können, sondern nur die *Bulletini*, worin Ihrer Abhandlung gedacht wird. Und auch diese habe ich nur sehr unvollständig.

Ich wünsche, dass Ihr böser Rheumatismus nun Sie ganz verlassen haben möge und Sie nie mehr in der Förderung der Werke störe, wovon der Fortgang unsrer Wissenschaft in so bedeutendem Maasse abhängt. Grüssen Sie Ihre Söhne von mir, auch den kleinen lieben Richard. Meine Frau empfiehlt sich aufs herzlichste.

Mit ganzer Seele

Ihr

treuergebner
COM.

Berlin, d. 1. Febr. 1830.

Meine Abhandlung über die Antigone, theuerster Freund, werden Sie wohl von Hannover aus bekommen haben, wohin ich sie mit Gelegenheit geschickt habe; ich wünsche, dass sie Ihren Beifall haben möge. Die neue Ausgabe von Hermann ist, nach flüchtiger Ansicht, nicht ein Haar besser als die vorige, so dick sie auch aufgebläht ist; was er gegen mich darin gesagt hat, ist nicht der Rede werth. Mit der Chronologie ist er so über den Fuss gespannt, dass er, nach einer Stelle in den Bemerkungen gegen meine Abhandlung, glauben muss, alle vier Jahre wäre ein Schaltjahr gewesen!

Was Sie mir über gewählte Priester schreiben, hatte ich so ziemlich auch, und noch Einiges Wenige dazu; indessen brauche ich auch wenig, da mir dieser Punct Nebensache ist. Der zweite Band von Lobecks *Aglaophamus* ist nun auch erschienen; die Geduld ist mir aber ausgegangen ihn genau zu lesen, da man immer wieder auf denselben ordinären Standpunct zurückgeführt wird. Ich langweile mich gegenwärtig mit der Parischen Chronik, deren desolaten Zustand ich in dem Grade noch nicht gekannt hatte, wie ich ihn jetzt kennen lerne; wenn es möglich ist, fasse ich mich kurz darüber.

Was ich Ihnen über die Panathenaischen Spiele gesagt habe, weiss ich selbst nicht mehr genau. Von gewappneten Wagenkämpfern kommt darin Folgendes vor. Erstlich das Spiel des $\dot{\alpha}\pi o\beta\acute{\alpha}\tau\eta\varsigma$, der dem Wagenführer beigegeben war; dieser hatte nach Eratosth. Catast. 13. Schild und Helm (der $\dot{\alpha}\pi o\beta\acute{\alpha}\tau\eta\varsigma$ nehmlich); vom Führer weiss ich nichts. Sodann kommen aber eine Masse Wettkämpfe der Attischen Reiterei vor; diese sind, so weit ich daraus habe klug werden können, theils bestimmt kriegerisch, theils nicht: es steht nehmlich bald $\H{\iota}\pi\pi\omega\ \pi o\lambda\varepsilon\mu\iota\sigma\tau\H{\eta}$, bald bloss $\H{\iota}\pi\pi\omega$; und ebenso $\H{\alpha}\varrho\mu\alpha\tau\iota\ \pi o\lambda\varepsilon\mu\iota\sigma\tau\eta\varrho\acute{\iota}\omega$, $\sigma\upsilon\nu\omega\varrho\acute{\iota}\delta\iota\ \pi o\lambda\varepsilon\mu\iota\sigma\tau\eta\varrho\acute{\iota}\alpha$, bald bloss $\zeta\varepsilon\acute{\upsilon}\gamma\varepsilon\iota$ und $\sigma\upsilon\nu\omega\varrho\acute{\iota}\delta\iota$; die letzteren Spiele $\H{\alpha}\varrho\mu\alpha\tau\iota\ \pi o\lambda\varepsilon\mu\iota\sigma\tau\eta\varrho\acute{\iota}\omega$ und die übrigen von mir nachher genannten sind jedoch nicht mehr für die Reiter, sondern für alle Athener, aber nur für diese, nicht für Auswärtige. Und wiederum ist aus der Inschrift klar, dass $\H{\iota}\pi\pi\omega$, $\sigma\upsilon\nu\omega\varrho\acute{\iota}\delta\iota$ und $\H{\alpha}\varrho\mu\alpha\tau\iota\ \pi o\lambda\varepsilon\mu\iota\sigma\tau\eta\varrho\acute{\iota}\omega$ nur die Athener in den Panathenäen kämpften, nicht die Fremden.

Dies ist ungefähr das Wesentliche, was aus der etwas verwickelten Inschrift für Ihre Frage hervorgeht.

Es ist spät, und ich bin müde; also schliesse ich, mit den herzlichsten Grüssen für Ihre liebe Frau und Kinderchen. Wir sind alle gesund. Grüssen Sie auch Dissen.

Von ganzem Herzen
der Ihrige
Böckh.

[Göttingen,] 27. Febr. 30.

Tausend Dank, verehrter Freund, für Ihre gütige Zusendung der Abhandlung von der Antigone, die ich sehr bald, nachdem ich den vorigen Brief abgeschickt, von Hannover erhielt. Ich bin sehr davon erbaut worden und theile oft meinen Seminaristen Stücke daraus mit. Einige wenige Punkte, wo ich eine abweichende Meinung festhalte, will ich erst mit Dissen durchsprechen, ehe ich mir herausnehme, sie Ihnen zur Erwägung vorzulegen.

Lobecks *Aglaophamus* II denke ich auch nach einiger Zeit zu recensiren und dabei einige andre Hauptpunkte, als ich beim ersten Bande gethan, hervorzuheben.

Die Nachricht, die Sie mir von der Panathenaischen Inschrift geben, befriedigt mich vollkommen.

Haben Sie Arundell's *Visit to the seven churchs of Asia minor*. Lond. 1828. schon in Händen? Es sind eine Menge Inschriften, einige recht interessante dabei; ich arbeite es eben für die Geographie Kleinasiens durch.

Mein Compendium wird nun endlich in einer Woche fertig.

Ich habe eine erstaunende Sehnsucht nach dem nächsten Fascikel Ihres *Corpus Inscriptionum*.

Auch ich schliesse mit diesem flüchtigen Briefe mein heutiges Tagewerk. Dissen u. meine Frau grüssen herzlich. Wir sind alle wohl. Dissen hat die Kälte höchst wacker überstanden.

Mit treuer Ergebenheit
Ihr
COM.

Noch eine Bitte: Man kann hier C. Lehmann's *Comm. de perditis Hesiodi carminibus* nicht habhaft werden. Können Sie vielleicht machen, dass der Verleger 2 Exemplare an Vandenhoeck's hierselbst schickt, die ich dann nehmen werde?

Berlin, d. 21. März 30.

Nur im Fluge, theuerster Freund, schreibe ich ein Paar Zeilen um mit Gelegenheit über Hannover Ihnen und Dissen, den ich herzlich zu grüssen bitte, den Lectionskatalog zu schicken. Wenn ich von Lehmann, den ich deshalb schon beschickt habe, die Hesiodischen Sachen, die übrigens nichts werth sind, noch bekomme, ehe Lichtenberg abgeht, der das Päckchen mitnimmt, so schicke ich diese auch noch. Im Buchhandel ist die Abhandlung, so viel ich weiss, nicht.

Raoul-Rochette hat mir vorgestern mit seiner *Orestéide* einen Bogen geschickt, der gegen einen Franzosen gerichtet ist, welcher ihn mit Letronne's Hülfe in dem 3ten Hefte der *Annali* des archäol. Inst. angegriffen hat. Es handelt sich zu grossem Theil darin um das Wort $\dot{o}\pi\iota'$ und um $\dot{\epsilon}\xi \, \dot{o}\pi\tilde{\eta}\varsigma$ in der Aeginetischen Inschrift vom Panhellenion, und es ist darin ein mir unauflösliches Gewirre in Bezug auf eine *difficulté*, die sich zwischen Ihnen und mir erhoben habe über diese Stelle; ich habe das Heft noch nicht um zu sehen, worauf sich das beziehe, und Rochette bezieht sich auf eine Note von sich, die ich auch nicht finden kann, in welcher er diese *difficulté*, die wir zwei mit einander gehabt haben sollen, angemerkt habe; aus dieser Note habe sein Gegner geschöpft ohne „den Artikel *de Mr. Böckh*" gelesen zu haben. Dies ist mir alles ganz unverständlich. Denn es wird mir darin die Meinung beigelegt, die Schelling hatte, es sei in der Aegin. Inschr. $\dot{\epsilon}\xi\omega \, \gamma\tilde{\eta}\varsigma$ zu lesen, und ich kann durchaus mich nicht erinnern, dass ich dies irgendwo hätte drucken lassen; auch finde ich es nicht einmahl in meinen Papieren notirt. Es ist mir aber insofern daran gelegen, als ich bei der Bearbeitung der Aeg. Inschriften, die ich schon beendigt habe, doch darauf Rücksicht nehmen müsste. Wie ich sehe, haben Sie mit Roch. über die Sache correspondirt, weil er in der *Achilléide post festum* erfunden, was Sie längst gelehrt hatten, und ich vermuthe daher, dass Sie mir über das mich Betreffende Auskunft geben können. Uebrigens ist die Sache ganz gleichgültig und unbedeutend, und es ärgert mich nur, dass ich vergeblich mit Suchen die Zeit verloren habe.

Osann hat über das Grabmal des Midas geschrieben und mir die Schrift dedicirt. Es thut mir nur leid, dass ich ihm nicht beistimmen kann; er emendirt ohne zu wissen, dass es noch eine von Leake unabhängige, fast ganz gleich lautende Abschrift giebt. Leben Sie wohl.

Von Herzen der Ihrige
Böckh.

[Göttingen,] 9. April 30.

Mein hochverehrter Freund.

Sie werden vor einigen Tagen einige Zeilen von mir als Antwort auf Ihr Schreiben vom 1. Febr. erhalten haben; hoffentlich wird auch meine Archäologie, die ich etwa vor 14 Tagen durch Buchhändlergelegenheit an Sie gesandt habe, bald in Ihren Händen sein; an Hirt, Bekker, Lachmann, welchen ich ein Gegengeschenk schuldig war, wird Max sie in meinem Auftrage senden. Jetzt grossen Dank für Ihr Programm, welches so reiche Belehrung gewährt, als ich bei diesem Gegenstande gar nicht erwartete. Ueber die Uebereinstimmung dessen, was Sie von dem Alterthum der Eleusinien sagen, mit meiner Aeusserung in der Recension des *Aglaophamus* G.G.A. 1830 N. 13—15. habe ich mich sehr gefreut. Ich will in einer folgenden Anzeige darzuthun suchen, dass die Ableitung der Orphiker von den Pythagoreern in Lobecks Sinne gar nicht statt haben kann, und dass er bei dem Samothrakischen Cultus über einer an tausend Einzelheiten erfolglos geübten Kritik die zunächstliegenden Combinationen zu machen versäumt. Man sieht wohl nirgends so sehr als bei Lobeck, dass man doch zuerst an seinem eignen Geist und Leben gewisse Erfahrungen und Beobachtungen gemacht und innre Anschauungen gewonnen haben muss, um in die Masse der äusseren Nachrichten Licht und Zusammenhang bringen zu können und sich nicht umsonst abzumühn. An der Raoul-Rochette'schen Geschichte bin ich allerdings Schuld; aber hören Sie gütigst meine Rechtfertigung. Ich hatte mir aus. Ihrer Recension meiner *Aeginetica* in den Heidelb. Jahrb. zu der Inschrift von den Tempelgeräthen angemerkt, dass Sie für die Lesart ἔξω γῆς stimmten; die Worte sind: „in dieser (Inschrift) ist wohl aber Schellings Lesart ἔξω γῆς der Müllerschen ἐξ ὀπῆς, welcher wir keinen Sinn abgewinnen können, weit vorzuziehn." Nun war ich mit R. R., besonders durch meine Anzeige seiner *Achilléide*, in Correspondenz und schrieb ihm unter anderm als einen Beweis, dass sich in diese Anzeige nichts Persönliches eingemischt, dass ich davon kein Wort gesagt, dass ich ihm einige kleine Entdeckungen vornweggenommen, wie die mit ἐξ ὀπῆς, worüber Sie indess verschiedener Meinung wären (was ich nur als Grund anführte, warum ich selbst der Sache noch nicht völlig traute). Wo Sie dies geäussert, hat R. R. erst ganz neuerlich erfragt, aber schon vorher, ganz gegen mein Wissen und Wollen, die Sache an die grosse Glocke gehängt. Dies muss er schon in dem Werke *Pompéi* gethan haben, welches Laglandière recensirt, obgleich in den beiden ersten Lieferungen, die ich allein vor Augen habe, noch nichts davon steht; daraus, meint nun R. R., habe Laglandière entnommen, was er von Ihrer angeblichen Meinung über ὀπή in einem Artikel der *Annali dell' Instituto*, welchen ich auch noch nicht gesehn, geäussert. Sie sehn, dass die Sache wirklich eine reine Erbärmlichkeit ist, und ich ärgre mich höchlich, durch ein unnützes Wort so viel Lärmen um nichts veranlasst und Ihnen Ihre edle Zeit verdorben zu haben. R. R. hat gewiss Manches von einem . . .; aber ich kann auch die Verfolgung nicht billigen, zu der sich eine Anzahl Gelehrte, darunter besonders Letronne, verschworen zu haben scheinen. Er fördert soviel zu Tage, mit soviel Unternehmungsgeist und Unermüdlichkeit, dass man ihm schon deswegen dankbar sein muss. Auf Osanns Schrift bin ich begierig; nicht wahr, die andre Abschrift ist die in Hamiltons *Aegyptiaca*? Für Ihre gütigen Bemühungen um die Lehmannsche Schrift im voraus meinen Dank. Heute war Herr Dr. Roulez mit Ihrer Karte bei mir; ich hoffe ihn öfter bei mir zu sehn. Dissen befindet sich immer besser und sieht immer kräftiger aus; ich hoffe, dass er sich diesen Sommer gänzlich verjüngt. Er will auch bald an Sie schreiben.

Mit inniger Ergebenheit
der Ihrige
COM.

Berlin, d. 22. Apr. 30.

Ihre Archäologie, auf welche ich sehr gespannt bin, theuerster Freund, habe ich noch nicht erhalten, auch die Recension v. Lobeck noch nicht gelesen, die ich mir aber heute bestellt habe. Die Lehmannische Diss. habe ich gar nicht bekommen können. Für die Auskunft über das ἔξω γῆς danke ich; es ist lächerlich zu sagen, dass ich wirklich in meiner Rec. der *Aeginetica* nachgesehen hatte; aber ich übersah das Ding. Wie ich heute aus dem *Bulletino* sehe, hat Laglandière wieder geantwortet, ich weiss nicht was. Ueber Rochette stimme ich Ihnen ganz bei; ich habe ihm auch geschrieben, dass mir die französischen Streitigkeiten nicht gefielen, und mit umgehender Post hat er gleich eine grosse Defensionslitanei an mich geschickt, worin er seine Unschuld betheuert an allen den Sachen. Fast glaube ich ihm auch. Nur ist er verzweifelt indiscret ... und quält mich nun gar seine *Orestéis* zu recensiren; am Ende thue ich's noch gar, so wenig ich auch davon verstehe. Er dauert mich auch wirklich allmählig.

Meine Briefe sind gewöhnlich Bettelbriefe. Ich schreibe diesen nahmentlich wieder um zu betteln gerade heute, wo mich es drängt etwas zu erkundigen; vielleicht lasse ich jedoch den Brief bis zu einer guten Gelegenheit liegen. Wir haben hier den van Goens *de Simonide* nicht; Sie haben ihn schon einmahl hierher geschickt. Nun finde ich überall, es stehe darin, dass Aeschylos Ol. 73, 1. von Simonides besiegt worden sei in der Elegie zur Marathon. Todtenfeier, bin aber überzeugt, dass dies darin nicht stehen kann, sondern Ol. 72, 4. angegeben seyn müsse, wozu er wol nur die Par. Chronik als Beweis haben kann, wo aber diese Sache von seinem Grossvater erzählt wird, nehmlich ein Sieg zu Athen, der dann aus der *vit. Aeschyl.* auf jenen bei der Marathon. Todtenfeier gedeutet ist. Haben Sie doch die Güte nachzusehen, 1) wann er den Sieg setzt, 2) auf welche Gewähr, 3) wie er sich hilft, um des Grossvaters Sieg in der Par. Chr. mit dem in der *vit. Aeschyli* zu identificiren, und ob er etwa (was ich thue) eine Verwechselung der Personen der Par. Chr. zur Last legt. Diese meine Ungewissheit über des van Goens Meinung abgerechnet bin ich mit dem scheusslichen Opus, der Par. Chr. endlich fertig und will nun etwas mit den Inschriften pausiren. Haben Sie vielleicht etwas über die Chronik zu sagen?

Herzliche Grüsse an Ihre liebe Frau und Dissen.

Von ganzem Herzen
der Ihrige
Böckh.

[Göttingen,] 6. Mai 30.

Mein verehrter Freund.

Ich schreibe heute durch Zweierlei zerstreut und confus gemacht; denn erstens hat meine Frau mir gestern einen Jungen zur Welt gebracht, der mich, da er der erste ist, in grosses Entzücken versetzt, und zweitens habe ich heute meine Collegia angefangen und habe den Kopf noch ganz voll davon.

Wenn ich also in der Beantwortung Ihrer Fragen über van Goens *de Simonide* Einiges nicht in gehöriger Ordnung vorbringe: so, hoffe ich, werden Sie gütige Nachsicht haben und sich doch daraus zu vernehmen wissen. v. Goens behauptet c. II p. 25. 26., dass die 3 Stellen des *Marm. Par.* von einem und demselben berühmtesten Simonides handelten und das *M. P.* an der Scheidung ganz unschuldig sei.

Der berühmte Simonides sei eben Sohn des Leoprepes und

Enkel des Hyllichos (dafür beruft er sich auf c. III, wo er p. 40 die Stelle des Kallimachos *ap. Schol. Pind. Isthm.* 2 beibringt, wo der Simonides, dessen *Musa venalis*, Ὑλλίχου νέπους genannt wird), der jüngere Simonides aber, der Genealog, sei nach Suidas Sohn einer Tochter des ältern gewesen. Er stellt folgende Genealogie auf:

Hyllichos
|
Leoprepes
|
Simonides der Berühmte
|
Filia
|
Simonides.

Was nun die Stelle lin. 64 im *Marm. Par.* betrifft: so erwähnt v. Goens c. II p. 25. Seldens Supplement: καὶ αὐτὸς ἐνίκησεν Ἀθήνησι, aber bezweifelt es an der Stelle, wegen des καί, und auch wegen des Raums. Indessen nimmt er es hernach an, wie man aus c. III p. 55. sieht. Hier spricht er so: Die Siege über die Perser hätten besonders den Dichtern Gelegenheit gegeben sich zu zeigen, seit in den Olympischen Spielen Preise auf die besten Lobgesänge gesetzt worden wären. *Primum eorum (praemiorum in Olympiis ludis*, nach dem Zusammenhange), *quod Simonides retulit, propositum fuit Olymp. LXXIII ei qui victoriam Marathoniam celebraret, tertio anno ante reportatam. Adfuerat huic pugnae poëta Aeschylus etc.* Dafür citirt er erstens die *Vit. Aeschyli.* Dann: *Atque haec est victoria, quam in chronico Pario notatam observavimus praecedente capite. Saltim si illud ἐνίκησε inseras lacunae marmoris Parii.* Aber auch, wenn man ποιητὴς ὢν καὶ αὐτὸς Ἀθήνησι schreibe, liege der Grund dieser Zeitangabe doch darin, dass grade zu der Zeit Simonides sich durch einen Sieg ausgezeichnet. Auf der *tab. chronol.*, welche die Abhandlung zu p. 17 hat, wird zu Ol. 73, 1. 266 *a. u. c.* 486 *a. C.* (sic; die Marathonische Schlacht setzt v. Goens Ol. 72, 2, *a. u. c.* 263, *a. C.* 489) in der Rubrik: *Res Atticae et Spartanae, Ludi aguntur* gesetzt, unter *Res Simonideae: Aeschylum vincit etc.* Die Jahreszahl im *Marm. Par.* ist bei van Goens immer 226. — Soll ich noch weiter über die Meinungen dieser Abhandlung berichten: so will ich es gern thun; doch scheint es kaum zu lohnen, da Alles wohl auf einigen *bévues* beruht. Den Sieg über Aeschylos scheint er als einen Olympischen angesehen zu haben und daher die Zahl Ol. 73 fixirt zu haben, und obgleich er eingesehn, dass die Sache sich in Athen begeben, jene irrige Angabe doch in der Confusion daneben stehn gelassen zu haben. Oder hat er nur die Zahl des *Marm. Par.* falsch reducirt? Ich weiss nicht, nur so viel, dass er in Verwirrung ist, auch mit seiner ganzen Jahresrechnung.

Leutsch wird Ihnen indess ein zweites Briefchen von mir gebracht haben, dem ich auch eine Anzeige meines Handbuchs beigefügt.*) (Dies wird nun doch hoffentlich in Ihren Händen sein; ich habe es hier der Dietrichschen Buchhandlung recht eilig gemacht, und sie hat es auch gleich, wie mir gesagt wird, nach Leipzig gesandt.) In dieser Anzeige ist auch von den Völkelschen Papieren die Rede, deren ich mich gern weiter annehmen möchte. Ein bedeutender Theil betrifft die Inschriften, theils die ältern, paläographisch merkwürdigen, theils Attische Schatzinschriften. Neue Gedanken sind wohl nicht viel drin, aber Erwägungen aller vorgebrachten Meinungen, Sammlungen über dies und das. Sie haben das nun freilich alles abgemacht, und der Himmel verhüte, dass Sie mit beständigem Zurückgehn auf das Frühere Ihre edle Zeit verbrauchen. Aber wenn die Akademie diese Papiere acquiriren wollte, so dass der Familie etwas davon zu Gute käme, wäre es immer eine Freundlichkeit gegen den Verstorbenen, der ein recht ehrenwerther Mann gewesen zu sein scheint. Das Ganze ist nur ein Gedanke, den ein Wort von Ihnen bei mir zerstreut; im andern Fall würde man die Papiere Ihnen gewiss zu freier Bestimmung ihres Werthes und Gebrauchs mit unbedingtem Vertraun überlassen.

Nein, was ist diese Osann'sche Abhandlung für ein nichtswürdiges Machwerk. Ich hatte vor, sie anzuzeigen, da ich mich sehr für Lydische und Phrygische Alterthümer interessire, und ging mit grosser Erwartung an die Lesung; aber es wäre mir ganz unmöglich sie anders zu recensiren als: *Auriculas asini Mida rex habet.*

---

*) Der hier erwähnte Brief ist nicht vorhanden.

Der Himmel bescheere uns bald einen *Fasciculus inscriptionum*, doch ohne dass Sie sich zu sehr angreifen.

Dass Sie sich unsers Vetters Münz so freundlich angenommen, hat auch meinen Schwiegervater sehr erfreut.

Mit ganzer Seele
Ihr
treuergebner
C. O. M.

Berlin, d. 20. Mai 1830.

Theuerster Freund.

Zwei Briefe habe ich von Ihnen vorliegen, auf welche kurz zu antworten ich doch nicht länger aufschieben will, obgleich ich nicht viel zu sagen habe. Dass Ihnen Ihre liebe Frau nun auch einen Knaben geboren hat, hat freilich sehr viel zu sagen; aber mein Glückwunsch dazu, so herzlich er auch gefühlt ist, kann nicht als vielsagend angesehen werden, sondern es gilt auch hier dasselbe, was von Ihren und meinen Briefen im Uebrigen gilt, dass Sie nur immer das Wichtigste schreiben, mir aber auf Ihre Antworten wie dem Chor bei Molière übrig bleibt zu erwiedern: *Bene bene bene, bene respondere.* Dies findet zunächst auch seine Anwendung bei der Simonideischen Correspondenz; ich bin völlig unterrichtet durch Ihren Brief, was van Goens gesagt hat und bedarf weiter keiner Auskunft. In der Parischen Chronik kann ich nur eine tiefe Verwirrung in Betreff der verschiedenen Simonides erkennen und habe darüber mein Urtheil nun abgeschlossen. Ich bin bei der Chronik auf den seltsamen Gedanken gerathen mit aller Gewalt herauszubringen, worauf die sehr genauen Angaben des Dionysios und anderer über den Tag der Einnahme Troja's sich gründen, weil mir diese sehr alte Bestimmung doch zu eigen schien um für reine Erdichtung ohne Grund genommen zu werden. Natürlich glaube ich nicht daran; aber es ist mir doch gelungen völlig und mit Zutreffen aller Bestimmungen die Grundlagen der Angabe zu finden, und es hat mich überrascht zu finden, wie die Alten doch auch bei den seltsamsten Dingen mit Verstand zu Werke gegangen sind und nicht blos gelogen haben. Ist Höck bei seinen Untersuchungen über die historische Chronologie vielleicht auch auf diesen Punct gekommen? Die Inschrift von Tralles ist mir auch schon merkwürdig vorgekommen; ich habe den Punct wegen der kurischen Dynasten noch nicht untersuchen können, weil mir ein Buch dazu jetzt gerade nicht zur Hand ist, habe mir also die Sache noch aufgespart. Bedeutend finde ich, dass wir daraus lernen, schon im Persischen Reiche habe man nach den Regentenjahren officiell gezählt, was mir für den Ptolemäischen Regentenkanon wichtig scheint. Die Aspiration Ἰδριεύς ist mir ganz fremd; ich entscheide mich dafür, dass wie in der Delischen Inschrift des Monolithen das Digamma hier vorkommt, Ϝιδριεύς; ich denke, dass meine Emendation des Nahmens Ϝιδρίαο N. 1575. C. I. der damit verwandt, ziemlich sicher ist.

Hr. v. Leutsch hat mir sehr wohl gefallen, und ich denke ihn bald näher kennen zu lernen. Ihre Archäologie der Kunst ist noch immer nicht angelangt; die Buchhändler sind nicht so eilig als meine Begierde. Was Sie in der Anzeige Ihres Buches über Völkels Papiere sagen, habe ich mit Vergnügen gelesen. Die Akademie kommt mir seit einiger Zeit todter vor als je, und ich wage es nicht einen Antrag zum Ankauf der Papiere des vortrefflichen Mannes zu machen, den ich zwar erst spät, und nie persönlich, sondern nur durch Briefe kennen gelernt habe, der mir aber die grösste Hochachtung einflösste. Wie Sie selbst bemerken, ist es mir nicht wünschenswerth immer wieder auf das Frühere zurückzugehen, und Völkel hat ohne Zweifel in seinen Papieren viele Sachen sehr ausführlich abgehandelt, wie ich aus seinen Briefen vermuthen muss; ich würde daher durch das Studium dieser Papiere mich auf geraume Zeit wieder ins Alte zurückwerfen. Die letzte Anmerkung der Vorrede des C. I. bezieht sich nahmentlich auf Völkels Mittheilung; die Ausführlichkeit, womit er den dort berührten Gegenstand abhandelte, bestimmt nahmentlich mein vorhin gegebenes Urtheil. Ich denke die Papiere sind bei Ihnen in den besten Händen, und finden Sie etwas sehr Wesentliches für mich, so wird es Ihnen bei Ihrer Rüstigkeit leicht seyn mich darauf aufmerksam zu machen. Ich muss die geringen Kräfte, die ich noch in mir fühle, zusammenhalten um nicht in litterarischer Zerstreuung unterzugehen, da mich zumahl so viele Nebenarbeiten abziehen, und ich die Nothwendigkeit fühle für meine Gesundheit zu sorgen.

Für heute nehme ich von Ihnen Abschied. Empfehlen Sie mich Ihrer lieben Frau recht sehr.

Von ganzem Herzen
der Ihrige
Böckh.

Göttingen, 29. Jun. 30.

Mein verehrter Freund.

Sehr vielen Dank für Ihren Brief vom 20. Mai. Sie betrachten mich darin als einen, dem man nur Glück wünschen müsste, und wie viel Unglück ist nun in den letzten Wochen über uns hereingestürmt! Schon die Nachricht, dass Eumene Bückling in demselben Monat Mann und Schwester verloren, die den Tag vor der Niederkunft meiner Frau ankam, hatte uns sehr erschüttert; dann kam der Tod meines lieben Freundes Hemsen dazu, und nun jetzt die schreckliche Botschaft von dem Tode meines Schwagers Alexander, wovon Sie das Genauere wohl schon durch Savigny's oder Berendt gehört haben. Ich hatte mir vorgenommen, mich diesen Sommer nach allen Anstrengungen der vorhergegangenen Zeit recht gründlich zu erholen und mich einem heitern Lebensgenusse hinzugeben; jetzt wünsche ich manchmal, sässe ich lieber bis über die Ohren in einer grossen Arbeit drin, die mich nöthigte meine Gedanken darauf zu concentriren.

Auf den Herbst thut mir Zerstreuung Noth. Am schönsten wäre es, wozu wir ja Hoffnung haben, Sie kämen her und lebten ein paar Wochen bei uns. Meine Einrichtung kennen Sie, und wenn es Ihnen das vorigemal behaglich war, können wir es diesmal noch bequemer einrichten. Sollten Sie nicht kommen, und das Museum in Berlin im Herbste schon im Stande sein: so komme ich auf ein paar Wochen nach Berlin, besonders auch um die Vasen recht gründlich zu studiren.

Aber wird man diese dann wohl schon sehen können? Lassen Sie uns bald eine Abrede treffen, damit die Zeit nicht ungenutzt bleibt. Das Compendium der Archäologie ist an den Commissionär der Enslin'schen Buchhandlung in Leipzig abgegeben worden, wie mir Dietrich's sagen; dieser muss die Schuld tragen, wenn Sie es noch nicht haben sollten. Bin ich wohl nicht unverschämt, wenn ich Sie bitte, inliegendes Briefchen gelegentlich besorgen zu lassen?

Von gelehrten Dingen lieber ein andermal. Nur das Eine, dass Höck, der seine Arbeit jetzt rasten lässt und besonders erst Ihr *marmor Parium* abwartet, nicht recht weiss, wie Sie hinter die Gründe der Epoche des *excidium Trojae* gekommen sind. Nur das Eine leuchtete auch mir schon früher ein, dass der Monatstag des Dionys. auf dem Mondaufgang um Mitternacht bei Lesches: $\nu \grave{\upsilon} \xi \ \mu \grave{\varepsilon} \nu \ \check{\varepsilon} \eta \nu \ \mu \varepsilon \sigma \acute{\alpha} \tau \eta, \ \lambda \alpha \mu \pi \varrho \grave{\eta} \ \delta' \ \grave{\varepsilon} \pi \acute{\varepsilon} \tau \varepsilon \lambda \lambda \varepsilon \ \sigma \varepsilon \lambda \acute{\eta} \nu \eta$, beruht. Aber woher der Monat selbst? und wie stimmen die andern Angaben? Ich bin sehr begierig auf eine Andeutung darüber.

Meine betrübte und bei solchen Erschütterungen immer noch ziemlich angegriffene Frau grüsst herzlich.

In alter Treue
Ihr
COM.

Berlin, d. 14. Juli 30.

Leider, theuerster Freund, hatte ich und wahrscheinlich früher als Sie die Nachricht von dem unglücklichen Tode Ihres Schwagers gehört und war in Sorgen Ihrer guten Frau wegen; doch dachte ich, man würde ihr das Unglück länger zu verbergen wissen. Die sterben, die leben bleiben könnten; und mancher, der sich den Tod wünscht, lebt. Zu den letztern rechne ich bisweilen mich, wenn ich übler Laune bin, und bald hernach sehe ich gewöhnlich wieder ein, dass ich Unrecht habe.

Erst vor wenigen Tagen habe ich Ihre Archäologie erhalten, und erst nachdem ich sie holen liess; ich weiss nicht, was dem Schlingel von Buchhändler im Kopfe stak, dass er sie mir nicht schickte. Indessen habe ich sie von Leutsch gehabt und auch, wiewohl flüchtig, bis zu Ende gelesen und die Fülle des Materials und die schöne Ordnung und glückliche Auffassung und Verknüpfung bewundert. Hierbei fällt mir ein, dass es mich befremdete, den Milesier Hippodamos so spät von Ihnen gesetzt zu sehen; mit klaren Worten wird doch nirgends gesagt, das Hippodamos Rhodos gebaut habe; mir schien, dass Strabo den Bau der Kononischen Mauern mit dem alten Bau verwechsle, und dass die Stadt Rhodos der baute, der die Befestigungen unter Konon wieder herstellte. Der Monathstag der Einnahme von Troja beruht allerdings auf der Stelle des Lesches; andere setzten sie in den Vollmond, weshalb auch noch eine andere Angabe darüber vorhanden ist. Nun aber sollte Troja gleich nach Sommers Anfang eingenommen seyn, welcher mit dem Frühaufgang der Plejaden eintritt; hiernach konnte man nur den Thargelion oder Skirophorion wählen, je nachdem, nach Beschaffenheit der Cyklen, das letzte Drittel des einen oder andern Monathes nach dem Frühaufgange der Plejaden fiel. Legte man den Metonischen Cyklus, und mit Dionys. Hal. das Jahr 408 vor der 1. Olymp. zum Grunde, so traf dies auf den Thargelion. Rechnet man ferner den Metonischen Cyklus von Ol. 87, 1. rückwärts bis auf das Jahr 408. vor Olymp. 1, so findet sich, dass alle Angaben, welche Dionysios über den Tag der Zerstörung Troja's giebt, genau übereinstimmen; d. h. Dionysios hat nach den Frühern die Zerstörung Trojas auf den 23. Thargel. gesetzt, und nachher den Metonischen Cyklus auf das Jahr 408. vor der 1. Olymp. angewandt und so seine Bestimmungen gewonnen. So ist mir die Sache jetzt im Sinne; meine Papiere habe ich gerade nicht zur Hand um Genaueres zu geben, da ich sie an Ideler verliehen habe.

Das Museum ist, was die Vasen betrifft, so vollkommen in Ordnung, dass Sie ein Studium derselben hier machen können; doch höre ich, dass noch mehr zukommen soll aus der Sammlung, die Dorow mit fremdem Gelde gemacht hat. Mit Dorow wird zwar nicht gehandelt; wie ich höre, hat aber das Geld ein Maler Magnus gegeben, und von diesem soll gekauft werden. Doch weiss ich dies nicht gewiss. Die jetzige

Sammlung ist allerdings ansehnlich, wenn sie auch mit der des Prinzen v. Canino nicht scheint verglichen werden zu können. Es sind in unsrer Sammlung auch einige Vasen mit den seltsam, aber höchst elegant gezeichneten Thierfiguren, wie die Korinthische Vase bei Dodwell; ist dies Fabricat, wie es scheint, in Italien einheimisch und in Etrurien sogar, wie es scheint, so kann man an der Korinthischen Abstammung der Etrurischen Kunst doch kaum mehr zweifeln: wenn ich mich recht erinnere, haben Sie dahin auch schon in der Archäologie gedeutet. Uebrigens ist auch das übrige Museum schon ganz in Ordnung, ausgenommen die Gemmen und Münzen und andre kleine Kunstarbeiten. Es wird mich sehr freun, wenn wir hier zusammen seyn könnten; doch bin ich noch gänzlich unentschieden, wie ich den Herbst zubringen will, und kann mich auch noch nicht bestimmen, theils aus mehrern andern Gründen, theils weil ich nicht weiss, ob mein Bruder, der Bad. Finanzminister, der etliche Wochen hier war und vor einigen Tagen wieder abgereist ist, gegen den Herbst wieder kommt oder nicht. Für Ihre gütige Einladung zu Ihnen bin ich sehr dankbar und behalte mir die Annahme vor, wenn Sie nicht hierher kommen, und ich nicht hier bleibe. Vor dem 1. Sept. kann ich auf keinen Fall reisen, da ich mit meinen Vorlesungen weit zurück bin. Grüssen Sie Ihre liebe Frau herzlich von mir.

                Mit ganzer Seele der Ihrige

                            Bh.

[Göttingen,] 20. Aug. 30

Mein verehrter Freund.

Da Sie uns von Ihrem Plan für die bevorstehenden Ferien noch nichts Sichres haben schreiben können, und ich wegen mehrerer Umstände mich entschliessen musste: so habe ich mir nun vorgenommen, am 15ten Sept. von hier mit der Schnellpost nach Berlin zu reisen. Mein Schwager Aemil wird mit mir reisen, aber nicht so lange, wie ich, in Berlin bleiben. Er wird bei Berendt logiren; ich habe es auf jeden Fall für das Beste gehalten, mich ordentlich in Berlin einzumiethen, und meinem Freunde Jaekel den Auftrag gegeben, eine *chambre garnie* für mich zu suchen in der Nähe des Museums, wo ich täglich zu sein gedenke. Da ich doch auch Einiges zu arbeiten denke, so ist es mir viel werth, mich im eignen Zimmer nach Belieben ausbreiten zu können. Vielleicht reise ich von Berlin, auf 8 Tage im Ganzen, nach Schlesien; doch rechne ich auf Berlin selbst ziemlich 4 Wochen. Nun ist freilich das Wichtigste für mich, wie diese meine Pläne mit den Ihrigen zusammenstimmen, und wie viel ich in dieser Zeit mit Ihnen werde zusammen sein können. Reisen Sie selbst, so wäre das Beste, Sie könnten bald im Anfange nach Göttingen kommen, ich könnte dann wohl auch ein paar Tage später von hier abgehn. Auch die Reise nach Schlesien ist noch ein beweglicher Punkt, den ich mit Rücksicht auf Ihre An- oder Abwesenheit verschieden rücken kann. Auch manches Andre liesse sich einrichten und kann darnach modificirt werden, dass ich den Hauptzweck, Ihres Umgangs zu geniessen, nicht verfehle. Der Himmel gebe, dass ich Sie recht wohl und heiter finde. Für Ihr gütiges Urtheil über meine Archäologie meinen herzlichen Dank; ich bin in diesem Sommer damit als Compendium zwar nicht durch- aber doch recht gut ausgekommen. Ueber den Hippodamos will ich Ihnen mündlich meine Gründe vorlegen. Die Sache mit der Epoche der Einnahme Trojas macht sich so vortrefflich; ich hätte mir nicht gedacht, dass die alten Chronologen so weitläuftige Rechnungen deswegen gemacht haben. Das Museum wird mir gewiss viel neue Belehrung bieten; ich hoffe, dass die Vasen recht von allen Seiten sichtbar aufgestellt sein werden, und dass ich auch die Gemmen werde durchmustern dürfen. Ob Hirt zu einer bequemen Benutzung der Sachen verhelfen kann, oder wer sonst die Sachen unter sich hat? Dissen grüsst herzlich; er ist übel dran, wenn wir, statt hier, in Berlin zusammen sind, aber er meint doch auch, dass mir die Erfrischung einer Reise Noth thue, und gönnt sie mir von Herzen.

   Von ganzem Herzen
     Ihr
      treuergebener
       COM.

Berlin, d. 22. Aug. 1830.

Meinem Versprechen gemäss, lieber Freund, schreibe ich Ihnen, nachdem ich über Reisen und Nichtreisen entschlossen bin, meinen Plan für diesen Herbst. Mein Bruder kommt gegen den 16. Sept. hierher und bleibt wenigstens bis Anfang Oktobers; dies macht mir eine längere Reise unmöglich. Ich werde daher, wenn nichts dazwischen kommt, nur auf wenige Tage vom 30. Aug. an nach Teplitz reisen mit meinem Sohne Alexander und komme den 11. Sept. wieder hier an. Wenn Sie also hierher kommen wollen, werden Sie mich finden; und ich wünsche sehr, dass Sie kommen. Ich denke die Ferien über eben mich nicht besonders anzustrengen, da ich der Erholung bedarf, und bin daher zu Ihrer Disposition; wegen des Museums habe ich Ihnen schon geschrieben, und Sie werden auch schon aus den öffentlichen Blättern gesehen haben, dass alles schon zugänglich ist. Ich habe am 3. August eine Rede übers Museum gehalten, die ich nicht schicke, weil Sie doch wol kommen werden; ich habe mich zwar da in ein Feld verstiegen, wovon ich nichts verstehe, indessen haben die Leute doch die Rede schön gefunden. Ich lasse jetzt drucken an der Einleitung zu den Bosporanischen Inschriften. Von Dissens Pindar habe ich eine vorläufige Recension gemacht; vorläufig neune ich sie, weil ich noch eine Fortsetzung dazu liefern will. Indessen will ich sie noch etwas liegen lassen. Ich denke, er soll damit zufrieden seyn, wiewohl ich Einiges anders stelle als er. Grüssen Sie ihn herzlich von mir; ich habe in diesem Augenblicke nicht Zeit ihm noch besonders zu schreiben. Das nächste Jahr werde ich wol wenig Gelehrsamkeit treiben können, weil ich zum Rector gewählt worden bin; ich werde den 25. Oct. mein Amt antreten. Endlich muss ich Ihnen auch noch sagen, dass ich mich, der trostlosen Einsamkeit überdrüssig, entschlossen habe, und zwar fast urplötzlich, mich wieder zu verheirathen; ich werde eine Frau nehmen in dem Alter, worin meine edle Dorette jetzt seyn würde, eine Freundin von ihr, die ich seit langer Zeit kenne. Sagen Sie aber davon in Göttingen noch nichts, da ich es noch nicht an meine Schwägerin Planck geschrieben habe.

Grüssen Sie Ihre liebe Frau von ganzem Herzen; hoffentlich steht alles gut bei Ihnen.

Von ganzer Seele der Ihrige

Böckh.

[Göttingen,] 28. Dec. 30.

Mein verehrter Freund.

Ich habe Ihnen dieses ganze Vierteljahr mit Briefen Ruhe gelassen, weil in meinem stillen Leben hier eben nichts Meldenswerthes vorfiel, und mein Aufenthalt in Berlin, an den ich mit dem grössten Vergnügen zurückdenke, mir Ihr Leben und Ihre Thätigkeit lebendiger vergegenwärtigt hatte, als es Briefe zu thun vermögen. Jetzt ist endlich meine bald nach meiner Rückkunft geschriebne Anzeige über das Berliner Museum abgedruckt worden, und, so höchst unbedeutend sie auch ist, wünschte ich doch, dass sie Ihnen und einigen andern Berliner Herrn vor die Augen käme. Ich lege 3 Exemplare bei; könnten Sie gelegentlich eins davon Levezow zukommen lassen und das andre Schulze geben? Ich lege auch die ältere Anzeige von Cadalvene bei, wo von dem Thessalischen ΟΥ freilich nur ein Wort gesagt ist. Ein wenig bedeutender ist eine Recension über Nitzschs *Hist. Homeri*, die ich Heeren jetzt eben gegeben habe.

Dissen' hat Ihren Brief nebst der Recension, die er schon früher gelesen hatte, empfangen. Aber — ich thue wohl am besten, Ihnen ganz offen darüber zu schreiben, zumal da Dissen gegen mich allein sich darüber ausgelassen hat, und Niemand sonst Ihnen davon etwas mittheilen kann — Ihr alter, treuer Freund findet sich durch diese Recension (bei der ich zwar ein kleines Bedenken hatte, aber weit entfernt war mir den Eindruck so vorzustellen) tief verwundet. Er meint, Sie hätten seine Meinung nicht richtig und genau wiedergegeben, und das Publicum müsse darnach einen schlechten Begriff von seiner Interpretations-Methode bekommen. Einzelne Ausdrücke, wie das Mikroskopische, welches ihm schon von Einigen hier im Scherze vorgeworfen ist, haben ihn sehr verdrossen, und Versuche, ihm eine mildere Deutung annehmlich zu machen, verderben die Sache nur noch mehr. Ich habe mich, wie sich von selbst versteht, ernstlich bemüht, ihm die ganze Recension von einer anderen Seite zu zeigen, als er sie ansieht, dass er sie mehr als eine Discussion über die ersten und am tiefsten liegenden Gründe jeder Interpretation eines Kunstwerks als solchen fassen sollte, denn als ein offnes oder verhülltes Urtheil über die Statthaftigkeit seiner Interpretation, der er dadurch allen Kredit abgesprochen glaubt. Andrerseits muss man freilich auf Dissens ganze Stellung und die Art seines Lebens Rücksicht nehmen, um ihm diese Empfindlichkeit nicht zu sehr zu verübeln. Mitten in einem regen litterarischen Treiben, an einen schärferen und freieren Ton in mündlichen Discussionen gewöhnt, würde er die kleinen Stacheln der Recension gewiss nicht schmerzhaft empfunden haben: so aber arbeitet und meditirt er Jahre lang im Stillen fort und horcht dann, um sich des Ertrags der langen Mühe erst recht bewusst zu werden, vornehmlich auf Ihr Wort, welches ihm mehr gilt als das der ganzen andern Welt zusammengenommen, und es ist sehr natürlich, dass ihn hier Alles auf eine Weise afficirt, die sonst unerklärlich wäre. Fragen Sie nun um meinen Rath, was zu thun sei, um das schöne Freundschaftsverhältniss dabei vor Gefährde zu bewahren: so weiss ich nichts Andres zu rathen als diese Sache ganz ruhen zu lassen. D. will sich in keine briefliche Erörterung einlassen; er meint genug darüber geschrieben zu haben, damit das Eine das Andre in seiner Auffassungsweise erklären könne. Auch würde man, glaub' ich, über den Fundamentalpunkt durch lange Briefe nicht ins Reine kommen; unsre ästhetische Sprache ist auf einen Grad verworren, dass bei dem besten Bestreben, sich zu verstehen, sich doch überall Missverständnisse verstecken können. Wenn ich mir herausnehmen darf in Ihre Pläne einzugreifen, würde ich sagen: Lassen Sie die Recension ohne Fortsetzung, und suchen Sie in Dissen nur die richtige Ansicht der Recension von moralischer Seite, in Bezug auf Ihre Absicht und die Art des ganzen Unternehmens, zu erwecken, nicht ihm den Inhalt davon plausibel zu machen. Später lässt sich die Sache vielleicht auch von dieser Seite erörtern; jetzt ist Dissen noch zu sehr in der schönen und kunstreichen Theorie, die er sich gegründet, darin, um sie antheillos von aussen betrachten zu können. Was mich betrifft, so muss ich gestehn, dass mir diese Differenz um so unangenehmer ist, weil ich mich nicht mit Entschiedenheit auf die eine Seite werfen und die andre Parthei zur andern herüberzubringen bemühen kann. Ich bin mit Ihnen einverstanden, dass die Anschauung des Siegs in seiner Bedeutung für das gesammte Leben des Siegers mit seinem Geschlecht und Vaterland die eigentliche Wurzel und fundamentale Einheit des Gedichts ist. Indem diese den Dichter auf eine eigenthümliche Weise ergreift und afficirt, entsteht eine Grundstimmung der Empfindung, ein Grundton, der in Bewegung gesetzt die stille Melodie bildet, welche den Charakter des Gedichts für das Gefühl bezeichnet. Nun fordert aber die Natur der Poesie als Rede eine begriffliche Auflösung dieser Anschauung und Empfindung, welche am meisten von dem Individuellen geschieden in dem das Ganze durchflechtenden gnomischen Theile hervortritt. Sollte es nun nicht das Bedürfniss des menschlichen Geistes sein, auch hierin zu einer Einheit zu streben und durch das Ganze einem jener Anschauung entsprechenden Grundgedanken nachzustreben, so zu sagen ein Gesetz, einen Kanon der höhern Welt zu suchen, in welche der Dichter das Faktum des Sieges hineinträgt, welcher Kanon sich hiebei am meisten manifestirt? Ich gestehe, dass wenn mir Dissen mit seiner vollen Ueberzeugung davon vorspricht, ich mich dieser Ansicht geneigt fühle; für mich bin ich nicht geneigt die Poesie so zu behandeln; aber ein neues Studium Pindars, speciell für diesen Zweck, zu machen, fehlt es mir jetzt ganz an Zeit. Um so mehr wird es mir leid thun, wenn Sie Ihre Recension nicht fortsetzen, da ich dadurch weitergebracht zu werden hoffte; aber ich muss hier meine eignen Wünsche ganz schweigen heissen und bloss die Pflicht eines Mittelsmannes in der Sache in Betracht ziehen.

Meine Frau empfiehlt sich Ihnen, und mit mir vereint Ihrer Frau Gemahlin aufs herzlichste. Behalten Sie lieb
Ihren treuergebnen
COMüller.

Berlin, d. 31. Dec. 1830.

Mit Recht, theuerster Freund, habe ich eine unüberwindliche Abneigung gegen das Recensiren; und überwinde ich einmahl das Unüberwindliche, so giebt dieser Sieg über mich selbst mir eine Niederlage. Vorgestern war Lorentz aus Pforta hier und gab mir zu verstehen, Dissen sei, nach einem Briefe an ihn, empfindlich über meine Recension; ich legte mir sogleich einen Zettel auf den Tisch um die erste Gelegenheit freier Zeit (die mir jetzt sehr sparsam zugemessen oder vielmehr ganz geraubt ist) zu einem Briefe an ihn zu benutzen. Heute überrascht mich Ihr Schreiben auf eine in der That sehr schmerzliche Weise. Das Erste, was ich zu thun hatte, war, meine Recension wieder zu überlesen; dann las ich Ihren Brief wieder und wieder. Was ich nun, nachdem ich Alles hin und her und herüber und hinüber gelesen habe, sagen soll, weiss ich selber kaum; nur so viel steht mir fest, nicht an Dissen zu schreiben, ehe ich von Ihnen wieder Antwort erhalten habe, und Ihnen zu überlassen, was Sie zunächst thun wollen um für mich auf ihn einwirken zu können.

Kaum weiss ich mich zu sammeln um auf den Gesichtspunct hinzuweisen, der mich bei der Recension geleitet hat; auch sehe ich wieder nicht recht ein, wozu es helfen soll Ihnen denselben darzustellen, da Sie, einige Kleinigkeiten abgerechnet, mich völlig so beurtheilen, wie ich es nur wünschen kann. Der Charakter unsrer Jahrbücher will allgemeinere Betrachtungen, und meine Neigung geht selbst nicht auf ein Registriren von kleinern Dingen, womit man übereinstimme oder nicht, beim Recensiren; ich habe also in der Recension darzustellen gesucht, wie man auf philologischem Wege zu allgemeinen Urtheilen über einen Dichter gelange, und in der Voraussetzung, Dissen sei in dieser Beziehung, um den Ausdruck der Skeptiker zu gebrauchen, mit mir ὁμότροπος, habe ich dann nur zu zeigen gesucht, wie man bei denselben Grundsätzen auf verschiedene Ergebnisse gelangen könne. Dies habe ich nachher an Beispielen erläutert. In jedem dieser Beispiele habe ich durchaus einen Fortschritt der Erklärung durch Dissen anerkannt und nur Modificationen gemacht, die aus der verschiedenen Ansicht vom Wesen der Poesie entspringen. Ich bin mir bewusst hierbei, was die Sache betrifft, mit gewissenhafter Ueberlegung, in Rücksicht der Form aber mit dem Gefühle der Freundschaft, die ich für Dissen empfinde, zu Werke gegangen zu seyn; es würde viel Papier kosten, wenn ich die Beweise des Letztern alle aus der Recension hier zusammenstellen wollte. Am wenigsten habe ich mich geschont; ich habe mehrere Mahle gradezu gesagt, dass meine Erklärung hinter ihrem Ziele zurückgeblieben sei; behaupte ich nun wieder, seine wäre über das Ziel hinausgegangen, und suche ich die mittlere Proportionale zwischen beiden als das Wahre, so kann er doch dies nicht als etwas Feindseliges ansehen: eine Geringschätzung seines Werkes aber mir aufzubürden ist wahrlich ungerecht, indem ich durchweg überall einen Fortschritt bei ihm anerkenne und nur gegen die allgemeinen Ansichten Bedenken habe, wie ich sage, und diese dem innig befreundeten Herausgeber vortrage. Nach diesen Vorbemerkungen weiss ich in der That nichts weiter zu sagen, als Einiges über zwei Puncte, die mir in Ihrem Briefe aufgefallen sind. 1) Dissen beschwere sich, ich habe seine Meinung nicht richtig und genau wiedergegeben. Es mag seyn; ich weiss es nicht: habe ich geirrt, so ist es ein Irrthum meines Verstandes. Ich habe mich bemüht seine Meinung zu geben; in der Regel ist es mit seinen Worten geschehen; jedoch habe ich selbst mehr als einmahl gesagt, er meine es vielleicht auch nicht anders als ich, und mehr kann man doch von dem Recensenten gewiss nicht fordern, sondern muss doch darin den Wunsch des Rec. erkennen einig zu seyn mit dem Recensirten. 2) Sie reden von Stacheln, kleinen Stacheln der Recension. Ich kann nach Wiederlesung durchaus auch keine Stacheln finden, indem ich vielmehr bemüht war, alles recht freundschaftlich zu machen: wo ich eine abweichend scheinende Ansicht aufstelle, schiebe ich unserem lieben Freunde wo möglich wieder zu, dass er es auch so nicht dürfte gemeint haben, wie dies am Schluss der Rec. geschehen ist. Das Einzige, was Sie selbst herausheben, dass er den Ausdruck des Mikroskopischen übel genommen habe, ist mir insofern sehr verdriesslich, als ich glauben muss, es habe ihn verdrossen; aber ich muss mich doch über ihn beschweren, wenn er diesem Ausdruck einen üblen Sinn unterlegt. Ich muss mich schon überwinden die Stellen näher ins Licht zu setzen, die, hätte ich denken sollen, eines Missverständnisses unfähig waren. Wenn ich ihm auf dem ersten Blatte „eigenthümlich feine Beobachtung" zuschreibe, „die gleichsam mikroskopisch noch deutliche Umrisse und organische Glieder entdeckt, wo das gewöhnliche Auge nur Masse sieht", so ist dies doch wahrhaftig das höchste Lob der Scharfsichtigkeit; organische Glieder, sage ich, erkennt er mit dieser Betrachtung, wo andre nur Masse sehn; wobei mir der Anatom vorschwebte, der die feinsten organischen Gliederungen, die Netze und Züge der Nerven, die das Leben des Körpers regieren und seine Bewegung leiten, mit dem Mikroskop entdeckt, während das gewöhnliche Auge eine Fleisch- oder Gallertmasse zu sehen glaubt. Was sage ich denn aber am Schlusse wieder vom Mikroskopischen? Ich sage, dass der Ausleger mikroskopisch betrachten müsse, wenn er das zur Klarheit bringen wolle, was Jahrtausende hindurch nicht mehr erkannt worden; und dies verstehe er vortrefflich. Wenn ich sage, er verstehe vortrefflich, was man thun müsse, und wenn ich das, was er dadurch erkennt, als eine Erkenntniss bezeichne, die Jahrtausende hindurch gefehlt habe, so ist dies, meine ich, das grösste Lob, welches ich einem geben kann. Auf den Ausdruck selbst wurde ich auch an dieser Stelle, wie mir scheint, ganz natürlich dadurch geführt, dass ich diese Theile, die mikroskopisch betrachtet werden müssten, als verborgene, im Hintergrunde stehende Parthien eines Gemäldes bezeichne, die das blöde Auge nicht alsbald erkennt. Dass ihm Freunde im Scherz dergleichen gesagt haben, ist mir, der ich mich um solche Dinge niemals bekümmert habe, ganz unbekannt; und dass ich nicht Scherz treibe, zeigt der Zusammenhang. Wenn mir Dissen, während ich im Vertrauen auf seine Freundschaft, wovon er mir unzählige und rührende Beweise gegeben hat, meine Ansicht ohne Scheu vor möglicher — und doch eigentlich unmöglicher — Missdeutung ausgesprochen habe, Raillerie gegen sich zutraut, so dürfte ich Ursache haben, ihm darüber Vorwürfe zu machen, wenn ich nicht theils mich bescheiden müsste das Missverständniss zu vermeiden im Stande gewesen zu seyn, indem ich geschwiegen hätte, theils das ganze Missverständniss mir zu schmerzhaft wäre, als dass ich noch darüber rechten möchte, wer der schuldige Theil sei.

Indem ich nun überschaue, was ich geschrieben habe, seh' ich in der That nicht, weshalb Sie Bedenken tragen sollten, mit eben der Offenheit, die Sie mir bewiesen haben, verfahrend ihm meine Vertheidigung vorzulegen. Unmöglich kann er mir zürnen, wenn ich mich nicht von allem überzeugen kann, was er aufgestellt hat; ich kann ja auch von ihm dasselbe nicht verlangen. Wie ich dabei verfahre, haben Sie ja auch bei Ihrer Anwesenheit gesehen. Ich suche ein Kriterium, woran man erkenne, was der Dichter meint; darüber habe ich mich auch ausgesprochen in der Recension: kann ich kein Kriterium für die Auslegung finden, kann ich nicht einsehen, wie der Dichter verlangen konnte, dass man so verstehe, so kann ich nicht beipflichten. Auf diese Weise prüfe ich Schritt vor Schritt, nehme alles an, wovon ich ein Kriterium zu erkennen glaube, und zweifle nicht ohne Verdruss, wenn ich bei Dissen etwas finde, dem ich nicht nachkommen kann. Er kann mir hierbei Kurzsichtigkeit vorwerfen, nicht Mangel an Freundschaft. Inwiefern ich seine Meinung nicht richtig gegeben hätte, müsste ich doch erst belehrt werden; grosse Auszüge konnte ich aus seinem Buche nicht liefern und habe daher nur Einiges excerpirt, worin seine Meinung enthalten schien. Auch habe ich freilich nicht alles gesagt, was er gesagt hat, weil ich den Stoff theilen wollte; aber man kann doch nicht von allem zugleich sprechen.

Mit dieser schmerzlichen Geschichte beschliesse ich dieses Jahr, mit welchem ich sonst zufrieden zu seyn Ursach habe, wenn man die grosse Europäische Noth abrechnet, gegen welche unsere litterarischen Streitigkeiten wie nichts verschwinden; nur wenn das Herz angegriffen wird, wie doch Dissen wirklich thut, kann man die Noth des Ganzen dem eigenen Schmerz nachsetzen.

Grüssen Sie Ihre liebe Frau von ganzem Herzen von uns. Wir sind alle gesund. Dass Sie an Berlin und Ihren letzten hiesigen Aufenthalt mit Vergnügen denken, freut mich um so

mehr, je mehr ich mir Vorwürfe mache, dass meine damahlige
Lage mir nicht erlauben wollte Ihnen mehr zu seyn. Ich
will noch hoffen, dass Sie mir von unserem guten Dissen
wieder Tröstlicheres schreiben; ich sehne mich darnach, dass
er wieder besser von mir denke, und hoffe dadurch, dass ich
es erfahre, in den Stand gesetzt zu werden ihm dann auch
zu schreiben. Für die Recensionen meinen besten Dank; ich
habe sie noch nicht lesen können. Das Rectorat nimmt meine
ganze Zeit in Anspruch; wir haben viel mehr Unannehmlichkeiten, als ich in meinem vorigen Rectorat hatte.
    Von ganzem Herzen der Ihrige
        Böckh.

[Göttingen,] Freitag, den 7. Jan. 1831.

 So schmerzlich die Empfindungen gewesen sind, mein
verehrter Freund, mit denen Sie Ihren letzten Brief an mich
geschrieben haben: einen so guten und wohlthätigen Eindruck
hat er hier gemacht. Ich hielt es für das Beste, den Brief
gleich nach dem Empfange an Dissen zu schicken und ihm
ein paar Tage zur völligen Sammlung Zeit zu lassen. Gestern
Abend war ich bei ihm und fand ihn sehr ergriffen und gerührt; er erkennt Ihre gute, wohlwollende Absicht völlig an
und denkt nicht mehr daran, irgendwo etwas persönlich Ver-
letzendes zu finden. Er meint wohl selbst grade in einem zu
aufgeregten, gereizten Zustande gewesen zu sein, als er die
Recension zuerst gelesen; und wenn erst einmal eine solche
Auffassung im Geiste Platz gewonnen, ist es gar zu schwer,
durch nochmaliges Ueberlegen oder freundschaftliches Zureden
sie wegzuschaffen; es ist dann, als wenn das unangenehm Be-
rührende sich nur immer tiefer eindrückte. Darum mache ich
mir auch keine Vorwürfe, dass ich nicht energischer versucht
habe, Dissen eine andre Ansicht der Sache plausibel zu machen;
es wäre mir nicht gelungen, was durch Ihren Brief im Ganzen
bewirkt worden ist; hätte ich es vermeiden wollen Ihnen die
trüben Stunden zu machen, deren Schmerzliches ich ganz mit
Ihnen fühle, so wäre in dem Verhältniss immer ein dunkler
Schatten geblieben, der nun hinweggeschafft ist. Nur das

bittet Dissen, dass Sie nicht von ihm fordern, dass er in eine Discussion über die Sachen eingehe, um jetzt gleich völlige Verständigung herbeizuführen; dazu hält er sich selbst nicht für unbefangen und ruhig genug; das langgepflegte Geisteskind ist ihm dazu noch zu sehr Theil seiner selbst; aber er denkt später die Sache wieder vorzunehmen und zu versuchen, ob er sich nicht mit Ihnen ausgleichen kann. Er versichert treulich, mit derselben Liebe, Freundschaft und Hochachtung an Sie zu denken wie früher. Auch hat er hier weiter Niemandem davon gesprochen als mir, und auch das ist nicht seine erste Intention gewesen; gegen Lorentz hat er mehr eine abwehrende Antwort geben wollen auf allerlei Explicationen, welche dieser sich ausbat.

So dürfen wir also wohl alle diese auch mir so peinliche Sache als glücklich beendet ansehn; bleibt etwas Bittres im Grunde des Bechers, so wird wohl auch dies bei erneuertem freundschaftlichen Verkehr sich ganz rein auswaschen. Nur etwas füge ich bei, die Erklärung einer Stelle in meinem Briefe, die Sie durch meine Schuld nicht genommen haben, wie ich sie meinte. Nicht früher ist das Mikroskopische Dissen von Freunden vorgeworfen worden, sondern aus der Recension haben, ich weiss nicht welche gute Bekannte, die nicht daran gedacht haben können, dass er sie übel nähme, Dissen das Mikroskopische entgegengebracht und ihn damit, wie es scheint, geneckt. Die Sache ist durchaus unbedeutend, und ich erkläre nur, um die Dunkelheit meines Ausdrucks wieder gut zu machen. Es ist übrigens schwer, über das, was man nur so gesprächsweise aus einzelnen Aeusserungen, um deren Wiederholung man nicht bitten kann, abgenommen hat, präcis zu schreiben; und darum scheinen diese Briefe von mir gewiss noch dümmer, als sie wirklich sind.

Dass Niebuhr gestorben ist, wird Sie gewiss auch sehr erschreckt und betrübt haben. Ich habe ihn eigentlich nicht geliebt, aber bin doch noch ganz consternirt. Besonders erscheint es mir traurig, dass aus Allem, was man hört, hervorgeht, dass diese Gereiztheit, in welche er immer mehr hineingerieth, dieser Verdruss über Alles, was geschah, das Meiste zu seinem Tode beigetragen hat. Der Himmel hängt voll

Wolken, doch darf man wohl hoffen, dass Preussen, Russland, England sich auf dem Wege des Rechts entschlossen zeigen werden. Unser Regiment hat gestern die Ordre des Aufbruchs nach Luxemburg erhalten; es ist wohl gut, dass Hannover die Vorhut bildet, da der französische Handelstand dann gleich an einen Krieg mit England erinnert wird, den er doch gewiss fürchtet. Was die ganze Entwicklung betrifft: so dünkt mich, dass, wer die Liberalen in Frankreich als die Angegriffnen ansieht, überall Verwirrung finden und mit seinen Wünschen sehr in Conflikt kommen muss; wer aber in der Adresse der Kammer und den Steuerverweigerungs-Associationen die erste ἁμαρτία sieht, der kann diese Tragödie, in der die Chefs der Liberalen nach einander schlecht wegkommen, so lange mit Ruhe ansehn, als die nichtrevolutionirten Länder dabei nicht mitleiden müssen. — Auf unsrer Universität geht Alles gut; den einzigen Akt der gewaltsamen Befreiung eines Studenten, dessen Auslieferung nach Cassel man ganz ohne Grund befürchtete, ausgenommen betragen sich unsere jungen Leute ganz gut. Der Himmel gebe Ihnen viel Glück und Heil zu Ihrem Rektorate.

Herzliche Grüsse an Ihre liebe Frau. Stets in alter Treue

Ihr

COM.

Berlin, d. 28. Jan. 1831.

Seit ich Ihren Brief v. 7. d. M. erhalten habe, oder vielmehr seit Sie ihn schrieben, hat sich vielerlei begeben, was Sie näher berührt und uns auch nicht gleichgültig ist. Wie ich hoffe, soll sich Alles wieder ausgleichen, und der Glanz der Georgia Augusta nicht leiden. Ich hätte schon früher geschrieben, da mir Ihr Brief eben so erfreulich und beruhigend war, als der frühere beunruhigend; indessen habe ich buchstäblich vor Geschäften dazu nicht kommen können irgend einen Brief zu schreiben, und heute ist seit langer Zeit der erste Tag, wo ich ein Paar Stunden frei habe, oder wenigstens mir dadurch frei mache, dass ich nicht in die öffentliche Sitzung der Akademie gehe. Ueberdies schien es mir nicht eilig zu antworten, da unterdessen Ihr und Dissens Gesichtskreis ein anderer seyn musste, und über dem Oeffentlichen das Eigene verschwindet.

Auch jetzt schreibe ich nicht ausführlich, sondern nur wenige Zeilen, um Sie zu bitten Dissen herzlich zu grüssen und ihm in meinem Nahmen zu danken, dass er sich überzeugt hat von meiner fortdauernden Freundschaft und davon, dass ich es ehrlich und redlich meine. Wenn ich an ihn schreibe, muss der Brief ausführlich werden; und dazu habe ich jetzt noch nicht Zeit, bin auch von den angestrengten Arbeiten der letzten Tage heute so abgespannt, dass ein Brief an ihn matt und blass wie dieser werden würde. Also bitte ich nur, meine besten Grüsse zu bestellen; und ebenso grüssen Sie Ihre liebe Frau. Und damit leben Sie wohl, bis ich ein andermahl mehr schreiben kann.

Mit der innigsten Freundschaft
stets der Ihrige
Böckh.

[Göttingen,] 23. März 31.

Mein verehrter Freund.

Da die *res publicae* es jetzt so sehr über die *privatae* davontragen: so ist es auch wohl natürlich, dass man über Privat- und Familien-Angelegenheiten so wenig correspondirt; doch wollte ich meinen Bruder, der die Freude haben wird, Sie selbst zu sehen, nicht ohne ein paar Zeilen an Sie gehen lassen. Mehr von unserm Leben, von den angenehmen Verhältnissen, in denen wir theils schon jetzt leben, theils noch mehr durch Bluhmes und meines Bruders Julius Herkunft zu leben hoffen, kann Ihnen der Ueberbringer des Briefes erzählen. Es ist seltsam, dass wir Brüder, obgleich eifrige Preussen, doch uns alle expatriiren, denn auch unser Jüngster denkt schon daran, besonders wenn er an seiner Schule in unangenehme Verhältnisse gesetzt werden sollte. Meine Zeit ist in diesen Ferien ziemlich zersplittert worden durch allerlei kleine Arbeiten: eine Abhandlung über die Friese des Parthenon, die im 2ten Bande des Deutschen Stuart erscheint (wo Ihr ἀποβάτης in die Kunsterklärung eingeführt wird); dann die Herausgabe eines Hefts aus Völkels archäologischen Papieren (ich habe eine Beilage über den Tempel von Olympia, namentlich über die Metopen geschrieben; könnte ich nur etwas Genaueres über die nach Paris gesandten Metopen mit Hercules Arbeiten erfahren!); und dann durch die Bearbeitung einer begründenden Beilage zu meiner in England gestochenen Karte von Griechenland, die in einer Anzahl von Exemplaren auch in den Deutschen Buchhandel kömmt. Die Beilage wird eben gedruckt; ich denke sie nebst der Karte bald in Ihre Hände zu bringen.

Dissen befindet sich wieder sehr übel durch seine, wie er es nennt, Ueberhitzung des Nervensystems. Hermanns Recension ist, soviel ich urtheilen kann, daran nicht Schuld; sie ist uns mehr komisch als verdrüsslich vorgekommen. Diese gänzliche Unfähigkeit, den Organismus eines Kunstwerks zu begreifen, ist doch bei Hermann wirklich eine psychologische Merkwürdigkeit. Er schüttet recht eigentlich das Kind mit dem Bade aus.

Empfehlen Sie mich herzlich Ihrer verehrten Gemahlin.

Kömmt wirklich, wie ich höre, Ihr Gustav auf Ostern zu uns? Es wäre für uns eine grosse Freude. Können Sie uns nicht für seine öconomischen Einrichtungen, Wohnungsmiethe u. dgl. brauchen?

Meine Frau grüsst herzlich. Alles andre mündlich, nämlich durch Eduard.

Mit treuer Ergebenheit
Ihr
COM.

Die Karte habe ich durch meinen Bruder gleich mitgeschickt; sollte sie unterwegs gedrückt und runzlig geworden sein: so kann sie der Buchbinder wohl wieder ausplätten oder pressen.

Berlin, d. 30. März 1831.

Theuerster Freund.

Leider war ich nicht zu Hause, als Ihr Hr. Bruder vorgestern zu mir kam und meinen Leuten Ihren Brief nebst der Karte übergab. Er wollte Nachmittags wieder kommen; doch erwartete ich ihn vergeblich, und seine Wohnung hatte er nicht angegeben: auch wollte er, wie er mir hinterliess, um 4 Uhr wieder abreisen. So habe ich also nichts von allen den Annehmlichkeiten Ihres Kreises erfahren, wovon Sie mich durch ihn wollten unterrichten lassen. Die Karte ist übrigens in sehr gutem Zustande angekommen, und ich bin begierig auf den Text dazu und auf die Sachen von Völkel, mit Ihrer Beilage. Die Panathenaische Inschrift hatte ich eben darum für das archäologische Institut bestimmt, weil ich dabei den Gedanken hatte, es würde sich einmahl für die Erklärung der Denkmäler etwas daraus ergeben; man kann sie auch zu den sogenannten Attischen Vasen aus Italien brauchen, worauf ich gleich hätte Rücksicht nehmen können, was ich aber absichtlich nicht that, weil ich gerne, um kurz abzukommen, alles ausscheide, was nichts zur Erklärung des Vorliegenden beiträgt, sondern nur erst aus demselben erklärt werden muss.

Die Hermannische Recension von Dissen ist so animos und mit einem solchen Eifer und Geifer geschrieben, dass es scheint, er werde je älter desto wilder. Wenn Dissen sich dazu entschliessen könnte, und sein Nervensystem es vertrüge eine polemische Schrift dagegen zu schreiben, so wäre es doch gut: aber man muss dazu etwas Verdruss vertragen oder seine Laune in Heiterkeit versetzen können. Wenn die Lebhaftigkeit, wie H. ungefähr zu glauben scheint, den Dichter ausmachte, so wäre er selber unstreitig ein grosser Dichter und seine Recension ein Gedicht; denn sie sprudelt vor Lebendigkeit, welche aus Leidenschaft hervorgegangen ist, die ihn nicht einmahl das erblicken lässt, was ihm vor den Füssen liegt. Sehr lustig ist seine historische Forschung über die Zeit der ersten und 3ten Olympischen Ode aus dem Ἄριστον μὲν ὕδωρ, in der That ein Muster von historischer Kritik.

Für Ihr freundliches Anerbieten in Rücksicht meines Sohns danke ich vor der Hand. Es ist allerdings mein Wunsch und

Wille, dass er, da er eine andre Universität besuchen will, nach Göttingen gehe; er hat jedoch seine besondern Vorstellungen und Vorurtheile, die mir sehr unbehaglich sind, und die ihm andere Universitäten angenehmer erscheinen lassen. Ich bin zwar keinesweges gesonnen ihm hierin nachzugeben, sondern lasse ihm nur die Wahl zwischen Bonn und Göttingen; nach Bonn einen zu schicken kommt mir aber unter den gegenwärtigen Verhältnissen nicht rathsam vor. Demnach denke ich, dass es bei Göttingen bleiben soll; nur will ich mich nicht im Voraus so binden, dass ich nicht freie Bestimmung behielte. Er mag dann selbst sehen, wie er sich ohne vorher bestellte Wohnung hilft. Wenn er, wie ich hoffe, nach Göttingen geht, werde ich dann mir erlauben Sie um das Nöthige zu bitten, da meine Schwägerin Planck zu sehr durch ihre häuslichen Leiden gehemmt seyn wird.

Empfehlen Sie uns Ihrer lieben Frau bestens.

Von ganzem Herzen
der Ihrige
Böckh.

Berlin, d. 17. April 1831.

Theuerster Freund.

Mein Sohn Gustav ist im Begriff nunmehr morgen nach Göttingen abzugehen und wird Ihnen, nachdem er sich unterweges noch etwas herumgetrieben hat, diesen Brief übergeben. Ich entlasse ihn mit schwerem Herzen in einer bedenklichen Zeit nach einem bedenklichen Orte; nur die Ueberzeugung, dass Ihre Liebe und Freundschaft für mich alles anwenden wird um von ihm mögliche Gefahren zu entfernen, und dass zugleich seine mütterliche Tante, die Professorin Planck, wohlthätig auf ihn wirken kann, giebt mir Beruhigung. Er ist unverdorben und hat sittliche Grundsätze; allein eben dies führt ihn zu einer gewissen Verachtung der conventionellen Formen, jener Verachtung, wie sie ungefähr die Deutschthümler hatten; ich denke, er soll ein Bestreben zu lernen haben, aber eigentlich gelehrte Kenntnisse hat er nicht, und ich würde Ihnen grossen Dank wissen, wenn Sie ihn etwas zur Gelehrsamkeit zustutzen könnten. Hoffentlich wird in Göttingen politische Ruhe bleiben; auf den Fall von Bewegungen habe ich ihm die strengste Vorschrift gegeben durchaus davon sich entfernt zu halten, und ich rechne auch in dieser Hinsicht auf Ihre Unterstützung. Sollten Sie endlich irgend erfahren, dass er auf Abwege geriethe oder seine Studien vernachlässigte und sie der Studentensocietät, wozu er etwas hinneigt, nachsetzte, so bitte ich Sie mich ohne Schonung meiner und seiner davon zu benachrichtigen. Nicht minder habe ich ihm alles Schuldenmachen ernstlich verboten. Erlaubten Vergnügungen bin ich nicht zuwider. Insbesondre bitte ich Sie ihm mit litterarischem Rathe nachzuhelfen, welchen er bei mir, ungeachtet seiner Anhänglichkeit an mich, wenig gesucht hat. Im Uebrigen habe ich nicht nöthig Ihnen meinen Sohn noch besonders zu empfehlen, oder nach Art der Väter seine guten Seiten besonders hervorzuheben, indem mir mehr daran gelegen ist Sie auf das aufmerksam zu machen, was mir am meisten am Herzen liegt.

Die letzten Wochen sind bei mir sehr unruhig gewesen, indem mich der Umzug in die Oranienburgerstrasse und die neue Einrichtung meines nunmehr geordneten Hauswesens sehr beschäftigt hat, während die Amtsgeschäfte ihren Fortgang nehmen mussten. Litterarisches konnte ich daher wenig thun; indessen habe ich eine Anzahl Inschriften durchgearbeitet, die ich von dem Oestreichischen Reisenden Prokesch durch die Freiburger historische Gesellschaft erhalten habe; die Ausbeute ist aber dürftig. Ich lasse jetzt an den Inseln des Archipels drucken, nachdem die nördlichen Umgebungen des schwarzen Meeres beendigt sind, von wo ich immer noch Neues während des Druckes erhielt, bis die Verbindung durch den Krieg gelitten hat. Zu aller übrigen Unruhe, die mich stört, kommt auch die Spannung durch die Wechselfälle des Krieges, welche hier ausserordentlich zugenommen hat und alles Uebrige verschlingt.

Grüssen Sie Ihre liebe Frau von ganzem Herzen von mir, und sagen Sie auch Dissen gelegentlich die besten Grüsse: ich denke, er wird wol mit mir wieder ganz ausgesöhnt seyn.

Von ganzer Seele der Ihrige

Böckh.

[Göttingen,] 27. Mai 1831.

Mein verehrter Freund.

Ich möchte Ihr gütiges Vertrauen, mit welchem Sie Ihren Gustav mir ans Herz legen, gern durch einen recht ausführlichen Bericht über sein Leben und Treiben erwiedern, aber ich muss gestehn, dass ich dazu noch nicht den gehörigen Stoff habe. Ihr Sohn scheint zu den Charakteren zu gehören, die sich gern unabhängig und in einer gewissen Abgeschlossenheit entwickeln, und ich fürchte nur Widerwillen zu erwecken, wenn ich mich voreilig in seine Gedanken und Pläne mit allerlei Ermahnungen hineindrängen wollte. Er kam bald zu mir und war recht zutraulich, dann hat er einmal bei mir gegessen, und ich habe ihn gebeten, er möchte, wie es Philipp Buttmann zur Sitte hatte, ohne Weiteres, wenn er grade Lust hätte, zu Mittag zu uns kommen oder auch sich einen bestimmten Tag wählen; was er aber bis jetzt noch nicht benutzt hat; dann habe ich ihn einmal auf seinem Zimmer besucht, was recht freundlich liegt; auch sehe ich ihn alle Tage im Collegium: aber darauf beschränkt sich auch unser Verkehr bis jetzt. Er hört bei mir täglich 2 Stunden; Mitscherlich liest nicht, und von Dissen ist es noch nicht ganz gewiss, ob er etwas lesen wird; daher eigentlich nicht viel zu hören war. Dissen, der ebenfalls sehr lebendigen Antheil an ihm nimmt, und ich forderten ihn auf noch mehr Collegia zu nehmen, und er hört auch noch eine Stunde täglich bei Wendt und ein Publicum bei Leutsch, was ihn aber Alles noch nicht genug beschäftigen kann. Das Seminar wollte er sich dies halbe Jahr erst noch mit ansehen; das dreifache Examen (bei jedem der Direktoren) macht den Eintritt etwas weitläufig, doch hoffe ich, dass er zu Michaelis sich zur Theilnahme melden wird. Sehr schön wäre es, wenn er in die philol. Societät träte, die hier existirt; doch hat er, soviel ich höre, noch wenig Umgang mit philol. Studenten; ich und Leutsch wollen uns Mühe geben ihn in solchen hineinzuziehn. Von denen, welche hier der Burschenschaft angehört hatten, soll er gleich im Anfange wohl unterrichtet gewesen sein; und obgleich alles dahin Zielende jetzt besonders unterdrückt wird, findet doch wohl immer noch ein

Zusammenhalten der burschenschaftlich Gesinnten statt; ich denke aber, dass es bei einem solchen stillen Zusammenhalten bleiben wird, und bin davon fest überzeugt, dass an Erneuerung politischer Umtriebe hier gar nicht zu denken ist. Die Bürger haben die Leiden davon geschmeckt, und der academische Senat, der jetzt, wie bei Ihnen, aus allen ordentl. Professoren gewählt wird, würde wohl auch eine kräftigere Rolle spielen als damals. Sollte etwas für seine künftige Laufbahn Gefährliches verlauten: so will ich es keinen Augenblick anstehn lassen, ihm die energischsten Vorstellungen zu machen. Aber er scheint mir dazu auch zu klug und besonnen; nur will er seinen eignen Weg gehn, und wer kann ihm das verargen?

Ich hoffe nächstens etwas mehr darüber schreiben zu können. Dissen grüsst herzlich; er erholt sich allmälig und ist auch jetzt auf den Garten gezogen. Von einem gereizten Gefühl gegen Sie ist nichts mehr in seinem Gemüthe zurückgeblieben.

Die Beilage zur Karte habe ich Ihnen *sous bande* zugesandt; sie ist doch angekommen?

Hermanns Abhandlung über die *Lycurgia* strotzt von nachweisbaren Fehlern und ist nach meiner Meinung ein rechtes Muster, wie man die Wiederherstellung einer Aeschyleischen Trilogie nicht versuchen soll.

Empfehlen Sie mich angelegentlichst Ihrer verehrten Frau Gemahlin.

Mit alter Treue

Ihr

KOMüller.

[Göttingen,] 27. Sept. 1831.

Mein hochverehrter Freund.

Ich habe Ihnen mehrere Monate hindurch nicht geschrieben, theils weil ich immer noch auf mehr Stoff zum Schreiben wartete, theils weil ich diesen Sommer mit Collegien-Lesen so beschäftigt und zugleich durch Familien-Ereignisse, die Ankunft meines Bruders, einen Besuch meiner Eltern, so zerstreut war, dass ich nur immer grade das Vorliegende thun konnte. Ihren Gustav habe ich zwar nie aus dem Auge verloren, aber nicht grade häufig gesehen; es ist nicht seine Art sich im geselligen Verkehr sehr aufzuschliessen, und ich glaube, dass man solchen Gemüthern sich nicht aufdrängen, sondern sie in ihrer Entwickelung ruhig ihren Gang gehn lassen muss. Ich kann nur sagen, dass er meine Collegia fleissig gehört und auch hin und wieder ein besondres Interesse an einzelnen Punkten der Alterthumskunde gezeigt hat; auch sein Umgang schien mir recht gut gewählt zu sein. Noch kann ich hinzufügen, dass er recht wohl aussieht, und, wie ich ihn zuletzt sah, sein grades und einfaches Wesen mir zugleich einen recht gefälligen Eindruck gemacht hat. Alexander'n habe ich nur kurze Zeit sehen können; es thut mir leid, dass ich nicht mehr von ihm gehabt habe; aber ich musste grade zu der Zeit die Stunden, die ich übrig hatte, ganz meinen Eltern widmen, die eben hier waren.

Alexander hat mir Ihre Vasen-Abhandlung gebracht und wird Ihnen einige Kleinigkeiten von meiner Seite, unter andern die Anzeige einer Societäts-Vorlesung über die Canino-Vasen eingehändigt haben (denn ich hoffe doch, dass seiner Reise von Hannover nach Berlin kein weitres Hinderniss in den Weg gelegt worden sein wird). Ich bin sehr begierig Ihr Urtheil über meine Ansichten zu hören, die freilich so noch der genauern Begründung entbehren. Von Ihrer Abhandlung werde ich bei der Ueberarbeitung der meinigen für den Druck noch grosse Vortheile ziehn; dem allgemeinen Resultate, dass die scheinbar Panathenaischen Vasen Italische Nachahmungen seien, würde ich mich auch gern anschliessen, wenn nicht im Allgemeinen die Canino-Vasen zu rein Griechische Produkte wären, und überall zu sehr ein ächt Attischer Charakter hervorleuchtete. Gerhard hat mir einige Sätze über die Canino-Vasen als Auszug einer Abhandlung in den *Annali* zugesandt, die ich mit einigen Anmerkungen in den G.G.A. mittheilen will. Haben Sie vielleicht schon die Abhandlung in den *Annali* selbst?

Halten Sie die Fortsetzung des Völkelschen Archäol. Nachlasses für der Mühe werth?

Ich hoffe, dass Sie mit allen Ihrigen sich wohl befinden und heitern Muthes sind. Ein paar Zeilen von Ihrer Hand, die ich so lange nicht gesehen habe, würden mich sehr erfreun.

Von dem Tode unsers Prof. Planck, der wohl mehr als eine Wohlthat denn als ein Unglück zu betrachten ist, wird Ihnen Ihr Sohn gewiss ausführlich schreiben.

Dissen ist fortwährend sehr angegriffen und muthlos. Wer ihm doch aufhelfen könnte!

Bei mir ist Alles wohlauf.

Von ganzem Herzen
der Ihrige
COMüller.

Berlin, d. 7. Oct. 1831.

Auch ich, theuerster Freund, hatte von Tag zu Tag vor, Ihnen zu schreiben; aber ich konnte dazu nicht kommen, weil mir die ganze Universität auf dem Halse liegt, indem mit dem Rectorat die Bevollmächtigtenstelle und damit eine Art von Curatorium verbunden ist, und obendrein in Abwesenheit des Universitätsrichters auch dessen Geschäfte noch auf mich übergegangen sind. In den Ferien müssige ich mir nun einige wenige Zeit ab um an den Inschriften weiter zu arbeiten und bin nun endlich mit den Inseln, Creta und Cypern ausgenommen, fertig. Ihre Anzeige Ihrer Abhandlung über die Vasen habe ich mit Vergnügen gelesen; in der Basis, wovon wir ausgehen, sind wir auch einig in Rücksicht der Panathenaischen Vasen. Wir gehen auseinander darin, dass Sie die Vasen für Attische, ich für Italische Fabrikarbeit halten. Ihre Ansicht beruht auf der Verschiedenheit des Stils von der Etruskischen Arbeit, und Sie setzen also, dass sie durch Handel nach Italien gekommen seien. Ich liebe immer die Beschränkung auf ein Einzelnes und habe daher nur von den Panathenaischen Gefässen gehandelt; hier lag mir nun der Gedanke nicht nahe, dass diese Vasen könnten von Athen aus als Fabricat verkauft worden seyn; und es scheint mir doch auch jetzt noch bedenklich, dass bei dem grossen Werthe, welchen man auf die Kampfpreise legte, man in Athen solche Vasen sollte mit der lügenhaften Inschrift τῶν Ἀθήνηθεν ἄθλων zum öffentlichen Verkauf angefertigt haben; was mir so vorkommt, als wenn man Orden auf Kauf von Unberechtigten in den Handel bringen wollte. Bei der Nachahmung findet sich dagegen keine Schwierigkeit; und die Aehnlichkeit der gesammten Vasen von Canino mit Griechischem Stil kann doch auch nicht mehr beweisen, als die Ansiedelung von Töpfern, die den Attischen Stil kannten. Die Vase von Blacas scheint mir aber noch immer ein schwieriges Problem, wenn man sie für Attisch halten wollte, da die doppelte Schrift auf verschiedene Zeit des ursprünglichen Denkmals und der vorhandenen Vase weiset, und der untenstehende Glaukon in Nola wiederkehrt, wo die Vase gefunden ist. Auch scheint es mir doch bedenklich eine so ungeheure Masse Topfgeschirr für eingeführt zu halten in einem Lande, wo doch die Topfmalerei jedenfalls schon sehr früh betrieben worden ist. Ich hoffe noch, dass eine chemische Untersuchung des Thons eine Entscheidung geben wird, wenn man nehmlich Attische Scherben mit den Caninischen vergleicht. Gerhards Abh. über die Volc. Gefässe habe ich noch nicht, und aus seinen Thesen kann ich nicht klug werden.

Für das erste Heft des Völkelschen Nachlasses danke ich. Völkel war ein genauer und bescheidener Forscher; Alles habe ich noch nicht gelesen; was er über die Inschriften hat, ist etwas penibel geschrieben, und er findet manches merkwürdig, was es doch nicht ist, wenigstens mir nicht. S. 134 habe ich mich gewundert zu finden, dass ich Heyne'n Unrecht gethan habe. Er hat wohl Recht; aber beim Nachschlagen habe ich bemerkt, wie es zugegangen ist. Ich habe ein *qui* auf das Entferntere bezogen, und nicht auf das Nähere; denn ich bezog es auf die Hauptperson und nahm das Zwischengesetzte als Nebenbemerkung. Nach meiner Art zu schreiben hätte ich wahrhaftig so wie Heyne geschrieben, wenn ich das hätte sagen wollen, was ich ihm fälschlich andichte. Es ist eine grosse Pedanterie, dass ich darüber so weitläuftig bin; das kommt aber daher, weil es mir leid thut so gefehlt zu haben.

Mein Gustav kommt freilich wenig zu Ihnen; denn er ist ein wunderlicher Mensch; aber nichts desto weniger ist er sehr für Sie begeistert, und dies gefällt mir sehr an ihm.

Ich hoffe, er soll sich noch gut machen; das Beste muss doch jeder selber an sich thun. Plancks Tod hat mich überrascht; aber wir sind jetzt hinlänglich an den Tod gewöhnt, der ringsum mäht. Wir sind jedoch bis jetzt gesund. Alexander ist auf der Reise so mit Cholera-Verdächtigkeit geplagt gewesen, dass es uns hier wahren Spass machte. Die besten Grüsse an die Ihrigen.

Leben Sie wohl.

Von ganzem Herzen
der Ihrige
Böckh.

[Göttingen,] 31. März 1832.

Dieses Briefchen, mein verehrter Freund, hat die Absicht Ihnen zwei junge Männer zu empfehlen, Herrn Lepsius aus Naumburg und Kreiss aus Strassburg, welche sich eben so durch ihren Eifer für Philologie wie durch ihr angenehmes und ehrenhaftes Betragen auszeichnen. In der eigentlichen Philologie möchten beide noch manches zu wünschen übrig lassen, und ich hoffe, dass ihnen ihre Studien in Berlin darin noch mehr Vollendung geben werden: aber beide haben viel Sinn für wissenschaftliche Ideen und tiefer eindringende Forschung. Sie werden Ihnen auch unsre Göttinger Zustände, über welche absichtlich viel Lügenhaftes verbreitet wird, getreu und genau schildern können, da sie auch mit den Professoren hier viel zu leben Gelegenheit gehabt haben.

Meine Ungeduld nach der Fortsetzung des *Corp. Inscr.* steigt immer höher, und ich sehne mich recht, nach allerlei Lesereien, wieder nach dieser nahrhaften Kost. Besonders bin ich, da mich sprachgeschichtliche Studien in dieser Zeit am meisten beschäftigt, auf die Untersuchungen über die Sprachen Tauriens gespannt.

Ihr Gustav scheint sich recht wohl zu befinden; nur litt er vor einigen Wochen an Zahnschmerz, was ihn auch im Collegienbesuche gestört hat. Ich hoffe immer, dass er mir noch etwas mehr Einsicht in seinen Studiengang verstatten wird. Am Seminar nimmt er Theil und hat auch neulich bei mir ganz ordentlich interpretirt.

Meine Frau und Kinder leiden sehr an dem hier sehr gewöhnlichen Husten; ich bin wohl auf und eben im Begriff eine Ferienreise nach München anzutreten. Dissen ist wieder sehr unwohl. Empfehlen Sie mich angelegentlichst Ihrer Frau Gemahlin.

Von Herzen der Ihrige
COM.

Eben kommt Gustav, um von mir Abschied zu nehmen. Sie werden ihn also, ehe dieser Brief zu Ihnen gelangt, schon bei sich haben. Ich hoffe, dass Sie es nicht bereuen werden ihn nach Göttingen geschickt zu haben.

[Göttingen,] 18. Mai 1832.

Mein theurer, verehrter Freund.

Indem ich überlege, wessen Schutz und Obhut ich für meinen neugebornen Knaben, der am Sonntag über acht Tage getauft werden soll, in Anspruch nehmen soll: drängt mich mein Herz vor Allen Ihnen die Bitte vorzulegen, eine Pathenstelle bei dem Kleinen übernehmen zu wollen. Sie sind unter allen Freunden, die ich ausser meinen Verwandten habe, der, welcher es jetzt am längsten ist; tragen Sie etwas von dem Wohlwollen, dem ich so viel von meinem Glücke zu verdanken habe, auf das Kind über. Möchte es Ihnen einmal Freude machen können: bis jetzt thut es, was von ihm gefordert werden kann, und lässt sich den Schlaf und die Muttermilch wohlschmecken.

Indessen werden Sie durch die beiden jungen Leute Lepsius und Kreiss ein Briefchen von mir erhalten haben, und Ihr Sohn Gustav, den ich herzlich grüsse, wird Ihnen von Göttingen erzählt haben, was Sie zu wissen verlangen. Daher ich nichts der Art zu melden habe. Wenn es aber erlaubt ist, einem Gevatterbrief literarische Fragen anzuhängen: so möchte ich gern wissen, ob Sie vielleicht Inschriften haben, welche über

Localitäten und Bauwerke von Antiochia etwas enthalten. Ich habe, um in der spätern Kunstgeschichte etwas weiterzukommen, mich etwas auf die Topographie und Baugeschichte Antiochias, worüber in Malalas, Libanios u. A. sehr reiche Quellen vorliegen, geworfen und habe vor, eine Abhandlung darüber zu schreiben. Auch über die Canino-Vasen habe ich wieder einen Aufsatz für die G.G.A. gearbeitet, eine Recension des Gerhardschen Rapports, wobei ich Ihr Programm mir zu Nutzen gemacht habe. Ist nun die Dorow'sche Sammlung in dem Museum mit aufgestellt, so dass man sie recht betrachten kann? Ich bin erstaunend begierig, diese Vasen neben den Nolanischen zu sehen.

Erfreuen Sie bald mit einem Briefe

Ihren

von ganzer Seele Ihnen ergebenen

COMüller.

Berlin, den 23. Mai 1832.

Schon längst, theuerster Freund, hatte ich Ihnen schreiben wollen, nachdem ich lange Zeit Ihrer Unterhaltung entbehrt hatte; aber ich habe bisweilen Zeiten, wo ich für Alles, was ich aus eigenem Antriebe thun muss, unbeweglich und schlaff bin, weil ich immer durch Dinge unterbrochen werde, die ich aus fremdem Antriebe thun muss. Auch bietet die Zeit so wenig Erheiterung und erhält in einer so unangenehmen Spannung, dass man dadurch ganz abgestumpft wird. Um so angenehmer ist mir die erfreuliche Veranlassung, welche Sie mir geben, endlich einmahl wieder zu schreiben. Von ganzem Herzen nehme ich die Pathenstelle bei Ihrem neugebornen Knaben an; es bedarf zwar unter uns keines neuen Unterpfandes alter Freundschaft; aber es ist mir dennoch sehr theuer als ein Zeichen derselben. Mögen Sie viele Freude an demselben erleben! Ihr ganzes Leben ist so voll Anlage zum Glück, dass auch für Ihre Kinder die günstigste Vorbedeutung gestellt ist.

Nachdem Gustav wieder hier angekommen ist, habe ich meinen zweiten Sohn Alexander nach Bonn geschickt, damit er ein halbes Jahr dort zubringe. Gustav scheint sich sehr an das Studiren für sich gewöhnt zu haben, wogegen ich auch nicht gerade viel einzuwenden habe; doch geht er mir allerdings zu sehr seinen eigenen Weg und hat noch nicht Lust sich bedeutend in die Welt zu fügen. Die Hrn. Lepsius und Kreiss haben mir sehr wohl gefallen; leider hat mich die zunehmende Last der Geschäfte, welche mir immer drückender erscheint, je unbeholfener und langsamer ich mir zu werden scheine, allmählig dahin gebracht, dass ich die Studentencirkel, die ich sonst zu geben pflegte, nicht mehr gern halte; wodurch mir eine Gelegenheit viele Leute näher kennen zu lernen abgeht.

Schon seit einiger Zeit ist ein Heft des *Corp. Inscr.*, 86 Bogen stark, fertig; es schliesst ungefähr mit der Parischen Chronik, die ich noch hatte hineinbringen wollen, damit meine Bearbeitung derselben nicht zu alt würde. Ich will in diesen Tagen mir meine Exemplare geben lassen um Ihnen das Ihrige zuzusenden; sie sind eben erst geheftet worden. Zugleich will ich Ihnen ein Prooemium des Lect.-Katal. zusenden, welches eine seltsame Geschichte enthält, wovon ich Ihnen vermuthlich noch nichts geschrieben habe. Die Dorow'sche Vasensammlung ist allerdings aufgestellt; doch muss ich zu meiner Schande gestehen, dass ich sie selbst noch nicht gesehen habe, wie es einem gewöhnlich geht, wenn man nahe dabei ist: daher kenne ich sie nur noch aus Dorow's Zeichnungen. Ohne Zweifel haben Sie die Abhandlung von Bröndsted über die Panathenaischen Vasen in den *Transact.* der Londoner *Soc. of Litt.* auch schon; diese enthält wieder neue Messungen, die seltsamer Weise mit den meinigen nicht zusammenstimmen und unter dem Attischen Medimnus bleiben, ungeachtet unter den von Bröndsted gemessenen Vasen sich die Athenische von Burgon befindet. Inschriften von Antiochien habe ich nur etliche ganz unbedeutende, welche nichts von Baulichkeiten enthalten. Mit der Ausarbeitung der Inschriften habe ich, nachdem ich alle Inseln bis Kreta auf die Seite gebracht, etwas inne gehalten; mittlerweile habe ich eine akademische Abhandlung über den

Philochoros geschrieben, die zwar sehr trocken ist, wie Philochoros selbst war, aber doch einige Puncte in ein neues Licht stellen wird.

Ihre liebe Frau und die Kleinen lassen wir herzlich grüssen. Auch Dissen meine besten Grüsse und herzlichen Wünsche, dass er sich doch einigermassen erholen möge, wiewohl dazu freilich wenig Aussicht vorhanden zu sein scheint.

Mit herzlicher Anhänglichkeit der Ihrige

Böckh.

Göttingen, 4. Sept. 1832.

Ich höre, mein verehrter Freund, dass Sie diese Herbstferien in das Hannöversche kommen wollen, und eile Sie durch diesen Brief zu bitten, dass Sie doch keine zu kurze Zeit auf Göttingen rechnen möchten. Ich bleibe in diesen Ferien hier, nur dass ich an 4—5 Tage nach dem Harz zu gehen dachte; wenn Sie mir sagen lassen, wann Sie herzukommen gedenken, werde ich dies auf jeden Fall so einrichten, dass es mit Ihrem Hiersein nicht zusammentrifft. Meine Collegia schliesse ich gegen den 14. Sept.; hernach kann ich mich Ihnen ganz widmen; aber auch vorher würden mir die Collegia immer nur 2 Stunden des Tags wegnehmen. Mit unserer Wohnung sind wir so dran, dass wir sehr viel Platz zum Logiren haben, indem in der Stadt das ganze Logis mit seinen Fremdenbetten leer steht (nur ich wohne dort), meine Frau nebst Kindern wohnt auf dem Garten, 15 Minuten Wegs von dem Hause in der Stadt; dort ist unsere Wirthschaft, und ich gehe alle Mittage hinaus um dort zu essen. Wohnten Sie nun bei mir in der Stadt, und es wäre Ihnen nicht zu weitläuftig: so theilten Sie vielleicht dieses halbe Stadt- und halbe Gartenleben mit mir, wenn Sie nämlich, wie Raumer uns sagt, allein ohne Ihre Frau Gemahlin diese Reise machen wollen. Kommt aber Ihre Frau Gemahlin mit, was der meinigen und auch mir doppelt erfreulich wäre: so würde sich auch eine andere Einrichtung treffen lassen, was sich denn aber schwerlich so vorausbestimmen lässt. Nun, auf jeden Fall: kommen Sie, und kehren Sie bei uns ein, und ich hoffe sehr angenehme Tage mit

Ihnen zu verleben. Auch Dissen wird von Neuem aufleben, da ein solcher Impuls immer sehr wohlthätig auf ihn einwirkt. Kommen Sie nur, und wenn es möglich ist, geben Sie mir einen Wink, wann ich Sie erwarten kann.

Mit alter Treue
Ihr
COM.

Berlin, d. 10. Sept. 1832.

Theuerster Freund.

Allerdings war es meine Absicht von hier aus zunächst nach Göttingen zu kommen und mich da eine Zeitlang aufzuhalten, um nachher nach Hannover und Loccum zu gehen, und ich hatte mit meinem Sohne Alexander verabredet ungefähr heute mit ihm in Göttingen zusammenzutreffen; mit Vergnügen würde ich dann Ihre freundliche Einladung angenommen haben bei Ihnen in der Stadt zu wohnen und zugleich den Garten-Aufenthalt mit zu geniessen. Aber während ich zu Anfang voriger Woche günstigeres Reisewetter abwartete, hat mich eine kleine Augenentzündung befallen, die zwar an sich allerdings nicht bedeutend scheint, aber nach einer früheren Erfahrung, deren Sie sich vielleicht auch noch erinnern, auf der Reise höchst beschwerlich ist, indem man dadurch verhindert wird sich frei gehn zu lassen, und man auf diese Weise selbst seinen Freunden zur Last fällt. Auch kann man auf der Reise wenig zur Heilung beitragen und verlängert und verschlimmert das Uebel durch Erhitzung, Erkältung und andere üble Einflüsse, denen man sich nothgedrungen aussetzen muss. Daher habe ich mich entschlossen meine Ferien hier zuzubringen und die Erholung, welche ich mir durch die Reise zu verschaffen gedachte, auf kleinere Parthien zu beschränken, was um so eher geschehen wird, da mich das Uebel schon von selbst am Studiren hindert. Wiewohl ich glaube, dass Alexander, der ja mittlerweile in Göttingen angekommen sein wird, Ihnen schon Nachricht wird gegeben haben, dass ich nicht komme, so habe ich es grösserer Sicherheit wegen doch selber Ihnen schreiben wollen.

Schon vor einigen Monaten, ich weiss selbst nicht mehr, wie lange es her ist, habe ich Ihnen den letzten Fascikel des *corpus inscriptionum* geschickt, für Sie und die Societät, und hoffe, dass Sie denselben werden erhalten haben; unterdessen habe ich noch etwas weiter gearbeitet und stehe jetzt bei Karien. Sie werden sich erinnern, dass ich vor etlichen Jahren Ihnen von einem Halikarnassischen Priesterverzeichniss geschrieben habe, bei welcher Gelegenheit Sie fragten, in welche Zeit der darin vorkommende Anthas zu stellen sein dürfte: ich habe mich dafür entschieden, dass dieser Anthas historisch sei, und in die Zeit der dorischen Wanderung nach Karien falle; die in dem Verzeichniss genannten früheren aber auf mythischer Fiktion beruhen, was sich durch Zusammenstellung mit andern mythischen Genealogien ziemlich einleuchtend machen lässt. Ein Mehreres kann ich nicht schreiben, da ich mich meiner eigenen Augen nicht gut bedienen kann.*)

Grüssen Sie Ihre liebe Frau herzlich von uns, sowie auch Ihre Kinderchen, und insbesondere noch mein kleines Pathchen. Von Dissen habe ich auch in diesen Tagen einen Brief erhalten, den ich mir später zu beantworten vorbehalte; sagen Sie ihm einstweilen meinen Dank, wenn Sie ihn sehen. Auch bitte ich meinen Collegen Raumer zu grüssen.

Von ganzem Herzen der Ihrige

Böckh.

Göttingen, 28. Sept. 32.

Mein theurer und verehrter Freund und Gevatter.

Da ich nun also diese Ferien nicht die Freude haben werde, Sie von Angesicht zu Angesicht zu sehen: so ist es mir um so mehr Bedürfniss, wiewohl gerade kein Gegenstand zum Schreiben drängt, mich wenigstens schriftlich mit Ihnen zu unterhalten. Ich hoffe, dass das Augenübel — von dem ich mich wohl erinnere, wie sehr es Sie bei einem frühern

---

*) Der Brief ist von Gustav Böckh's Hand.

Besuche genirte, — sich bei gehöriger Ruhe und Enthaltung von Arbeiten wird verloren haben.

Meinen letzten Brief schrieb ich vom Garten aus, so entfernt von meinen Büchern und Arbeiten, dass mir nicht einmal einfiel, dass ich Ihnen noch für das *Corp. Inscript.* II, 1 zu danken hatte. Ich hatte mir gleich nach dem Empfange die zahlreichen Belehrungen, die es gewährt, anzueignen gesucht und viel davon aufnotirt und in meine Schubfächer vertheilt; jetzt weiss ich aber hauptsächlich nur, dass ich mit beständigem *assensus* und steigender Bewunderung gelesen. Die Medische Verwandtschaft der Sinder scheint mir ein einleuchtendes und höchst merkwürdiges Faktum der alten Völkergeschichte des Indo-Germanischen Stammes.

Hoffentlich werden Sie seit der Zeit durch Buchhändler-Gelegenheit das erste Heft der Denkmäler erhalten haben, welche mein College Oesterley unter meiner Leitung radirt. Es wäre mir lieb, wenn das Unternehmen billigenswerth erschiene und guten Fortgang hätte. Ich habe auch Exemplare an den Minister Altenstein und Herrn G.-R. Schulze geschickt, mit der geheimen Hoffnung, dass das Werk den Preussischen Gymnasien empfohlen werden könnte. Das zweite Heft, welches in Arbeit ist, wird gewiss merklich besser als das erste, obwohl auch dies hinsichtlich der Treue keinem Tadel Raum geben wird.

In diesem Frühjahr that ich in München einige Blicke in die *copias Victorianas* und nahm mir vor Sie zu fragen, ob der eine Codex (*Inscriptiones antiq. ad Petr. Victorium*, 27 Folioblätter) Ihnen bekannt geworden sei. Ich habe mir einiges Etruskische ausgeschrieben; Griechisches scheint nichts darin zu sein als Bekanntes, und ich weiss nicht, ob mit bemerkenswerthen Varianten. Es ist eine Copie da der πράξεις Ἡρακλέους; eine Inschrift *Romae in domo Card. Vallensis: Αυτοκρατορι Καισαρι θεου Αδριανου υἱω θεου* etc., eine ἔδοξε τοῖς ἀλειφομένοις· ἐπειδὴ Βάτων Φίλωνος etc.; dann σταλας λιθινας τρεις χαραποτνας (sic) ἐν τω ιερω τας ἀθανας etc.; eine lateinisch anfangende, hernach ἐπι ὑπατων Κοιντου Λυτατιου Κοιντου υἱου etc., ein Lob wegen Beistands im *bellum Italicum* enthaltend. Wahrscheinlich ist Ihnen alles dies durch Thiersch oder Spengel schon lange bekannt.

Auch das beiliegende Blättchen kömmt wohl unnütz.

Ich weiss nicht, wer mir gesagt hat, dass Sie — zur Erholung von den Strapazen des *Corpus* — damit umgingen ein Werk über die alte Tragödie zu schreiben. Wie erwünscht wäre das! Wie erschöpfend könnten Sie allein diesen Stoff behandeln! Gewiss ist unsern Zeiten noch eine viel tiefere Einsicht in die Composition und Technik der alten Tragödie vorbehalten, als die Hermannianer ahnen. Hermann giebt selbst wieder in den *VII opertis apertis*, so treffliche Emendationen sie enthalten, Beweise davon, wie wenig er doch den Aeschylos versteht. Ich habe über eine der Stellen kürzlich, auf besonderen Antrieb, etwas drucken lassen, in der Schulzeitung September N. 107—109; sehen Sie doch den Aufsatz einmal an und schreiben mir ein paar Worte, ob ich das Richtige gefunden. Ich werde wahrscheinlich diesen Winter die Eumeniden (Text, Uebersetzung und zwei erläuternde Abhandlungen: 1. über die äussere Darstellung, 2. über den Inhalt des Stücks) drucken lassen; dazu ist dies eine kleine Vorübung.

Ihre Entlarvung der Maltesischen Betrüger habe ich mit herzlichem Vergnügen gelesen und mich dabei im Stillen sehr über die Orientalisten mokirt. Auch unsere G.G.A. hatten die Inschrift ehrlich für phönikisch genommen und darnach zu emendiren versucht. Dabei fällt mir ein, dass Reuss, der Ihre Proömien sorgfältig sammelt, mich gebeten hat, ihm den *Index lectt. Berolinensium* vom Winter 1828/29 und vom Winter 1830/31 zu verschaffen, welchen er nicht erhalten habe. Können Sie vielleicht diese beiden Programme gelegentlich durch einen Buchhändler hierher senden?

Auf den Philochoros bin ich sehr begierig; wann wird die Abhandlung wohl herauskommen?

Dissen ist mühseliger und verzweifelter als je. Ich habe ihm Ihren letzten Brief mitgetheilt, und da er meist bei zugeschlossenen Thüren lebt, habe ich ihn noch nicht wiederbekommen können, daher ich darauf nur aus dem Gedächtniss antworte. Es ist doch gar zu schade, dass Dissen für die Universität und auf diese Weise auch für seine Freunde so verloren geht. Ich habe es darin auch recht schlimm, dass ich des einzigen Genossen meiner Studien, von dem ich mündliche Anregung und belehrende Mittheilung erhalten kann, immer mehr entbehren muss. Denn wenn auch mehrere juristische und theologische Freunde viel philologisches Interesse haben, und ich dazu beitrage es zu erhalten: so sind es immer keine Philologen. Und wie können auf die Länge die philologischen Studien der Universität dabei bestehen? Zwar ist Leutsch uns jetzt recht nützlich und liest mit grossem Eifer; aber er könnte vielleicht eher mich als Dissen ersetzen.

Ich geniesse diese Ferien recht mit Behagen und bedaure nur oft, dass Sie nicht hier sind.

Meine Frau und Kinder sind recht wohl, und Ihr Pathchen Alexander gedeiht. Empfehlen Sie uns herzlich Ihrer lieben Frau, und grüssen Sie Gustav von mir.

Zuletzt fällt es mir schwer aufs Herz, dass ich Ihnen durch meine verwünschte kleine und undeutliche Schrift wahres Augenpulver bereitet habe. Nun ich hoffe, dass, wenn Sie noch an den Augen leiden, Sie den Brief gleich werden auf die Seite gelegt haben; denn mit fremder Hülfe wird er auch nicht zu lesen gewesen sein.

Ich bitte, lassen Sie uns bald wissen, dass es mit den Augen besser geht.

Mit unwandelbarer Treue
Ihr
KOMüller.

Berlin, d. 14. Nov. 1832.

Theuerster Freund.

Erst hinderte mich meine Augenentzündung Ihren lieben Brief vom 28. Sept. zu beantworten; nachher kam der Anfang der Vorlesungen nebst den damit verbundenen Störungen und die Uebernahme des jetzt hier sehr lästigen Decanats dazu, so dass ich an Schreiben nicht denken konnte, da ich nicht einmahl mit den laufenden Arbeiten fertig werden konnte. Länger halte ich es aber nicht aus Ihnen nicht zu schreiben. Zunächst danke ich Ihnen für das Heft der Denkmäler und bin auf deren Fortsetzung begierig; die Anordnung ist sehr klar, und es werden diese Hefte gewiss sehr unterrichtend seyn. Auch für die Notiz über die *Victoriana* in München danke ich, obgleich ich die Abschriften des Victorius, die Sie nennen, wol ziemlich alle haben werde, da mir Spengel einmahl Auszüge aus jener Sammlung geschickt hat. Ihre Abhandlung in der Schulzeitung habe ich leider noch nicht gelesen; als ich das erste Mahl darnach ging, waren die Nummern noch nicht hier angelangt; mittlerweile ist mir die Sache aus dem Gedächtniss entfallen und kommt mir erst heute bei Wiederlesung Ihres Briefes wieder vor. Darum wird aber der Aufsatz von mir nicht ungelesen bleiben, sondern ich habe mir ihn gleich notirt. Meine Abhandlung über den Philochoros ist wider Erwarten rasch gedruckt worden; Sie werden jedoch nicht viel finden, wenn Sie viel erwartet haben. Da mein Plan nur der war den Plan des Werkes zu erläutern, und ich eben nichts Fremdartiges einmischen wollte, so musste die Abhandlung die Kahlheit erhalten, die sie hat, und ich habe nur einige kleine Thatsachen und besonders die Zeit der Gynaekonomen und Nomophylaken näher bestimmt, wodurch wenigstens eine Anomalie der Attischen Verfassung gehoben ist: und wer die Bruchstücke des Philochoros wieder herausgeben will, wird einen Leitfaden haben.*)

Meine Augenkrankheit hat mir viel Zeit gekostet; in der ganzen Zeit habe ich nichts gelesen als einige gross gedruckte französische belletristische Bücher. Unterdessen hat sich vieles aufgesammelt, was ich nacharbeiten muss. Sehr wohl gefallen haben mir die *Aeschylea* von Ahrens; vielleicht schreiben Sie einmahl an ihn; dann bitte ich ihm meinen Dank zu sagen für deren Uebersendung, da ich keinen Stoff zu einem besondern Brief an ihn habe. Ein wunderliches Buch sind die Inschriften von Francke; sein Vater will, ich soll sie recensiren: ein schwerer Auftrag, über welchen ich noch nicht entschlossen bin. Kennen Sie den 2ten Band von Clinton? Er hat darin viel mit mir zu thun; seine Polemik, die mehr Selbstvertheidigung ist, berührt mich nicht unangenehm; doch, glaube ich, hat er meist Unrecht sowohl in den Demosthenischen Sachen als in den Pindarischen, bei welchen letztern er immer nur von aussen urtheilt, ohne zu bedenken, dass die Gedichte zu ihrer Zeit passen müssen. In der Zählung der Pythiaden giebt er nach langer Kritik des Einzelnen am Ende doch nach. Sehr schade ist es, dass über den Monath der Pythien doch immer noch nichts Genaueres ausgemittelt werden kann.

Gegenwärtig lasse ich wieder den Druck des *Corp. Inscr.* beginnen. Ich erhalte noch bisweilen aus Griechenland neue Inschriften, meist Unbedeutendes, doch ist das auch manchmahl zu brauchen; so habe ich aus einem kläglichen Bruchstücke von Thera doch die Behauptung, dass das Testament der Epikteta Theräisch sei, durch das dortige Vorkommen des Ὑπερείδης Θρασυλέοντος, der in dem Testament eine Rolle spielt, nun vollends zur Sicherheit bringen können.

Dissens fortdauernde Kränklichkeit bedaure ich sehr. Noch immer komme ich nicht daran ihm wieder zu schreiben und habe leider auch kein Exemplar der Abhandlung über den Philochoros mehr um es ihm zu senden; das wird er, denke ich, nicht übel nehmen. Ihnen beiden gratulire ich zu Ihrer neuen Ernennung, nicht weil Ihnen viel daran gelegen seyn wird, sondern weil denn doch in Göttingen viel darauf gegeben wird. Wie ich höre, klagt man in Göttingen noch über den geringen Zuwachs an Studenten; hierher sind zwar viele gekommen, aber wir kommen doch auch nicht in den alten Stand. Ueberdies leiden wir noch immer an der fatalen Cholera.

Meine herzlichen Grüsse an Ihre Frau und Kinderchen.

Mit stets gleicher Ergebenheit und Freundschaft
       · der Ihrige
         Böckh.

*) Ich wollte erst Brief und Abhandlung zusammen gehen lassen; damit jedoch ersterer nicht zu spät komme, habe ich ihn abgesondert und schicke die Abhandlung durch Berendt.

[Göttingen,] 10. Dec. 1832.

Herzlichen Dank, verehrter Freund, für Ihren lieben Brief vom 14. Nov. und die hernach angekommene Abhandlung über

Philochoros. Diese hat mich durchweg überzeugt; auch die wenigen Aenderungen, welche um den Plan durchzuführen nöthig geworden, scheinen mir evident. Wie leicht konnte (S. 11) aus τηι β in Zeiten, wo man das ι auszulassen gewohnt war, ἐν τῃ ιβ werden. Soll nicht S. 15 Z. 2 für 75, 4. 77, 4. stehn? Die Resultate über die Nomophylaken kommen mir höchst erwünscht, da ich in dem Buch über die Eumeniden, dessen Druck begonnen hat, die Verhältnisse des Areopags nach Ihrem Vorgange behandeln werde, und diese Stelle von den Gegnern mir immer noch als ein μορμολυκεῖον entgegen gehalten werden konnte, was nun in Dunst zerfliesst.

Clinton II haben wir merkwürdiger Weise noch nicht. Neulich habe ich Krügers Abhandlung über Thukydides gelesen und mich nicht eben daran erbaut. Er belehrt wenig, und hat erstaunend viel zu nörgeln. Ich war zuerst willens dagegen zu schreiben, aber die Nachschrift entwaffnet gewissermassen. Andere werden freilich in solcher Lage eher milder, menschlicher Hinfälligkeit eingedenk. Seine Untersuchung über Melite hätte er sehr gut in Verbindung mit dem setzen können, was ich in dem Anhange zu Leake gesagt; statt dessen polemisirt er immer mit der Abhandlung in der Encyklopädie, einer rohen ébauche, dem ersten methodischen Versuche der Art, seit dem die Kunde der Sache so sehr vorgeschritten ist. Und dabei berücksichtigt er gar nicht, in welcher Beziehung und Rücksicht das damals Gesagte gesagt worden ist; fasst man diese, so erscheinen die Noten, die er kritisirt, ganz richtig und beweisen, was sie beweisen sollen. Ich habe meine jetzige Ansicht, die zum Theil auch auf Untersuchungen über das Local des Oedip auf Kolonos beruht, durch einige Linien zu versinnlichen gesucht, die ich mitschicke; es wäre mir lieb, wenn Sie sie auf irgend eine Weise Krügern vor Augen brächten, und er sich erklärte, ob er gegen diese Ansicht etwas einzuwenden hat. Dass Melite und Kollytos blos Stadtviertel und als solche Demen gewesen sein sollen, glaub' ich nimmermehr. Man muss doch immer davon ausgehn, dass δῆμοι zuerst Landabtheilungen sind, und da, muss auf den Demos im Durchschnitte das Quadrat von ½ Meile gekommen sein; schwerlich kann also die Stadt mehrere solcher Demen-Gebiete ganz in sich geschlossen haben. Auch Wunder habe ich neulich auf Privat-Wege von einem Unrecht, in verwandten Dingen, zu überzeugen gesucht; ich weiss aber noch nicht, ob es gefruchtet hat.

Im Beginne des nächsten Jahres werde ich den Druck des Varro (mit einem sparsamen kritischen und erklärenden Noten-Apparat) beginnen lassen; ich habe mich seither mit grossem Interesse mit ihm beschäftigt. Vielleicht kennen Sie den Herrn Dr. Pape in Berlin, der den Varro für Lindemanns *Gramm. Lat.* bearbeiten will. Ob er wohl tiefer in Sinn und Gedanken eingedrungen sein mag? Er hat *Lectiones Varronianas* (1829?) herausgegeben, die ich, aller angewandten Mühe ungeachtet, nicht habe auftreiben können. Wenn Sie irgend etwas davon wissen: würden Sie mir die grösste Wohlthat erweisen, wenn Sie mich recht bald davon in Kenntniss setzten.

Dissen hab' ich lange nicht gesehen; er soll an der Brust leiden. Ich kann nur von Hörensagen sprechen, weil er oft lange auch für seine treuesten Freunde unzugänglich ist und ganz eingeschlossen lebt. Leider wird er wohl auch diesen Winter nicht zum Lesen kommen; worüber ich am meisten in Verzweiflung bin. Wie mir jetzt die Bildung der jungen Philologen hier nebst der Besorgung der Schulangelegenheiten in Verbindung mit dem O.-Schul-Collegium fast allein auf den Händen liegt, fühle ich mich der Last der Geschäfte und Arbeiten, besonders aber der daraus hervorgehenden Verantwortlichkeit, nicht gewachsen. Es kann unmöglich lange so fortgehn; auf irgend eine Weise muss etwas Entscheidendes geschehn.

Wir grüssen herzlich die Ihrigen. Behalten Sie lieb

Ihren

treuergebenen

COMüller.

Ich gebe zugleich ein Exemplar meiner Abhandlung über die Canino-Vasen für Sie an die Buchhandlung; es steht aber nichts drin, was nicht sonst schon ins Publicum gebracht wäre. Sie werden hinten eine Andeutung des innerlich zerfallenen und verfallenen Zustands unsrer Societät finden; ich hoffe, es kommt eine Zeit der Regeneration. Ich lege ein Exemplar für Herrn Prof. Gerhard bei, den ich auf das Angelegentlichste zu grüssen bitte. Ich weiss nicht, ob Sie meine Abhandlung über die Amazonen schon haben; dann bringen Sie wohl das mitgesandte Exemplar bei einem der archäologischen Freunde an. Dass ich die Vasen-Abhandlung nicht mehr versende, findet darin seine Rechtfertigung, dass so wenig darin ist, was einer Verbreitung bedürfte.

―――

Berlin, d. 18. Febr. 33.

Schon lange, theuerster Freund, hätte ich auf Ihren Brief vom 10. Dec. antworten sollen; aber ich bin immer in Arbeiten verwickelt gewesen, grossentheils in unangenehme. Seit dem Anfang des Rectorats des Prof. Weifs haben wir fortdauernd Streit und Hader bei der Universität; und obgleich ich nicht gerade unmittelbar viel dabei betheiligt bin, haben mir diese ewigen Zwistigkeiten das Wenige von Musse, was ich noch hatte, völlig absorbirt. Ihre beiden Abhandlungen habe ich erst geraume Zeit nach Ihrem Briefe erhalten und mich, so gut ich konnte in der Zerstreuung, darin orientirt. Hirt will an Ihre Untersuchung über die springende Amazone noch nicht glauben; das Exemplar habe ich behalten, da ich noch keines hatte, habe es aber an Hirt auf Verlangen mitgetheilt. Ich sehe nicht, weshalb er (und auch Gerhard) so viel Bedenken dabei hat. Gerhard hat sehr merkwürdige Etruskisch-Griechische Zeichnungen mitgebracht; er hat damit allerlei Zwecke, deren Unterstützung von Seiten der Akad. d. Wiss. er sehr wünscht; indessen zweifle ich daran, dass er viel erreichen dürfte, da die Akademie weder Geld noch guten Willen hat.

In der Abh. über den Philochoros habe ich den einfältigen Druckfehler (Ol. 75. 4.) durch einen Karton getilgt, der zu beliebigem Gebrauch beiliegt. Als ich die Abhandlung drucken liess, konnte ich wegen meines damahligen Augenübels die Correctur nicht ordentlich besorgen. An Krüger habe ich, allerdings etwas spät, das Uebersandte mitgetheilt, jedoch habe ich es noch nicht wieder zurückerhalten. Vor dem

Lectionskatalog habe ich eine kleine Abh. über den Timokreon geschrieben, die ich beilege*); ich sehe erst jetzt bei Abfassung dieser Zeilen nach, ob Sie auch von ihm gehandelt haben, und sehe, dass Sie ihn, wie ich auch nebenher aufgestellt habe, zur lyr. Komödie rechnen, was ich noch angeführt haben würde, wenn die kleine Abhandlung nicht schon gedruckt wäre. Indessen hat dies nichts zu sagen, da ja doch nicht immer jeder angeführt werden kann, der etwas schon einmahl gesagt hat.

Ihr Auftrag wegen Pape's *Lectiones Varronianae***) ist mir aus dem Gedächtniss gekommen; ich werde jedoch vor Absendung des Briefes noch Erkundigung darüber einziehen. Der Dr. Pape ist mir zwar von langer Zeit her bekannt, indessen habe ich lange nichts mehr von ihm gehört. Es bleibt Einem oft das Nächste verborgen, zumahl in einem vielbeschäftigten Leben; so habe ich in der That die obenberührte Abhandlung über Melite von Krüger noch nicht gesehen, da sie bei meinem Exemplar der Schrift über das Leben des Thukydides fehlt; aber dieses Leben selbst giebt einen geringen Begriff von Krügers Kenntniss der Demen, womit er sich wahrscheinlich erst hinterher beschäftigt hat; und auch dies Leben des Thuk. ist so voll widerwärtiger Krittelei, dass man es kaum durchlesen mag.

Auf Ihren Varro bin ich begierig; ich werde aber noch lange warten müssen. — Dissens Leiden thut mir sehr leid; grüssen Sie ihn herzlich von mir. Die schönsten Grüsse auch an Ihre liebe Frau und Kindlein.

Von ganzem Herzen
der Ihrige
Böckh.

---

*) Ein Exemplar für Dissen.

**) Liegt bei; der Verf. will jedoch nicht, dass die Schrift in Umlauf komme. 20/2. 33.

Berlin, d. 18. Aug. 33.

Sehr lange, theuerster Freund, habe ich von mir nichts hören lassen, ungeachtet die Uebersendung Ihrer Eumeniden mir den erwünschtesten Anlass zu einem Briefe geben konnte. Indessen habe ich ebenso wenig an irgend Jemand sonst geschrieben; lange nahm die tägliche Arbeit, die abgemacht werden musste, Zeit und Lust mir weg: nachher ging es mir noch schlimmer und geht noch so. Ich leide in der dritten Woche an einem übermässigen Katarrh: eine Woche habe ich desshalb meine Vorlesungen ausgesetzt, auch am 3. Aug. die Rede nicht selber gehalten: nachher habe ich zwar wieder angefangen zu lesen, doch will es nur mühselig gehen, und ich komme durch diese Unpässlichkeit sehr in meinen Vorlesungen zurück, so dass ich nicht weiss, wann ich zum Schluss gelangen werde. In diesem verdriesslichen Zustande verlor ich auch zu freundschaftlichen Briefen allen Trieb; zunächst wollte ich allerdings immer an Sie schreiben, aber es kam auch dazu nicht.

Ihre Eumeniden haben mir viele Freude gemacht, die Uebersetzung sowohl, die schön und ansprechend und dennoch treu ist, als die Abhandlungen. Ich habe den grössten Theil gleich genau gelesen, anderes aus Mangel an Musse freilich mehr obenhin. Dass ich in Rücksicht der $\sigma\tau\acute{\alpha}\sigma\iota\mu\alpha$ nicht mit Ihnen übereinstimmen kann, thut mir leid; ich gäbe gern nach, wenn ich könnte. Den $\ddot{\upsilon}\mu\nu o\varsigma$ $\delta\acute{\epsilon}\sigma\mu\iota o\varsigma$ halte ich für die wirkliche $\pi\acute{\alpha}\rho o\delta o\varsigma$ der Eumeniden, und diese freilich für getanzt, aber dass alle $\sigma\tau\acute{\alpha}\sigma\iota\mu\alpha$, sei es durch den $\chi\acute{o}\rho\epsilon\iota o\varsigma$ $\acute{\epsilon}\xi$-$\epsilon\lambda\iota\gamma\mu\acute{o}\varsigma$, sei es anderswie, getanzt wurden, kann ich nicht zugeben. Ich hatte angefangen meine Ansicht hierüber näher zu begründen; aber ich habe die Sache vor der Hand aufgegeben, weil ich keine Zeit dazu habe, will sie aber später vielleicht wieder aufnehmen und dann darüber schreiben. Mittlerweile habe ich Ihren und Forchhammers Brief erhalten. Dass der letztere mit dem Lykabettos Recht habe, ist wol klar; das Epideiktische in der Darstellung, fast etwas Charakteristisches der jungen Deutschen, ist mir daran unangenehm gewesen. Seine Mass-Angaben über den Tempel der Polias verstehe ich noch nicht ganz; er hätte doch die Steine sicherer bezeichnen sollen. — Vor einiger Zeit ist mir auch Welckers Recension von Dissen zu Gesicht gekommen, und ich las sie in der Erwartung doch etwas Neues zu finden, habe aber nichts gefunden. Es ist doch darin auch nicht eine Spur von irgend einem heuristischen Gange, der die Wahrheit der aufgestellten Sätze nachweist; das blosse Wiederholen, Versichern und Rhetorisiren kann meines Erachtens nichts helfen, um so weniger, als er sich hütet irgendwo ins Einzelne einzugehen, und zugleich gesteht, dass er in den aufgestellten einzelnen Erklärungen häufig nicht beistimme.

Es ist kaum glaublich, wenn ich sage, dass ich diese wenigen Zeilen schon vor 8 Tagen successive geschrieben habe und unterdessen sie nicht habe fortsetzen können, weil sich eine Störung an die andere reihte. Heute ist nun Sonntag, und ich will auf jeden Fall das Brieflein heute schliessen, damit es endlich fortkommt. Mittlerweile habe ich allerlei von Göttingen gesehen, auch von Ihnen: die *Theses* von Leutsch, die mir theilweise recht wohl gefallen haben, andere sind aber sehr kühn, gewagt und unbeweisbar; den Ibykos mit Ihrer Vorrede etc. Dabei fällt mir auch die Abh. v. Welcker über die Kraniche des I. bei; mit dieser ist es mir sehr seltsam gegangen; es ist mir oft bei solcher Lectüre, als ob ich gar nichts mehr verstände zu lesen. Ich habe darin hin und her nach dem Grund und Beweis gesucht, warum er behauptet, es sei eine ältere Volkserzählung oder Volksansicht auf den I. angewandt; aber ich habe nichts finden können in der ganzen Abhandlung, wodurch auch nur ein Schein von Beweis gegeben wäre. Was soll nun endlich daraus werden, wenn jeder seinen Einfall, seine Position nicht bloss ohne Beweis für wahr giebt, sondern zugleich damit statt des Factischen auftritt? Nicht als ob ich das Factische hier gerade stark vertreten wollte; aber ich finde dessen Beseitigung so ungeheuer unmethodisch. Dagegen hat mir seine frühere Abh. über die Phäaken ausserordentlich gefallen.

Rochette hat mir noch drei Inschriften geschickt, die auf den Mausolos bezüglich und von Mylasa sind, sehr ähnlich der von Tralles, aber besser geschrieben. Statt σατραπεύειν steht darin durchweg ἐξαιθραπεύειν, und ich habe mich überzeugt, dass dies nicht Schreibfehler, sondern dem Persischen nachgebildet ist, ausser dass ich αι statt α noch nicht erklären kann. Die Daten stimmen mit der gewöhnlichen Chronologie, und nahmentlich mit dem Kanon der Könige. Ich will nun die karischen Inschriften drucken lassen. Nach diesen habe ich Lydien, und zunächst Ephesos angefangen; letzteres ist die langweiligste Parthie, die man sich denken kann.

Mit meiner Genesung schreitet es langsam vorwärts; ich kann den fatalen Husten nicht los werden; im Uebrigen bin ich wieder ziemlich hergestellt und bei Kräften. Ob ich diesen Herbst reisen werde, hängt zunächst von meinem Befinden ab; vor Anfang Septembers kann ich theils deswegen, theils wegen des Decanats daran nicht denken; und da der alte Prior Wagemann in Loccum durchaus erwartet, dass ich ihn besuche, und er freilich am wenigsten oft mich noch sehen kann, so werde ich wahrscheinlich nur dorthin auf kurze Zeit gehen.

Von Krüger habe ich Ihr Blatt die Demen betr. gar nicht wieder zurückerhalten; was mir bei Gelegenheit des Forchhammer einfällt. Vermuthlich habe ich auch den von Forchhammer an Sie mir ertheilten Auftrag, dessen er Erwähnung thut, nicht ausgeführt: dies werden Sie entschuldigen, da der Auftrag denn doch = 0 war.

Grüssen Sie Ihre liebe Frau und Kinder recht herzlich, desgl. Dissen und Leutsch, wenn Sie sie sehen.

  Mit herzlicher Liebe und Freundschaft
   der Ihrige
     Böckh.

          Ohlau, den 28. Sept. 1833.

Mein verehrter Freund.

Ich schreibe nur ein paar Zeilen an Sie von hier, wo ich ganz ausser meinen gewohnten literarischen Kreisen bin, um sie meiner Frau mitzugeben, die von hier über Berlin nach Göttingen zurückkehren will, während ich vierzehn Tage in Wien zubringen werde, um die dortigen Alterthümer-Sammlungen kennen zu lernen.

Ich hoffe, dass Sie jetzt von Ihren im Sommer erduldeten Leiden völlig hergestellt sind; vielleicht hat eine Reise nach Loccum das ihrige dazu gethan, namentlich wenn Sie sie auf den letzten Theil des Septembers verspart haben, wo ja das Wetter endlich eine günstigere Wendung zu nehmen scheint.

Ihr günstiges Urtheil über meine Eumeniden hat mich sehr gefreut; und ich beklage nur, dass Sie gehindert worden sind, die Untersuchung über die Stasima gleich zu vollenden. Wenn ich nach Hause komme, werde ich Ihnen gleich den indess fertig gewordenen Varro zuschicken. Wenn Sie die Vorrede lesen und einige Parthien durchgehen, werden Sie völlig genug Stoff haben, um mir sagen zu können, was Sie von dieser Art Kritik halten. Nach Vollendung dieser Arbeiten will ich mich jetzt wieder eine Zeit lang von schriftstellerischer Thätigkeit zurückhalten, theils um abzuwarten, wie übel es diesen Arbeiten bei der Mehrzahl der Philologen gehen wird, theils um mich recht meinen Vorlesungen widmen zu können.

Ueber Welckers Methode kann ich Ihnen nicht widersprechen. Auch mir geht es so, dass ich von vielen seiner Behauptungen nicht ausfindig machen kann, warum er die Sache gerade so fasst. Doch erfährt man oft, an ganz anderer Stelle, hinterher, den Zusammenhang seiner Ansichten; und im Ganzen scheint das Unmethodische mehr in seiner Darstellung als seiner Art der Gedankenverknüpfung zu liegen.

Das $\dot{\varepsilon}\xi\alpha\iota\vartheta\rho\alpha\pi\varepsilon\dot{v}\varepsilon\iota\nu$ hat mich höchlich interessirt. Man sieht recht, dass die Griechen diese $\delta v\sigma\gamma\rho\dot{\alpha}\mu\mu\alpha\tau\alpha\ \dot{o}\nu\dot{o}\mu\alpha\tau\alpha$ auf verschiedene Weise, freier oder strenger, mit ihrem Lautsystem aufzufassen suchten, wie ich von dem $K\nu\dot{\alpha}\rho\eta\varsigma$ in der Vorrede zum Ibykos behauptet habe. Die Bedeutung von $\sigma\alpha\tau\rho\dot{\alpha}\pi\eta\varsigma$ muss sich wohl auch an dem Poseidon $\Sigma\alpha\tau\rho\dot{\alpha}\pi\eta\varsigma$ bei Pausanias bewähren, den ich neulich, wenn ich nicht irre, bei Libanios als eine orientalische Göttergestalt wiedergefunden habe.

Dissen habe ich etwas wohler und rüstiger verlassen, als er in früheren Monaten gewesen war. Von Ihnen, mein theuerster Lehrer und Freund, hoffe ich nach meiner Zurückkunft durch meine Frau die allerbesten Nachrichten zu erhalten.

    Ihr treuergebener
            K. O. Müller.

Berlin, d. 17. Nov. 33.

Theuerster Freund.

Der Professor Lerminier vom Collège de France zu Paris, welcher sich etliche Wochen hier aufgehalten hat, wünscht Sie kennen zu lernen, und hat von mir verlangt einige Zeilen an Sie zu erhalten. Er ist ein angenehmer und liebenswürdiger Mann, achtet und liebt die Deutschen und ist hier bei uns allen gern gesehen gewesen. Haben Sie die Güte ihm, wo er dessen bedarf, hülfreich zu seyn.

Ihre liebe Frau wird Ihnen gesagt haben, dass sie uns gesund und wohlauf gefunden hat; und über Sie habe ich dasselbe von Schöll gehört. Ich bin durch die Reise ziemlich wieder hergestellt, oder, um die Wahrheit ohne Scheu vor dem Neide der Götter zu sagen, eigentlich ganz. Mit grossem Vergnügen habe ich die Abhandlung über den Orion gelesen; da der alte Zionswächter Voss, der in seiner Art auch ein tüchtiger Held und Recke wie Orion war, nun mit Orion im Hades ist, dürfen Sie es wagen zu behaupten, dass ein homerischer Mythos eine solche Bedeutung habe; bei seinen Lebzeiten würde er sehr böse darüber geworden seyn, wie er mir viele Jahre, nachdem Buttmann den Apoll für die Sonne erklärt hatte, einmahl sagte, aufgeschoben sei nicht aufgehoben, und Buttmann solle für diesen Frevel zu seiner Zeit noch büssen. Ihren Varro habe ich noch nicht näher angesehen; ich habe mein Exemplar noch nicht. Ueber die Eumeniden soll Hermann, wie ich in Bremen gehört habe, sehr erbost seyn; wahrscheinlich wissen Sie mehr davon als ich.

Meine Frau lässt sich mit mir der Ihrigen herzlich empfehlen; grüssen Sie Dissen recht sehr von mir; Sie werden ja wieder recht gute Freunde seyn, nachdem Sie ihn, wie mir Ihre Frau erzählt hat, etwas zurecht gesetzt haben.

Mit herzlicher Freundschaft der Ihrige
Böckh.

Berlin, d. 5. Febr. 1834.

Ohne Zweifel bin ich nicht der Erste, theuerster Freund, der das Vergnügen gehabt hat des Fritzsche erbärmliches

Buch zu lesen, was er gegen Sie geschrieben hat. Ich wollte es Anfangs gegen Sie mit Stillschweigen übergehen, da ich mir dachte, es würde Ihnen überhaupt wenig daran gelegen seyn; indessen möchte ich doch wissen, was sie mit diesem ... Burschen anzufangen gedächten. Hermann, der diesen ... an Beck's Stelle nach Leipzig hatte bringen wollen, konnte wahrlich keinen schlechteren Gesellen aufstellen um Sie anzugreifen, keinen fadern, von Geist und Witz entblössteren Nachtreter und Bewunderer, und er thut seiner Sache selber dadurch den grössten Schaden. Doch glaube ich nicht, dass Sie schweigen können; um so weniger, wenn er, was ich bei flüchtiger Durchlesung des Wisches nicht habe untersuchen können, etliche Mahle Recht haben sollte. Es ist mir nahmentlich mit der Geschichte der 12 Areopagiten und der 13ten Stimme der Minerva die Sache etwas unklar, so natürlich auch Ihre Vorstellung ist: nicht als ob auf Fr. Hauptargumente viel zu geben wäre, aber weil Aeschylos sich doch sehr undeutlich ausgedrückt hat. Ganz schaamlos ist die Behauptung des Menschen, dass Sie die Sache von mir (*Corp. Inscr.*, was er nicht einmahl hatte) entlehnt hätten: ich weiss selber nicht, ob ich es nicht von Ihnen habe: nur so viel weiss ich, dass ich frühzeitig auf die Zahl der ῥήσεις in jener Stelle aufmerksam war, und meine Aeusserung im *Corp. Inscr.* weist überhaupt nur dahin, dass aus der Anzahl der Reden Apolls und des Chors (im Vergleich damit, dass gleiche Stimmen da seyn müssen) die Richterzahl 12 seyn müsse, ohne dass ich mich entschieden geäussert hätte, ob Minerva als 12ter Richter oder nicht zu nehmen sei. Der ... hat übrigens, wo er konnte, auch mir einen Hieb versetzen wollen; und der Kopf ist ihm ganz voll von Schule, als ob wir zusammen in einem Verhältniss ständen, wie er gegen Hermann, dessen auch schon witzlose Worte „moderne Alterthumsforschung" u. dergl. er sich recht tief eingeprägt hat. Einem solchen schaalen Menschen entgegenzutreten hat seine eigenthümliche Schwierigkeit; wenn es aber doch geschehen muss, so würde ich als Motto *mutatis mutandis* eine Passage aus Molière's *Impromptu de Versailles* vorschlagen, was ich zu meiner eigenen Unterhaltung abschreibe: *Le beau sujet à divertir le public que Monsieur NN! Je voudrais bien savoir de quelle façon on pourrait l'ajuster pour le rendre plaisant, et si, quand on le berncrait sur le théâtre (littéraire), il serait assez heureux pour faire rire le monde. Ce lui serait trop d'honneur que d'être joué devant (le public), il ne demanderait pas mieux: et il m'attaque de gaieté de coeur pour se faire connaitre, de quelque façon que ce soit. C'est un homme qui n'a rien à perdre; et les (Hermann) iens ne me l'ont déchaîné que pour m'engager à une sotte guerre, et me détourner, par cet artifice, des autres ouvrages que j'ai à faire.* Anders kann man doch den Gesellen nicht nehmen, und auf eine witzige Widerlegung desselben kann man es nicht anlegen, sondern brauchte, um die ganze Trivialität dieses Lucianiers zu Tage zu legen, nur seine Witze zu excerpiren.

Die ganze Rotte scheint sich wieder regen zu wollen. Hermann hat sich sehr gründlich über meine Constitution des Timokreontischen Bruchstücks ergangen; er windet sich wie ein Aal um seine plumpe Constitution der Stelle und seine falschen Emendationen aufrecht zu erhalten und meine Herstellung zu verdächtigen, die ich trotz dem sehr passend scheinenden ἕνα λῶστον für sehr gewiss halte: denn es ist gegen den Augenschein, dass ich Strophen ohne hinlängliche Andeutung der Entsprechung angenommen hätte, da zwei Verse ganz von selbst und der dritte mit den geringsten und natürlichsten Aenderungen sich entsprechen, und zwar sehr lange Verse. Sein Ton wird immer decisiver, als wenn etwas wahr wäre, weil er es sagt. Ich schweige vor der Hand; es wird sich zur Vertheidigung später Gelegenheit geben. Denn auch er hat den Vortheil, dass er mich durch Reizung zur Polemik von dem abziehen würde, was ich lieber thue. — Es ist aber endlich Zeit, dass Dissen hervorrückt; wo bleibt denn seine Abhandlung?

Vor Kurzem habe ich das Ms. zu dem 2. Fascikel des *Corp. Inscr.* fertig gemacht, welcher mit den Inschriften von Teos abschliessen soll; darunter sind manche sehr merkwürdige und vernachlässigte. Ich habe daraus auch eine Prolusion zum nächsten Katalog über den Homer gemacht; wiewohl man da nicht viel abmachen kann. Ich kann durchaus keine andere

Vorstellung mir bilden, als dass die Werke von dem γένος Ὁμηριδῶν herrühren, wie es etwa Leutsch sich zu denken scheint; eine ursprüngliche Einheit des Homer, als Werk Eines Mannes, werden Sie doch wohl auch trotz dem, was jetzt dafür fortwährend geschrieben wird, nicht glauben. Nebenbei habe ich eine mittelmässig grosse Abhandlung über das Verhältniss des Delischen Tempels zu Athen geschrieben um eine Inschrift zu erklären, die neulich in dem Jahn-Klotz-Seebodischen Archiv erschienen ist und in vielen Beziehungen sehr merkwürdig ist, wenn man sie erst restituirt hat.

Ihren Varro habe ich erst vor Kurzem erhalten und mich einstweilen an der Vorrede delectirt; auch Meineke ist dafür sehr eingenommen. Es ist lächerlich, dass ich Ihnen dergleichen schreibe; denn ich weiss sehr wohl, dass Sie ob des oben besprochenen Wisches den Kopf nicht werden hängen lassen, noch des Trostes und Zuspruches bedürfen.

Sie wissen, dass ich so gut wie gar keine Collectaneen habe, sondern aus dem Gedächtniss und Stegreif zu schreiben pflege. In der Del. Abhandlung habe ich auch am Δηλιακός des Hyperides auf solche Weise gehandelt; und ich wollte Sie daher bitten, wenn Ihnen etwas Entlegenes darüber vorgekommen seyn sollte, mich darauf aufmerksam zu machen.

Was sagt man in Göttingen über das famose Buch von Schultz? Mit mir hat er es noch gnädig gemacht; ja er hat sogar die Gnade gehabt mir das Buch zuzuschicken.

Grüssen Sie Ihre liebe Frau und die lieben Kinderchen, und auch unser Schoosskind Dissen, von welchem ich lange nichts gehört habe. Leben Sie wohl.

Von ganzem Herzen der Ihrige
Böckh.

[Göttingen,] 11. Febr. 1834.

Ihr neuester Brief, mein theurer und verehrter Freund, hat mir grosse Freude gemacht. Er hat die gute Laune, in welcher ich mich schon befand, nur noch vermehrt, und ich bedaure nur, dass es mir an Zeit gebricht, um mich gleich hinzusetzen und meine Erwiederung abzufassen. Ich muss dies auf die Osterferien verschieben, in denen ich der Buchhandlung schon zugesagt habe, einen Nachtrag zu den Eumeniden von ein paar Bogen zu schreiben. Wenn nur bis dahin Hermann selber herauskäme; ich höre, er denkt die Wiener Jahrbücher dazu zu brauchen. Ob Fritzsche den 2ten Artikel bis dahin schreibt, ist gleichgültig.

Ich denke etwa folgenden Gang zu nehmen: Hermann sei es gewesen, der nun schon seit einer Reihe von Jahren Alles gethan habe, um eine Trennung von Schulen und Partheien in der Philologie herbeizuführen, der noch neulich auf die gehässigste Weise, was etwa beginnende Schriftsteller versehen, zum Charakter der Schule zu stempeln und mit wahrem Handwerksneide diese in Misscredit zu bringen gesucht habe. Er werde es also nicht übel nehmen können, wenn ich auch jetzt von Hermannscher Schule spreche, und die erschienene Recension, deren Verf. Fritzsche er doch wohl als einen ächten Schüler, als ein wahres „Vaterskind" anerkenne, zur Charakterisirung derselben brauchte. Nun hätten wir auf Alterthumskunde, auf eindringende Auffassung des Ganzen nie bei dieser Schule gerechnet; aber auf Kenntniss der Elemente der Grammatik und auf verständige Interpretation im Einzelnen. Da kommen nun aber prächtige Sachen bei dem Fr. vor. Z. B. ist es deutlich, dass er in seiner Bemerkung zu V. 161 gar nicht weiss, dass $\dot{\alpha}\varrho\acute{\alpha}\mu\varepsilon\nu o\nu$ und $\dot{\alpha}\varrho\acute{o}\mu\varepsilon\nu o\nu$ sich durch die Quantität unterscheiden, und wegen des unumgänglich nöthigen Proceleusmaticus ich das seltene $\dot{\alpha}\varrho\acute{o}\mu\varepsilon\nu o\nu$ gesetzt habe. Was lassen sich daraus für Folgerungen ziehen! Gegen Ende seines Buches kommt sogar einmal $\lambda\alpha\mu\pi\acute{\alpha}\delta\omega\nu\ \varphi\varepsilon\gamma\gamma\acute{o}\nu\tau\omega\nu$ vor (ich kann die Seite nicht angeben, da Dissen eben das Buch bei sich hat). Da kann man denn sagen, dass die „neue Archäologie", da sie *Collega Quintus* an Maria Magdalena war, für solche Schnitzer in den Schüler-Exercitien einen gewaltigen rothen Strich in Bereitschaft gehabt habe. Von Interpretation findet sich Aehnliches. Alsdann denke ich aber diesen Ton fahren zu lassen und ohne besondere Rücksicht auf Hermann und seine Schule eine Anzahl Stellen und Sachen von neuem zu erklären. An Stoff fehlt es nicht, da ich die Eumeniden seit vielen Jahren immer in Gedanken gehabt habe, und auch in der Uebersetzung Vieles, was Fr. für Flüchtigkeit hält, auf Ueberlegungen beruht, die mich nöthigten die Sache anders als gewöhnlich zu fassen. Besonders will ich hier den *calculus Minervae* wieder vornehmen. Hier glaube ich erstens aus der Sache selbst demonstriren zu können, dass es undenkbar ist, unter ψῆφος Ἀθηνᾶς erstens einen Stein zu verstehen, der die schwächere Parthei verstärkt, und dann noch einen, der den Ausschlag giebt, sondern dass es nur der mythisch-symbolische Ausdruck für den Grundsatz ist, bei gleichen Stimmen die Milde vorwalten zu lassen. Dann werde ich dasselbe aus Euripides Stellen erweisen, die auch nach Dissens Meinung völlig klar dafür sprechen. Die Athena κρίνει ἴσας ψήφους kann nur heissen „sie entscheidet" über die Stimmengleichheit, bestimmt, wer da siegen soll. Das Künstliche in der Erklärung des Aeschylos, was auch Gruppe in dem neuen ästhetischen Buche über die Tragödie darin sieht, scheint mir darin seinen Grund zu haben, dass Aeschylos doch nur die ψήφους der Areopagiten als eigentliche Stimmen ansieht; die Stimme der Minerva ist von anderer Art, kein eigentlich richterlicher Akt, nur ein Symbol eines allgemeinen Grundsatzes. So kann sie sagen: ἰσόψηφος δίκη ἐξῆλθ᾽ ἀληθῶς. Doch dies Alles will ich noch reiflicher überlegen und besprechen. Ihre Stelle aus Molière passt wirklich wunderbar hierher, und sie hat einige Freunde, denen ich sie mittheilte, köstlich divertirt. In dem neulichen Programm von Hermann hat es mir Spass gemacht, zu bemerken, wie Hermann, indem er vor Eifer brennt Andern etwas zu versetzen (wofür denn nun freilich Welcker manche Blösse giebt), gar lächerlich hinpurzelt. Denn in der Stelle der IV. Pyth. gehört kaum Menschenverstand zu, um einzusehen, dass ἐξ Ἀπόλλωνος nach dem Zusammenhange nur heissen kann „als ein Sohn des Apollon". Ich möchte dies und Aehnliches brauchen, um zu zeigen, dass die „Hermannsche Schule" von Interpretation aus dem Zusammenhange nicht das Nothdürftigste weiss. Uebrigens wird man von solchen Böcken noch vorläufig schweigen müssen, damit nicht etwa die Erzeuger derselben sie zu beseitigen suchen, ehe man sie ihnen gehörig vorreiten kann.

Auf die *Inscr.*, bes. die *marmora Teia*, und das Programm von den Homeriden bin ich sehr gespannt und verspreche mir einen Genuss, der bei diesem Werke immer grösser wird, je mehr ich es in allen seinen Theilen durch allmäliges Studium mir vertraut mache. Ueber Homer habe ich mir nun besonders zweierlei festgesetzt: 1. Einheit der Ilias und Odyssee nicht zu erklären durch Aggregirung, sondern beruhend auf einem Akt des Genies, in ursprünglicher Intention eines über das gewöhnliche Maass hinausgehenden Geistes liegend; womit sich aber wohl verträgt allmälige Ausbildung einzelner Scenen und Abtheilungen. 2. Ilias und Odyssee im Ganzen in ihrer heutigen Gestalt schon vorhanden vor den Kyklikern, also vor den Olympiaden, wegen der ganz offenbaren äusseren Anreihung derselben, und wesentlicher innrer Verschiedenheiten in der Auffassung der Mythen. Sonst lasse ich mir alles Mögliche gefallen.

Wie schön wäre es, meint auch Dissen, wenn wir Sie wieder einmal einige Wochen hier hätten und manche Gedanken, die indessen durch Zeit und Studium gereift sind, mit Ihnen gehörig durchsprechen könnten.

Ueber Hyperides $Δηλιακὸς λόγος$ habe ich mir Nichts notirt als das Gewöhnliche.

Das Schultzische Buch preist wohl Niemand sehr als Heinrich, der es corrigirt hat und einen geheimen Groll gegen die „Alterthumsforscher" daran sättigt. Ich habe es blos vom Buchhändler einige Tage zu Haus gehabt und den Abschnitt über das Geld gelesen; davon wage ich zu behaupten, dass es lauter Wind ist. Sehr possirlich ist es, dass ein Preuss. Regierungsbevollmächtigter sich da, wo von Demosthenes und Cicero die Rede ist, einen Staatsmann nennt, und aus seinen Akten Offenbarungen über das antike Staatsleben zu schöpfen glaubt, die dem Philologen unzugänglich wären.

Ueber Timokreons Skolion bin ich ganz von Ihrer Herstellung überzeugt gewesen; nur dass das ἕνα λῷστον ich mir allerdings auch nur ungern entreissen lasse.

Dissen hat nicht vor, gegen Hermann etwas für seinen Pindar zu schreiben. Nur die Abhandlung über die Olymp. Spiele, die ich der Societät hier vorgelesen habe, und wovon

Dissen bereits einen Abriss in den Gött. G.A. gegeben, wird in einiger Zeit wohl im Druck erscheinen.

Meine Frau empfiehlt sich Ihnen und Ihrer Frau Gemahlin bestens. Sie hat mir die Güte sehr gepriesen, mit der Sie sie in Berlin aufgenommen haben.

Von meiner Wiener Reise bin ich sehr content zurückgekommen; es ist doch ein herrlicher Ort.

Göttingen, 22. März 1834.

Ich sende Ihnen, mein verehrter Freund, dieses Briefchen durch einen jungen Mann, der, wie so oft geschieht, uns verlässt, um von Ihnen die volle Reife der Alterthumsstudien zu erlangen. Er heisst Hoefer und ist durch die Waldecksche Familie mit Gauss und Ewald verwandt, aber aus Stralsund gebürtig. Er ist nicht bei uns im Seminar gewesen, aber ich habe ihn sonst als einen feinen, sinnigen, dabei sehr bescheidenen Menschen kennen gelernt, der sich vielleicht schön entwickeln wird. Comparative Sprachkunde scheint übrigens sein Lieblingsstudium.

Ich bin eben erst mit meinen Vorlesungen fertig geworden und muss nach einem mühevollen halben Jahre an die Streitschrift gegen die Hermannianer gehen als eine Ferien-Arbeit. Ich flehe zum Himmel, dass er mir eine gehörige Heiterkeit und Ruhe des Gemüthes dabei geben und mich vor jedem unrechten Worte bewahren möge. Wenn Sie mir noch etwas mitzutheilen haben darüber — in etwa 4 Wochen soll das Mspt. in die Druckerei.

Kennen Sie das Buch, woraus ich in Wien mir Einiges excerpirt: *Le antichità di Acre scoperte, descritte ed illustrate dal Barone Gabr. Judica. Messina 1819* f.? Es stehen Griechische Inschriften, meist sepulcrale, eine grössere, für die Localitäten sehr interessante darin. Auch über Adria hat man in Wien ein handschriftliches Werk; es ist erstaunend, wie sehr die Aufschriften der dort gefundenen Vasen mit den Volcentischen übereinstimmen; offenbar sind dies nur zwei Zweige eines und desselben Handels.

Von ganzem Herzen der Ihrige   C. O. Müller.

Berlin, d. 29. Oct. 1834.

Wie ich vermuthe, theuerster Freund, sind Sie von Ihrer Reise nun auch wieder zu Hause, und ich kann Ihnen also jetzo meinen herzlichen Dank darbringen für Ihre freundliche Aufnahme. Ich habe, nachdem ich noch acht Tage auf dem Lande geblieben war, meine Reise beschleunigt, weil ich des Herumziehens überdrüssig war, und bin bereits d. 1. Oct. hier wieder angelangt. Da es immer hunderterlei Sachen giebt, die Einen erwarten, so habe ich viel Zeit mit der Besorgung dieser Kleinigkeiten und mit mancherlei Lectüre hingebracht; auch habe ich wieder den Druck des *Corp. Inscr.* gleich anfangen lassen. Meine Zettel, worauf ich mir bei Ihnen allerlei notirt hatte, habe ich theilweise verloren oder bei Ihnen liegen lassen; indessen denke ich Alles wieder aus dem Kopfe hergestellt zu haben. Ich habe dann auch die kleinen Schriftchen zur Hand geschafft, die ich bei Ihnen kennen gelernt hatte; des Weissenborn metrische Abhandlung fand ich hier bei einem Freunde, den der Verfasser wahrscheinlich nicht für den meinigen hielt, und bei dem er sich dadurch empfehlen wollte, indem sich der junge Mann hierher begeben hat. Die Schrift ist ganz einfältig; alle Verse, die er gegen mich anführt, sind eben solche, die aus gleichen Gründen, wie die von mir behandelten, anders zu fassen sind, die ich aber nicht angeführt habe, weil ich gar nicht dachte, dass die Herrn auch diese falsch messen würden. Ihre Recensionen habe ich hier auch erst ordentlich durchgelesen und mich besonders der Hesiodischen gefreut. Auch Welckers neuestes Heft habe ich bekommen und mit Verdruss und Widerwillen seine Recension Ihrer Archäologie, nehmlich die Fortsetzung gelesen; er kommt wahrhaftig auf den Hermannischen Ton, indem er häufig sagt, das sei gewiss nicht so, ohne auch nur einen Grund anzuführen; und manchmahl ist es handgreiflich falsch. Auf diese Woche hatte ich mir endlich das *Hermannianum de officio interpretis* aufgespart; da ich seine anderen Sachen gegen mich, z. B. die Thorheiten über die *Hypobole* und Einiges in der Abh. *de pictura parietum*, im *Corp. Inscr.* doch besprechen muss, anderes einmahl, wenn ich *opuscula* sammle, berühren kann, bei der Abh. *de off. intp.* aber ähnliche Gelegenheit sich nicht findet, und da ich ganz genau wissen wollte, was an seinen Aufstellungen darin gut sei, so habe ich sie genau durchstudirt, und *a capite ad calcem*, mit Ausschluss des guten παρά μιν, widerlegt und ganz in Stücke zerhauen. Ich habe dies im Concept rasch entworfen; ich weiss jedoch noch nicht, ob und wie ich es drucken lassen soll, und möchte über das Ob Ihren Rath haben. Wie ich die Kritik geschrieben habe, ist sie bitter und spöttisch; dies wird sich wohl beim Ausarbeiten mässigen lassen, wiewohl es schwer ist. Denn das Allgemeine ist so beschaffen, dass es sich, in seiner Folge entwickelt, selbst verspottet; und in dem Speciellen sind solche Blössen, dass man sie nicht ohne Bitterkeit aufdecken kann. Ueberdies ist mir das Ganze so gerathen, dass es wohl mehr als seine Abhandlung beträgt; und dadurch wird es erschwert, die Kritik als Recension drucken zu lassen. Wenn Sie und Dissen es wünschen, schicke ich Sie Ihnen vor dem Druck zur Ansicht.

Ich habe von irgend einem Reisenden erfahren, dass Sie in Hamburg gewesen; auch dass Sie beinahe mit dem edlen Marsyas zusammen gekommen sind. Forchhammer ist hier gewesen; er ist ein sehr angenehmer und persönlich durchaus bescheidener Mensch. Er hat mir auch einige Ephesische Inschriften mitgebracht, die ich gleich noch ins nächste Heft bringen werde.

Herzliche Grüsse an Ihre liebe Frau und Kinder, und alle Freunde in Göttingen, die mich so gütig empfangen haben, besonders an den guten Dissen.

Mit inniger Anhänglichkeit
der Ihrige
Böckh.

Göttingen, 7. Dec. 1834.

Mein theurer, verehrter Freund.

Seit Ihrem nur leider viel zu kurzen Besuch habe ich mich ziemlich viel in der Welt umhergetrieben, indem ich noch gegen Ende Septembers nach Hamburg, Lübeck und von da nach Copenhagen gereist bin, wo es mir überall recht gut ergangen ist, und nach meiner Rückkunft bald wieder mit Dahlmann zusammen eine Reise nach Hannover gemacht habe, von der als einem Projekt unseres Akademischen Senats ich Ihnen wohl schon gesprochen habe. Mit meinen Collegien bin ich indess jetzt in ganz ordentlichem Gange; nur die Vollendung der Archäologie im Druck hat darunter gelitten; sie wird Ihnen wohl erst im Anfang des nächsten Jahres zukommen können.

Dass in der Hermannschen Abhandlung, ausser dem παρά μιν, Nichts Stich halten würde, habe ich wohl gleich damals vorhergesagt. Es ist erschrecklich, ein so leeres und verkehrtes Gerede *de officio interpretis* zu überschreiben. Wenn noch Zeit ist, die Abhandlung, die Sie dagegen geschrieben, hierher zu senden, wird es Dissen, wie mir, die grösste Freude machen, sie zusammen durchzugehen. Wollen Sie sie vielleicht in Zimmermanns Zeitschrift abdrucken lassen: so will ich gern an ihn darüber schreiben. Es thut mir ordentlich leid um Hermann, dass er sich so ganz um alles Vertrauen und alle Ehre eines einsichtigen Auslegers bringt: aber bei der Art, die er noch nicht ablegen zu wollen scheint, darf eine solche Gelegenheit gewiss nicht unbenutzt gelassen werden. Dissen ist auch durch diese Abhandlung zu einer polemischen Arbeit aufgeregt worden: aber er will ihr einen allgemeinen Inhalt, über Interpretations-Methode, oder ungefähr so, geben. Meine Schriftstellerei in dem Genre wird fast ganz von dem Inhalt der gegnerischen Schriften abhängen, die ich zunächst zu erwarten habe.

Vielleicht erinnern Sie sich, dass ich während Ihres Aufenthaltes hier damit umging, Zimmermann etwas für seine Zeitschrift zu senden. Ich habe hernach, mit Aufschiebung andrer Pläne, die archäologische Vindication des Herakles-Schildes gearbeitet, die Ihnen wohl in die Hände gefallen sein wird. Ich weiss nicht, ob ich den Zusammenhang des Ganzen einleuchtend gemacht habe. Ich hätte jetzt grosse Lust, mehr am Hesiod zu thun, und frage auch, wohin ich reichen kann, nach neuen kritischen Hülfsmitteln: aber ich habe bis jetzt noch gar keine bisher unbekannte Notiz der Art erlangen können.

Welcker setzt sich wohl in seiner Recension ein bischen auf das hohe Pferd gegen mich: doch ist mir das mehr von Andern gesagt worden, als dass ich es selbst gemerkt hätte. Ich bin mit meiner Uebersicht der archäologischen Literatur seit 1829 für die Hallische A.L.Z. beschäftigt; da werde ich meine Ansichten gegen manchen Tadel von seiner Seite rechtfertigen können, ohne dass es als Antikritik herauskommt.

Nicht viel mehr werth als die Weissenborn'sche Abhandlung, von der Sie schreiben, scheint mir das grosssprecherische Buch von Hoffmann, die Wissenschaft der Metrik; ich habe über Nichts etwas wirklich Förderndes darin gefunden. Wer jetzt noch, wie er nach Hermann thut, *Eumen. 369 (383)* ἐμοῦ κλύων θεσμόν für einen *Jamb. ischiorrhogicus* halten kann, muss von Aeschylos' Strophenbildung gar keinen Begriff haben. Ob Sie die eigenen Ansichten in Ed. Munk's Metrik (insofern es seine eigenen sind) billigen, habe ich Sie, glaub' ich, schon mündlich gefragt. Mir scheint, dass die Art, wie er systematische und strophische Composition gegen einander stellt, zwar auf richtigen Beobachtungen beruht, aber in der Art noch keine klare Ansicht der Sache gewährt. Das Verhältniss der Verse einer Strophe zu einander und die Zulässigkeit von *syll. anceps* und *hiatus* bei den Tragikern beruht wohl auf sehr feinen Gesetzen, die sich die Tragiker gemacht. Ein merkwürdiges Factum scheint mir dies: In Aeschylos' Persern zeichnen sich die Verschen von dem Maasse: Οὐράνι' ἄχη, und Βάρβαρα σαφηνῆ, und ἴθι, ἵκου, auf eine auffallende Weise durch die *hiatus* und *syll. ancipp.* aus, die sie von den übrigen trennen, während in den betreffenden Liedern fast nichts oder wenig davon vorkommt. S. V. 565. 573. 626. 629. 633. 636. 649. Sollte der Grund davon etwa darin liegen, dass diese Verse päonische, und durch ihre Rhythmengattung von den übrigen so verschieden waren, dass sie aus allem rhythmischen Zusammenhang mit ihnen heraustraten?

Doch genug von diesen Sachen. Meine Frau empfiehlt sich mit mir Ihrer lieben Frau Gemahlin und Ihnen bestens; sie ist jetzt gerade durch unser älteres Söhnlein sehr beschäftigt, welches das Scharlachfieber hat, bis jetzt indess so gut, dass man nur für die ganze Krankheit denselben glücklichen Verlauf wünschen muss.

Dissen, Lücke, Dahlmann und andere Freunde grüssen aufs Beste. Dissen befindet sich ganz leidlich und dirigirt wenigstens das Seminar mit. Ich hoffe, sein Tibull ist nun bald fertig.

Ob wohl jetzt, da die Wiener Beschlüsse publicirt sind, die wir hier eigentlich schon immer, und in manchen Stücken mehr als das, befolgt haben, Preussen seine Universitäten-Sperre gegen uns aufheben wird? Gerade diese Michaelis ist sie schärfer und für Manchen drückender als je gewesen.

Bei Ihnen, hoffe ich, ist Alles wohl. Behalten Sie in freundlichem Gedenken

Ihren

treuergebnen

K. O. Müller.

Ein Zettel von Ihnen hat sich hier nicht vorgefunden. Auch glaub' ich, dass es nur Wenig war, worüber Sie sich bei mir hätten können eine Notiz machen.

Berlin, den 29. Dec. 1834.

Ihr letzter Brief, theuerster Freund, hat mich sehr erfreut; denn Ihr langes Schweigen hatte mich Ihretwegen besorgt gemacht. Im alten Jahre will ich noch antworten, obwohl ich nichts Bedeutendes zu schreiben habe: auch muss ich darum kurz sein, weil ich anhaltendes Sitzen und Schreiben jetzo nicht recht vertragen kann. Ich habe vor Kurzem eine Zeit lang an Schwindel gelitten, welcher eben durch Sitzen und Arbeiten entstand; doch bin ich davon wieder hergestellt.

Meinen Plan, die Recension der Hermannischen Schrift nach Göttingen zu schicken, habe ich wieder aufgeben müssen. Nach meiner Manier zu schreiben mache ich zuerst sehr unleserliche Concepte, wenn ich überhaupt welche mache; die Reinschrift ist dann auf meine Art elegant. Ist sie aber fertig und es soll gedruckt werden, so gehe ich wieder ganz scheusslich damit um, und Niemand ist im Stande die Handschrift zu lesen als ich und ein mit meiner Weise bekannter Setzer. Besonders aber der Recension ist von mir abscheulich mitgespielt worden; wie sie jetzt vor mir liegt, ist mir sogar für den Setzer bange. Ich habe immer und immer von Neuem daran herumgedrechselt, gestrichen und zugesetzt; weder Sie noch Dissen würden sich daraus vernehmen können. Da ich sie mit solcher Sorgfalt durchgenommen habe, kann ich sie auch ohne Freundeskritik vom Stapel laufen lassen; doch habe ich sie Zumpt'en vorgelesen, und er hat kein Bedenken dabei gefunden. Der Ausdruck ist sehr gemässigt gehalten; ich habe mich nirgends vom Gegenstande entfernt, nirgends auf Hermann in anderer Beziehung, als wie er im Programme sich darstellt, Rücksicht genommen; aber ich habe die Sache auch in die Betrachtung der Methode hinübergespielt, jedoch so, dass die methodischen Bemerkungen sich immer streng an den behandelten Gegenstand anschliessen. Worte habe ich nicht gespart, damit man zur Klarheit komme; nur die allgemeinen Betrachtungen, die Herm. *de officio interpretis* gegeben hat, habe ich ziemlich kurz, auf drei Quartseiten abgemacht; diese Kürze wird dazu beitragen, dass die Armseligkeit des Hermannischen um so einleuchtender wird, weil alle Trivialität zusammengedrängt ist. Grammatisches kommt nichts darin vor, es müsste denn seyn, dass ich ihn lehre, wenn man sagt ὦ κιϑάρα, so heisse das nicht *o cithara, cane*, und eine Exposition über μέν und δέ, womit ich zeige, wie ich es gemeint habe, wenn ich Pyth. II. τόδε μὲν μέλος und τὸ Καστόρειον δέ trotz der Entgegensetzung auf Ein Gedicht beziehe. Gerade an dieser grammatischen Exposition hat Zumpt grosses Behagen gefunden, und ich denke wenigstens gezeigt zu haben, dass ich auch weiss, was μέν und δέ bedeute. Da nur unter meiner Aufsicht gedruckt werden kann, lasse ich die Rec. in den hiesigen Jahrbüchern erscheinen.

Ihre Abhandlung über den Herakles-Schild ist mir noch nicht zu Gesicht gekommen; indessen will ich sie aufsuchen. Es wäre sehr schön, wenn Sie für den Hesiod was thäten. Die neuern metrischen Schriften habe ich allmählig alle angesehen: Munk hat einige sehr seltsame Aenderungen der Theorie gemacht, wovon kaum der Mühe werth ist zu reden. Weissenborn ist jetzt hier und hört bei mir Vorlesungen; er hatte Anfangs grosse Angst mich zu besuchen. Ob er sich bekehren wird, weiss ich nicht; doch hat er Zutrauen zu mir gewonnen und mich um allerlei wissenschaftlichen Rath ersucht. Hoffmann ist ein Phantast, der mich seit vielen Jahren mit allen möglichen Thorheiten gequält hat. Er hat vor sechs Jahren hier einen Preis bei der philos. Fac. gewonnen; auch jetzt ist er noch Student, und hat im letzten Sommer sich von Neuem um den Preis beworben, durch eine Liederlichkeit unsrer versoffenen Pedelle ist aber seine Schrift nicht zur Concurrenz gekommen. Hierüber querulirt er nun, obgleich er eine mehr als genügende Geldentschädigung erhalten hat, schon lange und wollte mich immer bestimmen, ein günstiges Urtheil über seine Preisschrift nachträglich bekannt zu machen; was ich nicht zugeben konnte. Diese Geschichte scheint ihn noch mehr verwirrt zu haben. Besonders lustig ist seine Abmessung einer Verslänge auf 29½ Zeiten.

Von den Bundesbeschlüssen ist hier noch gar nichts publicirt worden. Ich glaube nicht, dass sie das System unsrer Regierung in Bezug auf die Verordnungen über die Universitäten irgendwie modificiren werden; diese Sachen liegen in den Händen der sog. Ministerialcommission, welche ganz rücksichtslos und mit höchster Selbstständigkeit verfährt. Altenstein ist nicht Mitglied derselben und kann bei ihr nicht das Mindeste bewirken.

Dass ihr Söhnchen das Scharlachfieber glücklich überstanden hat, und die andern Kinder davon nicht heimgesucht worden sind, habe ich schon aus einem Briefe von Göttingen erfahren, und ich wünsche dazu Glück. Empfehlen Sie uns alle Ihrer lieben Frau und dem guten Dissen.

  Mit alter Anhänglichkeit
     der Ihrige
       Böckh.

     Göttingen, 17. April 1835.

Ich habe wieder seit dem Empfange Ihres letzten Briefes, mein hochverehrter Freund, mehrere Monate verstreichen lassen, ehe ich zu einer Beantwortung die gehörige Musse gefunden.

Die Schuld tragen nicht sowohl literarische Arbeiten — doch werden Sie mein mit schweren Mühen vollendetes Handbuch seit der Zeit wohl bekommen haben — als die Sorgen und Geschäfte, die durch den Ankauf eines Gartens in der Stadt und den Bau eines Hauses darin, der bereits seinen Anfang genommen hat, nöthig gemacht sind. Diese Geschäfte aber, Besprechungen und Laufereien, manche eigne körperliche Bemühung und Handthierung dabei, sind bei diesem Projekt — von dem ich mir indess auch sonst manche Annehmlichkeit für die Meinigen verspreche — für mich das Wichtigste, da es mir scheinen will, als könnte ich mich damit am Besten gegen die heranschleichenden Infirmitäten des Alters wehren.

Ihre Recension über Hermann *de officio interpr.* ist gewiss so gründlich, erschöpfend und gemässigt, dass ich mir nicht denken kann, wie er darauf irgend etwas antworten könnte. Das Tollste ist immer, dass er solche Erklärungen, wie die von Pyth. I, als Exempel der ächten Methode aufstellt, während die einfache, Alles befriedigend auflösende Erklärung lange schon vorliegt. Gegen mich nimmt Hermann die Miene an, als habe er in allen Stücken das vollkommenste Recht, und selbst Fritzsche versucht dies, so gut es gehen will. Ich bin eben darüber her, nicht eine ausführliche Gegenschrift zu schreiben, aber doch durch einige recht schlagende Beispiele die Taktik dieser Kritiker in das gehörige Licht zu setzen. Wo ich irgend ein Bedenken bei einer früher angenommenen Auffassung einer Stelle finde, werde ich es, wie ich auch vorher gethan, offenherzig angeben.

In diesen Tagen habe ich von Herrn Ross in Athen eine sehr sorgfältig gemachte Copie der neu entdeckten Inschrift erhalten, die sich auf eine Reparatur der Stadtmauern und μακρὰ τείχη von Athen bezieht. Sie ist Ihnen gewiss auch schon bekannt: oben das Psephisma des Volkes; dann weiter unten die Bedingungen der Verpachtung an einzelne Entrepreneure. Die Masse architektonischen Details, die darin vorkommt, zieht mich sehr an, und ich möchte wohl in diesem Sommer die Zeit zu gewinnen suchen, die Inschrift zu bearbeiten, wenn Sie sie nicht etwa eher herausgeben wollen. Schreiben Sie mir doch, ob Sie mir dazu rathen.

Ich höre, dass wieder ein Fascikel des *Corpus Inscr.* fertig geworden ist, und freue mich erstaunend darauf. Das ist in dieser Sandwüste leichter, vom Wirbelwind des Moments herumgetriebener Productionen wieder eine wahre Oase für den nach gründlicher Belehrung Lechzenden.

Ich hoffe, alle die Ihrigen sind wohl, bei mir geht es jetzt gut. Empfehlen Sie mich und meine Frau gütigst der Ihrigen.

Mit herzlicher Treue
Ihr
K. O. Müller.

Dissen grüsst aufs freundlichste. Er klagt jetzt wieder sehr über Abnahme seiner Kräfte.

Berlin, den 6. Mai 1835.

Ihren Brief vom 17. April, verehrtester Freund, erhielt ich, als ich eben auch schon lange mit dem Gedanken umgegangen war, an Sie zu schreiben, da ich dieses bei Uebersendung der Recension von Hermann nicht gethan hatte. Nachher habe ich dennoch nicht gleich geschrieben, weil mir allerlei kleine Arbeiten im Kopfe lagen. Aus Ihrem Schreiben kann ich nicht erkennen, ob Sie das besondere Exemplar der Recension, welches ich Ihnen schickte, erhalten haben: wobei ich zugleich bemerken will, dass ich Ihr Handbuch bis jetzt nicht erhalten habe. Wie Hermann sich mit der Recension abgefunden hat in dem nächsten Programme, werden Sie unterdessen gesehen haben; die Conjecturen über den Pindar, welche er in diesem vorbringt, sind die Frucht seiner Bemühung, überall noch etwas herauspressen zu wollen, wo nichts mehr zu finden ist, und sie sind grossentheils ganz unbrauchbar. Nebenbei hat er sich wieder auf die zwei alten Inschriftenlappen geworfen, wobei ebenfalls fast gar nichts herauskommt. Hierauf werde ich nicht antworten; es genügt mir, ihn mit der Recension doch etwas in Verlegenheit gebracht zu haben. Seine und Fritzsche's Entgegnungen gegen

Sie habe ich durchlaufen; der letztere zeigt sich schlechter und geistloser noch als vorher, und besonders seine allgemeinen Betrachtungen über Philologie und Alterthumsstudien sind bemitleidenswerth trivial... Hermann, bald sein Schwiegerpapa, wie ich höre, zeigt eine rührende Zärtlichkeit für ihn, und wendet seine eingefleischte Unart, alles auf die Persönlichkeit, auch auf das Verhältniss des akademischen Lehrers, zurückzubeziehen, wie ehemals gegen mich, so auch wieder gegen Sie an. Von seiner und seiner Verehrer Taktik ist mir dieser Tage ein wundervolles Beispiel vorgekommen. Wenn ich nicht irre, haben Sie mir und ich Ihnen schon einmahl von einem gewissen Hoffmann gesprochen, der neulich eine Metrik hat drucken lassen. Diesem Menschen, der nicht ohne Talent, aber voll wunderlicher Grillen ist, und seinen Phantasmen freien Lauf lässt, hatte ich es abgeschlagen, ein Zeugniss der philos. Facultät auszuwirken über seine nicht zum Concurs gelangte Preisschrift von dem dramatischen Chor, und hielt ihn überhaupt mir etwas vom Leibe. Mittlerweile gab er die Metrik heraus; er schickte mir diese nicht, weil er Einiges gegen mich, und Vieles mit recht augenscheinlicher Absichtlichkeit für Hermann darin gesagt hatte. Plötzlich erscheint er jedoch vor etwa acht Tagen und überreicht mir seine Metrik nebst einem andern Buche, hinzufügend, er hätte beides zusammen mir bringen wollen; in der Metrik habe er sich für Hermann und in mehreren Stücken gegen mich erklärt: dies sei jedoch durchaus gegen seine Ueberzeugung geschehen; er stimme in seinem Innern ganz mit mir überein, aber der Leipziger Buchhändler habe verlangt, das Buch solle so beschaffen seyn, dass Hermann es gut finde, und da habe er denn Aenderungen und Zusätze gemacht gegen besseres Wissen und Gewissen. Diese Gemeinheit verfehlte auch ihren Zweck nicht; Hermann lobte das Buch dem Sosius, und er druckte. Den andern Tag nach dem eben angeführten Selbstbekenntniss der reuigen Seele begegnet mir der Hoffmann auf der Strasse und erzählt mir, er habe eben den Tag vorher, nachdem er mit mir gesprochen, einen Brief von Hermann erhalten, worin er ihm schreibe, er habe das Buch anders gefunden und könne nicht seiner Meinung seyn; er habe ihn recensirt und sich gegen ihn erklärt: und nun bittet mich der Hoffmann, ihm erforderlichen Falls Hülfe zu leisten.

Die Ferien hatte ich benutzen wollen, um am *Corp. Inscr.*, wovon nächstens ein starker Fascikel erscheint, fort zu arbeiten; indessen wurde ich gestört durch Sendungen von Rofs, deren Inhalt ich prüfen wollte, um Einzelnes davon zu bearbeiten. Er hat mir gleichzeitig von der Inschrift über den Mauernbau, desgleichen von einer zweiten über die Werfte geschrieben, und dass er beide, letztere wie es scheint später, an Sie geschickt habe. Letztere soll sehr gross seyn. Es entspricht völlig meinen Wünschen, wenn Sie dieselben bearbeiten wollen: denn ich muss mich daran halten, die Fortsetzung des *Corp. Inscr.* zum Drucke reif zu machen, kann also nicht viele Zeit auf die Nachträge wenden, welche sich für die schon herausgegebenen Parthien allmählig in grosser Menge bilden. Indessen mag ich gerne Kunde haben von dem Vorhandenen; daher bitte ich Sie, von der Inschrift, welche Sie schon in Händen haben, jetzo schon, und von der zweiten, sobald Sie dieselbe erhalten, durch einen oder den andern Ihrer Schüler mir Abschriften fertigen lassen zu wollen und mir diese recht bald zu übersenden. Was ich mittelbar und unmittelbar kürzlich von Rofs erhalten habe, ist eine zweifache Sendung. Die eine ist eigentlich für das archäologische Institut bestimmt, und ihr Inhalt soll im Hall. archäol. Int. Bl. abgedruckt werden. Es sind Sachen, die ich grossentheils längst hatte. Zu diesen habe ich eine kurze Zugabe gegeben, die eben dort gedruckt werden soll und einige der nothdürftigsten Erläuterungen enthält. Die andere Sendung, an mich unmittelbar, besteht aus 10 Bruchstücken, die kürzlich gefunden worden sind. Acht derselben, die nicht ganz ohne Werth, aber doch sehr geringe Bruchstücke sind, habe ich der oben angeführten Zugabe eingefügt und dort erklärt; darunter ist auch offenbar eines auf architektonische Arbeit bezüglich, die einem Unternehmer überlassen werden sollte. Die zwei andern sind von grösserer Bedeutung; wenigstens lässt sich daran ein Kunststück ausführen, da sie beide stark verstümmelt und doch grösstentheils herstellbar sind. Das eine ist eine gesetzliche Bestimmung über die $\iota\epsilon\rho\omega\sigma\upsilon\nu\alpha$ der Priesterinnen; das andere (nur 100 Buchstaben auf 16 Zeilen) ist eine der Tafeln der Schatzmeister, worin die Weihgeschenke verzeichnet sind, wie *Corp. Inscr.* N. 137—142. Jenes will ich in dem nächsten Lectionskatalog bekannt machen und erklären; dieses habe ich um etwa 650 Buchstaben ergänzt: es ergiebt sich daraus eine Vervollständigung und Berichtigung der Tafel der Penteteriden und Schatzmeister *Corp. Inscr. I, 182.*, wodurch jedoch im Wesentlichen nichts verändert, sondern nur einige der mittlern Penteteriden verschoben werden: der Grund des Irrthums, der schwer zu entdecken war, und welchen mir auch mit Benutzung des Rofsischen Bruchstückes keiner so leicht würde nachgewiesen haben, liegt in einer unrichtigen Zeilenstellung in der Abschrift von N. 141., die mir Rose geschickt hatte. Ueber dies Bruchstück habe ich zur Ergänzung und Erläuterung derselben eine kleine Abhandlung geschrieben, die für die *Annali* des archäol. Inst. bestimmt ist. Mit solchen und ähnlichen Beschäftigungen sind mir nun die Ferien vergangen, die ich erst den 2. April angefangen hatte, weil ich meine Vorlesungen nicht richtig abgemessen hatte.

Zu Ihrem Hausbau wünsche ich Glück: wenn Sie aber darin Verwahrung gegen herannahende Vorboten des Alters suchen, so ist diese Besorgniss wol zu voreilig. Ich fange allerdings an grau zu werden, obgleich ich sonst wohl bin, ungeachtet ich vielen Verdruss in Universitätsangelegenheiten habe, die freilich mich selber nicht angehen; ich hoffe mich davon bald ganz zurückziehen zu können. Gustav ist schon im März nach Italien gereist: seine Gesundheit leidet, und es ist meine Absicht ihn deshalb ein oder zwei Jahre dort zu lassen.

Grüssen Sie Dissen herzlich von mir. Meine Frau und ich lassen sich der Ihrigen sehr empfehlen; Richard grüsst alle Kinder (er hat mir es eigens aufgetragen), und Marie grüsst ebenfalls aus eigenem Antrieb Agnes und Julien, die sie nicht vergessen hat.

Mit herzlicher Freundschaft
der Ihrige
Böckh.

Das Handbuch kommt mir im Augenblick zu, als ich den Brief schliessen will.

Brief K. O. Müller's vom 19. Mai 1835 wird vermisst.

Berlin, d. 21. Juli 1835.

Sehr spät, theuerster Freund, komme ich daran Ihren gütigen Brief vom 19. Mai zu beantworten. Seit der ganzen Zeit bin ich so überladen gewesen mit Arbeiten, dass ich vieles habe zurücklegen müssen, und ich fange erst jetzt an aufzuräumen. So habe ich denn erst heute die Inschrift über den Mauernbau angesehen; worüber ich jedoch sehr wenig oder gar nichts zu sagen weiss. Vs. 35 scheint mir ὁ ἐ[πιστάτης das Glaublichste, wie beim Tempel der Polias. Es wird mir sehr angenehm seyn, wenn Sie diese Inschrift bearbeiten; wenn ich je noch daran komme, kann es doch erst geschehen, wenn ich die *Addenda* zu dem ganzen *Corp. Inscr.* redigire, deren Mafs sich unter den jetzigen Verhältnissen gar nicht überschauen lässt. Was die andere Inschrift, über den Bau der Werfte, betrifft, so habe ich geirrt, wenn ich Ihnen schrieb, Rofs wolle sie Ihnen schicken; er wollte diese an Cotta zum Druck senden; der Nahme Cotta war aber so undeutlich geschrieben, dass ich nur rathen konnte, wer das seyn sollte, und ich rieth falsch: ein späterer Brief klärte mich auf. Diese zweite Inschrift soll ein ganzes Buch seyn, schreibt Rofs: ich könnte daraus einen ganzen dritten Band der Staatsh. schreiben. Letzteres bezweifle ich.

Ein Programm zu Mitscherlichs Jubiläum habe ich von Ihnen nicht erhalten, ich bitte darum. Das neue Heft des *Corp. Inscr.* ist nun endlich fertig. Ich denke bald Exemplare zu bekommen und werde Ihnen dann das Ihrige zustellen, zugleich mit einem Programm über die ἱερωσύνα. Ich bedaure Sie, dass Sie nun auch dergleichen Geschäfte übernehmen müssen, die mich hinlänglich plagen.

Die Hermannianer thun das Möglichste, um sich zu halten. Haben Sie die lächerliche Vorrede von Ellendt zu dem *Lex. Sophocl.* gelesen? Diese ist auf uns wol vorzüglich gemünzt. Treten Sie gegen H. nicht zurück; dass ich es nicht thue, werden Sie aus dem *Corp. Inscr.* sehen, wo ich ihn schärfer gefasst habe. Der tolle Hoffmann, von dem ich Ihnen neulich schrieb, hat nun eine starke, wortreiche, aber zu grobe und unverständige Palinodie gesungen, worin nun wieder ich gelobt werde, und Hermann ausgeschimpft wird!

Dass mein Gustav nach Italien gereist ist, werde ich Ihnen schon gesagt haben. Er schreibt fleissig; gegenwärtig wird er in Neapel seyn, von wo er nach Rom geht, um länger daselbst zu bleiben. Mit Alexander habe ich Ende vorigen Monaths die Unannehmlichkeit gehabt, dass er wegen angeblicher Theilnahme an einer Verbindung verhaftet wurde; er kam aber nach einigen Stunden wieder, da es nicht so gemeint gewesen war, wie es ausgeführt wurde, und er scheint vollkommen unschuldig zu seyn, und alles nur auf einer falschen Denuntiation zu beruhen. Uebrigens sind wir gottlob alle wohl. Grüssen Sie Ihre vortreffliche Frau und die lieben Kinder recht herzlich von uns; Dissen nicht zu vergessen.

Mit alter Freundschaft und Liebe
ganz der Ihrige
Böckh.

Berlin, d. 29. Aug. 35.

Verehrtester Freund.

In einer wissenschaftlichen Angelegenheit schreibe ich schnell einige Zeilen an Sie ohne weitere Präliminarien.

Schömann hat mir eine Recension gegen Fritzsche *de sortitione iudicum* zugeschickt, die entweder hier oder in Halle gedruckt werden soll. F's. Wisch enthält auch etwas gegen mich über den Tempel der Polias, bei Gelegenheit des σφηκίσκος; da S. hier nichts geleistet hat, und ich doch den F. auch einmal für seine Insolenzen abführen möchte, so habe ich einen Excurs zu S. Recension geschrieben, der mir freilich zu gross geworden ist. Dabei habe ich erst zuletzt die Inschrift vom Mauernbau gebraucht, und da ich mir nicht recht traue in diesem Punct, weil ich die Inschrift noch nicht vollkommen studirt habe, so lege ich Ihnen einige Fragen vor, und bitte Sie, mir mit umgehender Post zu antworten.

Es kommt mir auf II, 16 ff. besonders an, von κατασιεγάσει δὲ καὶ an, und ich bitte Sie, mir Ihre Supplemente zu schicken. Vorzüglich aber wünschte ich zu wissen, wie breit Sie sich die πάροδος denken; dann was στόχοι sind, und wo sich dieselben befanden; ferner was Sie sich denken unter den Worten: ἐγκατοικοδομήσει στρωτῆρας δύο, und wo diese sind; hernach wie Sie sich die Dachung der στόχοι denken, und wie Sie die Stelle suppliren oder emendiren: οὐ μὴ κατεστίγασται στεγάσηι δοκί[σιν] καὶ ἐπιβλῆσιν etc. Das letztere stelle ich mir so vor: die δοκοί sind die Deckenbalken; darüber kommt ein Kreuzgebälk zu liegen, welches aus quadrirten δοκίσιν und ἐπιβλῆσιν besteht, wie Hirt es beschreibt Baukunst nach den Grunds. der Alten S. 32. Statt dessen aber kann der Bauende auch στρωτῆρας nehmen, welches ich für die σφηκίσκους beim Tempel der Polias halte, nehmlich für eine nicht gekreuzte Balkenlage über den δοκοῖς. Aber die Structur etc. ἢ στρωτῆρσιν περιενκεντρίσει verstehe ich nicht ganz. Und was ist ἐκ τοῦ ἐπάνωθεν? Dann erklären Sie mir recht deutlich das Folgende auf die γεῖσα bezügliche, nahmentlich wozu die ἱμάντες dienen, was damit verbunden wird, und wie nach Ihrer Ansicht dann die Rohr- und Lehmdachung gemacht wird.

Ihre Lattendachung über den Tempeln der ältesten Jon. Baukunst (S. 367 der Archäol.) setzt mich etwas in Verlegenheit. Sie werden sie doch nicht auf die nördliche Stoa des Poliastempels anwenden wollen? Dies würde mir sehr beschwerlich seyn; aber nach S. 368, wo Sie meine Erklärung der δοκοί, σφηκίσκοι etc. annehmen, ist mir dies doch nicht glaublich. Kennen Sie noch Stellen über στρωτήρ und σφηκίσκος?

Kennen Sie Monumente guter Zeit, wo ein Giebel oder ἀέτωμα über dem Gesimse der Thür vorkommt? Ich denke nicht; Sie führen auch einen solchen Giebel nicht bei den Theilen der Thür an. Ich brauche auch dies gegen Fr.

Hirt ist so schwach von Gedächtniss und so stumpf, dass man ihn nicht mehr um Rath fragen kann.

Ich sende mit Gelegenheit den neuen Fasc. des *Corp. Inscr.* und anderes.

Grüssen Sie Ihre Frau und Kinder und Dissen herzlich. Ich erwarte recht bald Antwort. Ich muss eilen, damit der Brief noch zur Post kommt.

Ganz der Ihrige
Böckh.

Brief K. O. Müller's vom 1. September 1835 wird vermisst.

Berlin, d. 17. Sept. 35.

Theuerster Freund.

Vor 14 Tagen habe ich mich plötzlich entschlossen, nach Rügen zu reisen, und bin erst gestern zurückgekommen; indessen hatte ich Ihren Brief zu Greifswald erhalten, und alles überlegt, soweit es auf der Reise möglich war. Ich schreibe nun über einige Punkte und bitte nur, wenn Sie damit nicht einverstanden sind, mir dies sogleich zu schreiben, da ich gerade diese Punkte in der Recension, die in Kurzem gedruckt werden soll, berühren muss. Ob die πάροδος die ganze Mauerbreite einnahm, ist mir zweifelhaft; doch kommt mir darauf wenig an, sobald Sie nur zugeben, dass hier und da etwa das Dach nicht die ganze Mauer in Einem Strich überspannen musste, und also kleinere Deckenbalken auch gebraucht werden konnten: wovon ich noch nachher reden werde. Die στόχους hielt ich ebenfalls für Pfeiler; die eingebauten στρωτῆρας halte ich für Horizontalbalken, welche zwischen den στόχοις über einander gelegt ein Geländer bilden, welches doch durchaus zwischen den Pfeilern nöthig war; so also:

a στόχοι.
b στρωτῆρες.

Die Stelle des Philon kannte ich schon. In der Construction des nächsten Satzes stimme ich mit Ihnen überein; aber über das ἢ στρωτῆρσιν περιεγκεντρίσει bin ich auch im Zweifel. Diese στρωτῆρες können unmöglich dicht zusammenliegen, sondern sind 3 παλαστάς auseinander. Sie vertreten die Stelle des rostförmigen Deckengebälkes; wie soll man sich aber dieses denken? Unter στρωτῆρσι kann ich mir nur schwache Balken denken; solche können aber nur gebraucht seyn, wenn ein kleiner Raum zu überdecken war.*) Ist also vielleicht stillschweigend bei jenem Ausdruck der Deckenbalken vorausgesetzt, nehmlich eine einfache, nicht gekreuzte, Lage, und ist der Sinn dieser: ἢ (τὰς δοκίδας) στρωτῆρσι περιεγκεντρίσει, so dass die στρωτῆρες oben aufzuliegen kommen, wie nach Harpocr. etc. v. στρωτῆρες? Ferner haben Sie sich darüber nicht erklärt, womit das ἀκρογείσιον durch die ἱμάντας verbunden werde: doch scheint es mir, dass Sie die ἱμάντας über die ganze Decke gehen lassen, und sie müssten also auf dem Kreuzgebälk oder den στρωτῆρσιν aufliegen, welches mir durchaus das Richtige scheint. Aber dann musste doch wol das γεισηπόδισμα eingeschnitten werden, weil sonst die ἱμάντες nicht auf das Gebälk herabreichen, wenigstens dann, wenn die στρωτῆρες nicht auf δοκίσι lagen**); ich meine so:

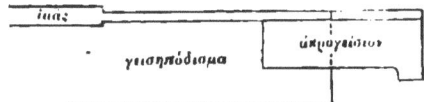

Ist dies Ihre Vorstellung?***) Es kommt mir zunächst zwar auf dieses Einschneiden nichts an, wohl aber darauf, wie Sie die ἱμάντας legen. Was Sie sonst noch nicht verstehen, verstehe ich auch nicht; für meinen Gegenstand kommt es aber nicht in Betracht. Das ἐπάνωθεν in der Formel ἢ στρωτῆρσιν περιεγκ. διαλείπων τρεῖς παλαστὰς ἐκ τοῦ ἐπάνωθεν kann ich anders nicht verstehen, als dass die στρωτῆρες oben und unten nicht gleich stark sind, also eine nähere Bestimmung nöthig war, ob die Distanz oben oder unten genommen werden

*) Kleine zu überdeckende Räume konnten nahmentlich bei Treppen vorkommen, die doch hier und da angelegt seyn mussten, um auf die Mauer zu kommen.

**) Beim Kreuzgebälk kommt dies nicht vor, wohl aber, wenn bloſse στρωτῆρες da gewesen wären ohne Deckenbalken, auf denen sie lagen.

***) Lagen die στρωτῆρες über Deckenbalken, so war ein

sollte. Haben Sie die Güte über diese Puncte mir recht bald zu antworten.

Das Programm, wovon Sie schreiben, ist mir noch immer nicht zugekommen. Die Fritzscheschen Thorheiten habe ich gesehen, nehmlich die über das Theater; das kann man laufen lassen, weil es zu einfältig ist.

d. 18. Sept.

Heute habe ich mir die Geschichte wegen des ἡ στρωτῆρσι περιεγκεντρίσει noch einmahl überlegt und bin endlich mit mir einig geworden, Folgendes darüber zu schreiben: „Diese Worte sind unklar. Waren etwa hier und da nur kleine Räume zu überdachen, so konnten statt stärkerer Balken schwache angewandt werden; und diese würden dann hier die στρωτῆρες seyn, welche selber die Stelle des Deckengebälkes verträten. Es kann aber der Sinn auch ein andrer seyn; und dies ist wahrscheinlicher, weil nach der ersten Erklärung περιεγκεντρίσει ganz überflüssig ist, und weil sich die erstere Erklärung mit der im Folgenden angegebenen Structur, die hier nicht erörtert werden kann, nicht wohl verträgt." (Ich meine hierunter eben jenes nicht Zulässige des Einschneidens des γεισηπόδισμα, welches angenommen werden müsste, wenn die στρωτῆρες keine Unterlage hätten.) „Στρωτῆρσι περιεγκεντρίζειν scheint nämlich im Gegensatze gegen das Rostgebälke ein technischer Ausdruck für das Einlassen der στρωτήρων, welche nicht wie die δοκίδες und ἐπιβλῆτες quadratisch ge-

Einschneiden des γεισηπόδισμα nicht nöthig, sondern es stellt sich die Sache so:

a a a στρωτῆρες, die bis zur Höhe des ἄκρογ. gingen.

Aehnlich wenn ein Kreuzgebälk gelegt war. Da nun eine Einschneidung des γεισηπόδισμα nicht wohl möglich ist, wegen des Maſses des ἀκρογεισίου, so müssen wohl Balken unter den στρωτῆρσι seyn.

zimmert waren, in einfache Deckenbalken zu seyn, so dass der Ausdruck stillschweigend einfache Deckenbalken voraussetzte, in welche die στρωτῆρες statt der ἐπιβλήτων nur leicht eingesenkt wurden: welches eine von dem Rostgebälke ganz verschiedene Construction ist. Jedenfalls sind auch hier die στρωτῆρες keineswegs ἱμάντες, sondern ein leichteres Holzwerk, und von den σφηκίσκοις im Wesentlichen nicht verschieden, ausser dass vorausgesetzt wird, sie könnten oben eine andere Dimension als unten haben; ihre Verschiedenheit von den ἱμᾶσι wird dadurch augenscheinlich, dass gleich hernach die sehr dünnen lattenartigen ἱμάντες genannt werden, welche vom ἀκρογείσιον nach innen zu, also innen eben auf das Gebälk gelegt werden sollen."

Wie sehr wünschte ich, dass diese Darstellung Ihnen gefallen möge; wenigstens würde dadurch etwas für die Erklärung gewonnen, und wenn wir das Uebrige gelegentlich noch zusammen überlegten, so liefse sich erwarten, dass wir auch noch mehr herausbrächten.

Wir befinden uns alle wohl; ich habe mich durch die Reise sehr erquickt, obgleich ich vorher durch den Schluss der Vorlesungen und allerlei Arbeiten sehr überreizt war. Das Fascikel des *Corp. Inscr.* etc. werden Sie hoffentlich erhalten haben; an die Societät werde ich das Exemplar noch später senden: ich hatte vor der Reise keine Zeit mehr zur Verpackung dieses und anderer Exemplare. Antworten Sie mir ja bald. Viele Grüfse an alle die Ihrigen.

Ganz Ihr

N. S. Bh.

Nach nochmahliger Ueberlegung finde ich doch immer, selbst beim Kreuzgebälk, ein Einschneiden des Balkenkopfes nöthig, wenn ein ἀκρογείσιον darauf gelegt werden soll, und ich habe daher den am Rande bemerkten Zusatz meiner Erklärung wieder ausgestrichen, indem ein solches Einschneiden dann auch beim Stroter, ohne dass ein Deckenbalken darunter lag, gemacht werden konnte, und dies in dem ἀνατεμεῖ τὸ γεισηπ. mit liegen konnte.

Brief K. O. Müller's vom 25. September 1835 wird vermisst.

[Berlin,] d. 29. Sept. 35.

Haben Sie Dank, theuerster Freund, dass Sie auf meinen verwirrten letzten Brief so rasch geantwortet haben. Ich habe nur noch auf diese Antwort gewartet und lasse nun drucken, da ich eine bedeutende Differenz in den Puncten, worauf es mir ankommt, nicht sehe; doch habe ich mittlerweile und ehe Ihr Brief ankam, Einiges im Ausdruck und Gedanken modificirt. Erstlich möchte ich nicht gerade behaupten, dass bei περιεγκεντρίσει gedacht sei δοκίδας, sondern lasse das Object, was dabei gedacht ist, Griechisch unbestimmt, dem Sinne nach aber sollen dabei untergelegte Balken gedacht werden. Ganz bestimmt hatte ich schon auch dies gesagt, dass περιεγκεντρίζειν eine bestimmte Technik der Zusammenfügung seyn müsse; aber ihre Art möchte ich nicht näher bezeichnen. Ueber das ἐπάνωθεν aber hatte ich meine Meinung insofern geändert, als ich eine verschiedene Breite der στρωτήρων, oben und unten, woran Sie auch Anstofs nehmen, ganz aufgab. Da nun aber doch das ἐκ τοῦ ἐπάνωθεν meines Erachtens durchaus auf die Zwischenweiten bezogen werden muss, so sehe ich darin eine neue Andeutung, dass die στρωτῆρες eine zweite höhere Lage bilden, und darunter andere Balken sind: ἐκ τοῦ ἐπάνωθεν beziehe ich also darauf, dass die στρωτῆρες (nicht die untern Balken) die genannten Zwischenweiten lassen sollen. Dadurch komme ich nun freilich in die Nothwendigkeit, anzunehmen, dass die στρωτῆρες über die Deckenbalken hervorstehen, wie der Zahnschnitt über den Fries (d. h. über den im Fries endenden Deckenbalken): aber ich sehe nicht, dass diese Meinung Ihrer Construction des γεῖσον entgegen wäre, wie Sie sie jetzt angegeben haben, die mir ganz zusagt. Die στρωτῆρες liegen nämlich so über den untern Balken:

a untere Balken.
b στρωτῆρες.

Setzen wir nun, dass cc die Vorderseite sei und das Ende der Balkenköpfe, wo das ἀκρογείσιον aufgelegt wird, so kommt dieses allerdings nicht auf das γεισηπόδισμα, aber auf den vordersten στρωτήρ zu liegen, der den Raum zwischen dem ἀκρογείσιον und dem γεισηπόδισμα vorn füllt. Einwärts von diesem στρωτήρ würde dann der ἱμάς gelegt, z. B. um gleich Mafse hinzuzusetzen, so:

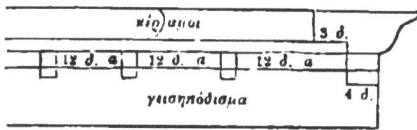

Es hat wohl kein Bedenken, dass der Raum zwischen den ἱμᾶσιν und den untern Balken (a, a, a) leer bleibt, da die Verrohrung erst auf die ἱμάντας kommt. Nur so nämlich, durch ein Heraussstehen der στρωτήρων über die untern Balken, kann ich mir das ἐκ τοῦ ἐπάνωθεν erklären: denn fände kein Vorstehen statt, so wäre ja die Fläche der στρωτήρων und der Balken, worauf sie liegen, oben gleich, und es wäre kein Höher und Minderhoch mehr vorhanden; und die Analogie des Zahnschnittes scheint mir für diese Ansicht eine hinlängliche Rechtfertigung. Indessen werde ich dieses Hervorragen nur als ein Wahrscheinliches aufstellen.

Ich setze übrigens hierbei voraus, dass, was durch die Uebereinstimmung der Mafse sich sehr empfiehlt, der ἱμάς unten am ἀκρογείσιον befestigt sei: doch ist mir dies nach den Worten der Inschrift noch bedenklich, ungeachtet ich kaum anders zu helfen weiss, wenn Ihre letztere Construction richtig ist. Was die Länge der στρωτήρων und ἱμάντων betrifft, hatte ich natürlich dieselbe Vorstellung wie Sie: weshalb ich neulich eine Frage that, das war nur dieses: ob Sie, wie ich, annähmen, dass die ἱμάντες durchweg über alle στρωτῆρας etc. gelegt würden, oder ob Sie sie blofs für ein Band zur Befestigung des ἀκρογεισίου mit dem nächsten innern Balken hielten. Die Schiefe der Dachung kann ich auch noch nicht ausmitteln; auch ich habe gedacht, dass in den Worten ὥστε ἀνόρθους etc. oder wie das geheifsen haben mag, eine Abdachung bestimmt wäre: aber damit ist noch wenig gewonnen; und ich glaube, die Sache wird dadurch nur schwieriger. Mir scheint am Ende nichts übrig zu bleiben, als anzunehmen, dass die horizontale Decke auch mit Ziegeln belegt wurde, und nachher erst das schiefe Dach darauf gesetzt wurde. — Die *lex de pariete faciundo* will ich Ihnen nachzutragen überlassen, da ich nicht soweit ins Einzelne gehen mag, sondern bloss bei der Inschrift an sich stehen bleiben will.

Hermanns *Antispastica* will ich vorläufig auf sich beruhen lassen; das Bessere wird sich schon geltend machen. Von allen Sachen, die Sie ankündigen, habe ich noch nichts erhalten; ich bitte aber sehr, mir auch noch das Programm über Mitscherlich zu procuriren.

Herzliche Grüsse an alle die Ihrigen von

Ihrem getreuen

Böckh.

Göttingen, 22. Oct. 1835.

Ihr letzter Brief, mein verehrter Freund, verlangte keine Antwort, um so weniger, da ich gegen die Art, wie Sie die Sache schliefslich gestellt haben, gar nichts einzuwenden wusste. Ich warte nur auf Ihre Nachschrift zu der Schömannschen Recension, die ich mit grofser Befriedigung gelesen habe, um dann von neuem an die Inschrift zu gehen und die Bearbeitung derselben *tant bien que mal* abzuschliefsen.

Seit der Zeit habe ich den neuen Fascikel des *Corp. Inscr.* erhalten und einige Tage daran gewendet, das Allermerkwürdigste daraus mir in kurzen Notizen in meine Papiere einzutragen. Es ist wieder ein erstaunender Reichthum der interessantesten Denkmäler, die Sie immer gerade soweit erörtern und beleuchten, dass man sie ohne Mühe im Zusammenhange der Wissenschaft an den Platz stellen kann, wohin sie gehören. Ein paar kleine Bemerkungen, die Sie vielleicht einmal berücksichtigen können, will ich hier gleich einschalten.

p. 454. Col. 2 l. 9. *Minerva Pergaea*, Druckfehler.

470. Col. 2 oben: Kann man von der ältern Artemisia sagen, dass sie Karien innegehabt, und hängt überhaupt diese Tochter des Halikarnasser Lygdamis und Tyrannin über Dorische Griechen zusammen mit dem Karer von Kindya, Mau-

solos, dessen Sohn Pixodaros als Karerfürst bei der Rebellion unter Dareios vorkommt, Her. V, 118, und mit dem spätern Geschlechte des Hekatomnos?

p. 509. Col. 1. *Anthea Lindio, Cleobuli sodale.* Es ist mir hinterher bedenklich geworden, ob Antheas Zeitgenoss des Kleobul gewesen, Athenäus' Worte X, 445a συγγενὴς δὲ εἶναι φάσκων Κλεοβούλου τοῦ σοφοῦ, deuten mehr auf ein späteres Zeitalter. Um desto merkwürdiger ist das Fortbestehen der lyrischen Komödie. Aber in diesen kleinasiatischen Inschriften kommt mir doch die eigentliche lyrische Tragödie und Komödie etwas bedenklich vor. Kann dabei nicht an die Aufführung blosser *cantica*, μονῳδίαι, gedacht werden, die man später in Euripideischen Tragödien als die Hauptsache angesehen und für sich aufgeführt zu haben scheint?

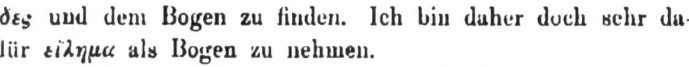

p. 517 n. 2782 τὰς λευκολίθους παραστάδας etc. Ich denke mir diesen Theil des Gebäudes ganz wie einen Triumphbogen.

Auch die γλυφή ist am Triumphbogen des Titus an den παραστάδες und dem Bogen zu finden. Ich bin daher doch sehr dafür εἴλημα als Bogen zu nehmen.

p. 601 n. 2956 ἐμ Βενναίων φυλῇ. Bei Stephanos von Byzanz s. v. Βέννα kommt eine Ephesische Local-Phyle dieses Namens vor.

p. 645. Col. A. l. 18 v. u. steht ΠΡΑΞΗΤΑΙ für ΠΡΗΞΗΤΑΙ.

p. 649. Col. B. τοῦ Κόθου πύργου. Auch dieser Name stammt von Athen, da nach Strabo der Athenische Gründer von Chalkis Kothos hiess, daher auch wohl ein Zusammenhang mit dem Orte Χαλκιδεῖς stattfindet.

Mehreremal habe ich bei der Ansicht der Sherard-Chishullschen Inschriften mich geärgert, dass ich nicht auch von den Denkmälern, die bei Chishull stehen, eine Collation gemacht habe, besonders bei n. 3051. Aber ich hatte zunächst den Auftrag das Unedirte abzuschreiben und wusste oder bedachte nicht, dass Ch. sich so willkührliche Veränderungen erlaubt haben könnte, ohne bessere Abschriften zu haben, wie er deren doch manchmal gehabt haben muss, namentlich von Lisle.

Auch das sehr interessante Programm über die ἱερωσύνα habe ich erhalten, sowie die *Oratio*. Mein Mitscherlichsches will ich suchen, noch einmal habhaft zu werden und Ihnen zu verschaffen.

Ich habe die Ferien an einige ausführliche Beurtheilungen für die Zimmermannsche Zeitschrift gewandt, namentlich von Welckers Cyclus und Klausens Choephoren. Es ist mir schwer geworden, diese Schriften mit Unparteilichkeit und doch in einem freundschaftl. Ton zu behandeln. Welcker macht es einem doch immer schwerer, in die eigentliche Schlussfolge seiner Untersuchungen einzudringen. Ich gebe Dissen alles vorher zu lesen, um allen möglichen Streit vorher abzuschneiden. Dissen grüfst freundlichst, sowie meine Frau.

Mit alter Treue
Ihr
COM.

Darf ich Sie bitten, inliegende Blätter an Prof. Gerhard für das *Instituto* zu geben? Ich bin gerade durch einige dringende Geschäfte gehindert zu schreiben. Wenn Sie ihn sehen und sich daran erinnern wollen, bitte ich ihm mitzutheilen, dass ich die Schalen von Aquileja in Wien in meiner ersten Dissertation über Antiochien ediren wollte, und die Publication derselben nur aufgeschoben hätte, um Nachrichten über die neueren Nachgrabungen von Cadalvene in Anteaki zu erlangen, was mir indess noch nicht gelungen wäre.

Bei Gelegenheit der Nachforschung nach Ihren damaligen Aufträgen wegen Sherard habe ich die Briefe, die ich von Ihnen seit 1818 erhalten, geordnet und bin wahrhaft gerührt worden durch die Fülle und gleichförmige Dauer väterlicher Fürsorge, aufmunternder und zurechtweisender Freundschaft, unbefangener Mittheilung Ihrer Schätze, die darin vor mir liegt. Wie wissen Sie doch Ihre Schüler ganz anders zu behandeln als Hermann!

[Berlin,] 27. 10. 35.

Verehrtester Freund.

Nachdem ich Ihnen durch Hrn. v. Siebold meine Recension des Fritzsche geschickt habe, ist mir gestern ein Abdruck der Mauerinschrift, nach einer Copie von Pittakis in dem *Bulletino* des archäolog. Inst. zugekommen, nebst einer Erklärung von Franz. Die Copie ist, wie alle von Pittakis, unter aller Kritik; doch wollte Sie Gerhard in dem Hall. Int. Bl. wieder drucken lassen, was ich ihm aber widerrathen habe. Es scheint mir zweckmässig, die Rossische Copie dort drucken zu lassen, und wenn Sie nichts dagegen haben, will ich mein Exemplar dazu hergeben, jedoch so, dass nur der Text selbst gedruckt werde, ohne die Ergänzungen, die in dem Exemplar stehen. Ich habe in dieser liederlichen Copie nichts Brauchbares gefunden; Franzens Erklärungen scheinen mir meistens ganz falsch. II, 26. hat Pitt. ΤΙΘΕΙΣ ΕΝΝΑΛΑΞ ΗΙΣΤΡΩΤΗΡΣΙΝ, und Franz macht daraus καὶ στρωτῆρσιν (st. ἢ στρ.): dies sah ich freilich schon früher als das Bequemste an; aber in der Ross. Abschrift, worin die Reihen der Buchstaben so genau angegeben sind, bleibt für eine solche Conjectur kein Raum, und es muss also natürlich beim Alten bleiben. Die Lücke Z. 22 im Anfang hat Franz richtig gefüllt durch ὑπ[ερτο]ναίοις, was im Pollux statt ὑπέρθυρα vorkommt; hierdurch ist es mir gelungen, nun auch jene ganze Parthie, die Franz ganz falsch behandelt hat, herzustellen, und ich schreibe Ihnen deshalb. Ich setze die Stelle von Z. 16 an her, wobei nur das ἀφεστηκότα, was Sie geliefert haben, mich noch nicht befriedigt.

καταστεγάσει δὲ καὶ τὴν πάροδον τοῦ κύκλου τοῦ περὶ τὸ ἄστυ ἄνευ τοῦ διατειχίσματος καὶ τοῦ διπύλου τοῦ ὑπὲρ τῶν πυλῶν καὶ τὰ μακρὰ τείχη, ἐπιβαλὼν τοῦ περιδρόμου τὰ γεῖσα. καὶ τῶν ἐπαλξίων πάντα ὅσα δ' (das ist ein heilloses δέ: sollte es seyn statt καί τῶν ἐπαλξίων δὲ πάντα ὅσα?) ἂν ᾖ ἀφεστηκότα πλεῖον ἓξ δακτύλων πλινθοβολήσει διαλείπων θυρίδας διπλίνθους, ὕψος ποιῶν τοῦ μὲν ἐπαλξίου τρεῖς πόδας, τῆς δὲ θυρίδος δέκα στοίχους, καὶ ἐπιθήσει ὑπερτόν[α]ια ξύλ[ινα, γο]μφώσας διάτοιχα πάχος στοιχιαῖα, μῆκος ὀκτώπόδα, ὑποθήσει δὲ καὶ κύβους τοῖς ὑπ[ερτο]ναίοις, καὶ ἐπιβλινθυβολήσει ὕψος ἓξ στοίχους. Das unterstrichene ist das, was ich nun gefunden habe, und wodurch die Einsicht in die Stelle besonders vermehrt wird. Indessen verstehe ich doch die Sache noch nicht. Franz bezieht ganz wunderlich alles das auf die Thürme, was hernach folgt; combinirt es aber doch wieder mit dem Vorhergehenden; die στόχοι im Folgenden sind ihm τοῖχοι, wie seine Copie hat; und die διάτοιχα scheint er von der äussern Seite quer über nach diesen τοίχοις zu legen, was alles gar keinen Sinn zu haben scheint. So viel ich sehe, können die διάτοιχα nur nach der Länge des περιδρόμου (des äussern Mauerkranzes) liegen; denn einwärts in die Quere kann man sie nicht legen, weil ja vom Innern noch gar nicht die Rede ist. Auch würden diese διάτοιχα dann ja zur Decke gehören: wie kann aber hier schon von der Decke die Rede seyn, da ja die στόχοι und die darauf liegenden δοκοί noch nicht genannt sind? Auch die zwei στρωτῆρες sollen wieder über den τοίχοις liegen: nachher kommen ja aber erst die δοκοί vor, auf denen sie doch liegen müssten, da er sie in die Quere legt, diese στρωτῆρας: das ist doch alles so verwirrt, dass man nichts damit anzufangen weiss. Und wozu sollten denn diese στρωτῆρες dienen? Wenn Sie die Abhandlung erst gesehen haben, so schreiben Sie mir, was Sie davon halten; einstweilen werden wir bei dem bleiben, worüber wir einig sind, und nur zusehen, wie es mit den ὑπερτοναίοις steht. Meines Erachtens sind die Worte γομφώσας διάτοιχα πάχος στοιχιαῖα, μῆκος ὀκτώποδα, auf die ὑπερτόναια selbst zu beziehen, weil ja sonst, wenn sie andere Stücke bezeichneten, das ὑποθήσει etc. zu spät kommen würde. Da nun die ὑπερτόναια doch nur über den Fenstern in der Fronte ihrer ganzen Länge nach liegen können, so ist an eine Querlage von διατοίχοις nicht zu denken. Aber warum sind die ὑπερτόναια 8' lang? Ueberhaupt kann ich über die ἐπάλξια keine rechte Vorstellung gewinnen. Dass sie nur 3' hoch sind, kann doch wol nur auf die Unterlage unter den Fenstern gehen? Wie aber sind sie zwischen den Fenstern? Schreiben Sie mir hierüber recht genau, und geben Sie mir eine Zeichnung. Ich dachte mir die Sache so, dass die ἐπάλξια, abgesehen von den Fenstern,

— 363 —

hoch seien bis au das Gesims. Franz dagegen zeichnet die Mauer so:

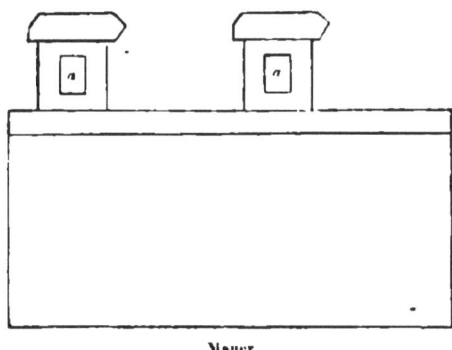
Mauer

so dass a das Fenster ist in den ἐπαλξίοις. Dies kommt mir aber sehr seltsam vor. Ich kann mir die Sache nur so denken:

b ὑπερτόναια 8' lang.
c κύβοι.
d Fenster.

e mit πλίνθοις ausgefüllte Räume, welche zu den ἐπαλξίοις gehören.

Wenn ich die Sache so fasse, so sehe ich auch einen Grund ein, weshalb die ὑπερτόναια so lang sind. Sie sollen nämlich, damit sie nicht ausweichen können, in Einem Zu-

*) Aber wo bleibt nun der Architrav? Fehlt dieser ganz?

sammenhange durch die Mauer gehen, und heifsen daher διάτοιχα: damit sie nun nicht zu sehr zusammengesetzt seien, werden sie 8' lang gelegt, und sind innen durch Zapfen verbunden, so dass sie nicht weichen können.

Zumpt ist vor Kurzem aus Athen zurückgekommen. Er sagt mir, dass die nördliche Stoa des Polias-Tempels mit Stein gedeckt gewesen sei; die Decke sei herabgefallen, und man sehe in den Ruinen die Kappen. Dies ist mir wegen der σφηκίσκων und ἱμάντων sehr unbequem; ich finde es aber nicht unwahrscheinlich, dass das alte Dach verbrannt war, und man nachher ein steinernes legte. Sie wissen, dass ich schon ehemals diese Meinung von dem Brande vertheidigt habe; und auf eine Zerstörung des Daches durch den Brand hat schon Visconti hingewiesen. Was ich in der Recension gegen Fritzsche in Bezug auf jene Dachung gesagt habe, geht zwar vorzugsweise darum bloss auf Holzdachung, weil der ganze Gang der Polemik dahin führte, da Fr. nur von Holz redet, und es liesse sich das Gesagte leicht auch auf Steindachung anwenden; indessen halte ich dies nicht für nöthig. Ganz sicher schien mir Zumpt über die Stoa freilich auch nicht zu seyn; indessen glaube ich doch, dass die, von welcher er erzählte, wirklich die nördliche ist.

Während ich diesen Brief schrieb, erhielt ich den Ihrigen v. 22. Oct., woraus ich sehe, dass Hr. v. Siebold noch nicht angekommen war, und ich rechne jetzt freilich heraus, dass er auch erst den 21. Abends hier abgegangen ist. Noch habe ich nicht Zeit gehabt, die Bemerkungen zu prüfen, die Sie so gütig sind mir zu machen; nur über das Versehen *Minerva Pergaea* habe ich mich einstweilen wo nicht ärgern doch verdriessen können, obwohl der Zusammenhang hinlänglich den *lapsus calami* zeigt. Was Sie von meinen Briefen schreiben, ist zwar sehr ehrenvoll und erfreulich für mich; aber ich kann in Ihrem Gefühl und Urtheil nur den Grund dazu finden, da ich mir wenig Verdienst zueignen kann.

Schicken Sie mir doch wo möglich ein Exemplar von der Recension über Welcker und Klausen. Das Welckersche Buch ist sehr dick! Ich werde ganz verstimmt darüber, dass ich vor lauter neuen Büchern, die man lesen soll, nicht mehr zu eigener Thätigkeit komme; und dazu kommt, dass ich gar zu wenig Zeit disponibel habe. Doch ich will nicht mit vielen Klagen schliessen.

Herzliche Grüfse an Ihre liebe Frau und an Dissen.

Stets mit gleicher Liebe
der Ihrige
Böckh.

Brief K. O. Müller's vom 31. October 1835 wird vermisst.

[Berlin,] 5./11. 35.

Verehrtester Freund.

Gerhard hat es übernommen, Ihnen die *Franziana* zu schicken, und ich schreibe nur in Eile einige Zeilen, die ich ihm geben will, um sie mitzusenden. Den Abdruck in dem H. Int. Bl. habe ich abgestellt; doch habe ich an G. geschrieben, es werde kein Bedenken haben, dass er die Rossische Copie zu discreter Benutzung an Franz schicke. Mittlerweile dass Fr. diese etwa zu Verbesserungen seiner Abhandlung nutzt, kommt ja doch die Ihrige heraus. Wegen der übrigbleibenden Schwierigkeiten war ich auch schon besorgt; insonderheit ärgerte es mich, dass die Zwischenräume zwischen den Fenstern nicht angegeben sind, welches doch sehr seltsam ist: denn die ὑπερτόναια ὀκτώποδα enthalten doch diese Bestimmung nicht eigentlich, sondern können höchstens auf eine vorausgesetzte Bestimmung gegründet seyn, und sind die sechsfüssigen Zwischenräume, die Sie bei einfüssigen Plinthen annehmen müssen, zwischen den Fenstern nicht etwas gross? Wenn nur zweifüssige Zwischenräume angenommen werden, passen die 8füssigen ὑπερτόναια wieder eben so gut und liegen dann je über zwei Fenstern; und dann könnte man sich auch die Auslassung der Bestimmung der Länge der Zwischenräume eher erklären, weil man voraussetzen konnte, dass die Zwischenräume eben so gross als die Fensterbreiten seien. Die Correspondenz dieser Zwischenräume mit den στόχοις hat freilich viel Ansprechendes; aber schlechthin nothwendig scheint sie doch nicht. Die Rückseite der Mauer konnte nach eigenem Gesetz garnirt werden, und es lag doch wenig daran, ob die στύχοι gegen die Fenster gleichmässig standen. Die Hauptschwierigkeit bleibt freilich doch immer in der Bestimmung der στόχων διπλίνθων: aber diese müssen doch wirklich von verschiedenen Dimensionen geworden seyn, wenn die πλίνθοι quadratisch waren. Waren nun die πλίνθοι nicht sehr grofs (Hirt führt, so viel ich mich erinnere, sehr grofse an), so bekommt man doch immer Eine ziemlich kleine Dimension heraus, da δίπλινθοι doch immer nur __ __ seyn kann, nicht aber ‥ . Demgemäss scheint es doch wirklich so, wie Sie annehmen, dass die πλίνθοι einfüfsig waren, wodurch die Correspondenz mit der Vorderseite erreicht wird, wie Sie sie wollen; denn wenn man doch einmahl die Eine Dimension der στόχων kleiner nehmen muss, warum soll man sie nicht gleich auf 1' nehmen, da damit jene Correspondenz erreicht wird? Durch die Einbauung der στρωτήρων kann doch wol eine Schwäche der στύχοι nicht erzeugt werden, weil sie in die zweifüssige Seite eingefügt wurden. Aber sehr hoch kann doch ein solcher dünner στύχος nicht gewesen seyn. Hier steht man nun wieder fest, weil man die Höhe der στοίχοι nicht kennt. Sie werden, was aus dem Allen hervorgeht, gewiss schon zusammengestellt haben; indessen kann man doch aus der Inschrift selbst, denke ich, abnehmen, dass der στοῖχος mindestens 5 δακτύλους hoch seyn muss. Wir haben von der Mauer bis zum Fenster 3', dann 10 στοῖχοι für die Fenster und noch 7 darüber; also zusammen 17: rechnet man den στοῖχος zu 5 δακτύλοις, so kommen also $8^{5}/_{16}$ Fuss Höhe heraus, und so hoch muss doch mindestens der Raum gewesen seyn. Für 8'—10', sollte ich denken, müsste nun auch jener στύχος δίπλινθος fest genug gewesen seyn.

Nächstdem kann ich mich von der Idee nicht losmachen, dass die horizontale Decke schon Ziegel hatte, und dies der κέραμος Λακωνικός ist. Könnten dies nicht blosse Tafeln seyn, die auf die Lehmdecke gelegt wurden? Ich denke, der κανθήλιος, der nachher genannt wird, macht den Anfang der Beschreibung des schiefen Daches, ausser dass die vorher genannten καλυπτῆρες schon dazu gehören. Bei diesem κανθήλιος wird ja wieder gesagt, er solle mit Lehm gedeckt werden: [ὃν λ]ο[β]ώσει πηλῷ ἠχυρωμένῳ: war nun schon im Vorhergehenden von dem schiefen Dach die Rede, so sehe ich nicht ein, warum dies zum 2ten Mal gesagt wird. Das ποήσας scheint anzudeuten, dass der κανθήλιος vorher schon gemacht seyn müsse. Nun aber fehlen dann die Ziegel, die Sie unter die καλυπτῆρας legen. Sollten die nicht etwa nach Vs. 34. verborgen seyn? Was sind αἱ ἡγεμόνες? Franz übersetzt es *tecta primaria*. Sollten diese die Ziegel unter den καλυπτῆρσι seyn? — Vs. 46. ist Franzens προχώσας doch gewiss falsch: ist πηλώσας zu lesen?

Wegen der Stelle ἢ στρωτῆρσι περιεγκ. und wegen des Poliastempels habe ich an Ross geschrieben. Ich hatte schon längst statt ἢ auch ἃ vermuthet; aber ich glaube, ἢ wird auf dem Steine seyn. — Wenn Sie beim Poliastempel über den Architraven, wie Sie schreiben, dünne Steinbalken als σφηκίσκους annehmen, so kann ich Sie nicht ganz verstehen. Die Stoa ist ja so breit, dass enorm dicke Steinbalken erforderlich scheinen; oder wollen Sie in die Stoa Säulen setzen, worauf die dünnen Balken liegen? Dann scheint mir die ganze Stoa inwendig verbaut zu werden. Schreiben Sie mir Ihre Meinung näher, damit ich Sie ganz verstehe.

Ich muss schliefsen, da es spät ist. Gute Nacht.

Stets der Ihrige

Bh.

Der Brief ist verzweifelt schnell geschrieben und sehr wenig präcis; ich denke aber, Sie errathen schon, was ich will.

—— —— ——

Brief K. O. Müller's vom 20. November 1835 wird vermisst.

Berlin, 3. Dec. 35.

Verschiedenes hat mich abgehalten, theuerster Freund, auf Ihren Brief v. 20. Nov. eher zu antworten; was ich jetzt *raptim* thun will. Was Sie von Habron schreiben, ist einleuchtend; ich hatte zu spät erfahren, dass Pitt. die Abschrift lange vor Ross gemacht hat; da mag er denn Einiges, und namentlich die in Rede stehende Stelle besser haben lesen können. Sie fiel mir auch früher schon auf in der Französischen Ausgabe; aber ich sah keine Emendation derselben, die genügte, und attendirte nicht gerade viel darauf. Was das betrifft, was Bake, Kiessling und neulich Lhardy, über die Schatzmeister der Verwaltung geschrieben haben, so ist das Alles so geringfügig, dass ich mich dadurch in meinen frühern Aufstellungen nicht irre machen lasse. Ich habe Bake's . . . Gewäsche in meinen Papieren ganz widerlegt, weil ich einmahl die Absicht hatte, gelegentlich dagegen zu schreiben; aber es ist mir wieder aus dem Gedächtniss entfallen, und erst bei Durchsicht meiner Zusätze zu der Staatsh. sehe ich, dass ich Bake'n hatte bei Gelegenheit einer Rec. von C. F. Hermanns Staatsalterth. widerlegen wollen. Wie Sie die Schatzmeisterperioden stellen, so glaube ich, lassen sie sich ganz gut anordnen; und dass die Inschrift ungefähr aus dieser Zeit seyn müsse, ist auch klar, und Franzens Ansicht unbegreiflich.

Ueber das Uebrige habe ich wenig zu sagen. Ich habe auch nichts dagegen, dass Sie die στόχους den Zwischenpfeilern zwischen den Fenstern entsprechen lassen, und bemerke nur, dass Sie mich missverstanden haben müssen, wenn Sie auf meinen frühern Brief erwiedern: „Aber ich bekomme dann die στόχους διπλίνθους nicht in die Länge, sondern in die Tiefe des Parodos." Dies war natürlich auch meine Voraussetzung, und ich glaubte, gerade deshalb liessen sich die στρωτῆρες besser einbauen, während Sie hierin gerade die Schwierigkeit finden, was ich nicht einsehen kann. Wenn nämlich die στόχοι nur einen Plinthos in die Tiefe hätten, so liessen sich die στρωτῆρες schwerer einbauen. Ich will annehmen, der στρωτήρ sei $1/3$ Fuss hoch, und $1/4$ Fuss dick, so wäre der Theil des στόχος, welcher auswärts, und der, welcher einwärts ihn umschliefst, nur ³/₄ Fuss dick, und folglich sehr schwach, wenn man seine Tiefe im Ganzen nur zu 1 Fuss nähme, noch schlimmer, wenn der στρωτήρ dicker ist; ist aber die Tiefe im Ganzen 2 Fuss, so wird der στόχος durch das Einbauen des στρωτήρ nicht geschwächt, und die στρωτῆρες sitzen fester. Auch denke ich, dass sie tief genug eingelassen werden können, die στρωτῆρες, wenn die στόχοι nach der Länge der πάροδος auch nur 1 Fuss haben; ich sollte denken, sie könnten ganz zusammenstossen, auch wohl gar noch durch Zapfen verbunden werden, ohne dass der στόχος dadurch geschwächt würde, wenn er nur beiderseits stark genug ist: denn der στρωτήρ vertritt selbst die Stelle des Mauerwerks in der Mitte. Die Plinthen konnten ja zugehauen werden, wie es eben nöthig war.

Meine horizontale Ziegelbedeckung dachte ich mir wie einen Estrich, der zugleich den Zweck hätte Schutz gegen kleines Wurfgeschütz zu geben, nicht eigentlich gegen das Wasser, wogegen das schiefe Dach allein dienen sollte. Da ich nicht weiss, was αἱ ἡγεμόνες sind (worüber Sie sich nicht erklären), so kann ich freilich nichts dagegen sagen, wenn Sie den κανθήλιος nicht mehr für das Dachgebälk halten wollen: sonst hatte ich gedacht, die ἡγεμόνες könnten selbst die Dachziegel seyn, wie ich neulich glaube geschrieben zu haben, und das Bauen eines κανθήλιος würde nur nachgebracht, aber als schon gemacht bei den ἡγεμόσι etc. vorausgesetzt, wiewohl ich freilich jetzt sehe, dass das τοῦ μὲν κύκλου πᾶσαν τὴν πάροδον dazu nicht besonders stimmt. Dies hatte ich jedoch so genommen: es sollte alles folgende „bei der ganzen Parodos" gemacht werden, weil diese noch gar nicht gedacht wäre, bei den langen Mauern aber sollten die ἡγεμόνες gelegt werden, wo sie nicht seien. Ich gestehe aber, diese ganze Stelle nicht zu verstehen, und ebensowenig die übrigen, von welchen Sie schreiben.

Ueber die καλυμμάτια etc. des Daches der Stoa habe ich noch nachgedacht, aber noch nichts gefunden, was mich befriedigte. Ich schliesse in Eile ab und erwarte begierig Ihre Erklärung der ganzen Inschrift.

Von ganzem Herzen der Ihrige

Bh.

Berlin, d. 2. August 1836.

Theuerster Freund.

Dr. Franz in Rom hat sich schon lange erboten, Ihre Eumeniden für die hiesigen Jahrbücher zu recensiren, und hat in beifolgendem Brief eine Proposition gemacht, die Sie selber daraus ersehen werden. Sollte Ihnen dieselbe genehm seyn, so haben Sie die Güte unter Bunsen's Adresse an ihn zu schreiben; Sie würden ihm dann wohl auch die Litteratur der neuesten Streitschriften angeben, die er noch vermisst. Unter mannigfachen Arbeiten habe ich die Correspondenz eine Zeit lang liegen lassen, und so kommt es, dass ich den Französischen Brief so spät sende; es war mir der Passus desselben, weshalb ich ihn an Sie schicke, in Vergessenheit gerathen, sonst hätte ich doch eher geschrieben.

Als ich vor etlichen Monathen meine Staatsh. revidiren wollte, bin ich auf das Sicilische Geldwesen gerathen und immer tiefer hineingekommen, habe aber auch immer grössere Schwierigkeiten gefunden. Sehr viel habe ich mich dabei mit Ihnen beschäftigt, indem ich von einigen Ihrer Hauptsätze in den Etruskern ausging, wohl mit einigen Berichtigungen, weil ich genauer gerechnet habe. Anfangs wollte ich Ihnen ausführlich darüber schreiben, oder gar selber einmal deshalb nach Göttingen kommen, um darüber zu conferiren; aber ich bin immer mehr ins Weite darüber gerathen, habe meine und Ihre Meinungen immer mehr modificirt, und die Sache so weit ausgedehnt, dass ich endlich gesehen habe, ich müsse noch einmahl ganz von vorn die Schrift, die ich schon ziemlich darüber fertig hatte, umarbeiten. Ich werde dies thun, sobald ich Zeit habe. Bei der neuen Betrachtung der Sache ist mir leider die Sicilische Litra von 16,4 Par. Gran, so brauchbar sie mir war, sehr zweifelhaft geworden. Haben Sie neue Beweise für dieselbe? Ich opfere sie ungern auf. Ich habe entsetzlich viel gerechnet bei diesen Geschichten, und über Babylonisches, Hebräisches, Euböisches, Aeginetisches, Sicilisches, Italisches Mass und Gewicht viel untersucht; was meiner Ueberzeugung nach alles zusammenhängt. Doch ich will davon jetzt nicht weiter schreiben, ehe ich fertig bin. Herzliche Grüsse an Ihre Frau.

Von ganzem Herzen der Ihrige
Böckh.

Brief K. O. Müller's vom 13. August 1836 fehlt.

Jena, d. 21. Sept. 36.

In der Unentschlossenheit, theuerster Freund, ob ich nach Göttingen reisen würde, habe ich Ihren Brief vom 13. August immer von einem Tage zum andern zu beantworten verschoben und zuletzt hierher mitgenommen, um von hier aus zu schreiben. Wiewohl ich nun gerne nach Göttingen käme, und die Zeit sich insofern recht schön passte, als Sie nunmehr gerade Ihren Umzug vollendet haben werden, wenn es bei der in Ihrem Briefe angegebenen Bestimmung geblieben ist; so ist doch einerseits die Witterung schon so unfreundlich, und anderseits sind manche so dringende Verhältnisse vorhanden, die meine Rückkehr erfordern, dass ich leider Ihrer freundlichen Einladung diesmahl nicht folgen kann. Ohne Zweck, nur um aus der Arbeit herauszukommen, bin ich, da sich gute Gesellschaft fand, auf etliche Tage hierher gekommen, und will schon Ende dieses Monathes wieder in Berlin seyn. Es ist mir um so unangenehmer Sie nicht zu sprechen, da ich vielerlei mit Ihnen verhandeln wollte in Bezug auf das ganze Münzwesen des Alterthums, worauf ich meine Untersuchungen allmählig ausgedehnt habe, so dass das Sicilische nur noch eine kleine Parthie davon bildet. Was die Abh. des Duc de Luynes über das Damaretion betrifft, so kann ich doch kaum glauben, dass Sie das Ergebniss derselben billigen; oder wollen Sie wirklich die von ihm behandelte Münze in Ol. 75. setzen, wofür doch weder der Stil zu sprechen scheint noch auch der Münzfufs? Die Einführung des Attischen Münzfufses in Sicilien ist freilich älter als Sie diese setzten, aber schwerlich kann sie über die 80—85. Olymp. hinausgesetzt werden. Durch sehr mühevolle Combinationen und Rechnungen bin ich auf sehr seltsame Ergebnisse über das ganze Mafs- und Gewichtwesen des Alterthums gekommen, die ich aber für zuverlässig halte, und wovon ich einige hier angeben will. Alles regulirte Mass und Gewicht kommt von Babylon; das Aeginetische Talent ist das Babylonische; das Vorsolonische Attische Talent ist das Euböische, und das Euböische ist $5/6$ des Aeginetischen, nicht etwa ungefähr, sondern ganz genau; so dass die Altattische Mine $138 8/9$ Solonische Drachmen hielt, nicht wie ich ehemals gesagt habe 138 Dr. Ich kann selbst diesen Bruch ($8/9$) genau durch ein Zeugniss beweisen. Das Aeginetische Körpermafs ist nach dem Babylonischen bestimmt; der Aeginetische Metretes ist der Babylonische Kubikfufs. Das Solonische Mafs und Gewicht ist nach dem Aeginetischen, wie Sie schon gesehen haben, im Verhältniss von 3:5 bestimmt. Der Olympische Längenfufs ist nach dem Babylonischen regulirt, und beide verhalten sich zu einander wie $\sqrt{2}:\sqrt{3}$. Die Sicilische Litra ist eine halbe Aeginetische Mine und verhält sich zum Römischen Pfunde wie 10:9; der Römische Längenfufs ist nach dem Olympischen normirt, und zwar nach dem Verhältniss der Litren, so dass sie der Absicht nach sich verhalten wie $\sqrt{9}:\sqrt{10}$. Das Phönicische Mafs und Gewicht ist das vermittelnde zwischen Babylon und Aegina; der Phönicische und Hebräische Siklos ist das Aeginetische Didrachmon, und das Hebräische Talent ist einerlei mit dem Aeginetischen Talent. Aegypten hatte zweierlei Längenfufs; der ältere — seltsam genug — ist identisch mit dem Olympischen, der jüngere ist der Babylonische. Karthago hatte den Babylonisch-Phönicischen Münzfufs; dieser kommt in Sicilien neben dem Attischen vor, aber nur in jüngern Münzen, so dass er nicht aus dem Aeginetischen stammen kann. Die ältesten Münzen von Zankle, Himera, Regium, Naxos haben Euböischen Münzfufs, der sich auch in Euböa findet. Das Ganze sieht aus wie eine Reihe von Träumen und Phantasien; aber es beruht alles auf den genauesten Rechnungen und völlig unbefangener Forschung. Ich hatte z. B. Aegypten Anfangs ganz aus dem Spiele gelassen und kam erst am Ende darauf, die Aegyptischen Maſse zu untersuchen; ich war erstaunt, den Fuſs des Nilmessers von Elephantine ganz in Uebereinstimmung mit dem Babylonischen zu finden, den ich unabhängig davon berechnet hatte. Es lösen sich übrigens eine Menge Fragen hierdurch auffallend. Ich war z. B. bei meinen Untersuchungen nothwendig auf die Frage gekommen, warum das Aeginetische oder Babylonische Talent gerade so groſs als es war festgestellt wurde, und es fand sich, nicht etwa durch Verhältnisse wie sie heutzutage angenommen werden, sondern übereinstimmend mit den Angaben der Alten, dass das Aeginetisch-Babylonische Talent nichts anderes ist als das Gewicht des Babylonischen Kubikfuſses Regenwasser. Ich habe das Ganze im Concept bis auf diejenigen Abschnitte ausgearbeitet, welche das Römische Kupfergeld betreffen; diese Abschnitte sind schwierig, aber auf jeden Fall ist alles falsch, was Niebuhr darüber geschrieben hat. Selbst seine Beweisführung, dass das Kupfer in dem Maſse theurer geworden, als die Asse vermindert wurden, ist eitel Täuschung.*)

Ross hat mir die Rechnungen über das Seearsenal zugeschickt; es sind Ungeheuer von Inschriften, über deren Herausgabe ich in Verlegenheit bin. Ich habe sie eben erst vor meiner Abreise bekommen und nicht Zeit gehabt sie auch nur zu recognosciren: so gross ist der Umfang: doch sind leider viele Stücke fragmentirt. Mit Ungeduld erwarte ich Ihre Erklärung der Mauerinschrift.

Herzliche Grüsse an Ihre liebe Frau und Kinder, und auch an Dissen.

  Mit alter Freundschaft
        Ihr getreuer
            Böckh.

*) Passeri's Bestimmungen der Italischen Asse oder Pfunde sind, man sollte es nicht glauben, alle grundfalsch. Seine meisten Bestimmungen, und zwar die einzigen, die man zu Grunde legen kann, sind aus Arigoni; er hat aber diese insgesammt missverstanden, und wenn man aus Arigoni und Zelada die Pfunde z. B. von Hatria bestimmt, kommen ganz andere Positionen heraus, als welche Passeri angiebt. — Die Münze von Khell (∴ XIII) denke ich auch zu verstehen. Das

Gewicht, welches er dafür angiebt, ist Nürnberger Medicinalgewicht, wie ich mit vieler Mühe ermittelt habe, und die Münze beträgt 13 Quadrantes an Werth, nach dem Römischen Münzfuſs, den Denar zu 16 Assen gerechnet. Die Münze ist aus der Zeit des Hieronymos und der Philistis; warum man aber so seltsam geprägt habe, das ist eine schwierige Frage: die Sache selber ist aber klar.

————

Göttingen, 26. Oct. 1836.

Obgleich Ihr letzter Brief, mein theurer und verehrter Freund, mir die Hoffnung Sie in diesen Ferien hier zu sehen völlig benahm, hat er mich doch im höchsten Grade erfreut durch die Nachrichten von den grossen wissenschaftlichen Untersuchungen, in die Sie sich vertieft haben, und die Ihnen, Ihren Freunden und Allen, die einen Begriff von der Sache haben, den gröſsten Genuss bereiten werden. Es ist mir, als wenn der Stoff mit seiner groſsen Ergiebigkeit für Combinationen und ebenso groſser Schwierigkeit und Verwickelung nur auf Ihre unvergleichliche Gabe, auch das Verworrenste durch scharfe Analyse und Combination zu entwirren, gewartet hätte, und nun auf einmal in ein ganzes grosses Feld der Alterthumskunde, statt vieler Unbegreiflichkeiten und Dunkelheiten, Ordnung und Licht kommen würde. Ich bin voll von Erwartung der Ergebnisse, die sich für die Geschichte des Handels, der Cultur, der Kunst der Alten aus diesen Untersuchungen entwickeln werden, deren mathematische Präcision sie zu einem festen Fundament in diesem Felde machen wird.

Doch dies Gerede nur um die Stimmung einigermaſsen anzudeuten, in die Ihre Mittheilungen mich versetzt haben. Mir erscheinen Ihre Angaben, wenn auch ganz aus dem Zusammenhange der Untersuchung gerissen, doch schon so sehr plausibel, und ich ahne etwas von dem ganzen System. Mir scheint es recht im Geiste der Alten, dass die cubischen Maaſse, die am meisten körperlichen und massiven, die Grundlage bilden, und darnach die Verhältnisse der verschiedenen Systeme bestimmt werden, so dass die Längenmaaſse sich wie Cubicwurzeln verhalten. Dass cubische Maafse, Längenmaafse, Gewichte auf einem System beruhten, davon ist mir immer die Römische Amphora, gleich einem Cubicfufs und 80 ℔, ein Beweis gewesen; aber ich habe nie geglaubt, dass man dies so durch Griechenland und Asien durchführen könne — wie ich überhaupt nie den Muth gehabt habe, eine einzelne Observation auf diesem Felde bei den vielen zurückschreckenden Schwierigkeiten weiter zu verfolgen.

Werden Sie sich auch auf das Münzsystem der einzelnen Griechischen Städte einlassen, wovon gröfsere Massen von Münzen von einerlei Fufs vorhanden sind? Gewiss würde das Berliner Münzcabinet Ihnen grosse Vortheile dabei gewähren. Dann bitte ich Sie auch die Münzen zu beachten, von denen ich nachgewiesen zu haben glaube *(Annali dell' Inst. 1835. p. 167)*, dass sie die Arkader Ol. 104 aus den Olympischen Tempelschätzen geschlagen haben, um ihre Epariten zu besolden. Die gröfsern darunter, die ich dort speciell behandelt, haben nach dem *Mus. Hunter.* das Gewicht von 184½ engl. Gran, also das, was ich für Didrachmen nach herabgesetztem äginetischen Fufse nahm. Es giebt aber auch kleinere derselben Art, die in vollständigen Exemplaren 43 Gran halten, also τριώβολα — und gerade τριώβολα mussten damals in Menge an die Epariten ausgezahlt werden, wenn man ihnen den Sold täglich verabreichte. Wohin bringen Sie nun Münzen dieser Art?

Noch eine andre Frage. Hat Sie der Weg Ihrer Untersuchungen auch auf Maafs und Gewicht der Macedonischen Städte im Orient geführt? Ich habe einige Zeichnungen und Notizen über Minen, ἡμιμναῖα, τέταρτον's von Antiochia und benachbarten Städten, worüber ich ein *Corollarium* zu meinen Antiochenischen Dissertationen, die ich nächstens fertig machen will, schreiben möchte. Leider fehlt es mir aber sehr an genauen Angaben über die Gewichte, und nur die äussere Form dieser Stücke kann ich genauer beschreiben.

Um noch einmal auf das Damaretion zurückzukommen, so könnte doch wohl dem Style nach die Münze, welche der Duc de Luynes für ein ursprüngliches Damaretion hält (*Mon. dell'Inst. pl. 19, 1.*), der Zeit des Gelon angehören: aber dass sie auch nur 10 Attischen Drachmen gleich ist an Gewicht, macht mich freilich in meinen Ansichten über die Reduction des Aeginetischen Obolos und der Litra irre, und ich bin sehr begierig darauf, wie die Sache sich nach Ihren Entdeckungen stellen wird.

Die Abhandlung über die Mauerinschrift habe ich vor einiger Zeit durch die Dieterichsche Buchhandlung an Sie abgesandt und hoffe, dass sie in Ihren Händen sein wird. Jetzt suche ich einige Kleinigkeiten zusammen, wovon ich freilich nicht weiss, ob ich nicht Ihnen Einiges davon, wie das kleine Programm über den Chor bei Homer, schon zugesandt habe — so wenig Ordnung halte ich darin —, um es mit diesem Briefe durch Oscar Wunderlich in Ihre Hände zu bringen.

Unsern Umzug haben wir in den Tagen bewerkstelligt, die ich Ihnen angegeben, und wohnen jetzt nun schon ganz bequem und angenehm in dem neuen Hause. Wie würde ich mich freuen, Sie mit den Ihrigen bald einmal darin zu beherbergen. Denken Sie beim Jubiläum hierher zu kommen? Empfehlen Sie mich bestens Ihrer verehrten Frau Gemahlin, und bewahren Sie Ihre gütige und liebevolle Gesinnung
Ihrem
treu ergebenen
COMüller.

Ich habe einem jungen Philologen, Soetbeer aus Hamburg, versprochen, ihn bei Ihnen zu empfehlen; sie werden ihn aber indessen selbst schon kennen gelernt, und er sich Ihnen ohne mein Fürwort durch seine Liebe zur Wissenschaft und seine gründlichen Studien — besonders in Athenischer Geschichte und historischer Litteratur, aber auch in vielen andern Dingen — selbst empfohlen haben. Mir ist er sehr lieb und werth geworden. Man kann, glaub' ich, Ausgezeichnetes von ihm erwarten.

Kommen wohl die *Εἰκαδεῖς* ausser der Inschrift *Bullet. dell'Inst. 1835. N. XII c.* sonst vor? Und sind Sie nicht als ein *κοινόν* zu betrachten, welches die *εἰκάδες* als besondre Feste feiert? Die Götter, die sie dabei verehrten, waren wohl Apollon und Dionysos.

Es fällt mir noch etwas ein, das ich an Sie schreiben

wollte, wenn auch dies Postscript dadurch noch immer unförmlicher wird. Sie berührten neuerlich in einem Briefe an Dissen (der Sie herzlich grüfst und sich gegenwärtig erträglicher befindet) das Pindarische Skolion, das Dr. Bergk anders arrangirt — ohne ihm, wenn ich mich recht erinnere, in der Hauptsache beizustimmen.

(Der Schluss des Postscriptes fehlt.)

Berlin, d. 18. Nov. 36.

Mit vielem Vergnügen, verehrtester Freund, habe ich den Inhalt Ihrer letzten Sendungen gelesen. Vortrefflich ist Ihre Recension der Hermannischen Vorrede zu den sog. *Actis Soc. Gr.* und alles übrige, was Sie von Drucksachen mir gesandt haben. Nur die Abh. über die Mauerinschrift habe ich noch nicht vollständig gelesen, sowie ich noch nicht einmahl die grosse Inschrift über das Arsenal, die ich von Athen erhalten habe — ein Monstrum von einer Inschrift an Gröfse — habe durchlesen können, weil mir von allen Seiten zu viel auf den Hals kommt. Ich antworte wegen dieser Zeitbeschränkung daher auch nur sehr aphoristisch auf Ihren reichhaltigen Brief, und, wenn Sie es so nennen wollen, egoistisch, um Etwas aus Ihnen herauszulocken.

Ich fange mit dem Postscriptum Ihres Briefes an. Die Bergkische Behandlung des *Scol. Pindar.* enthält einiges Wahre, aber nicht viel. Bei dem ἀφνειῷ Κορίνθῳ dachte ich freilich seltsamer Weise nicht an die Homerische Stelle; aber Pindar hat, wie ich völlig überzeugt bin, dennoch ἀφνειᾷ geschrieben, schon des Klanges wegen; er gebraucht sonst Korinths Nahme als Feminin, und es ist nicht abzusehen, warum er hier das missklingende ἀφνειῷ gesetzt hätte. Dass ἄνευθεν richtig sei, erkenne ich an. Aber der Zuschnitt des Skol. bei Bergk ist erbärmlich und klanglos. Ich habe nichts gegen kurze Skolien, aber dann müssen die Strophen desto vollkommener gebaut seyn. Auch das Bacchylideische will mir in Ihrer Constitution nicht klingen. Es scheint mir ganz klar, dass πᾶσι δ'ἀνθρώποις μοναρχήσειν δοκεῖ der Schluss der Strophe ist; hinter diesem Verse kommt mir das χρυσῷ δ'ἐλ. etc. als ein fataler neuer Anlauf vor für das Ende; wogegen es gut den Anfang der folgenden Strophe bildet. Wollen Sie nun danach das Ihrige umgestalten, so scheint es mir allerdings probabel: so dass dann die letzte Strophe, um nur diese zu betrachten, mit χρυσῷ etc. anfängt, und vollständig ist, und nur die erste unvollständig:

```
_ ι ω _ ω _ _ ι υ _ ◡
ι ω _ ω _ _ ι υ _ ◡
ι ω _ ω _ _ ι υ _ ◡
ι υ _ _ ι υ _ _ ι υ ◡
```

Dass aber Pindar solche lahme Stücke geschrieben habe, glaube ich nicht. — Ich bitte um Verzeihung wegen der zusammengeklebten Briefstücke; es war mir mit dem Briefe ein Unglück passirt, und ich wollte die verschont gebliebenen Stücke nicht noch einmahl abschreiben.

Ueber die Εἰκαδεῖς weiss ich schlechterdings nichts als dass sie eben eine σύνοδος oder κοινόν oder θίασος waren; aber ob sie gerade von der εἰκάς benannt sind, möchte ich nicht entscheiden.

An meiner Abh. über Mafs und Gewicht und Münzfüfse habe ich fortwährend gebessert und nachgearbeitet. Ich habe allerdings auch unser Münzkabinet benutzt; doch habe ich mich beschränkt, da das Wägen der Münzen sehr beschwerlich ist: wo im *Mus. Hunt.* und *Brit.* und bei *Ilomé de l'Isle* Stoff genug war, habe ich keine Münzen gewogen; gewogen habe ich Aeginetische und Syrakusische Silbermünzen, und Syrakusische und Römische Kupferstücke. Zankläische u. dgl. sind nicht vorhanden. Uebrigens haben diese Wägungen in Bezug auf Silbermünzen eben wenig Neues gegeben, und ich habe sie blofs unternommen, weil unter diesen Stücken welche von sehr altem Stil sind. Es ist durchaus kein vollwichtiges Aeginet. Stück aufzutreiben; es ist in allen herabgesetzter Fufs, wohin ich allerdings auch die Arkadischen Münzen mit $184\frac{1}{2}$ Gr. Engl. rechne; die mit 43 Engl. Gr. sind davon Viertel, indem man die kleinern Sorten leichter ausmünzte. Das merkwürdigste Münzstück, was ich hier gefunden habe, ist ein Syrakusisches von 330 Gr. Paris. (also Att. Tetradr. an Gewicht), welches bis auf die geringsten Kleinigkeiten das

Gepräge der Münze hat, die der Duc de Luynes für das ursprüngliche Damaretion hält. Alt ist es, aber wie alt? Dann hätte es also auch Damaretien gegeben, die nur 4 Att. Dr. wogen. Hierdurch verwickelt sich die Sache immer mehr. Es kann Eigensinn und Rechthaberei scheinen, dass ich den Nummos von 1½ Att. Obolen aufrecht halte; aber ich kann durchaus nichts anderes herausziehen aus den Stellen der Alten: ich setze also, dass eine Att. Drachme 4 Nummen sei, und finde darin die Ausgleichung des Sicil. Geldes mit dem Attischen. Diese Ausgleichung muss früh gemacht sein; denn die Münzen, die auf diesen Fuſs geprägt sind, müssen alt seyn: aber vor Ol. 80—85. kann man doch wohl nicht an solchen Einfluss Athens auf Sicilien denken.

Antiochien habe ich allerdings auch berührt: aber nur nebenher. Hero bei Scaliger *de re nummar.* (Thes. Gron. T. IX.) p. 1520 und der damit identische Didymos, den Mai hinter den Fragmm. der Ilias herausgegeben hat, c. 18. giebt das Antiochische gewöhnliche Talent als dem Att. gleich an in Gewicht und Eintheilung, der Münze nach aber ist das Antiochenische nur $^3/_4$ des Attischen (das Attische ist nämlich dessen ἐπίτριτον): worunter ich mir nur das vorstellen kann, dass das Geld zu $^3/_4$ des nominellen Werthes oder Gewichtes geprägt wurde, und das kann wol nur auf Kupfergeld gehen. Ausserdem gab es ein sog. τάλαντον ξυλικόν, welches 375 Pfund (natürlich Römische zu 96 Drachmen, d. h. spätern Denaren) wog: dies sind 36,000 Drachmen. An Münzwerth ist es das Sechsfache des Vorigen; das Sechsfache des Münzwerthes des Vorigen ist aber 27,000 Dr. Das Attische Gewicht wird von Didymos nach Drachmen berechnet, deren 96 auf das Römische Pfund gehen; was freilich sehr verkehrt ist, aber nicht ohne allen Grund. Das ist Alles, was ich über Antioch. Gewicht weiss. Scaliger hat die Stelle nicht verstanden, und zeiht daher den Didymos des Irrthums.

Die Münzfüſse, die ich untersucht habe, sind: der Hebräische, der Syrische, der Aeginetische, der Korinthische, der Kretische, der Rhodische, der Euböische oder Chalkidische, der Italisch-Griechische, der Griechisch-Sicilische, der Sicilisch-Karthagische, und was mit diesen zusammenhängt. Vom

Aeginetischen Fuſs in Macedonien und Thracien scheinen Sie mehr zu wissen als ich; ich kenne ihn bloſs aus Münzen der Bisalter und der Macedonischen Könige; haben Sie genaue Gewichte von andern Macedonisch-Thracischen Münzen? Fast unüberwindliche Schwierigkeiten macht der Alexandrinische und Aegyptische Münzfuſs, weil sich die Angaben der Alten schwer vereinigen lassen: ich kann aber auch diese Münzfüſse nicht umgehen, weil sie in das Uebrige eingreifen.

Die Alt-Italischen Kupfermünzen habe ich ebenfalls untersucht, wie ich Ihnen schon geschrieben habe: was Rom betrifft, so habe ich mich nach vielem Hin- und Herforschen dafür entschieden, dass der Libral-As bis zum 1. Punischen Krieg unvermindert bestanden hat. Dies klingt sehr paradox. Aber was Niebuhr gesagt hat, um die andere Meinung durchzufechten, ist Alles falsch: die Preise der Dinge stehen mit der Ansicht der Alten durchaus nicht in Widerspruch, und es ist in den schwersten Münzen, von 12 Unzen und darüber, bis zu 3 und 2 Unzen herab durchaus kein Unterschied des Stils zu finden, den Niebuhr fingirt hat. Ebenso unbegründet ist die Behauptung, dass es keine vollpfündigen Asse mehr gebe: es giebt mehrere, die sogar zu schwer sind für Pfunde. Der Römische Silberdenar muss um 485 d. St. viel schwerer gewesen seyn als später, und ich bin überzeugt, dass die gewöhnlich für nicht Römisch geltenden schwereren Silbermünzen, mit der Aufschrift ROMA und ächt Römischen Emblemen, alte Denare aus der Zeit vor der Reduction des As auf 2 Unzen sind, aber von Griechischen Stempelschneidern angefertigt; weshalb man sie für Römisch nicht hatte gelten lassen wollen. Nur so lassen sich die Schwierigkeiten lösen, die das Römische Geldwesen darbietet. Uebrigens bin ich jetzt des ewigen Rechnens und Forschens nach den Münzverhältnissen so satt, dass ich ein Weiteres nicht mehr thue, sondern diesen Winter nur die Reinschrift anfertigen will. Wiewohl ich neuen Anlässen nicht widerstehe, immer weiter zu gehen. So bin ich durch Ihre Anfrage über das Antiochenische Gewicht wieder verführt worden, über das Antiochenische Holztalent zu speculiren, und bringe wieder das seltsame Ergebniss heraus, dass es sich zum Wassergewicht der Babylonischen Kubik-Elle wie

5:6 verhalte; gerade wie das Euböische Talent sich zum Wassergewicht des Babylonischen Kubikfufses verhält. Ich habe mich auch wieder in diesen Tagen, weil ich öfter dieselbe Sache, um nicht zu irren, von Neuem untersuche, damit beschäftigt, ob Jomards Beweis in seinem *Systême métrique des Égyptiens*, dass der Alt-Aegyptische Fufs der Olympische gewesen, richtig sei: ich kann bei wiederholter Forschung ihn nur für richtig halten (abgesehen von der Thorheit, dass das Stadium vom Erdgrade aus bestimmt worden), wünschte aber doch, dass Sie einmahl das Buch ansehen möchten. Dieses Vorkommen des Griech. Fufses in Aegypten hat mich Anfangs sehr in Verlegenheit gesetzt; aber Wahrheit muss doch Wahrheit bleiben. Das Aegyptische Mafs, welches der Nilmesser von Elephantine giebt, ist identisch mit dem Babylonischen Mafs: aber ich bin überzeugt, dass hiernach die alten Gebäude und Werke Aegyptens nicht gebaut sind. Plinius giebt die Länge der Seite der grossen Pyramide zu 883 Fufs an; er folgt hierin offenbar einer Rechnung, die 2 Fufs auf die Elle nahm; also sind es $441\frac{1}{2}$ Elle, und diese finden sich wirklich genau, nach der Elle des Nilmessers, als Mafs der Seite der grossen Pyramide. Aber ich kann mir unmöglich vorstellen, dass die Aegypter einer Seite der Pyramide dies Mafs gaben, sondern es muss eine runde Zahl gewesen seyn. Und wirklich finden sich, mit einer geringen und motivirten Veränderung der Positionen, dass jene $441\frac{1}{2}$ Ellen des Nilmessers 500 Ellen des Griechischen Mafses sind, so dass man die runde Zahl hat, die man erwartet, sobald man Jomard's Resultat über das Mafs, welches den Bauwerken zu Grunde liegt, anerkennt. Wann kann man nach den neuern Untersuchungen den Bau der grossen Pyramide von Memphis setzen, nämlich der des Cheops? Da Sie die Aeg. Alterthümer genau studirt haben, können Sie mir wohl leicht Auskunft geben.

Ich will schliessen — ich könnte noch über Fritzsche schreiben, oder wollte es; aber es ist nicht der Mühe werth. Grüfsen Sie die Ihrigen herzlich von uns, auch Dissen recht sehr.

Mit ganzer Seele

der Ihrige Böckh.

Göttingen, den 3. Jan. 1837.

Der reiche Inhalt Ihres letzten Briefes, mein verehrter, theurer Freund, hat mir so viel zu überlegen und geistig zu verdauen gegeben, dass ich die Beantwortung von Woche zu Woche aufgeschoben habe. Doch will ich in diesen Ferien wenigstens noch den Anfang machen, wenn ich auch noch Einiges überdenken und nachschlagen muss, ehe ich den Brief absende.

Ich fange mit dem an, was mir gerade am meisten im Kopfe liegt, den Rechnungen über die $σκευοθήκη$ im Piräeus, die Sie in Händen haben. Da muss ja, nach den Bruchstücken, die Ross im Kunstblatt von 1836 Nr. 77 bekannt gemacht hat, erstaunend viel Neues zur Kenntniss der alten Architektur vorkommen. In einer Stelle, die dort abgedruckt ist, werden auch die $ἡγεμόνες$ erwähnt, die ich in der Inschrift von der Mauer-Reparatur für Firstziegel erklärt habe, und wo ich auch jetzt noch keine andere Weise der Erklärung sehe. Nun stehen sie auch hier neben $κεραμίδες$ und $καλυπτῆρες$, und die Folge der Aufzählung selbst: $ἡγεμόνες — ἕτεραι ἡγεμόνες — ἕτεραι κεραμίδες$ scheint sie für $κεραμίδες$ zu erklären. Doch sind Schwierigkeiten dabei. Erstens das Epitheton $λεοντοκέφαλοι$; dies scheint besser zu Rinnleisten mit Löwenköpfen zur Abführung des Wassers, als zu Firstziegeln zu passen. Indess kann man doch wohl immer annehmen, dass auch Löwenköpfe als Zierath in Relief an die Frontziegel gesetzt wurden statt des sonst gewöhnlichen $ἄνθεμον$, wie Dibutades *personas* an diese Ziegeln setzte, und wenn ich nicht irre, auch Medusenköpfe daran vorkommen. Aber auf eine andere Idee bringen mich Ziegel, aus denen Attische Gräber zusammengesetzt sind, bei Stackelberg in dem Gräberwerk Tf. 7. Hier sind die untern Ziegel aus einem Stücke mit dem Rinnleisten, an dem der Löwenkopf war, auf solche Weise ⌐‿⌐

Das sind offenbar $ἡγεμόνες λεοντοκέφαλοι$, da auch nach meiner frühern Ansicht $ἡγεμών$ ebenso gut einen Frontziegel, wie einen Firstziegel bedeutete — die unterste wie die oberste Reihe. Die andere Schwierigkeit liegt in dem vorhergehenden Worte ΠΑΡΑΙΕΤΙΔΕΣ. Was kann man daraus machen? Etwa παραθετίδες, das ein Kunstausdruck sein könnte, wie man wohl bei Vitruv III, 3 *ἐπιθετίδας* schreiben muss (die an den schrägen Seiten des Frontons aufgesetzten Rinnleisten)? Am einfachsten wäre ΚΕΡΑΜΙΔΕΣ, aber duldet die Genauigkeit von Ross eine solche starke Aenderung? Eine folgende Stelle ist gewiss so zu schreiben: ἕτεραι κεραμίδες ἐξ αὐτῶν ἔχουσαι τὸν καλυπτῆρα ἡγεμόνες — andere Ziegel, die den Hohlziegel aus demselben Stück haben, in der vordersten Reihe. Es würde mir sehr lieb sein, wenn Sie mir gelegentlich Ihr Urtheil über diese Sache, und ob etwa in der Inschrift noch mehr von der Einrichtung der Ziegeln vorkommt, mittheilen wollten.

Zunächst meinen Dank für Ihre Mittheilungen über das Antiochenische Talent; ich habe die Stellen des sog. Hero u. Didymus angesehen und finde Ihre Darstellung der Sache vollkommen überzeugend. Nur weiss ich noch nicht, was ich mit den Gewichten anfangen soll, die Cadalvene in Antcaki ausgegraben, und von denen R. Rochette eine Beschreibung und Abbildungen mitgetheilt hat. Es ist eine Mine von Blei, und ein ἡμιμναῖον von Bronze. Auf jener steht ἀγορανομούντων Ἀντιόχου καὶ Ποπλίου, und Ἀντιοχέων τῆς μητροπόλεως καὶ ἱερᾶς καὶ ἀσύλου καὶ αὐτονόμου — τις εβλωμο (mir noch dunkel) δημοσία μνα. Auf dieser ἀγορανομούντων Νικάτορος καὶ Ἀρτεμιδώρου — καὶ Ἀπολλωνίδου τοῦ ... ολινθου, und ἔτους Β nebst einigen Monogrammen und δημόσιον ἡμιμναῖον. Die Mine hat etwas gelitten, die halbe aber ist unversehrt und wiegt, nach R. Rochette's oder vielmehr Cadalvene's Angabe, 521 grammes. Was kann man damit machen, da das Römische Pfund nach Cagnazzi 326 *grammes* wiegt. Darnach sollte die halbe Mine etwa 168 *grammes* halten, wenn es das gewöhnliche Antiochenische Talent ist; soll es aber das ξυλικὸν τάλαντον sein, so müsste man 1008 gr. erwarten, nämlich nach Didymos' Berechnungsart, 96 Drachmen auf das Röm. Pfund; sonst wohl 217 und 1302 *grammes*. — Ich habe mir in Paris notirt, dass im Pariser *cabinet des médailles* ein τέταρτον Ἀντιοχέων sei, worüber ich mir eine Angabe des Gewichts von R. Rochette erbitten werde; ein ganz ähnliches τέταρτον Σελευκέων habe ich in der Alterthumssammlung in Copenhagen gefunden, wohin es durch Carsten Niebuhr gekommen war, und wo man es für eine Spielmarke hielt. Ich konnte es nur mit einer schlechten Wage wiegen, es wog 7½ Loth, welches wohl 1939 *grains* sein werden; das brächte die Mine auf 7756 *grains* Par. Gewicht, welches sich mit der Gleichsetzung des Antiochenischen und Attischen Gewichts besser verträgt. — Ein auffallend schweres Gewicht ist auch das von Chios bei Caylus *Recueil II*, pl. 49, 1. p. 143, wo 2 Minen = 2 ℔ 4 onc. 6½ *grs.* sind. Darnach wäre die Mine doch wohl 10,584½ *grains*.

Die der von dem Duc de Luynes publicirten entsprechende Münze von Syrakus zu 330 Par. gr. würde ich für ein doppeltes Dekalitron gehalten haben; aber freilich nöthigt sie auch nach dieser Ansicht die Ausgleichung des Sicilischen und Attischen Münzfußes bald nach dem Perserkrieg zu setzen, da sie doch wohl nicht jünger als Ol. 80 zu sein scheint. Und führen nicht die Münzen des Anaxilas von Messene und Rhegion auf dasselbe Resultat; oder haben diese einen andern Fuß?

Ueber den Aeginetischen Fuß in Thracien und Macedonien habe ich nicht mehr Angaben als Ihnen vorliegen; was ich davon gesagt, mag von dem Eindrucke, den mir die Münzen der Gegend beim Durchsehen von Münzcabinetten machten, hergenommen sein.

Dass die Stücke des *aes grave* nicht soweit auseinander liegen können als Niebuhr angenommen, ist mir durch den ähnlichen Styl und die gleiche Fabrik derselben seit der Zeit auch augenfällig geworden; man muss also wohl annehmen, dass die Reduction der *asses librales* auf 8—6—4 Unzen sehr schnell hintereinander erfolgt ist? Dass die schweren Silbermünzen mit der Aufschrift ROMA Denare aus jener älteren Zeit sind, wird mir sehr plausibel; aber erlaubt Plinius Zeugniss ihre Prägung nach Rom zu setzen? Lässt sich die Meinung nicht halten, dass sie in Campanien im Namen Roms geprägt worden?

Jomard's *Système métrique des Égyptiens* habe ich noch nicht ansehen können; habe aber eine spätere Abhandlung von ihm zur Hand: *Descr. d'un étalon métrique orné d'hiéroglyphes déc. dans les ruines de Memphis* 1822. Ich weiss nicht, ob Ihnen dieser sehr genau gearbeitete Maafsstab bekannt ist. Er beträgt *m* 0,520, in 28 Abtheilungen; Jomard glaubt, dass 3 Abtheilungen, die anders als die andern bezeichnet sind, abzusondern sind; dann messen die andern 25 Zoll gerade *m* 0,462 = dem Griechischen πῆχυς (den Fuss zu 0,30815). Doch nimmt Jomard auch das Ganze von 0,520 (mit den drei etwas zu grossen Zollen) als ein Aegyptisches Maafs, und findet die Pyramide des Chephren, am Sockel, gerade 400 solche Ellen (208 *m*), die des Mykerinos 200 (104 *m*). Das ist doch gewiss sehr merkwürdig. Es folgen noch mehrere Verhältnisse, die sich zwischen der Elle von Memphis, der Griechischen und *la coudée dite du pays* und den drei Pyramiden ermitteln lassen. Die Basen der beiden grossen Pyramiden verhalten sich nach Jomard wie 9:10, also würde die Pyr. des Cheops 444,444 Ellen von Memphis und, diese zur Griechischen wie 9:8 gerechnet, 499,999 oder 500 Gr. Ellen messen, was mit Ihrer Rechnung ganz harmonirt. Die beiden auf diesem Maafsstab vereinigten Ellen hängen dann wohl auch mit dem Babylonischen πῆχυς βασιλήϊος und μέτριος zusammen? Was das Alter der Pyramiden anlangt: so bin ich mit Champollion und Rosellini überzeugt, dass Herodot falsch berichtet ist und Manetho Recht hat, dass sie Werke einer dem Glanze Thebens vorausgehenden Memphitischen Dynastie sind, deren Suphis I., II. und Mencheres dem Cheops, Chephren und Mykerinos des Herodot entsprechen.

Ist nicht auch die Eintheilung des πῆχυς in 25 Grade sehr merkwürdig? Das Verhältniss des Griechischen zum Römischen Fufs und *cubitus* lässt sich nun vielleicht so erklären, dass, während jene 25 Zoll von dem grössern Aegyptischen Maafs nahmen — nach Vorgang der Aegyptier selbst —, diese nur 24 Zoll davon zu ihrem *cubitus* machten. Auf dem Maafsstab von Memphis haben 24 Zoll, weil die 4 ersten etwas grösser, nämlich = *m* 0,077 sind, nur 0,443, was für den Römischen *cubitus* etwas zu wenig ist; rechnet man aber die 4 Zoll den andern gleich, so kommen 0,446 auf 24 Zoll, was etwas zu viel für das Römische Maafs ist, das 0,444 sein sollte.

Nun noch einige *promiscua*. Haben Sie schon das *mar*-

mor Farnes. mit den Thaten des Herakles genauer bearbeitet? ich bin in diesen Wochen zufällig daran gerathen und habe mich überzeugt, dass es eine sehr eigenthümliche Form der Herakles-Mythen enthält, die der Bearbeitung wohl werth wäre. Die Strafe des Zetes und Kalais wird offenbar in Thracien localisirt, und ich ergänze: ΚΑΙ ΖΑΤΑΝ ΚΑΙ ΚΑΛΑΙΝ ΥΙΩ ΒΟΡΕΑ ΤΟΥ ΘΡΑΙΚΟΣ ΔΙΚΑΙευσιν ως ΕΠΙΒΟΥΛΕΥΣΑΝΤΑΣ ΑΥΤΩ ΠΑΡΕΔΩΚΕΝ ΣΦΑΞΑΝΤΕΣ ΑΥΤΟΥΣ ΕΙΣ ΘΑΛΑΣΣΑΝ ΕΡΡΙΨΑΝ. Die $\mathit{Δικαιεῖς}$ sind dann die Bewohner von Dikäa bei Abdera, wo viel Herakles-Mythen localisirt wurden.

Ueber wie viele literarische Erscheinungen möchte ich gern mich an Ihrem Urtheil erbauen und aufrichten! Das Buch von Preller über die Demeter und Kora ist eine unglückliche Mischung heterogener Verfahrungsarten, die mir ordentlich wehe thut, da ich den Verf. früher auf einem guten Wege, nach meiner Ansicht, glauben durfte. Es ist sonderbar, dass Lobeck bei Vielen als ein solches Muster von besonnener Genauigkeit gilt; ich habe ihn bei einigen kleinen Arbeiten über die $\mathit{Εἰκαδεῖς}$ und die Eleusinien sehr oft in den handgreiflichsten Irrthümern gefunden. Krüger hat wieder einmal seiner krankhaften Verdriefslichkeit Luft zu machen gesucht und das Seinige dazu gethan, gewisse Leute in der Einbildung zu bestärken, die einzigen gründlichen Philologen zu sein. Ich habe Lust, einen Aufsatz über die Chronologie der Pentekontaetie zu schreiben, und dabei seine Arbeit — die, wenn sie den Anm. zu Clinton treu bleibt, viele Fehler enthält — zu berücksichtigen.

Die Erinnerung über die bessere Anordnung der Strophen in dem Skolion der Bakchylides erkenne ich vollkommen an; ich sehe jetzt, dass Bergk in seinem Anakreon p. 200 dieselbe Anordnung gegeben hat.

Ich habe mich, obwohl ein schlechter Zeitungsleser, doch hinterher sehr über die Festlichkeiten an Ihrem Ehrentage gefreut und bringe meinen Glückwunsch zwar spät, aber um so herzlicher nach. Denken Sie vielleicht zu unserm Jubiläum nach Göttingen zu kommen? Ich würde mich sehr freuen, Sie in meinem Hause beherbergen zu können und würde Ihnen auch wohl angenehme Mitgäste zusammenbringen können. Ich denke z. B., dass Meier sich bewegen lassen wird, auch zu kommen.

Empfehlen Sie mich und meine Frau bestens Ihrer Frau Gemahlin und behalten Sie lieb Ihren

          treuen
14. Jan. 1837.   C. O. Müller.

Dissen grüfst schönstens, er wird seinen Commentar zur Rede *de corona* bald fertig haben.

                Berlin, d. 5. Febr. 37.

Theuerster Freund.

Haben Sie Dank für Ihren Brief vom 3. Jan., den ich nicht länger unbeantwortet lassen kann. Ich bedaure in Rücksicht der Inschrift von der Skeuothek nichts Bedeutendes schreiben zu können; da sie so ungeheuer ist, habe ich sie noch nicht studiren können, und ich glaube auch nicht, dass über die Ziegel darin noch mehr vorkommt als Ross schon bekannt gemacht hat. Ueberhaupt verstehe ich mich schlecht auf die Ziegel. Nur was die ΠΑΡΑΙΕΤΙΔΕΣ betrifft, so ist offenbar, dass diese am Aëtom zu suchen sind; ich sehe nicht ein, wie Sie darauf gerathen sind, dafür ein anderes Wort zu setzen. Wie sie nun an der Seite des Giebels zu setzen seien, werden Sie selbst am Besten ausfinden können. Sobald es mir möglich ist die Inschrift zu studiren, theile ich Ihnen mit, was etwa noch Architektonisches darin vorkommt. Aber der Hauptinhalt ist trierarchisch, und es ist also in jener Hinsicht wenig zu erwarten. Etliche Psephismen daraus hat Rofs ans archäol. Inst. geschickt; sie enthalten das Merkwürdige, dass um Ol. 113 die Athener zum Schutz des Hellenischen Handels gegen die Tyrrhener eine Colonie εἰς τὸν Ἀδρίαν geschickt haben; ob mit Erfolg, kann man daraus nicht sehen. Auch ist schwerlich an Hatria dabei zu denken, weder an das obere noch an das Picenische: mit den Gefäfsen hat diese Colonie auch schwerlich Zusammenhang.

Das Gewicht von Antiochien ist mir sehr merkwürdig gewesen, und die Sache ist nicht so schwierig als sie scheint. Ich hatte schon vorher die Muthmafsung aufgestellt, dass das

Antiochenische Talent, welches dem Attischen gleich seyn soll, durch Halbiren des Aeginäisch-Babylonischen entstanden sei; und Cadalvene's Gewicht giebt einen augenscheinlichen Beweis, dass man solche Halbirungen gemacht hat. Ich rechne das Römische Pfund etwas höher als Cagnazzi und Letronne, zu 6165 Par. Gran; nun ist nach Heron das Antioch. Holztalent 375 Röm. ₶, welches für die halbe Mine 19265.6 Par. Gran giebt und für die Viertelmine 9632.8 Par. Gran; Cadalvene's Halbmine wiegt aber 521 Gramm = 9808.9 Par. Gran, also nur 176 Par. Gran mehr als Heron's Viertelmine. Dies ist für identisch zu nehmen; wahrscheinlich ist das Antioch. Gewicht nach dem Röm. ₶ bestimmt, und zwar nach einem etwas schwerern als zu 6165 Par. Gran, wovon es viele Beispiele giebt. Das $\delta\eta\mu\acute{o}\sigma\iota o\nu$ $\dot{\eta}\mu\iota\mu\nu\alpha\tilde{\iota}o\nu$ des Cadalvene ist sonach ¼ Holzmine. Bekommen Sie von Paris noch Antioch. Gewichte, so bitte ich sehr um Mittheilung. Das $\tau\acute{\epsilon}\tau\alpha\varrho\tau o\nu$ $\Sigma\epsilon\lambda\epsilon\upsilon\varkappa\acute{\epsilon}\omega\nu$ zu Copenhagen scheint mir Solonisch-Attisches Gewicht zu seyn, wenn anders Ihre Wiegung nach Cölnischem Gewicht gemacht ist (die Copenhagener Gewichte scheinen sehr unsicher). Ich finde dann für 7½ Loth Cöln. 2063 Par. Gran, welches für die Mine 8252 Par. Gran giebt; die Mine Attisch nach Solon ist aber nach meinen Sätzen 8220 Par. Gran. In Bezug auf das Antiochenische Talent, welches Heron dem Attischen gleich setzt, ist aber das kleine Talent von 62½ Röm. ₶ zu verstehen; d. h. es war ursprünglich ein halbes Aeginäisches Talent, ist aber dann noch weiter herabgegangen, wie dies allgemein mit diesen Talenten der Fall war. Ich habe eine Anzahl Antiochenischer Silbermünzen gewogen und dies bestätigt gefunden. Dass das Antiochenische Talent nur 4500 Att. (spätere) Drachmen galt, hat, wie ich erst nach meinem vorigen Briefe gefunden habe, darin seinen Grund, dass das Silbergeld von Antiochien nur 11—13 löthig ist, wenigstens im Durchschnitt, und zwar von Vespasian bis Trajan. Denn in diese Zeit etwa gehört Heron. Das Chiische Gewicht scheint die $\mu\nu\tilde{\alpha}$ $\nu\eta\sigma\iota\omega\tau\iota\varkappa\acute{\eta}$ des Heron zu seyn.

Ein Engländer Hussey hat ein gutes Buch über das alte Gewicht und Münzwesen herausgegeben, was mir Nutzen gebracht hat, obgleich er nichts von meinen Combinationen mir weggenommen hat, sondern nur einzelne Bestimmungen der Münzfüfse, die ich gemacht hatte, und auch diese nicht ganz. Er will uns das wegnehmen, dass das Aeginäische Geld ⅗ des Attischen sei, und es ist allerdings ärgerlich, dass es kein vollwichtiges Aegin. Geld giebt, so wenig als Korinthisches nach vollem Aegin. Gewicht. Ich habe aber, denke ich, den Satz sicher gestellt, dass das Aegin. Gewicht wirklich ⅗ des Solonischen sei; vollwichtig kommt es aber nur in Macedonien und in der Nähe, und in Melos vor, wohin es von Sparta gekommen. Die ältesten Münzen von Melos sind eben dafür sehr wichtig. Ueber die Gewichte der Macedon. Münzen habe ich allmählig soviel Data zusammengebracht, dass alles aufs Vollständigste gesichert ist. — Was mir allein nicht gelingen will richtig zu finden, ist Ihr Litrensystem. Seit Ol. 80 etwa nehme ich allerdings Attischen Fuss in Sicilien an; aber seine Ausgleichung mit dem alten Gelde finde ich in dem Nummos, der $^9/_{10}$ Aegin. Obolen, so dass die Attische Drachme 4 Nummen hält. Die Münzen, die dem Anaxilas zugeschrieben werden von Eckhel, haben allerdings auch den Attischen Fufs; aber ich bin nicht überzeugt, dass sie von Anaxilas sind. Eckhels Beweis ist nicht hinlänglich.

Die Römischen Reductionen vom *as libralis* bis 2 Unzen sind meines Erachtens, ganz wie es die Alten darstellen, im I^{ten} Punischen Kriege gemacht. Gleichzeitig wurde der Denar reducirt, dessen älteste Form ich in jenen schwerern Münzen mit ROMA finde, die entweder von Griechischen Stempelschneidern in Rom, oder allerdings in Campanien und sonst (ich denke auch in Sicilien) gearbeitet sind.

Jomards *Étalon métrique* war mir nicht unbekannt; Jomard hatte mir diese Schrift selbst geschickt. Seine Betrachtungen in dieser Schrift sind aber unrichtig, und selbst die Messung dieses *Étalon* hat er später widerrufen. Es giebt etwa 6 solcher Ellen, und ich habe deren Mafse. Sie enthalten wie der Nilmesser von Elephantine die Babylonische Elle; ich hatte die Babylonische Elle zuerst bestimmt, und war höchlich überrascht, sie in diesen Aegyptischen Mafsen wieder zu finden. Die ursprüngliche Elle hat 6 l'almen; diese Babylonische in Aegypten hat aber sieben, woraus man erkennt, dass eine kleinere dabei vorausgesetzt wird, welches der πῆχυς μέτριος und ungefähr der Griechische ist. Beide Mafse müssen uralt in Aegypten gewesen seyn und neben einander bestanden haben; es ist merkwürdig, dass Newton diese (von mir Babylonisch genannte) Elle so zu sagen *a priori* bis auf ein Minimum schon gefunden hatte.

Nun genug von meinen Mafsen. Ich habe angefangen meine Schrift darüber zu mundiren und denke mit dem Mundo gegen Ostern oder in den Osterferien fertig zu werden. Ich rechne darauf, den Herbst bei Ihnen zuzubringen. Herzliche Grüsse an Ihre liebe Frau und die Kinder. Grüfsen Sie auch Dissen recht sehr.

Von Herzen der Ihrige

Böckh.

***

Göttingen, 16. März 1837.

Mein verehrter Freund.

Ich habe eben meine Collegia geschlossen, und eile Ihren freundlichen Brief vom 5ten Februar zu beantworten. Um zuerst — nicht ohne einige Beschämung — der παραιετίδες zu gedenken, so würde ich gar nicht begreifen, wie ich habe an dem Worte anstossen können, wenn nicht in dem Drucke im Kunstblatt der Ausdruck als ein unverständlicher und corrupter bezeichnet worden wäre, so dass ich gleich an Verbesserungen dachte.

Ueber Antiochenische Gewichte habe ich einige genauere Angaben von Raoul-Rochette erhalten. Das ΑΝΤΙΟΧΕΙΟΝ (nicht ΑΝΤΙΟΧΕΩΝ) ΤΕΤΑΡΤΟΝ im *Cabinet des médailles* wiegt 122 *grammes* (das wäre also etwas mehr als $1/4$ Attische Mine). Das grofse Gewicht von Chios (Caylus *Recueil* II pl. XLIX, 1.) in demselben Cabinet, ΔΥΟ ΜΝΑΙ beschrieben, wiegt 1124 *grammes*. Dann ist in demselben Cabinet, von unbekannter Herkunft, ein ΗΜΙΤΡΙΤΟΝ, $157\frac{1}{2}$ *grammes* schwer. Endlich hat Allier de Hauteroche eine angebliche *Tessère* von Berytos herausgegeben, in der ich nach Vergleichung der Antiochenischen und Seleucenischen *Pondera* ein Gewicht erkannt habe, wiewohl keine nähere Bezeichnung darauf angegeben ist; R. Rochette, der dies Stück im Cabinet unter Augen hat, stimmt mit mir darin überein und giebt als Gewicht, aufs Genaueste gewogen, 268 *grammes* an. Das wäre nicht viel über die Hälfte von 521. Ich schreibe das alles so hin, wie ich es vor mir habe, ohne recht zu wissen, wieviel Sie davon brauchen können. In meinen Antiochenischen Dissertationen möchte ich mich beschränken, diese Gewichte äusserlich zu beschreiben, um die Antiquare, die sie oft übersehen und verkennen, darauf aufmerksam zu machen. Es sind deren gewiss noch viele da und dort in Sammlungen versteckt.

Dass das Litren-System, wie ich mir es vorgestellt, nicht in Ihre Berechnungen eingehn will, ist auf jeden Fall nur für meine Vermuthungen ein schlimmer Casus. Doch bleibt mir immer das Bedenken, wo nach Ihrem System die Dekalitren, die den Korinthischen Stateren entsprachen, zu finden sind. Davon dürfte man doch als von einer sichern Sache ausgehn, dass unter den grössern Silbermünzen von Korinth, die wir aus einem langen Zeitraume noch haben, die Stateren Korinths vorherrschen müssen. Wo bringen Sie diese nun hin, da doch die Ausgleichung durch die Nummen, nach Ihrer Annahme 4 Nummen = 6 Attischen Obolen, auf Korinth keine Anwendung erleidet?

Dass die Reductionen des As nicht so langsam auf einander gefolgt sind, als man früher geglaubt hat, beweist freilich auch der Styl dieser Kupferstücke. Aber sollen alle die Etruskischen und Umbrischen Städte, die solches *aes grave* schlugen, diese Reductionen auch erst im ersten Punischen Kriege gemacht haben? Für diese muss man doch wohl ein 50—100 Jahre höher hinaufgehen?

Was Sie über die Babylonisch-Aegyptische Elle schreiben, leuchtet mir sehr ein, und der *étalon métrique* von Jomard ist, wenn auch nicht genau wiedergegeben, doch wohl immer ein merkwürdiges Denkmal für die Existenz zwei verschiedener Maaſsstäbe neben einander. Ich habe mir notirt, dass in der Jenaer L.Z. 1830 N. 184. Schriften von Drovetti, Jomard u. Girard über die Aegyptische Elle recensirt sind.

Von den Münzen der Rheginer und Messanier mit den

Hasen sind allerdings wohl nur die ältesten auf Anaxilas Zeit zurückzuführen; sie sind offenbar von sehr verschiedenem Kunststyl, aber manche passen doch sehr gut in die Zeit, aus der Alexanders von Macedonien schöne Silbermünzen herstammen. Sind Ihnen die Münzen von Messana mit samischen Typen hinsichtlich ihres Gewichts merkwürdig geworden? Millingen will sie einer Zeit zueignen, wo die Samier mit Anaxilas zusammen Zankle beherrschten, und daraus den Thukydides widerlegen, wogegen ich das Zeugniss des Thukyd. zu retten gesucht habe, in den Gött. G.A. 1830 S. 380.

Mit grosser Freude hat mich die Nachricht am Ende Ihres Briefes erfüllt, dass Sie darauf rechnen den Herbst bei uns zuzubringen. Richten Sie es sich nun so ein, dass Sie unser Jubiläum mitfeiern und dann einige Wochen in Ruhe sich es in meinem Hause gefallen lassen. Ich will auch unsern wackern Meier dazu einladen; mein Haus ist geräumig genug für mehrere Familien. Ich freue mich erstaunend darauf.

Dissen grüfst herzlich, er lässt schon an seinem Demosthenes drucken. Ebenso meine Frau (nämlich was das Grüfsen betrifft).

Von Herzen
der Ihrige
COMüller.

Berlin, d. 5. Apr. 1837.

Haben Sie Dank, theuerster Freund, für Ihren Brief vom 16. März, womit Sie mir die Angabe über das Antioch. Gewicht und einige andere überschickt haben. Ich habe diejenigen davon benutzt, welche Namen der Städte tragen; auf die andern habe ich mich nicht eingelassen. Das eine Antiochische ist freilich ordinäres Att. Gewicht; aber das ist nicht gerade auffallend, obgleich es mir nicht eben erwünscht kam. Dass vielerlei Gewichte nebeneinander gingen, ist aber nicht allein aus diesen Stücken klar, sondern selbst aus den Römischen Gewichtstücken, die kein Mensch auf eine Einheit zurückzuführen im Stande seyn wird: ich finde darin wenigstens dreierlei Gewicht, Römisches, Aeginäisches und Chalkidisches Pfund. Was Sie von den Korinthischen Stateren sagen, hatte ich schon überlegt. Es ist wahr, ich kann keinen Stater von Korinth nachweisen, der 10 Aeginäische Obolen betrüge; aber Sie können auch nicht in den Korinthischen Münzen 10 Aeginäische Obolen, wie Sie doch müssten, nachweisen; denn 10 Ihrer kleinen Litren konnte doch Aristoteles nicht für 10 Aeginäische Obolen nehmen, wofür diese Litra viel zu klein ist. Ich bin überzeugt, dass des Aristoteles Korinthischer Stater blofs eine alte Münze war, woraus er den Ursprung des Sicil. Dekalitron erklärte: dass sie vorhanden waren, diese Stateren, bezweifle ich nicht: denn es sind noch schwerere vorhanden, nämlich von 11 vollwichtigen Aeginäischen Obolen; aber das sind grofse Seltenheiten, da die Korinthischen Münzen, selbst sehr alte, fast alle Attischen Fufs haben. Dagegen hat sich der Korinthische Münzfufs von 10 Aeginäischen Obolen so ziemlich in Corcyra und Dyrrhachium gehalten, mit einer geringen Verminderung auf etwa $9/10$, gerade wie ich sie in der Litra annehme, indem der Nummos von $9/10$ Aeginäischen Obolen an die Stelle der Litra getreten ist. Hätte Aristot. das Korinthische Geld, wie es in der Mehrheit unserer Münzen vorhanden ist, unter dem Korinth. Stater gemeint, so würde er diesen Ausdruck kaum gebraucht haben, sondern er hätte statt dessen wohl das Att. Didrachmon genannt: denn das sind ja die gröfsern dieser Münzen. Was die Einführung des Att. Gewichtes in Sicilien betrifft, so habe ich offen gelassen dieselbe zwischen Ol. 70—80 zu setzen: es ist ein Näheres schlechterdings nicht zu ermitteln. Denn man kann unmöglich sicher wissen, ob die ältesten Münzen von Messana und Regium mit den Haasen aus Anaxilaos Zeit oder etliche Jahre später seien; das Samische Gepräge giebt auch keinen Aufschluss. Nur so viel steht bis jetzt fest, Zankle hat noch Chalkidischen Fufs, in Messana ist er bis jetzo noch nicht nachweisbar. Die Reductionen der Etruskischen und Umbrischen Kupferpfunde, wovon Sie schreiben, lassen sich wohl sehr schwer auf Zeitpuncte fixiren: ich bin jetzo gerade so weit mit meiner Arbeit vorgerückt, dass ich heute oder morgen diesen Theil ausarbeiten werde: ich werde sie aber allerdings nicht mit den Römischen Reductionen auf gleiche Linie stellen. Dass die Römischen Reductionen erst im ersten Punischen Kriege gemacht worden, dazu habe ich noch einen, wie ich denke, evidenten Beweis gefunden. Brundusium ist a. u. c. 510. von den Römern colonisirt, und die Colonie richtete sich gewiss, wenigstens bei der Gründung, nach Rom; Brundusium hat aber das Pfund noch zu 4 Unzen, und zwar genau nach Römischem Gewicht geprägt. Pembroke hat einen Sextans von Brundusium mit 281 Engl. Gran = 342.82 Par. Gran; nun ist das Pfund von 4 Unzen $^{6165}/_3$ = 2055 Par. Gran, und der Sextans davon 342.5 Par. Gran. Mich dünkt, es geht daraus deutlich hervor, dass a. u. c. 510, als Brundusium colonisirt wurde, der Vierunzenfuss noch in Rom bestand.

Gegenwärtigen Brief schreibe ich eigentlich in einer andern Absicht als um dieser unbedeutenden Mittheilungen willen. Der Hofmaler Ternite hat, wie Ihnen bekannt ist, eine vortreffliche Sammlung von Copien der Pompeianischen Gemälde, so viel ich mich erinnere, 226 Stücke, die er in 18 Heften, jedes Heft zu 8 Platten, wovon immer eine colorirt werden soll, herausgeben will. Die Zeichnungen sind vortrefflich, mit der grössten Sorgfalt gemacht; was Zahn davon geliefert hat, ist eitel Pfuscherei dagegen. Es sind unter den Terniteschen Sachen auch einige ... Originale. Die ganze Sammlung ist wahrhaft bewundernswürdig. Er wird vom Staate unterstützt werden bei der Herausgabe; Alles wird unter seiner Aufsicht ausgeführt, und er ist so streng, dass er mehrere ganz schöne Platten schon weggeworfen hat, weil sie ihm nicht genügen. Ueberhaupt arbeitet er aber um die Ehre, nicht wegen des Geldes; denn er bedarf dessen nicht, da er in sehr guten Umständen ist. Er hat mich dringend ersucht, Sie zu bitten, Sie möchten zu dem Werke den Text liefern; und meines Dafürhaltens wird Ihnen das Werk Ehre machen, sowie er es durch Sie geehrt wünscht. Ich halte es nicht für ein sehr schwieriges Unternehmen, einen kurzen Text dazu zu liefern: verhältnissmässig nur sehr wenige Vorstellungen dürften einer ausführlichen Untersuchung und Erläuterung bedürfen, und auch diese wird Ihnen nicht sauer werden. Erhören Sie also meine Bitte! Sie werden entzückt werden, wenn Sie die

Sachen sehen. Zum Beweise, dass Sie halb und halb sich schon verpflichtet haben, schicke ich Ihnen einliegenden Brief. Auf den Fall einer günstigen Antwort würde er die Reise nach Göttingen nicht scheuen, um Ihnen die Sachen vorzulegen und das Nähere zu verabreden. Er wünscht das erste Heft in 4—6 Monaten zu geben, und da werden Sie für 8 Platten leicht einen Text liefern können, der doch höchstens, dächte ich, 4 Folioblätter erforderte. Es ist ihm viel daran gelegen, recht bald Antwort zu erhalten; ich bitte also darum sehr: und weisen Sie die Sache ja nicht von der Hand! Er hat eine so ungeheure Verehrung für Sie, dass er nicht einmal wagt, selbst zu schreiben, sondern meine Intervention durchaus verlangte.

Haben Sie Hermann *de Minerva* gelesen? Ich schweige darüber.

Herzliche Grüfse an alle die Ihrigen . . . .

Mit herzlicher Freundschaft wie immer

Böckh.

Göttingen, 11. Apr. 1837.

Mit der Beantwortung Ihres Briefes vom 5. April, mein verehrter Freund, habe ich einige Tage gewartet, um mir den Antrag von Herrn Ternite zu überlegen und etwas Bestimmtes zu antworten. Ueber die Hauptsache bedurfte es freilich keiner Ueberlegung; ich habe von den Ternite'schen Zeichnungen eine viel zu hohe Vorstellung und stelle mir die Erklärung der Pompejanischen Bilder nach solchen Copien als ein viel zu grosses Vergnügen vor, als dass ich den ehrenvollen Antrag von Herrn Ternite ablehnen könnte. Auch hoffe ich mich in den Styl und Ton, den eine solche Erläuterung verlangt, hinein finden zu können, besonders wenn das Werk gleich mit der Erklärung einzelner Tafeln anfängt, und eine Einleitung, die zur Begründung der einzelnen Erklärungen nicht fehlen darf, über den ganzen Charakter und Geist der Pompej. Wandmalerei, erst in einer spätern Lieferung nachgeschickt werden kann. Ich bin zwar gegenwärtig in allerlei Arbeiten und

Unternehmungen verwickelt, aber würde doch leicht in diesem Sommer den Text zum ersten Hefte besorgen können; hernach wird sich mehr Zeit darauf verwenden lassen. Was ich zunächst wünschen muss, ist einen Begriff zu bekommen von der ganzen Einrichtung des Werks, namentlich dem Prinzip der Anordnung der einzelnen Bildertafeln. Die topographische Folge ist wohl die natürlichste und am Leichtesten durchzuführende; dabei wird es von Werth sein genau zu wissen, wo in jedem Hause, in welchem Zimmer die Wandgemälde angebracht gewesen — so weit man dies noch ausmitteln kann. Dann würde mir allerdings die Ansicht der ganzen Sammlung sehr wichtig sein, ehe ich mich an die Erläuterung eines Theils davon mache; wenigstens die noch gar nicht herausgegebenen Sachen müsste ich wohl gesehen haben. Wollte Herr Hofmaler Ternite die Reise nach Göttingen deshalb unternehmen, so wäre das gewiss die beste Gelegenheit mich über Alles ins Klare zu setzen, und ich genösse dabei das Glück seiner persönlichen Bekanntschaft, von der ich mir nach Allem, was ich von Elvers und sonst gehört habe, sehr viel Freude verspreche. Sollte ein Hinderniss dazwischenkommen, so würde sich das Nöthige auch wohl durch Zusendung von Zeichnungen erreichen lassen, doch würde dadurch die Sache gewiss mehr in die Länge gezogen werden. Wenn Herr Ternite herkommt, wünschte ich nur vorher durch eine Zeile davon benachrichtigt zu werden, damit ich mich mit meiner Zeit ganz darauf einrichten kann.

Für Ihre Mittheilungen über Münzen und Gewichte meinen besten Dank; ich fühle mich dadurch ganz befriedigt.

Hermann wendet viel unfruchtbare Mühe an, sich in der Mythologie zurechtzufinden. Nachdem er kürzlich die Säulen des Atlas für die Rauchsäule über dem Aetna erklärt hat, wird es einem schwer, soviel Geduld aufzubringen, um seiner Meinung über die Minerva durch alle die Kritteleien hindurch nachzuspüren. Ob diese Kritik, die er übt, wohl irgend einen nicht schon vorher eingenommenen in seinem Urtheil bestimmt? Wo ich für die Pelasger als Ureinwohner Attika's den Herodot citire, und dabei nach neuer Theorie diese Pelasger als Teleonten der Ionier fasse: wirft er mir vor, eben diese historische Hypothese dem Herodot unterzuschieben. Als wenn man bei einem Leser von solchen Büchern nur an die Möglichkeit dächte, dass er die Pelasger als Teleonten der Ionier im Herodot suchen würde!

Wir haben jetzt hier ein höchst seltsames Wetter. Seit vorigen Mittwoch erst ein solches Schneewetter, dass der Schnee 4—5 Fuss hoch auf den Strassen liegt, und nun bei SO Wind klaren, blauen Himmel, aber solche Kälte, dass es kaum in der Mittagssonne etwas schmilzt und in der Nacht das Thermometer auf 6—8 Grad sinkt. Wie weit mag dies Phänomen sich wohl erstrecken? . . . .

Elvers Brief war mir sehr lieb, um mir die damaligen Verhandlungen und Vorsätze zu vergegenwärtigen; ich kann ihn wohl noch hierbehalten, um ihn vielleicht an Hn. Ternite selbst zurückzugeben?

Mit der treuesten Ergebenheit
der Ihrige
C O Müller.

Berlin, d. 13. August 37.

Schon lange, theuerster Freund, hätte ich Ihnen schreiben sollen; aber meine Unentschlossenheit wegen der Reise hielt mich ab. Nachdem ich endlich einen Entschluss gefasst habe, schreibe ich, doch immer noch früh genug, um Ihnen Zeit zu lassen, darnach sich einzurichten. Ich denke, es wird Ihnen angenehm seyn, wenn ich Sie von Ihrem freundlichen Anerbieten entbinde, mich zum Jubiläum aufzunehmen: denn da wird Gedränge genug seyn, und Sie werden das Haus ohnehin schon voll genug haben. Ich reise wahrscheinlich gegen Ende dieser Woche hier ab, und will den 7. October wieder zurück seyn; wenn ich nun meine Reise erquicklich und ohne Uebereilung einrichten will (meine Frau und die zwei jüngsten Kinder nehme ich mit), so passt es in dieselbe durchaus nicht, den 17. Sept. in Göttingen zu seyn, und dieses ist der Hauptgrund, weshalb ich nicht zu dem Jubiläum kommen will. Es war früher im Senat hier davon die Rede, eine Deputation zu schicken; der Beschluss musste natürlich vertagt werden, bis eine Einladung käme, und es wurde mir von mehrern gesagt, man würde mich mit Link vermuthlich dazu nehmen; in diesem Falle würde ich vielleicht mich anders eingerichtet haben: aber da bis jetzt eine Einladung nicht erfolgt ist und folglich auch keine Wahl von Abgeordneten, so musste ich meinen Reiseplan unabhängig entwerfen, und es ist mir dieses auch insofern angenehm, als ich überhaupt ungern und nicht mit besonderer Würde repräsentire, und unter den gegenwärtigen Verhältnissen, wenn der König von Hannover, wie doch nicht zu bezweifeln ist, anwesend seyn wird, am wenigsten als öffentlicher Abgeordneter erscheinen möchte. Es kommt nun darauf an, ob Sie nach dem Jubiläum in Göttingen seyn werden. In diesem Falle würde ich Ende Septembers dahin kommen und etliche Tage verweilen. Haben Sie die Güte mir hierüber etliche Zeilen zu schreiben, und zwar nach Carlsruhe unter der Adresse meines Bruders, des Bad. Finanzministers: dort werde ich Anfang Septembers seyn.

Meine metrologischen Untersuchungen habe ich zwar in den Osterferien fertig in die Reinschrift gebracht; da ich aber den Sommer über doch keine grössere Arbeit machen konnte, habe ich daran diese Zeit hindurch immerfort gebessert, vervollständigt und die vielfältigen Rechnungen verificirt. Das Ganze hat so eine viel grössere Ausdehnung erhalten, als ich dachte; auch habe ich viel mehr Münzen des hiesigen Cabinets wiegen lassen als Anfangs meine Absicht war. Sollte ich Sie in Göttingen sehen, so wünschte ich noch mit Ihnen zu conferiren.

Ich habe noch vielerlei schreiben wollen; es kommt mir aber eben etwas Unvermuthetes dazwischen, und ich muss daher schleunig abbrechen. Empfehlen Sie mich und die Meinigen Ihrer lieben Frau bestens. Herzlichen Dank an Hugo für sein Bild bitte ich ebenfalls noch zu sagen.

Mit alter Liebe und Freundschaft
der Ihrige
Böckh.

Göttingen, 27. August 1837.

Es ist doch recht verdrüsslich, mein verehrter theurer Freund, dass im Drange der Zeitereignisse unsere Einladungen an die Schwester-Universitäten zum Jubiläum so lange hinausgeschoben worden sind, dass sie nicht mehr zur rechten Zeit nach Berlin gekommen sind. Ich denke, dass die Einladung der Berliner Universität noch in der Mitte d. M. angelangt sein muss, und hoffe, dass wir auch von da noch werden Deputirte hier empfangen, aber um desto mehr wird es mir leid thun, Sie nicht darunter zu sehen und bei mir beherbergen zu können. (Unsre Majestät wird nach officieller Mittheilung nicht dabei sein; im Ganzen wird die literarische Republik sehr unter sich sein können.) Da das nun nicht sein kann, freue ich mich um desto mehr auf Ihre Ankunft am Ende Septembers und rechne mir das schon im Geiste recht als eine Erholung von den Strapazen des Jubiläums an. Ich bitte Sie also schönstens, in meinem und meiner Frau Namen, nur ja mit allen den Ihrigen auf Ihrer Rückreise bei uns einzukehren und es sich so einzurichten, dass es Ihnen nicht an Zeit fehlt, mich wieder über das Viele, was Sie allein in der Welt wissen, gründlich in die Schule zu nehmen. Ich freue mich unsäglich darauf, und habe auch wohl über Manches in meinem Leben aus der letzten Zeit, was Ihnen wunderlich erschienen sein mag, Aufklärungen zu geben. Doch alles das mündlich. Meiner Frau, der es sehr lieb wäre, wenn sie den Tag Ihrer Ankunft ein wenig vorher erfahren könnte, empfiehlt sich Ihnen und Ihrer Frau Gemahlin mit mir bestens. Mit alter Treue
     der Ihrige
        COMüller.

Mainz, d. 24. Sept. 37.

Ihren freundlichen Brief vom 27. August habe ich zwar bereits Anfangs September in Carlsruhe empfangen; aber da ich einen bestimmten Reiseplan noch nicht gemacht hatte, konnte ich bisher nicht sagen, wann ich in Göttingen einzutreffen gedächte. Erst jetzt habe ich mich völlig entschlossen und schreibe daher von hier aus heute Abend, um den Brief gleich morgen bei guter Zeit in Bonn auf die Post zu geben, wohin ich mit dem Dampfschiffe zu gehen gedenke. In Bonn will ich zwei Tage bleiben und werde so, wenn alles glücklich geht, den 2ten Oct. Nachmittags oder Abends in Göttingen eintreffen. Ich folge mit Freuden Ihrer gütigen Einladung, bei Ihnen zu wohnen; obwohl ich nicht unbedacht lasse, wie viel Ungelegenheit Ihrer lieben vortrefflichen Frau daraus entsteht. Die Gesellschaft besteht aus denselben Mitgliedern wie das vorige Mahl; nämlich ausser meiner Frau und mir, haben wir Richard und Marie nebst einem Dienstmädchen bei uns.

Bis jetzt habe ich eine sehr angenehme Reise gemacht, und würde mit Freuden nach Berlin zurückkehren, wenn die fatale Cholera nicht einem das Leben dort verbitterte. Doch hoffe ich, dass sie bis zu meiner Rückkehr etwas soll nachgelassen haben. Ich will den 10. Oct. wieder in Berlin seyn; in Göttingen verweile ich gern und am längsten, vorzüglich um bei Ihnen zu seyn. Wollen Sie mich also 3—4 Tage beherbergen, so verspreche ich mir davon alle Genugthuung.

Ich breche ab, da der Zweck dieses Briefes nur der ist, Sie von der Zeit meiner Ankunft in Göttingen zu benachrichtigen. Meine Frau lässt sich mit mir der Ihrigen aufs Angelegentlichste empfehlen.

Von ganzem Herzen der Ihrige

Böckh.

Göttingen, 19. Dec. 1837.

Mein theurer und verehrter Freund.

Ich benutze die erwünschte Gelegenheit, welche die Reise unseres Herrn Assessor Wunderlich nach Berlin mir gewährt, um einige sichre Nachrichten über unsre Verhältnisse und speciell meine eigenen zu Ihnen gelangen zu lassen, da die Post in unserm Lande kaum noch zu brauchen ist, da sie

Briefe aller Art mit der gröfsten Frechheit eröffnet. Die verschiedenen Patente, sowie die an das Curatorium gerichtete Protestation unserer sieben Collegen kennen Sie aus den Zeitungen. Ich war mit der letztern in Gesinnungen und Ansichten ganz einverstanden, da ich namentlich auch überzeugt bin, dass ein ehrlicher Mann das Grundgesetz, auf das wir verpflichtet sind, nicht auf die einseitige Aufhebung des Königs aufgeben dürfe, und entschlossen bin, den Huldigungs-Revers nicht ohne Verwahrung zu unterschreiben, und gegen jede Wahl eines Deputirten, als für die rechtmässige Ständeversammlung, zu protestiren. Ich hielt indess jene Erklärung für nicht geeignet an das Curatorium gebracht zu werden, welches die Sache nichts angeht, und das von Anfang an sich ohne allen Muth in der Sache benommen, und hoffte damals noch, dass ein Beschluss der Majorität, nicht unbedingt zu huldigen u. s. w., zu Stande kommen würde. Diese Hoffnung ist nun freilich ganz zu Schanden geworden, da die Universität im Ganzen sich durchaus wie ein deutscher Philister betragen hat, der nichts mehr fürchtet, als seinen Amtsgehalt oder auch nur die Aussicht auf Zulage zu verlieren. Sie werden von der unglücklichen Deputation der Univ. nach Rothenkirchen gelesen haben, die der Senat gar nicht freiwillig hingeschickt hat, aber auch so nicht hätte schicken sollen; sie hat zwar nicht entfernt das gesagt, was ihr in unserer officiellen Zeitung in den Mund gelegt wird, aber auf keinen Fall die Sache der Sieben mit gehöriger Energie unterstützt, und das Schimpflichste ist, dass sie es sich stillschweigend gefallen lässt, dass auf ihre Rechnung mit der gröfsten Unverschämtheit gelogen wird. Zwar hat der Prorector sich keine Mühe verdriefsen lassen, um einen berichtigenden Artikel in die Hannoversche Zeitung zu bringen; da ihm aber dort die Aufnahme versagt wird, hält er sich nicht für berechtigt, sich auf andre Weise vor dem Publicum zu vertheidigen. Unter diesen Umständen haben wenigstens sechs von uns, mit mir Kraut, Ritter, Thoel, Leutsch, Schneidewin (von denen ich keinen zur Theilnahme eingeladen hatte), uns in einem Artikel, der an mehrere Zeitungen gegangen ist, von den in der angeblichen Anrede und Adresse ausgesprochenen Gesinnungen, welche man gern der ganzen Universität unterlegen möchte, losgesagt und erwarten nun ruhig, was darauf geschehen wird, da wir doch, wie die Sachen stehen, aus einem oder dem andern Grunde um unser Amt kommen werden. Indess ist der lang erwartete Schlag geschehen, unsre sieben Collegen sind auf einmal abgesetzt, Dahlmann, J. Grimm und Gervinus wegen angeblichen Antheils an der Verbreitung Landes verwiesen worden — wenn sie sich nicht wollten ins Gefängniss setzen und da über — man weiss nicht was, da in der ganzen Sache kein Punkt dunkel ist, — verhören und auf sich hinein inquiriren lassen. Jac. Grimm wird dabei hauptsächlich der Vorwurf gemacht, dass er die Protestation 4 Tage nach ihrer Absendung einem Freunde brieflich mitgetheilt hat, was ohne seine offene Mittheilung an das Univ.-Gericht Niemand hier am Orte wüsste. Bei dieser Sache ist mit ebensoviel Barbarei und Vandalismus verfahren worden, wie bei der Deputations-Geschichte mit Arglist und Lügenhaftigkeit. Das Curatorium ist von dieser halben Zerstörung der Universität nicht einmal in Kenntniss gesetzt worden; noch drei Tage, nachdem das Decret hier angelangt war, haben die Minister dieses Departements in Hannover nichts davon gewusst. Auf die Fortsetzung der Vorlesungen, Erhaltung der Institute ist dabei nicht die geringste Rücksicht genommen worden. Dabei ist Göttingen während der drei Tage Frist, welche den Verbannten gestattet war, ganz in militärischer Gewalt und aufserhalb des Gesetzes gewesen; aus sehr geringfügigen Anlässen ist auf die Studenten scharf eingehauen, und namentlich ein sehr unschuldiger Pharmaceut, der auf dem Wege nach dem Collegium ins Gedränge kam, lebensgefährlich verwundet worden. Die Studenten betragen sich durchaus sehr verständig und gut; namentlich waren die Beweise von Anhänglichkeit und Treue, die etwa 300 von ihnen in Witzenhausen den Verbannten gaben, — ich war auch mit einigen Freunden hingefahren — von rührender Wahrheit, und von allen unzeitigen Einmischungen politischer Partheigesinnungen völlig frei; ich habe selten einen schönern Tag erlebt als den in Witzenhausen. Die Studenten sehen grofsentheils die Universität als aufgelöst an, und wiewohl sich Mehrere, so wie auch ich, noch bemühen ihre Zuhörer zusammenzuhalten, damit sie das Semester nicht ganz verlieren, betrachte ich doch auch die Univ. kaum noch als existirend. Wie wird es irgend möglich sein, die entstandenen und noch entstehenden Lücken mit Männern zu besetzen, deren Charakter der Jugend Vertrauen einflöfst. Ich bin sehr begierig zu erfahren, welche Vorsätze und Meinungen darüber auf andern Universitäten herrschen. Was mich betrifft, so werde ich auf keinen Fall, wenn sich nicht Vieles ändert, über dies halbe Jahr hinaus Professor an der Univ. bleiben können; ich wünschte nur, dass die Umstände gestatteten, dass ich privatisirend in Göttingen, in meinem Haus und Garten, einige Jahre bleiben, und ein und das andere Handbuch abfassen könnte, womit ich mir das Leben wohl fristen wollte; dann wird ja wohl irgend ein Unterkommen für mich zu finden sein, oder, worauf ich im Geheimen hoffe, es ist dann schon ein solcher Umschwung in den Verhältnissen eingetreten, dass an eine Herstellung der alten, ehrwürdigen *Georgia-Augusta* gedacht werden kann. Doch das sind bei so betrübten Zeiten sehr sanguinische Hoffnungen.

Nun haben Sie Alles, was ich gerade über diese Sachen zu sagen habe, und Alles andere tritt dagegen für mich in dem Augenblick so zurück, dass ich davon nicht schreiben mag. Nur dass meine Frau der Ihrigen für den lieben freundlichen Brief aufs Herzlichste dankt und nächstens antworten wird. Auch die Frauen sind jetzt hier sehr aufgeregt.

Wenn Sie HR. Ternite sehen: ich habe sein letztes Schreiben empfangen und danke bestens; ich werde nächstens antworten, wenn ich zu etwas mehr innerer und äufserer Ruhe gelangt sein werde.

Nun leben Sie wohl. Gedenken Sie meiner in diesen bedenklichen Zeiten mit Ihrer treuen Freundschaft, und lassen Sie mir durch Herrn Wunderlich, wenn Sie Zeit haben, etwas von Ihren Gedanken über die Sache zukommen.

Ihr

COM.

[Berlin,] 5./1. 38.

Theuerster Freund.

Mit dem gröfsten Vergnügen und Bedauern zugleich habe ich Ihren lieben Brief erhalten und denselben sogleich ausführlich beantwortet, ja sogar vor Empfang desselben gröfstentheils geschrieben, da ich Nachricht erhalten hatte, dass ein Brief für mich da sei, diesen aber nicht sogleich erhalten konnte. Diese erste Antwort habe ich jedoch aus Gründen zurückbehalten. Meine Ansichten und Gesinnungen kennen Sie, und Sie kennen meine unverbrüchliche Freundschaft und Liebe, welche durch Alles, was Ihnen Unangenehmes und Widriges geschehen kann, nur vermehrt werden könnte: doch lebe ich der Hoffnung, dass Sie das Widrigste werden überstanden haben; wo nicht, so werden Sie es mit der Männlichkeit und mit derjenigen Würde des Geistes und der Gesinnung ertragen, die Ihnen eigen ist, was Ihnen um so leichter seyn wird, da Sie zugleich ein glückliches Temperament haben, wodurch Sie sich selber nicht zur Last sind, und also auch mehr ertragen können. Ich habe den Gang der Begebenheiten genau verfolgt, und mit Theilnahme nicht allein, sondern mit derjenigen Theilnahme verfolgt, als wenn ich mitten darin stünde: ich habe gehört und gelauscht und überall herumgestöbert, um zu finden, wie Sie dächten, und kann nur Ihrer ruhigen und würdigen Haltung meinen vollsten Beifall geben. Auch was Sie von Ihrer vortrefflichen Frau schreiben, hat mich sehr erfreut; und was ich von Ihrer kleinen Julie gehört habe, erinnert mich an die spartanische Gorgo, ausser dass sie nicht nöthig hatte zu sagen: Πάτερ, διαφθερέει σε ὁ ξεῖνος, da Sie nach allen Seiten *fidem incorruptam* bewiesen haben und beweisen werden. *Sapienti sat!*

Ich habe erst vor Kurzem erfahren, dass allerdings die Berufung, welche zu Ihren Ohren gekommen ist, intendirt war. Crede hat sich, wie er mir selber sagte, darüber geäussert; ich habe aber nachher auch gehört, dass Schulze die Sache hatte liegen lassen, weil er sich scheute, sie an den König zu bringen. Das ist nun freilich lächerlich, da sie auf jeden Fall an den König musste; und ich würde es kaum glauben, dass Schulze so gehandelt habe, wenn er es mir nicht auch selber gesagt hätte. Das Ganze ist ungeschickt: und wer die Annehmlichkeit Ihrer Verhältnisse in Göttingen kannte, musste es für eine *bévue* halten, Sie bewegen zu wollen, dass Sie diese Stellung aufgäben gegen eine hiesige, welche mit mehrern Unannehmlichkeiten verbunden seyn musste, da hier besonders in Bezug auf das Museum doch manche Collisionen würden entstanden seyn. Jetzo denke ich über die Sache anders, und sollten Sie im Laufe der nächsten Zeiten, und wenn sich erst über den weitern Gang der Dinge ein Urtheil fällen lässt, wirklich Ihre Stellung unbehaglich finden, so denke ich doch, dass sich etwas wird machen lassen. Sie können alsdann Ihre Sache in keine treueren Hände legen als in die meinigen, vorausgesetzt dass Sie sich dann gern hierher begeben würden. Ich würde zugleich darauf rechnen, dass Sie mir Einiges abnähmen.

Ich breche ab, vorzüglich weil ich gern so mit Ihnen spräche, wie wenn es mündlich geschähe: aber Briefe sind unsicher, und jedes Wort ist der Missdeutung Uebelwollender ausgesetzt. Also nur noch das herzlichste Lebewohl und die wiederholte Versicherung meiner innigsten Freundschaft und Verehrung. Meine Frau lässt herzlich grüfsen, und ich die Ihrige. A. v. Humboldt war erfreut Ihren Brief zu hören, den ich ihm vorgelesen habe.

Böckh.

Der in dem Vorstehenden erwähnte, nicht abgeschickte Brief vom 2. Januar 38 (begonnen 24. December 37) lautet so:

[Berlin,] 2./1. 38.

Mein theuerster und verehrtester Freund.

Nicht blofs wegen meiner Geschäfte, die allerdings schwer auf mir lasten und mir keine freie Lebensregung gestatten, habe ich seit unserm letzten Zusammensein nicht geschrieben, sondern auch aus Missbehagen an den Hannöverschen Zuständen, über welche ich meine Ansicht schon bei Ihnen anzudeuten Gelegenheit hatte. Der Briefwechsel schien mir für solche Zeit unangenehm; die Berührung der Verhältnisse war nicht zu vermeiden, und ich war unsicher, bis zu welchem Grade ein Einverständniss zwischen uns Statt fände. Hierüber bin ich nun freilich schon in den letzten Tagen unzweideutig vergewissert worden, da ich mich von einem Tage zum andern genau in Kenntniss von Allem gehalten habe, was sich aus den verschiedenen Zeitungen ersehen liefs; es versteht sich, dass dieselbe Spannung über den Gang der Angelegenheiten und über die Theilnahme und das Benehmen der einzelnen Männer in derselben hier allgemein ist, und von derselben allmählig auch die Unempfindlicheren fortgerissen werden: alle diejenigen, auf deren Urtheil Sie was geben können, ja ich weiss sogar keinen andern, sind nur höchst erfreut darüber gewesen, dass Sie sich wacker und standhaft und edel auf der Seite der Edlen und ihrem Eide Getreuen gehalten haben, ohne sich durch die Rücksicht auf zeitliche Güter und Bequemlichkeit des Lebens oder durch Kleinmuth abhalten zu lassen, Ihr Glaubensbekenntniss offen darzulegen. Ihr Schreiben, welches ich heute erhalten habe, hat meine Freude hierüber in innige Rührung verwandelt; und mit dieser vereint ist in mir die Begeisterung für die Grofsherzigkeit der Männer, welche nicht Bedenken getragen haben, sich dem Unrecht muthig entgegenzustellen. Aber ich kann Ihnen auch den Ingrimm nicht verbergen, welchen die Feigheit und Trägheit der Uebrigen in mir aufrührt, und der Lügengeist, welcher durch diese ganze Geschichte durch thätig und lebendig ist. Um nicht an der Würde der menschlichen Natur zu verzweifeln, muss man sich die wenigen Beispiele von Charakterstärke, welche sich hier bewährt haben, stets vor Augen halten, und es gereicht unserm Stande zur Ehre, dass er, wie die Philosophen des Alterthums, nur das Wahre und Sittliche im Auge behalten hat, während Minister und andere Beamte sich in armseliger Knechtsgesinnung vor der Gewalt gedemüthigt haben, um ihr Aemtchen nicht zu verlieren. Aber was wäre auch Wissenschaft und Gelehrsamkeit werth, wenn sie nicht dem Geiste Muth und Kühnheit gäben, die Ueberzeugung selbst dann festzuhalten, wenn der Machthaber sie abzuschwören gebietet?

Vorgestern ist mir mit Ihnen ein wunderlicher Spafs vorgekommen. Ein Professor, der zugleich ein Geistlicher und ein Hofmann ist, sagte zu mir, als wir uns in dem Salon eines Prinzen vor der Tafel sahen — wir sind sehr gute Freunde — mit lieblicher Miene: „Nun, Ihr lieber Freund Müller hat sich ja recht wohl gehalten." Ich hatte eben vor zwei Stunden Ihre Erklärung in der Hamburger Zeitung gelesen, und erwiederte ihm: „Allerdings; ich habe so eben gelesen, wie er sich erklärt hat." In demselben Augenblicke bemerkte ich, dass mein Freund überrascht war, und sagte ihm also: „Was verstehen Sie darunter, dass er sich gut gehalten habe?" „Nun," sagte er, „dass er keinen Antheil an der Protestation genommen hat, sondern sich ganz ruhig und ohne Opposition verhält." Er hatte noch nicht gelesen, was Sie bekannt gemacht haben; ich setzte ihm die Sache auseinander und hatte die Genugthuung, dass er sehr bald meiner Meinung war! Wenn anders dies eine Genugthuung ist, Männer, die man schätzt, des Bessern zu überzeugen, obgleich man nicht sicher sein kann, dass sie, wenn der nächste Interlocutor ihnen das Gegentheil sagt, auch diesem wieder beistimmen werden.

Meine Frau hat der Ihrigen von einem grofsen und edlen Mann geschrieben, wie wohl er sich in Ihrem Hause gefallen habe. Ich habe diesem heute Abend Ihren Brief vorgelesen, und er hat sich Ihrer Gesinnung, Ihrer Wärme, womit Sie die Sache auffassten, herzlich gefreut. Ich hatte geglaubt, auch factisch Neues würde für ihn der Brief enthalten; aber er wusste schon mehr, als Sie geschrieben haben; denn der Ueberbringer Ihres Briefes muss noch viele andere mitgebracht haben, die ihm waren vorgelesen worden. Er las mir dagegen ein sehr lahmes Schreiben von Gauss vom 15. Dec., welcher die Ehre gehabt hat, unverdienter Weise mit Ihnen zusammengestellt zu werden.

Mit Sorgen um zeitliches Auskommen muss Keiner von Ihnen sich irgendwie kümmern. So lange Sie in der Unterdrückung leben, wird gewiss von allen Seiten gesteuert werden, um zu helfen, wenn es Noth thut. Ich halte Sie nicht für dessen bedürftig; aber sollten die jüngern, die mit Ihnen gezeichnet haben, Noth leiden, so wird man Hülfe schaffen, sobald es gewünscht, sobald Nachricht gegeben wird, dass es nöthig sei. Auch will ich nicht in Abrede stellen, dass, wenn der erste Sturm vorüber ist, den grofsen Talenten, die Ihr König von sich stöfst, bei uns eine Laufbahn eröffnet werden könnte. Kommt Zeit, kommt Rath; mehr will ich nicht sagen. Nichts würde mir angenehmer sein, als in meinem herannahenden Alter Ihnen Anfangs zum Theil, zuletzt ganz meinen Platz einzuräumen, sobald Sie ihn wünschen. Bisher habe ich Ihre Stellung für die gehalten, die Ihnen vor jeder andern angenehm und behaglich sei, und der Versuch, Sie aus derselben herauszuziehen — der, beiläufig gesagt, doch wirklich beabsichtigt war — erschien mir daher als ungeschickt.

Noch habe ich den Ueberbringer des Briefes nicht gesprochen, der heute in meiner Abwesenheit bei mir war, und hinterliefs, er werde morgen wiederkommen, wenn ich aber einen Brief, den er mitgebracht habe, früher erhalten wolle, so sollte ich ihn bei seinem Bruder holen lassen. Dies habe ich gethan, und darauf habe ich mich heute Abend nach Tische hingesetzt, um zu schreiben, weil es mir Herzensbedürfniss war, obwohl ich weiss, dass ich das Schreiben nach dem Abendessen nicht vertragen kann. Ich denke morgen noch mehr mündlich zu erfahren. Für heute aber will ich abbrechen. Ich bin seit vielen Tagen von den Göttingischen Verhältnissen sehr aufgeregt; und mein Herz hat nicht den zehnten Theil von dem, was ich empfinde, in die Feder fliefsen lassen, weil die Unsicherheit aller Mittheilungen, bei parteisüchtigem Misskennen freier Aeufserung, was immer zu befürchten ist, wie ein Wurm die Blüthe des Ausdrucks aller Gefühle abnagt und schon den halbgeborenen Gedanken erwürgt, so lange man noch in einer Lage ist, welche nicht erfordert, die Sache auf die Spitze zu stellen. Das ist der Fluch, welcher auf der Halbheit ruht, zu welcher wir verdammt sind. Könnte man nur auch hier sagen: Πλέον ἥμισυ παντός!

Bis hierher habe ich schon vor neun Tagen geschrieben; ich habe seither nichts wieder gelesen, und es scheint mir, dass in Rücksicht der Sechse nicht so rasch und zugreifend als gegen die Sieben verfahren werden soll. Dem sei wie ihm wolle, so weifs ich weiter nichts hinzuzufügen. Meine Frau lässt herzlich grüfsen; empfehlen Sie mich der Ihrigen ebenfalls recht herzlich. Es hat mir Freude gemacht zu hören, dass nicht allein die Frauen, sondern selbst die kleinen Mädchen Antheil nehmen, rechte kleine Gorgo-Mädchen.

Da die Inquisition überall lauscht, und nach Ihrem Briefe den Briefen überall nachgespürt wird, so bitte ich diesen wohl zu verwahren oder zu vernichten; denn obgleich nichts darin steht, was ich nicht vertreten kann, so ist man doch gegen Verdrehung und Verläumdung nicht sicher.

Stets mit unveränderlicher Liebe und
Freundschaft
der Ihrige.

Göttingen, 18. Febr. 1838.

Mein theurer, innig verehrter Freund.

Ihr letzter Brief war mir eine grosse Stärkung und Beruhigung. Dass Sie es billigen, dass ich gerade den Weg eingeschlagen, wo ich rechts und links vor mir die Menschen auf so vielerlei verschiedenen Wegen einhergehen sehe, hat mich in meiner Weise sehr befestigt; und dass Sie sich erbieten, wenn meine Stellung mir hier unbehaglich würde, sich meiner in Preufsen anzunehmen, hat mich lebhaft gerührt. Ich weifs, wie Viel wenig Worte bei Ihnen zu sagen haben, und mit welcher Wärme der Freundschaft Sie Ihre Worte wahr machen; Sie würden die Schwierigkeiten nicht scheuen, die die Anstellung jedes auch nur ein wenig in politische Angelegenheiten verflochtenen Gelehrten bei den Deutschen Regierungen findet. Ich werde mich auf jeden Fall, wenn meines Bleibens hier nicht mehr sein kann, vor allen Andern an Sie wenden, und meine Wünsche und Hoffnungen ganz in Ihre treuen Hände legen.

Fürs erste habe ich keine Besorgniss um meine persönliche Stellung, aber eine sehr grofse um die Ehre unsrer Universität. Unsre damalige Erklärung gegen die Rothenkirchner Deputation hat keine üblen Folgen für uns gehabt. Eben so ist die Verwahrung, die Einige von uns dem Huldigung-Revers beigefügt haben, dass dies Gelöbniss der Treue gegen den Landesherrn die Pflichten nicht ändre, die Einer nach seiner Ueberzeugung gegen die Verfassung des Landes habe, vom Cabinet nicht gerügt, ja es ist ausdrücklich anerkannt worden, dass den Wahlcorporationen nach ihrer Ueberzeugung zu handeln, durch die Huldigung nicht benommen sei — was sich freilich ganz von selbst versteht. Ich habe demgemäfs auch als Wähler bei der Stadt und bei der Universität erklärt, warum ich nicht wählen könne. Ich glaube fest, dass Protestationen der alten Wahlcorporationen beim Bundestag und Nichtwählen der aufgerufenen der rechte Weg zur Wiedererlangung der Verfassung gewesen wäre; in wenigen Monaten hätte Alles in die vorige Ordnung kommen müssen. Leider haben aber nur wenige Hannoveraner so viel Einsicht in diese Sachen und so viel Festigkeit, wie die edlen Osnabrükker; die Meisten stellen sich dabei gar nicht auf den Standpunkt des Rechts, sondern nur des faktischen Erfolgs, den sie sich als den nächsten denken. Die gewählten Deputirten betrachten sich grofsentheils gar nicht als Abgesandte zum Landtag nach der Verfassung von 19 (die freilich auch ganz und gar verstümmelt ist), sondern überhaupt als Vertreter des Landes, die die rechtmäfsige Verfassung zurückfordern sollen: eine ganz formlose und beinah, möcht ich sagen, revolutionäre Mission, der ich mich um Alles in der Welt nicht unterziehen möchte, wiewohl sie aufser den Liberalen von der letzten Ständeversammlung auch manche sehr gewissenhafte und streng loyale Männer übernahmen, wovon ich ein Beispiel ganz in der Nähe habe. Für die Univ. wäre es gewiss das Geziemendste gewesen nicht zu wählen; auch konnte zuerst die gehörige Versammlung von wenigstens ⅔ der ordentlichen Professoren nicht zu Stande kommen; doch hat man keine Kniffe und Pfiffe gespart um es zur Wahl zu bringen, und morgen, fürcht' ich, blamirt sich die Universität durch eine der Sache des Landes schädliche Wahl.*) Es ist

---

*) Die Universität hat den OAR. Planck in Celle ge-

mir um so fataler, wenn die Universität im Ganzen kein Herz für Recht und Landeswohl und keinen Sinn für ihre so tief gekränkte Ehre zeigt, da mit einigem Muth und Vertrauen auf eine gute Sache noch Alles zu gewinnen wäre. Das Urtheil, welches die Deutsche Gelehrtenwelt durch Ablehnung der nach verschiedenen Seiten gesandten Berufungen gesprochen hat, verfehlt seine Wirkung nicht. Der König, dem vorgespiegelt war, es sei ein Leichtes die Universität wieder zu ergänzen, der den Göttinger Bürgern selbst die gröfsten Verheifsungen gegeben hat, ist sehr empfindlich über die bisherige Erfolglosigkeit dieser Bemühungen. Es fehlt nach meiner Ansicht der Sache nicht mehr viel daran, dass eine Revision des Verfahrens gegen die Sieben vorgenommen, und die Nichtigkeit der Voraussetzungen, unter denen sie abgesetzt und verbannt sind, eingesehen wird. Hierzu irgend etwas beitragen zu können, würde mir eine grofse Freude sein, und da ich einer der wenigen bin, welche sich in den Augen der Sieben selbst nicht so herabgesetzt haben, dass sie noch redlich und aufrichtig darnach streben können, wieder ihre Collegen zu werden: so will ich mich nicht voreilig der Bestimmung, vermittelnd und versöhnend zu wirken, entziehen. Prof. Ewald hat eben einen ganz bestimmten Ruf nach Tübingen erhalten, den der König von Würtemberg selbst genehmigt haben muss: das könnte ein gewaltiges *Compelle* für unsere Regierung werden. Kurz, Sie sehen, ich verzweifle noch nicht an unsrer *Georgia Augusta* und scheine auch schon Manchen nicht mehr so thöricht, wie vor einem Monate, wo man mich mit meinen Hoffnungen lächerlich fand.

Das ist nun wohl das erstemal, wo ich in einem Briefe an Sie erst am Rande der dritten Seite Raum finde, etwas von meinen literarischen Beschäftigungen zu melden. Ich bin um Festus ziemlich fleifsig gewesen. Darf ich Ihnen eine Recension über die Indo-Griechischen Münzen in unsern G.A. recommandiren, wenn Sie eine Uebersicht des wissenschaftlichen Ergebnisses dieser an entlegnen Orten sehr zerstreuten

---

wählt, also einen durchaus redlichen, vortrefflichen Mann, aber man zweifelt sehr, ob er es annehmen werde.

Untersuchungen haben wollen; ich habe mich mit dem gröfsten Interesse mit der Sache beschäftigt, und denke auch ein Exemplar der Blätter in Ihre Hände zu bringen.

Ich umarme Sie, bester, edelster Freund, in Gedanken hundertmal. Könnt' ich Ihnen nur sagen, wie wohl mir Ihr letzter Brief gethan hat.
COM.

Meinem grofsen Gönner Al. v. Humboldt bitte ich Sie mich inständigst zu empfehlen. Ich bin jetzt mit der Lektüre des Werks, das ich seiner Güte verdanke und recht mit Musse studirt habe, fertig, und habe für unsere G.A. von den Untersuchungen, die ins classische Alterthum einschlagen, Bericht erstattet. Ich hoffe, dass es Heeren bald abdrucken lässt.

Noch ein Rand-PS. Wenn Herr HR. Ternite zu Ihnen kommt, wollen Sie ihm für mich den Empfang seiner letzten Sendung dankend bezeugen, und ihn fragen, ob es Eile hat mit der Zurücksendung der lithographischen Probeblätter? Wird Ihre Rede in der Academie in Druck erscheinen? Wollte Gott, man vernähme mehr solcher Stimmen aus Berlin.

Berlin, d. 30. März 38.
Verehrtester Freund.

Mein Leben hat einen gewissen Grad von Unbehaglichkeit erreicht, der mich zugleich verstimmt und mir die Elasticität des Geistes raubt. Ich werde den ganzen Tag wie ein Thier auf dürrer Heide herumgetrieben; ich habe das eigenthümliche Missgeschick, dass, während andere Rectoren der hiesigen Universität ihr ganzes Jahr hindurch meist wenig zu thun haben, sich in meinem Rectorat alles zusammendrängt, so dass ich kaum zum Bewusstsein komme. Diese Tage her habe ich mich wieder mit dem durch Zeitungen bereits berichteten Gansischen Ehrentag anmuthiglich beschäftigen müssen, wobei auch die Göttinger Angelegenheiten wieder zur Sprache kommen, sowie ich schon vor etlichen Monathen mit den Subscriptionen in Collision oder wenigstens Berührung gekommen bin; denn auch dieses trifft sich, dass wenn Göttingen nicht in Ordnung ist, ich hier als Rector damit zu thun haben muss; ich war gerade auch zur Zeit der dortigen Revolution hier im Amt. Die fortdauernden Occupationen sind daher Schuld gewesen, dass ich auf Ihren lieben Brief vom 18. Febr. noch nicht geantwortet habe, obgleich mich Ternite einige Male zum Schreiben veranlassen wollte, indem er Briefe zu bestellen sich erbot. Mittlerweile wird er mein Bild geschickt haben; und irre ich nicht, so hat der Ref. Wunderlich meine akademische Rede für mich an Sie besorgt. Ich erwarte von Ihnen ein Programm und den Lectionskatalog, von welchem ich in den Zeitungen gelesen habe. Aus allen Nachrichten, die ich freilich nicht vollständig, sondern nur zufällig theilweise zu Gesicht bekomme, kann ich über den wirklichen Zustand der dortigen Angelegenheiten nicht zu einer klaren Einsicht gelangen; ich bin auf den Ausgang sehr begierig. Heute habe ich die Albrecht'sche Vertheidigung gelesen; juristisch mag sie gut sein, aber im Ganzen hat sie mir nicht besonders gefallen, und ich glaube nicht, dass sie einen bedeutenden Eindruck hervorbringen kann. Ihrem ganzen Benehmen kann ich meinen vollsten Beifall nicht versagen, und ich höre auch keine andern Stimmen. Ternite hat mir von der günstigen Stimmung höchster und hoher Personen hierselbst für Sie gesagt; und ich habe dem Geh. R. Schulze mit Vorlesung Ihres Briefes bemerkt, wie Sie in Rücksicht einer Berufung sich gegen mich geäussert hätten. Ich zweifle auch nicht, dass sich diese, sobald Sie wollen, wenn auch nicht dann augenblicklich, doch bald nachher, werde bewerkstelligen lassen, wenn Geld vorhanden ist: doch stellt Ternite sich die Sache zu leicht vor, weil er die Verhältnisse nur oberflächlich kennt und keine tiefere Einsicht in das innere Triebwerk dieser Dinge hat. Dies schreibe ich, nicht wissend ob Ternite Ihnen über die Sachen nähere Notizen gegeben hat, auch nicht um Sie (der Sie ohne Zweifel seine Vorstellungen sich selbst berichtigen werden, wenn er Ihnen darüber etwas geschrieben haben sollte) zu belehren, sondern eben nur, weil ich der Wahrheit gern die Ehre gebe, und sanguinische Täuschungen, die der gute Maler in seinem Kopfe hat, nicht leiden mag. Er ist mir in dieser Beziehung um so unbegreiflicher, da er mit dem General v. Müffling, dem Schwager des Hrn. v. Schele, viel verkehrt, und also besser unterrichtet seyn könnte, als er wirklich ist.

Doch lassen wir diese Sachen so lange, bis sie an der Zeit seyn werden! Nur Eines fällt mir noch bei. Der gute Steffens, der nebenbei eine alte Base ist, mag davon gehört haben, dass ich mich dafür interessire, dass Sie hierher kommen möchten. Wie ich vernehme, hat er darauf die Vermuthung gegründet, ich wünschte meine Stellung bei der Universität aufzugeben und sie gegen eine Stelle als Rath im Ministerium zu vertauschen. Wenn kleinliche Menschen es nicht begreifen können, wie man aus Eifer oder Liebe, oder wie Sie es nennen wollen, für das Rechte und Gute handeln könne, ohne dabei persönliche Zwecke zu haben, mag dieses als diejenige Ansicht geduldet werden, die man von solchen eben erwarten muss; aber wie ein Mann wie Steffens solch dummes Zeug aushecken kann, begreife ich nicht.

Meine Schrift über die Mafse und Münzen etc. habe ich in abgerissenen Stunden diesen Winter noch einmal durchgearbeitet, vorzüglich um die Darstellung noch präciser zu machen und die Schreibart zu verbessern, die etwas nachlässig war. Ich habe nun den Druck beginnen lassen, und es sind zwei Bogen endlich fertig. Einige Parthien habe ich ganz umgearbeitet, namentlich die über die Münzen mit ∵ XIII, wobei ich die Beziehung auf Römisches Geld ganz weggeworfen habe, weil ich bei näherer Betrachtung und wiederholter Untersuchung sie ganz unglaublich fand; an einer andern Stelle eingefügt hat mir die Erwägung dieser Münzen den eigentlichen Schlussstein für die Untersuchung über das Sicilische Geldsystem gegeben. Ihre Recension über die Indisch-Griechischen Münzen habe ich noch nicht gesehen. Was für einen Festus Sie herausbringen werden, darauf bin ich begierig; es ist ein desperates Buch, bei dessen Gebrauch ich jedesmal ärgerlich werde.

Das Programm *de exilio*, dessen Zusendung ich nach meiner obigen Aeufserung erwarte, wird wie ich höre (denn ich habe den betr. Artikel in den Zeitungen zufällig noch nicht gesehen) dem alten Mitscherlich zugeschrieben. Ich kann dies nicht wohl begreifen und erwarte Ihre Aufklärung darüber.

Ich wollte noch viel schreiben; aber es kommen mir zu viel Störungen dazwischen. An diesem Briefe habe ich drei Tage geschrieben, und so will ichs dabei bewenden lassen. Herzliche Empfehlungen von uns allen an Ihre ganze Familie: vergessen Sie auch nicht Vater Hugo dabei.

Mit der herzlichsten Freundschaft
ganz der Ihrige
Böckh.

Göttingen, den 5. April 1838.

Ich will Ihren lieben Brief, mein verehrter Freund, sogleich und mit einiger Ausführlichkeit beantworten; vielleicht kann ich dadurch etwas zu Ihrer Zerstreuung und Aufheiterung bei Ihren lästigen und erdrückenden Rectorats-Geschäften beitragen. Was ich freilich von hier zu melden habe, ist nicht gerade das Erfreulichste. Eine Vorstellung des Senats und der Stadt an den König, dass die Universität im höchsten Grade leiden werde, wenn ihr die Wirksamkeit der 7 Prof. nicht wiedergegeben werden könne, ist durchaus negativ beantwortet worden, ohne dass das Cabinet sich darauf eingelassen hat, was nun aus der Universität werden solle. Man hat zwar Grund zu glauben, dass wenn der und jener von den 7 den gethanen Schritt entschuldigte, man ihn gern wieder anstellen würde; und für einzelne entstehen gerade aus dieser Möglichkeit sehr schwere Conflikte von verschiedenen Pflichten und Neigungen; aber das Ergebniss wird immer sein, dass keiner derselben sich von einer Sache losreifsen kann, die er einmal im Angesicht von Deutschland ergriffen hat. Ich bin selbst in Verhandlungen der Art mit hineingezogen worden, aber habe dabei immer festgehalten, dass keiner der 7 eine Erklärung geben könne, worin er den Schritt selbst tadelt, und so gewissermassen zum Gegner derer wird, an die er sich angeschlossen. Ich habe auch Graf Münster, der wenigstens einen grofsen moralischen Einfluss auf das gegenwärtige Cabinet hat, und zu dem ich von früherer Zeit her ein grofses

Vertrauen hatte, ausführlich die Lage unsrer Universität geschildert, aber mich aus seiner Antwort überzeugt, dass er doch ganz in einer Partheiansicht befangen ist, die Verfassung von 1819 als sein liebes Kind ansieht, das die Legislatoren von 1831 nur verhunzt hätten, also sich nicht auf den freien Standpunkt erhoben hat, von dem er das gegenwärtige Heil des Landes richtig fassen könnte. So ist denn freilich von der gegenwärtigen Regierung für die Universität keine günstige Aenderung ihrer Prinzipien zu hoffen. Von welcher Seite her aber in der Regierung selbst Veränderungen der Personen oder Maximen nöthig gemacht werden könnten, ist auch nicht abzusehn. Es ist eine traurige Erfahrung für das ganze constitutionelle Wesen, dass die Ueberzeugung, welche gewiss an neun Zehntel der gebildeten und rechtlichen Leute in diesem Lande haben, doch in den Ständen, namentlich der zweiten Kammer, so wenig consequente Vertreter findet. Freilich hat gerade in diesem Falle das Schwanken der Verfassungsfreunde zwischen Wählen und nicht Wählen, Wählen mit Vorbehalt und ohne Vorbehalt, und in den Kammern zwischen Erledigen der Competenzfrage und Aufsichberuhenlassen, Weggehn und Bleiben die Kräfte der Opposition sehr zersplittert, und besonders hat ein früherer liberaler Deputirter, Dr. Lang, durch die Einbildung sehr geschadet, dass durch seine Weisheit ohne Erledigung der eigentlichen Streitfragen alle Interessen versöhnt werden könnten. Wie es nun steht, hat diese Kammer der Regierung schon durch den Schein ständischer Verhandlungen, sowie durch die Bewilligung der Steuern in bisherigem Maaſse auf ein Jahr hinaus, groſse Dienste geleistet und Verlegenheiten erspart, wenn auch die Einführung der projektirten neuen Verfassung schon an dem sehr nachdrücklichen Widerspruche der ersten Kammer scheitern wird. Besonders fürchtet man, dass durch die fortgehenden ständischen Verhandlungen im Lande die Protestation, die von Osnabrück wirklich an den Bundestag ergangen ist, sehr an ihrer Wirkung verlieren werde. So sind wir also noch ganz ohne eine bestimmte Aussicht, auf den Boden einer wirklichen Verfassung wieder zu gelangen, denn die von 1819 ist nach den darin gemachten willkührlichen Aenderungen kaum eine Verfassung zu nennen. Aber so wenig die Mittel und Wege abzusehn sind, so haben doch Viele die innere moralische Ueberzeugung, dass ein in sich so ungesunder Zustand nicht auf die Länge bestehen könne, und dass irgendwoher Hülfe für das Land und die Universität kommen müsse. Und an diesen so ganz unbestimmten Hoffnungen festhaltend lebe ich so hin.

Mein äufseres Leben hier dürfen Sie sich indess bis jetzt in keiner Hinsicht ins Unangenehme verändert denken. Die philologischen Studien sind im vorigen Semester, nach einer kurzen Erschütterung, wieder vollkommen in Ordnung gebracht und ganz regelmässig durchgeführt worden. Das gesellige Leben ist in den Zirkeln, die sich für die gute Sache aussprechen, ungleich angenehmer, als in denen, die das Gegentheil oder keins von beiden thun. Man wird jetzt erst recht gewahr, was man an Göttingen in seiner letzten Blüthezeit gehabt hat, und geniefst die letzten Tropfen aus dem süfsen Becher mit wehmüthiger Lust. Keine schönern Gesellschaften, als die sich bei W. Grimm in enger Behausung vertraulich zusammendrängen. Die Erfüllung der constitutionellen Pflichten, unsrer Ueberzeugung gemäfs, hat von der Regierung bis jetzt keinen offenen Tadel erfahren; nach dem plötzlichen Schlage gegen die Sieben, der alle Gemüther einschüchtern sollte, ist wieder ein ächt Hannöversches Gehenlassen eingetreten, wo nicht gerade das Interesse des Cabinets unmittelbar angegriffen wird. Die gute Uebereinstimmung meiner ganzen Verwandtschaft in Göttingen über alle wesentlichen Punkte macht mir das Leben auch erträglicher und selbst angenehmer. Das Programm *de exilio*, welches aus Unkunde oder Muthwillen und Schalkheit Mitscherlich zugeschrieben worden, ist freilich von mir; ich konnte mich gerade in den Tagen, wo ich es machte, gar nicht von dem Gedanken an meine landesverwiesenen Freunde, besonders J. Grimm's für ihre gerade besonders drückende Lage, losreifsen; sonst habe ich eigentlich keine Anspielungen gesucht. Ich hoffe nicht, dass man deswegen die Professur der Eloquenz, wie in Westphälischer Zeit, unter Censur setzen wird; dann würde man die Anspielungen mehr suchen. Ich sende diese meine sehr unbedeutenden

Academica — die ich schon Herrn Stud. v. Kleist mitgeben wollte, aber sie etwas zu spät zu ihm schickte — nebst einigen Recensionen durch die Dieterichsche BH. an Sie; eine der letztern bitte ich Sie Herrn v. Humboldt mit meinen angelegentlichsten Empfehlungen zuzustellen.

So sehr ich, wie Sie sehen, noch mit allen meinen Gedanken und, ich muss sagen, auch mit meiner ganzen Studirweise in Göttingen wurzle: so angenehm ist mir der Gedanke, einen Rückhalt in der, wenn auch noch so problematischen Aussicht nach Berlin zu haben, nur dass ich nicht ohne Noth das Experiment machen möchte, was dort für mich zu erreichen wäre. Vor einiger Zeit glaubten wir schon hier an einen förmlichen Bann gegen alle Göttinger, da Nachrichten aus Leipzig, Cassel, Copenhagen darin zusammentrafen, dass die Regierungen weder einen der 7, noch auch andere Lehrer von G. gegenwärtig berufen wollten. Doch ist Ewalds Berufung nach Tübingen ganz sicher, und er wird sie ja auch wohl annehmen, und die Sächsische Regierung wird sich nun auch wohl nach dem Geschehenen für emancipirt achten. Wenn nur Dahlmann und J. Grimm durch ihre Schriften über die Sache, die in Basel gedruckt werden, nicht aufs neue die Regierungen und viele Personen gegen sich einnehmen. Diese werden gerade das moralische Moment der Sache, das Albrecht absichtlich bei Seite gelassen hat, geltend machen, gewiss mit viel Ethos und Pathos, μάλα σεμνῶς, aber ich fürchte, sie verwickeln sich in Universitäts-Querelen, die unsre Hoffnungen ganz abschneiden, und ihrer eigenen Sache schaden. Ich habe dem lieben J. Grimm sehr abzureden gesucht, aber er kann eine moralische Indignation nie herunterwürgen, was man doch manchmal muss. Auch die Vorrede von Dahlmann zu Albrechts Schrift·kann ich nicht zweckmässig finden.

Die Rede, dass Sie immer mehr Regierungsgeschäfte übernehmen und academische abgeben wollten, war mir auch, selbst durch Gerhard, zugebracht worden; ich habe sie aber gleich unglaublich gefunden, und mich bei Ihrem Hiersein im Stillen noch vollkommner überzeugt, wie sehr Ihnen Ihr Lehramt ans Herz gewachsen ist. Wie wäre es anders möglich! Mir würde eine Versetzung, wenn einmal der Fall käme, gerade dadurch viel schwerer, wenn ich Sie in irgend etwas, als einigen lästigen Geschäften, zu ersetzen bestimmt werden sollte.

Ihre sinnvolle academische Rede — συνετοῖς συνετά — habe ich mit grofser Freude erhalten. Was Sie Nachlässigkeit in dem Style Ihres Werkes über Maafse und Münzen etc. nennen, schien mir ein Colorit der Rede, das mit dem rasch vordringenden, immer frischen und kräftigen Gange Ihrer Untersuchung wohl übereinstimmte.

Vom Festus werde ich bald den Druck anfangen lassen können.

Grüfsen Sie Ternite und mäfsigen Sie seinen freundschaftlichen Eifer, für mich zu wirken, und behalten Sie nebst Ihrer lieben Frau mich und die Meinigen in freundlichem Andenken.

Von ganzer Seele

der Ihrige

COM.

[Berlin,] den 10. April 38.

Verehrtester Freund.

Herzlichen Dank für Ihren lieben Brief, der gestern angekommen ist. In Rücksicht der Hannöverschen Sachen war er mir nicht besonders tröstlich; so viel aber sehe ich ein, dass nicht lange dieser Zustand bleiben kann. Die Halbheit schadet überall, und die jetzt Concessionen machenden Stände werden doch nicht lange in dieser ihrer halb demüthigen halb widerspenstigen Stellung bleiben können. Da ist unser Hr. Minister von Rochow zu loben; wenn dessen Briefe gedruckt werden, so wissen wenigstens alle Leute, woran man sei, und die Illusionen vieler guten Preufsen verschwinden vor diesem Grade der Servilität, welcher geleistet und gefordert wird.

Ternite hat mir Ihr Bild gezeigt; es ist fertig und schön gearbeitet, der Ausdruck wahr, die Aehnlichkeit überraschend; vielleicht sehen Sie etwas zu sanft aus: jeder muss aber davon den Eindruck einer edlen und sinnigen Milde gewinnen. Die

Lithographie wird nach den Proben, die ich von demselben Künstler gesehen habe, ausgezeichnet werden.

Lachmann beabsichtigt anzutragen, dass die hiesige philos. Fac. Ihrem Schwiegervater zu seinem Jubiläum das Doctordiplom schicke. Ich frage deshalb im Einverständniss mit ihm an, ob er wirklich noch nicht Dr. philos. sei. Diese Anfrage bestimmt mich besonders gleich heute zu schreiben, und ich bitte um baldige Antwort.

Ich habe in diesen Tagen angefangen die Rechenschaften der Neorienbehörde zu ordnen und herzustellen. Wie viel dabei zu leisten seyn wird, weiss ich noch nicht bestimmt; leider habe ich so wenig Zeit, dass ich werde fremde Hülfe gebrauchen müssen; wie viel dies schadet, lässt sich nicht bestimmen. Die Inschriften sind enorm gross, aber dennoch ist darunter kein vollständiger λογισμός.

Leben Sie wohl, Theuerster.

Von Herzen wie immer
der Ihrige
Böckh.

[Göttingen,] 27. April 1838.

Mein verehrter Freund.

Ihr lieber Brief vom 10ten d. Mts. ist erst den 25ten in meine Hände gekommen; ich muss daher eilen, die darin enthaltene Frage zu beantworten, wenn der Plan der philosophischen Facultät in Berlin noch ins Werk gesetzt werden soll. Mein Schwiegervater ist noch nicht Dr. philos., da er dieser Ehrenbezeugung von Seiten unserer Facultät immer ausgewichen ist; es sieht da so wie eine erzwungene Artigkeit aus. Von einer fremden Facultät, und insbesondere der Berliner, die den Dr. philos. in gebührenden Ehren hält, wird es ihm gewiss eine grofse Freude machen.

Unsre Angelegenheiten haben sich seit meinem letzten Briefe nicht eben geändert. Man ist erstaunend gespannt darauf, ob die zweite Kammer wieder zusammenkommen wird. Unsre Universität spielt bei der Vervollständigung derselben eine Rolle, bei der ich die einzige Genugthuung habe, nichts damit zu schaffen zu haben.

Von den Rechenschaften der Neorien-Behörde hege ich die gröfsten Erwartungen. Kommt wohl Bedeutendes über den Schiffbau darin vor? Ein Hannöv. Oberst von der Legion ist dabei, ein grosses Werk über den Bau der Kriegsschiffe aller Zeiten zu publiciren, mit sehr vielen schönen Zeichnungen; ich nehme einigen Antheil daran, und neue Details über die Ruderbänke würden mich sehr interessiren. Die von Dr. Ross bekannt gemachte Stelle über die Ziegel nöthigt mich meine frühere Meinung über die ἡγεμόνες ein wenig zu modificiren. Doch davon habe ich wohl schon geschrieben.

Herzliche Grüfse von meiner Frau. Behalten Sie lieb

Ihren

COM.

[Berlin,] d. 24. Juni 38.

Verehrtester Freund.

Nur um Ihnen einen freundlichen Grufs zu sagen, lege ich diese Zeilen einem Briefe an Ihren Schwiegervater bei, obgleich ich Anfangs mehr schreiben wollte: aber während ich mich daran machte, verlor ich die Zeit mit Suchen nach Einigem, wovon ich schreiben wollte, und muss davon nun doch fast ganz schweigen, da ich nicht so viel davon finden konnte, als ich wünschte, und der Brief gleich zur Post soll.

Ich bin noch immer sehr begierig über die Entwickelung der Hannöverschen Angelegenheiten, über deren Gang ich kein rechtes Urtheil gewinnen kann. Die Besetzung der erledigten Stellen zu Göttingen scheint langsam zu gehen, und wenn eine erfolgt, sehr schlecht zu seyn: wenigstens kenne ich den Subconrector Havemann nicht, der Ihr College geworden seyn soll. Was Ihre Meinung über Ihre eigene Stellung ist und wie Sie sich in dieser befinden, möchte ich gelegentlich wieder einmal gern hören. Dass hier aus den kunstarchäologischen Studien nichts herauskommt ungeachtet aller Hülfsmittel, so lange dieselben nur von denen geleitet werden, die sie jetzt leiten, davon habe ich mich kürzlich von Neuem bei Gelegenheit eines Hauptverwaltungsberichtes überzeugt, den ich als stellvertretender Reg.-Bev. zu verfassen hatte, und ich habe nicht unterlassen, dieses auch in den Bericht einfliefsen zu lassen.

Mit den' Neorien-Inschriften bin ich seit meinem letzten Briefe nicht vorwärts gekommen, weil mir allerlei dazwischen kam; in etlichen Wochen werde ich aber wieder daran gehen und sie sobald wie möglich herausgeben. Ueber die Ruderbänke wird wenig daraus zu entnehmen seyn; doch schien es mir, dass sich daraus bestimmen lasse, wie viel Ruderer jede Bank der Trieren hatte; die Zahl scheint keineswegs gleich zu seyn. Doch habe ich die verschiedenen Stellen noch nicht hinlänglich combinirt. Ich wünschte, ich hätte Ihren Legionar-Obersten bei mir, um über manche Punkte mit ihm zu berathen. — Die Stelle über die ἡγεμόνες, welche Ross herausgegeben hat, ist mir noch nicht klar und scheint auch eine Corruptel zu enthalten. Wofür halten Sie denn jetzt diese ἡγεμόνας? Mir scheinen es, wie Ross'en, Stirnziegel zu seyn: doch habe ich jetzt nicht Zeit nachzusehen, ob diese Meinung mit der Mauerinschrift vereinbar ist.

Ich muss schliefsen. Herzliche Grüfse *pulcherrimae, optimae, candidissimae*. Ich habe zwar die Schrift, worin diese Worte vorkommen, nicht gesehen; aber *pater optimus* hat mir diese *elogia* verrathen.

Von ganzem Herzen der Ihrige

Bh.

Göttingen, 29. Juli 1838.

Mein verehrter Freund.

Schon seit einem Monate suche ich eine ruhige Stunde, um Ihnen von unserm Leben eine Kunde zu geben; aber theils lassen mich viele Arbeiten nicht dazu kommen, da meine Geschäfte sich durch die Lage der Univ. nicht gemindert, sondern nur gemehrt haben, und nun auch der Druck des Festus mir viel zu thun giebt; theils habe ich immer umsonst auf einen Ruhepunkt in der Entwickelung unserer Angelegenheiten gehofft, von dem aus man eine Uebersicht gewinnen und Entschlüsse für die Zukunft fassen könnte. Vor einiger Zeit schien wieder ein Anfang zum Bessern auf unserer Univ. gegeben zu sein. So wenig zu erwarten und zu wünschen war, dass ein Historiker von Namen und besonders ein Politiker sich bewegen liefse, Dahlmann's Stelle einzunehmen: so wünschenswerth war für den Fortbestand der Univ., dass ein in der Deutschen Geschichte bewunderter junger Mann von honnetem Charakter für sie gewonnen werden könnte, der die Lücke einigermassen ausfüllte, ohne dem rechten Mann für die Stelle den Weg zu vertreten. Diesen Bedingungen entsprach Havemann vollständig; er hatte schon früher sich um eine Stelle an der Univ. beworben, aber seit der Absetzung der 7 keinen Schritt beim Cabinet gethan, sondern es bis zu einem völligen Antrage an sich kommen lassen; er fasste seine Stellung und Aufgabe ganz so, wie man es wünschen musste; er verhehlte seine Grundsätze und Ansichten nirgends, und liefs es — eng befreundet mit unserm wackern Kraut — ganz auf unsere Entscheidung ankommen, ob er kommen solle oder nicht; zudem war er als früherer Burschenschafter, der mehrere Jahre auf den Festungen zugebracht, in Ilfeld nur provisorisch angestellt, und das Cabinet konnte ohne Umstände ihn seinen Unwillen fühlen lassen, wodurch seine Annahme der Stelle die Bedeutung einer Erklärung für den gegenwärtigen Zustand verlor; kurz, er hat die Stelle angenommen, aber freilich, da man in H. merkte, wie die Sache hier gefasst werde, unter nicht so glänzenden Bedingungen, als man gewährt hätte, wenn er sich selbst weniger bescheiden und aufrichtig gezeigt hätte. Nun hört man, dass noch Prof. Schön aus Breslau für das Fach der Politik herkommen werde, aber erst auf Ostern; was mag das wohl für ein Mann sein, ich kann mir nicht vorstellen, dass etwas an ihm ist, was wird er hier für eine Politik lesen! Um aber wieder in den chronologischen Gang der Universitätsangelegenheiten zurückzukehren, so war alle Hoffnung vorhanden, dass Schneidewin, der von dem Consistorium in Gotha *primo loco* zum Director des Gymnasiums vorgeschlagen war und sich nun erklären musste, hier gehalten werden würde; das Univ.-Curatorium war in die billigen Vorschläge, die ich für ihn gemacht hatte, ganz eingegangen, und selbst Leist, der Ober-Curator der Univ., ohne von uns im Geringsten darum angegangen zu sein, hatte sich der Sache eifrig angenommen und hielt sie schon für ausgemacht, aber S. M., welche von allen Persönlichkeiten wohl unterrichtet sind, hat alles rund abgeschlagen. Nun ist nur zu wünschen, dass keine Intriguen in Coburg dazwischen kommen; sonst würde Schn., der hier auf Hoffnungen angewiesen ist und darauf hin mit jugendlichem Leichtsinn geheirathet hat, in grofse Bedrängniss kommen. Da Schn. sich auch als academischer Lehrer sehr tüchtig gezeigt hat, ist wohl zu hoffen, dass er auf jeden Fall bald anderswohin berufen werden wird. Damit sinken denn meine Hoffnungen für die Erhaltung der philologischen Studien, die noch nichts hier gelitten hatten, bedeutend. Ich hatte auch in Verbindung mit dem O.-Sch.-Collegium einen andern Plan gemacht, um durch ein pädagogisches Seminar die Schule mit der Universität zu verbinden, und zugleich Ranke mehr an Göttingen zu fesseln; aber bei dem ausgesprochenen Widerwillen S. M. gegen alle humanistische Bildung wird wohl auch diese Hoffnung aufgegeben werden müssen.

Nach diesen einzelnen Anführungen werden Sie das Sonderbare meiner Situation ganz beurtheilen können. Viele Mühe umsonst; nirgends ein Fufsbreit Landes, auf dem man festzustehen rechnen kann. Das Uebelste ist, dass auch die verbannten Freunde mit meinen conservativen Bemühungen nicht zufrieden sind; sie bedenken nicht, dass, wenn jetzt Alles übereinander stürzt, doch schlechtes Volk sich genug finden wird, um die leeren Plätze einzunehmen, und dann dieser herrliche Wohnsitz der Studien auf ein Menschenalter in den Händen der Gemeinheit und Unredlichkeit bleiben wird. Auch stellen sie sich zu feindlich gegen die Univ., bei der viel Schwäche, aber böser Willen nur bei Wenigen ist. Unser Prorector Gieseler, der schwer beschuldigt wird, hat sich nachdrücklich bei der Stadt für die Wahl von Conradi verwendet und auch die Wahl der Univ. veranlasst, und man wusste ziemlich, wie Prof. Reiche nach seinen oft ausgesprochenen Ansichten handeln musste, auch wenn ihm die Pflicht, die

Univ. nicht in Ungnade zu bringen, noch so sehr ans Herz gelegt war. Auch ist Reiche bei der bekannten Incompetenz-Erklärung gewesen, und es ist ein Spafs für die, welche aus Pflichtgefühl nicht gewählt haben, dass doch auch die Wahl nur zu demselben Resultat geführt hat, das in der Weigerung zu wählen lag. Aller Augen sind jetzt auf den Bundestag gerichtet; wenn der nur begreift, was er zu thun hat, damit Deutschland nicht der schauderhaftesten Anarchie preisgegeben werde. — Soll ich noch einmal von mir sprechen, so ist mein Vorsatz, in meinen Mühen für das Einzelne und Ganze nicht lass zu werden, und jeden Fufsbreit Landes für die *bonae et honestae artes* zu vertheidigen; aber mir keine Handlung gegen meine Ueberzeugung zumuthen, und ebensowenig meinen unmittelbaren Wirkungskreis verderben zu lassen. Auf dergleichen muss ich freilich immerfort gefasst werden; doch würde es mir schwer werden, aus diesen Zuständen, deren weitere Entwicklung mich sehr interessirt, mitten herauszuscheiden.

Mit Gerhard habe ich kürzlich über unser Verhältniss in der Archäologie — besonders veranlasst durch den Artikel Archäologie in dem Convers.-Lexikon für die Gegenwart — freundschaftlichst correspondirt; ich verspreche mir sehr viel von seinen Unternehmungen; Gerh. findet sich doch immer mehr in die Lage der Dinge, wie sie in Deutschland einmal ist. Von Lachmann habe ich bei Gelegenheit des Hugoschen Jubiläums einen freundlichen Brief erhalten, worin er von einer Abhandlung im Rhein. Museum schreibt, in der er eine Stelle im Varro ganz anders als ich behandle. Ich glaube gern, dass er Recht haben kann; ich habe auch schon über einige Stellen andere Meinungen, die ich in einem Corollar zum Festus publiciren will. Ob die Lachmann'sche Abhandlung wohl bald erscheinen wird?

Kommt wohl in der Neorien-Inschrift irgend eine Spur von einer Besetzung der oberen Ruder mit mehreren Ruderern vor? Ueber die ἡγεμόνες glaube ich doch nun im Klaren zu sein, durch das Beiwort λεοντοκέφαλοι. Stirn- oder Frontziegel können es nicht sein (von dieser Gestalt im Durchschnitt). Denn wenn diese auch mit Masken verziert wurden, wie von Dibutades und in mehreren Exemplaren von Terracotta-Ziegeln, die man auf der Burg von Athen und in Sicilien gefunden hat, mit Gorgonen-Masken — so passen doch keine Löwenköpfe daran. Es waren offenbar die untersten Ziegel, die mit der Rinne vereinigt waren, wie solche Ziegel sich in Attischen Gräbern bei Stackelberg finden. So gestaltet: Bei Cato de R. R. 14 heissen sie tegulae conliciares.  Ein Frontziegel mit der Blume oder Palmette vorn, der nach der Analogie der Tempeldächer sich damit leicht vereinigen lässt, ist der καλυπτήρ ἀνθεμωτός; auch lassen sich wohl ἡγεμόνες denken, die den καλυπτήρ aus demselben Stücke haben, im horizontalen Durchschnitte so gestaltet: ähnlich wie unsere Fittige der Pfannen-Ziegel. Was nun aber die Mauerinschrift  anlangt: so schwanke ich, ob nicht auch die oberste Ziegelreihe, so gut wie die unterste, ἡγεμόνες genannt werden konnten, oder ob jene Mauerzinnen bloss mit solchen tegulae colliciares gedeckt waren, deren obere Fuge dann mit Kalk oder Gyps, wie bei uns, verstrichen sein konnte. Doch gebe ich ungern die Meinung auf, dass man für solche Zwecke auch aus Thon, wie aus Marmor, Doppel-Ziegel hatte.

Ich habe nur am Rande Platz, um Ihnen und Ihrer lieben Frau zu melden, dass heute bei mir Taufe gehalten wird von einem recht muntern und uns Allen viel Freude machenden Mädchen Pauline Marie Dorothee, und Ihnen beiderseits uns mit unserer ganzen Taufgesellschaft, die besonders aus Grimm's und Hugo's besteht, schönstens zu empfehlen. Von ganzem Herzen der Ihrige

COM.

Mein Schw. V. legt noch ein Zettelchen über den Dr. phil. bei.

Einiges von Programmen und Recensionen von mir wird Sie hoffentlich erreicht haben: War auch meine Abhandlung Pallas-Athene dabei? Sonst habe ich noch ein Exemplar, um es Ihnen zu senden nebst anderen Kleinigkeiten, wie eine Recension von Lobeck's Aias.

Berlin, d. 25. August 1838.

Haben Sie Dank, theuerster Freund, für Ihren ausführlichen Brief v. 29. Juli, den ich noch in so gutem Andenken hatte, dass ich nicht glaubte, er könne schon so alt seyn. Vor allem wünsche ich Ihnen Glück zu der Geburt der Tochter; meine Frau vereinigt damit die herzlichsten Glückwünsche. Sie wird hoffentlich fröhlich wachsen und gedeihen, wie Ihre andern Kinder, und die Freude und das Glück Ihres Hauses, welchem schon jetzo für das Familienleben nichts fehlte, noch mehren. Ich hätte besonders um meiner Theilnahme willen an Allem, was Ihr Haus betrifft, früher schreiben sollen: aber wenn ich auch keineswegs behaupten will, dass ich dazu gar keine Zeit hatte, so war ich wenigstens in den Augenblicken, da ich Zeit gehabt hätte, nicht gelaunt. Ich versehe seit etwa sechs Wochen den ganzen Universitätsdienst, da Krause verreist ist; diese Geschäfte langweilen mich unendlich, weil nichts Wesentliches und Wichtiges gefördert wird, und nehmen mir so viel Zeit weg, dass ich etwas Zusammenhängendes nicht arbeiten kann; unter solchen Umständen bin ich denn in den Augenblicken, welche mir frei bleiben, indolent und träge, und fülle sie mit Leserei aus. Eine vergnügliche Erleichterung wenigstens habe ich in diesem Jahre gehabt, dass ich die Rede am 3. August dem Zumpt aufladen konnte, wiewohl mit vieler Mühe: ich hatte dazu weder Zeit noch Lust. An die Neorieninschrift bin ich seit langer Zeit nicht wieder gekommen: nur über die Ziegel habe ich neulich mit einem jungen Architekten Hrn. v. Quast conferirt, und wir sind auf dieselbe Vorstellung gekommen, wie Sie nach Ihrem letzten Briefe. Hr. v. Quast ist ein tüchtiger junger Mann; er wird ein schönes Werk über den Poliastempel herausgeben, über den er vieles mit mir durchgesprochen hat, besonders wegen einer neuen ganz verrückten Erklärung der Inschrift von Wilkins. Geschrieben habe ich den ganzen Sommer nichts als eine Vorrede zum Lect. Katal. über die Zeit der Platonischen Republik, wovon ich noch eine Fortsetzung in Rücksicht einiger Lebensumstände des Lysias geben will: den gedruckten Theil schicke ich mit Gelegenheit. Die metrologischen Untersuchungen sind bis auf etwa den vierten Theil gedruckt; die Correctur macht mir viel Arbeit, weil das Manuscript sehr schlecht ist.

Sie fragen, ob in den Neorien-Inschriften irgend eine Spur vorkomme, dass die obere Ruderreihe mit mehreren Ruderern besetzt worden. Dies ist allerdings der Fall. Es gehört zwar zur Entscheidung eine Vergleichung vieler Stellen, die ich noch nicht gemacht habe; aber bei der ersten Durchsicht hatte ich bemerkt, dass öfter mehr κῶπαι θρανίτιδες als ζύγιαι und θαλάμιαι erwähnt werden. Vorläufig hatte ich mir eine Hauptstelle bemerkt, worin 62 θρανίτιδες und nur 54 ζύγιαι und ebensoviel θαλάμιαι vorkommen, und ich habe aus dem Gedächtniss notirt, dass dies die höchste Zahl seyn möchte, welche vorkommt. Diese Inschriften sind eigentlich Inventarien der Werfte: da man also nicht wissen kann, ob die Anzahl der Ruder, die da vorkommen, vollständig ist, so geben sie blofs ein Minimum, nicht aber das Maximum der Ruder.

Von Ihren eigenen Sachen, die Sie in dem Briefe mir versprachen, habe ich noch nichts erhalten. Auf Ihren Festus bin ich sehr begierig. Von Lachmanns Abhandlung über den Varro weiss ich nichts; ich habe nur gesehen, wenn ich bei ihm war, dass er fleissig mit Varro beschäftigt war. Was Sie von Gerhard schreiben, ist mir nicht völlig verständlich; das wundert mich jedoch nicht, da ich ihn selber, je länger ich ihn kennen lerne, desto weniger verstehe. Er scheint mir eine eigenthümliche Kunst zu besitzen, über sich, seine Gesinnungen, Plane und Zwecke einen Nebelflor zu ziehen, sowohl im Gespräch, als im schriftlichen Ausdruck; auch geht er immer ἁπαλοῖς πόδεσσι, und dieses leise Auftreten vertrage ich schlecht, weil es den Schein gegen sich hat, es sei mehr dahinter. Das Ungenügende seiner Erklärungen und Mangel an Offenheit bewirkt auch, dass die Akademie der Wissenschaften seine Plane nur mit Abneigung unterstützt und vielleicht unverdienter Weise ungünstig über ihn urtheilt.

Seit etlichen Monathen ist der Dr. Franz hier. Er wird vom 1. Oct. d. J. an als Mitarbeiter an dem *Corp. Inscr.* eintreten; wie ich hoffe, wird er zu grofser Förderung des Werkes dienen, während er zugleich durch diese Beschäftigung aus grofser Verlegenheit über sein Auskommen gezogen wird. Ich denke, dass in etwa 4 Jahren die Arbeit zu Ende gefördert werden soll.

Die Hannoverschen Angelegenheiten habe ich, soweit die Zeitungen darüber Auskunft geben, ziemlich verfolgt, aber eben nicht gefunden, dass die Sachen aus der Stelle kommen. Dass der König seinen Zweck erreichen werde, glaube ich zwar nicht; aber ebensowenig scheint das Land zu seinem Ziele zu gelangen, und der Bundestag, wie sollte der gegen einen Fürsten entscheiden, wenn nicht etwa ein anderer Fürst dadurch begünstigt wird? Alle Verfassungen sind ein Trugbild, wenn nicht Freiheit der Presse vorhanden ist; das zweite Erforderniss für dieselben ist politischer Sinn in der Masse, der freilich auch nur durch die freie Presse erregt, gebildet und erhalten werden kann; dass dieser aber in Hannover noch nicht ausgebildet ist, zeigen die mannigfachen Inconsequenzen und Widersprüche, welche in dem Verfahren des Landes und der Stände sichtbar sind. Die Universität wird sich gewiss, wie es immer gehen möge, durchwintern; der einzige Nachtheil, der zu besorgen wäre, ist freilich, dass schlechte Personen dabei angestellt werden: und wirklich war in der letzten guten Zeit keine Regierung so überlegt, sorgsam und glücklich in der Besetzung bedeutender Stellen als die Ihrige, wogegen die folgende Zeit freilich einen Abstand erwarten lässt. Herzliche Grüfse an Ihre Frau und Kinder.

Leben Sie wohl, bester Freund, und behalten Sie mich lieb.

Von Herzen der Ihrige

Böckh.

Göttingen, 23. Oct. 1858.

Da Sie, mein verehrter Freund, mir die Beschwerde unsers Ternite haben zukommen lassen: so bitte ich Sie auch, meine Rechtfertigung zu übernehmen und Folgendes an ihn gelangen zu lassen. Ich hatte die Abdrücke der fehlenden Platten vor den Ferien erwartet, und damals fehlte es mir nicht an Zeit, den Text dazu sogleich zu besorgen. Nun sind sie aber angekommen, während ich eine Ferien-Reise, die mir sehr Noth that, nach den Lahn-, Rhein- und Mosel-Ufern machte, von der ich erst den 13. Oct. zurückgekommen bin. Wieder angekommen, fand ich dringende Geschäfte vor, namentlich konnte ich die Besorgung von Mspt. für den Festus nicht aufschieben. Auch lässt sich der Text zu den Hercul. Gemälden nicht in einzelnen Stunden nebenbei machen; man muss dazu einige Ruhe und Mufse haben. Ich werde ihn daher erst in der nächsten Woche machen und gegen den 3. Nov. absenden können. Ich hoffe, dass unser trefflicher Freund, dessen häuslichen Kummer ich mit wärmster Theilnahme beklage, so lange sich wird gedulden können. Mit dem von Hr. Ternite vorgeschlagenen Arrangement des zweiten Heftes bin ich ganz zufrieden.

Dass Ihr metrologisches Werk bereits im Drucke fertig ist, überrascht mich fast. Welchen Berg von Arbeit haben Sie da wieder hinter sich! Ich freue mich sehr, schon diesen Winter bei den Alterthümern davon profitiren zu können. Das Prooemium über die Zeit der Republik ist angelangt; ich bin davon ganz überzeugt. C. F. Hermann hatte in einer Rec. den Glauco u. Adimant zu Oheimen des Plato gemacht; das ist nun nicht mehr nöthig.

Noch benutze ich die Gelegenheit dieses eiligen Briefes, Ihnen eine Bitte meines Freundes Ranke vorzutragen. Es ist bei uns eine Art Institut, wie Ihr pädagogisches Seminar, im Werke. Giebt es dafür in Berlin etwa eine gedruckte Instruction, namentlich eine ältere, aus der Zeit Gedike's? Ranke ist besonders auf eine solche erpicht. Lässt sich etwas der Art ohne Mühe aus den Akten hervorziehen, und Sie können es mir gelegentlich zusenden: so werden wir Beide hier Ihnen dafür grossen Dank wissen.

Die Hannöverschen Angelegenheiten stehen beim B.-Tage doch nicht so schlecht. Das Anerbieten Hannovers zu einer Rechtfertigung in einer jetzt schon abgelaufenen Frist war der Form nach freiwillig, in der Sache abgedrungen. Diese Rechtfertigung kann von der Majorität schwerlich anerkannt werden. Im Lande wurzeln gewisse Ueberzeugungen immer fester, und wenn der B.T. nicht gegen das Land spricht, erscheint der constitutionelle Widerstand legitimirt. Bei der Verworrenheit der ganzen Sache entstehen für den Einzelnen sehr schwierige Fragen, z. B. ob man nun, nach der Erklärung der Stände über ihre Nichtcompetenz, an einer Ergänzungs-Wahl Theil nehmen müsse, damit die Kammer möglichst dieselbe bleibe.

Sonst geht es uns ganz gut hier, nur dass Grimm's jetzt ganz fort sind.

Mit alter Treue

Ihr

COM.

Göttingen, 30. Dec. 1838.

Nur ein Lebenszeichen wollte ich Ihnen, mein theurer und verehrter Freund, noch vor Ablauf dieses Jahres geben, da ich Ihnen sonst von unserer Lage hier so wenig Bestimmtes melden kann als je. Was uns das neue Jahr bringen werde, ist in dunkle Finsterniss gehüllt; nur ein entschiedenes Verlangen nach einem gesicherten Rechtszustande spricht sich so allgemein und so nachdrücklich aus, dass man nicht zweifeln kann, es werde durchdringen. Die Justizcanzley in Hannover hat in der Sache der Gehalte der 7 ein *mandatum de non administranda justitia* erhalten; sie hat remonstrirt, aber das *mandatum* ist erneuert worden; nun wird die Sache ohne Zweifel an den Bundestag gehen, von dem man noch Alles hofft. Man erwartet in Osnabrück tagtäglich das *responsum* der Facultäten (besonders von Tübingen) über die Steuerverweigerung; dies wird von erstaunendem Einfluss auf den Bestand dieser Regierung sein. Für unsre Univ. sehe ich kein Heil als in einer Rescission des in jeder Hinsicht, materiell und formell, nichtigen Urtheils, wodurch die 7 abgesetzt sind: aber das ist freilich der am schwersten und erst zuletzt zu erreichende Punkt. Für jetzt ist unsre Univ. noch nicht in so schlechtem Zustande, auch in der Gesinnung nicht in so elender Verfassung, als man sie mancherorts machen will. Unter den Studenten freilich der 3 sog. obern Facultäten ist ein freieres Studium sehr gelähmt, grade die strebendsten sind meist weggegangen, die gebliebenen beschränken sich auf das Nothdürftige. Doch entschädigt die grosse individuelle Freiheit, deren man geniefst; wer eine Ueberzeugung hat, bekennt sie sehr offen, und in der öffentlichen Meinung dominirt die Opposition überall. Nur von Mufse hat die jetzige Lage der Univ. mir noch nichts gebracht, und ich muss mich zusammennehmen, um neben den Collegien den Festus, der mir viel zu thun macht, zu fördern. Der Druck ist jetzt beim O. Dissens Opuscula werden bis Ostern erscheinen. Dann möchte ich noch die *Antiochena* vollenden, ehe ich — im Herbst — meine Griechische Reise antrete, vorausgesetzt, dass ich den Urlaub dazu bekomme. Ich werde bis zum Februar darum mein Gesuch einbringen. Auch für unsre Anzeigen habe ich wieder mehr gearbeitet; ich werde, wenn die kürzlich abgelieferten Recensionen gedruckt sind, mich auch an Ihre metrologischen Untersuchungen machen, die ich jetzt habe und die mir in ihrer vollendeten Gestalt ein immer neuer Gegenstand von Bewunderung sind.

Ich habe sehr lange nichts von Ihnen vernommen und sehne mich sehr nach Nachrichten, dass es Ihnen und den Ihrigen Allen wohl geht. Bei mir ist Alles wohl; meine Frau grüfst schönstens.

Ihr treuergebener

COM.

Darf ich bitten, inliegendes Briefchen an Herrn HR. Ternite gelangen zu lassen.

Berlin, den 15. Jan. 1839.

Zwei Briefe bin ich Ihnen schuldig, verehrtester Freund. Ich habe in den letzten Wochen meine ganze Zeit mit Anstrengung auf die Neorieninschriften verwandt und daher alle andern Dinge liegen lassen; denn diese Arbeit musste in Einem Zuge gemacht werden, um die verschiedenen Theile, die alle in Bezug aufeinander stehen, immer genau im Gedächtniss zu haben. Dennoch bin ich erst mit der einleitenden Abhandlung fertig; diese ist jedoch die Hauptsache und umfasst alle Hauptergebnisse. Ueber die einzelnen Inschriften will ich dann, einige Punkte abgerechnet, mich so kurz als möglich fassen. Ich habe in dieser Einleitung die Bestimmung und den Gesammtumfang der Urkunden, die besondere Art ihrer Abfassung, die Zeitbestimmungen für jede derselben, den Plan und Zusammenhang aller untereinander, die Behörden und die Verwaltung des Seewesens, die Schiffe und einige ihrer Theile, Schiffshäuser etc., sämmtliche Schiffsgeräthe, die verschiedenen Formen der Trierarchie, die Leistungen der Trierarchen und die Rechtsverhältnisse derselben, und endlich die vorkommenden Personen, zusammen in fünfzehn Abschnitten abgehandelt, und bin zufrieden mit der Entwirrung der verwickelten Aufgaben. Kein Abschnitt geht ohne etwas Neues aus. Besondere Mühe hat mir das Geräthe gemacht; ich habe aber Alles herausgebracht, ausser dass ich nicht weiss, was bei dem Tauwerk der χαλινός ist, welcher sehr oft vorkommt. In Rücksicht der Ruderzahl der Trieren hat sich bestätigt, was ich früher geschrieben habe, dass 62 Thraniten, 54 Zygiten und 54 Thalamiten da waren; ausserdem hat aber die Triere noch 30 κώπας περίνεῳ, welche wahrscheinlich vom Verdeck aus angewandt wurden und gewöhnlich 9—9½ Ellen lang waren. Sie werden schon aus dieser Probe sehen, wie sehr die Inschriften ins Einzelne eingehen. Seltsam ist es, dass in den Rednern niemals, dass ich wüsste, Tetreren und Penteren vorkommen, ungeachtet die Athener sie in den letzten Zeiten des Demosthenes schon gebrauchten; Ol. 113,4 hatten sie schon 50 Tetreren und 3 Penteren, während zugleich die Zahl der Trieren etwas vermindert war, bis auf 360.

Auf Ihren Festus bin ich sehr begierig. Ich habe eigentlich keine Vorstellung davon, was Sie damit gemacht haben. Mit den Hercul. Sachen sind Sie ja wohl so weit, dass der Druck beginnen kann; Ternite und Reimer scheinen aber nicht mehr zu harmoniren: ersterer ist freilich zu penibel und scheint es nach dem Tode seiner Frau noch mehr zu werden, und Reimer bleibt auch nie bei dem Contract stehen, sondern will immer wieder etwas anderes.

Wie Sie vom Bundestage viel in den H. Angelegenheiten erwarten können, begreife ich nicht. Er wird freilich, so lange die Zeiten bedenklich sind, nicht direct gegen das Land seyn; aber dass er dafür entscheide, glaube ich nicht. Dass die Univ. Tübingen für die Steuerzahlung seyn werde, glaube ich nicht. Die hiesige Facultät hat sich schwach benommen; nachdem sie beschlossen hatte, den Osnabrückern ein Gutachten zu geben, hat sie sich von unserm Ministerium es gefallen lassen, dass es ihr abrieth und für unangemessen erklärte, hierin zu sprechen: und ich glaube, dieses ist von einem Mitgliede derselben veranlasst, um aus der Verlegenheit zu kommen. Die Facultät müsste hierauf als Spruchcollegium sich auflösen; denn wenn die Regierung ihr befehlen oder auch nur rathen will (denn der Befehl hatte nur die letztere Form), worin sie sprechen soll und nicht, so kann das Collegium nicht mehr mit Ehren bestehen. Es ist aber darin nur Ein beherzter und unabhängiger Mann. In politischen Dingen halte ich die Juristen für die Hauptquelle aller Uebel; es giebt nur wenige, die davon auszunehmen sind. Wenn neue Steuern bewilligt werden, ist gewiss alles verloren.

Ein altes Reglement über das Seminar f. gel. Schulen hierselbst ist mir nicht bekannt, und ich zweifle, dass ein solches je existirt hat. Wo man aber hierüber Acten suchen sollte, die über 1806 hinaufsteigen, wüsste ich nicht: schwerlich sind solche vorhanden. Das neue Reglement hat Bernhardi gemacht; ich schicke mit Buchhändlergelegenheit ein Exemplar, es wäre mir aber lieb, wenn ich es wieder zurückerhielte, da ich nur wenige habe.

Ich wünsche Ihnen Glück zu Ihrer Reise nach Griechenland. Vielleicht entschliesse ich mich dazu auch noch einmal; aber ich fürchte das Klima und die veränderte Lebensweise.

Empfehlen Sie mich und meine Frau der Ihrigen bestens.

Von ganzem Herzen der Ihrige

Bh.

Berlin, d. 14. Mai 1839.

Sehr lange, theuerster Freund, habe ich Ihnen und Sie mir nicht geschrieben; die Gründe werden beiderseits dieselben seyn. Ich habe bis in den April hinein an der Reinschrift des Buches über die Seeinschriften zugebracht und zugleich nach meiner etwas ängstlichen und immer ängstlich werdenden Weise daran nachgetragen und ausgebessert, auch ohne erheblichen Nutzen noch manche der neuern Schriften über das Seewesen gelesen, nämlich das der Alten. Nachher habe ich angefangen mit dem Gen.-Lieut. Hellwig darüber zu conferiren, der sich mit solchen Dingen viel abgegeben hat und technische Kenntnisse besitzt; das hat aber auch wenig geholfen. Die grössern Schiffe über die Pentere hinaus habe ich zuletzt aufgegeben, weil ich sie nicht auf eine neue Weise erklären kann. Sie haben mir einmal geschrieben, dass ein Hannov. Officier sich mit dem Seewesen der Alten beschäftige und Sie Theilnahme für seine Untersuchungen hätten; ich wäre wol begierig hiervon etwas Näheres zu erfahren. Ich denke mit Anfang Junius den Druck beginnen zu lassen, wenigstens den der Tafeln; ob ich an das Uebrige gleich Hand anlegen lasse, darüber bin ich noch nicht entschlossen, weil ich nicht Lust habe den Sommer viel Correcturen zu machen.

Sie werden sich allmählig zu Ihrer Griechischen Reise vorbereiten, wenn Sie irgend einer Vorbereitung bedürfen. Wie ich höre, will Schöll mit Ihnen gehen. Dass Welcker hier war, werden Sie wissen; er scheint mir etwas gealtert zu haben. Ich habe ihn im Ganzen wenig gesehen, da wir beide mannigfach zerstreut waren; doch bin ich den letzten Tag vor seiner Abreise einen halben Tag mit ihm allein zusammen gewesen, indem wir zusammen auf der Eisenbahn nach Potsdam fuhren.

Ich höre von Panofka, dass in den Zeitungen etwas von einer misslungenen Wahl der hiesigen Akademie mit Nennung Ihres Namens dabei steht. Panofka hat mich gefragt, was ich Ihnen darüber geschrieben hätte; ich sagte ihm: Nichts. Da die Sache nun aber doch einmal öffentlich geworden zu seyn scheint, so will ich auch darüber schreiben. Ich hatte

Sie zum auswärtigen Mitgliede vorgeschlagen, deren die Akademie nur 32 haben kann, und ich zweifelte nicht an dem Erfolg. Dessen unangeachtet fehlte an der erforderlichen Majorität bei der Wahl in der Classe Eine Stimme. Es wurde nach dem Alphabet gewählt, wie es statutarisch ist, wenn mehrere vorgeschlagen werden; vor Ihnen wurde also über Creuzer gestimmt, der völlig durchfiel: dies hat wahrscheinlich andere veranlasst, auch gegen Sie zu stimmen. Ich gestehe, dass ich Gerhard und Panofka im Verdacht hatte, sie hätten gegen Sie gestimmt; der letztere betheuerte aber gegen mich, er habe Ihnen eine weisse Kugel gegeben, und da ihm daran gelegen zu seyn scheint, dass dies bekannt werde, so verfehle ich nicht, es Ihnen zu sagen. Die ganze Wahlhandlung, die in den Zeitungen hier und da blamirt zu seyn scheint, hat mich sehr verdrossen; ich bin es vorzüglich, der dabei eine Niederlage erlitten hat, indem alle meine Vorschläge durchfielen. Es ist mir daher auch gar nicht unrecht, wenn über den Erfolg geschimpft und gespottet wird.

Mit Ternite werden Sie, denke ich, zufrieden seyn. Ihren Text habe ich noch nicht gesehen; die Bilder scheinen mir aber gelungen. Ihr Festus wird wol bald fertig seyn. Ich danke Ihnen für das Programm über die Helena, dessen Inhalt sehr evident ist. Ich habe das Buch von Klausen über Aeneas vor mir liegen, aber noch nicht gelesen, mit Ausnahme der Vorrede. In dieser scheint er mir doch sehr weit zu gehen, und in dem Buche selber ist so viel zusammengepackt, dass die Lesung sehr schwierig ist.

Durch den Tod von Gans habe ich sehr viel verloren. Man hat sehr viele Quasi-Freunde; er war aber hier mein sicherster und zuverlässigster Freund, und die vortrefflichen Eigenschaften seines Geistes und Gemüthes sind bei seinen Lebzeiten nicht genug anerkannt worden. Sein Tod hat mich sehr angegriffen.

Leben Sie wohl und lassen Sie bald etwas von sich hören. Grüſsen Sie Ihre Frau und Kinder herzlich von uns.

Mit inniger Freundschaft wie immer
der Ihrige
Böckh.

[Göttingen, 17./6. 39.]

Mein theurer Freund.

Meine Gedanken sind schon so sehr mit meiner Reise und zwischendurch mit Arbeiten, die noch abgethan sein müssen, angefüllt, dass ich nicht weiss, ob nicht dies schon mein Abschiedsbrief an Sie aus Deutschland sein wird.

Dissens Opuscula werden Sie vielleicht schon durch die Buchhändler-Gelegenheit, mit der ich sie abgesandt habe, erhalten haben; ich hoffe, dass Ihnen das, was ich zu Dissens Biographie contribuirt habe, worin ich natürlich viel von Ihnen habe sprechen müssen, nicht missfallen wird. Meine Recension Ihrer Metrologie in unsern G.A. würde ich Ihnen schicken, wenn sie das Porto lohnte; so lesen Sie wohl, was davon lesenswerth ist (etwa zwei Stellen höchstens), in Ihrem Lesezimmer; ich will sie dann dem Festus beilegen, den ich Ihnen im Julius zu schicken gedenke. Ich bin schon bei der *Praefatio*, in der ich doch zu einigen Aufschlüssen über die Zusammensetzung des Festus gelangt bin, die Sie interessiren werden. Endlich werden auch meine *Antiochena* vor meiner Abreise gedruckt werden und Ihnen etwa im Anfang September zukommen.

Meine Abreise ist mit Bestimmtheit auf Anfang September festgesetzt. Dass Dr. Schöll mich begleitet und ganz auf meine Reisepläne eingeht, werden Sie schon wissen. Dann hat mir auch noch die Regierung, und zwar das Ministerium des Handels und der Industrie, an das ich mich aus guten Gründen gewandt hatte, mit grofser Bereitwilligkeit die erforderliche Summe für einen Zeichner bewilligt und diesen, einen jungen Mann, der bei Oesterley eine gründliche Schule gemacht und sich für meine Absichten ganz qualificiren wird, unter meine völlig freie Direction gestellt. So kann ich die Reise nun mit den besten Erwartungen antreten. Sie soll Ober-Italien rasch durchschneiden, länger in Etrurien, Rom, einigen Punkten von Grofsgriechenland und hoffentlich auch Sicilien verweilen; dann zunächst nach Athen gehen und von da aus den Peloponnes und Nordgriechenland umfassen, auch, wenn es sich thun lässt,

über die Inseln eine Strecke in Kleinasien eindringen, etwa bis
Sardis. Mein Hauptpunkt ist dabei historisch; die Lage und
Art der alten Niederlassungen und Cultursitze mit Allem, was
die Bildung der Menschen bestimmen konnte, anschaulichst
kennen zu lernen; aber jede Art von Forschung, die sich damit vereinigen lässt, soll begierig mitgenommen werden. Was
Inschriften anlangt, so würde mir eine Liste ganz willkommen
sein von denjenigen Stücken, wo Sie eine neue Vergleichung
wünschen (etwa mit Andeutung der wichtigsten Stellen, wo
die Lesart auf dem Steine zu ermitteln ist). Ich sehe, dass
die *Description de Morée* zu den Argivischen Inschriften Ihres
Corpus Inscr. manches Neue giebt, und bin besonders begierig,
die Inschrift wiederzufinden, die Quinet auf dem Dach einer
Kirche entdeckt haben will, *C. I.* 1145, mit den καταδίκαις.
Auch metrologische Probleme, die sich auf die Denkmäler beziehen, werde ich gern nach Kräften erfüllen; ich werde einen
recht genauen Bandmaafsstab mitnehmen, wo ausser dem *Mètre*
und Par. Fufs der Griechische und Römische gleich angegeben
sein wird, damit die runden Zahlen und Abweichungen davon
gleich bestimmt hervortreten. Haben Sie Aufträge, die einer
mündlichen Erläuterung bedürfen: so wird mein lieber treuer
Schöll sehr bereit sein, sie sorgfältig in sich aufzunehmen.

Was in meine Reise-Fröhlichkeit allein einen gewissen
Schatten wirft, ist die kritische Lage, in der ich noch immer
Land und Universität verlasse. Ich selbst bin in dieser Angelegenheit über alle Erwartung begünstigt worden, um so
auffallender, da das Cabinets-Ministerium, abgesehen von
meiner Opposition bei der Universität und Stadt, durch einen
ausführlichen Bericht, den ich an Graf Münster in der Sache
der Sieben geschrieben, meine Gesinnungen aufs Haar kennt.
Auch sind sonst, besonders von den Jüngern in neuerer Zeit,
nur Solche, die sich nirgends gegen das Cabinet ausgesprochen,
zu etwas gekommen. Ich darf nicht hoffen, nach meiner
Zurückkunft eben so gut behandelt zu werden, im Fall das
Cab. seine Pläne durchgesetzt; aber dann wüsst' ich überhaupt
nicht, woher noch Muth und gute Hoffnung für Gött. genommen
werden könnte. Auch ist ein entschiedener Sieg dieser Parthei
kaum mehr möglich. Die politische Gesinnung ist im letzten

Jahre im Hannöverschen mehr erstarkt, als man auswärts glaubt; es giebt viele Beispiele, wo die Hannöversche Rechtlichkeit sich in schönstem Lichte zeigt, wo die gröfsten Anerbietungen und Hoffnungen zurückgewiesen worden sind. Der Ausfall der sogenannten Ergänzungswahlen ist so günstig für das Land, als man es irgend hoffen konnte; ohne Minoritätswahlen konnte das Cab. auch nicht diese Schein-Kammer zusammenbringen. Ohne Herstellung des Grundgesetzes wird der Zustand im Lande immer gespannter und drohender werden. Der Bund ist doch auch am Ende mehr werth, als man gefürchtet; nach den letzten Protocollen (die uns hier ungemein erfreut haben) ist gar nicht mehr zu zweifeln, dass die constitutionellen Staaten die Sache als eine Lebensfrage behandeln; und nach neuen guten Nachrichten wird Oesterreich, von dem Pr. sich im Schlepptau führen lässt, jene gewähren lassen. Aber wie weit ist noch der Schritt von einer günstigen Entscheidung des Bundes bis zur Herstellung der 7, ohne welche doch der Univ. nicht gründlich geholfen werden kann. Neue Berufungen in jetziger Zeit können uns nur schlechten Zuwachs verschaffen; und wann wird dies anders sein, ohne jene Herstellung?

Doch um zu helleren Regionen zurückzukehren, so müssen Sie, mein verehrter Freund, nun wohl mit Ihrer grossen Arbeit über die Neorien-Inschriften fertig sein, von der ich mir die mannigfachste Aufklärung verspreche; leider werde ich das gedruckte Werk erst nach meiner Rückkunft sehen. Mein Hannöv. Oberst hat gewagt, die Tessarakontere des Ptol. Philopator herzustellen, und, wie mir scheint, die 40 Ruderreihen ganz gut angebracht. Ich kann dem Festus auch ein paar Zeichnungen, die ich von ihm habe (er sucht jetzt für sein Werk über die gesammte Marine-Architektur einen Verleger), beilegen, wenn Sie sie sehen wollen. Auch die von uns hier dankbar benutzte Seminars-Verordnung werde ich beilegen.

Von der Akademie-Geschichte hatte mir meine Frau gerade etwas aus einer Zeitung mitgetheilt, als ich zur Erläuterung Ihren Brief bekam. Sie haben, wie mir [scheint, mir] zu viel Ehre zugedacht, und eine billige Nemesis hat mich in der Gestalt [von] vielleicht mitunter ganz guten Freunden beschämt. Ich werde auf Niemanden deswegen einen Groll werfen.

Meine schönsten Empfehlungen an ihre Frau Gemahlin und für Sie alle alte Liebe und Treue, auch auf Athenischem Boden, von
Ihrem
COM.

Gans Tod hat auch mir sehr leid gethan, und ich begreife, was Sie an ihm verloren haben. Ich hatte mir immer vorgenommen, wenn erst das Hegelsche Parthei-Treiben in Berlin sich gesetzt und beruhigt haben würde, auch noch einmal seine Bekanntschaft zu suchen.

München, 3. Sept. 1839.

(Der oberste Streif des Briefes fehlt.)

Vor meiner Abreise habe ich das Reglement des Pädagog. Seminars, die Risse des Hannov. Officiers, Oberst Müller, von der Tessarakontere, nebst allerlei Süchelchen der Dieterichschen Buchhandlung übergeben, um sie mit dem Festus und den *Antiqq. Antiochenae*, an deren letzten Bogen gedruckt wurde, Ihnen zuzuschicken. Bei der Tessarakontere nimmt Ob. Müller wirklich an, dass 40 Ruder übereinander lagen, aber mit allerlei Bedingungen und Hülfsmitteln, die ich nicht gut mit wenig Worten angeben kann; die übersandten Blätter werden Alles deutlich machen; aber ich weiss nicht, ob Sie irgend einen Vortheil daraus werden ziehen können.

Von Inschriften will ich, wie Sie es auch für zweckmässig halten, vergleichen und respective copiren, was mir vorkommt und wozu ich Zeit finde. Ich habe mir einige aus dem Werke der *Expédition de Morée* angemerkt, die ich gern wieder auffände, weil sich gewiss bessere Copien davon machen lassen, besonders von Argos.

Die Nachricht von Herrn v. Macedo's misslungenen Versuchen, mit unserer Göttinger Societät anzuknüpfen, hat mich nicht überrascht; Blumenbach thut als Generalsecretär absolut nichts mehr und will doch durchaus die Geschäfte nicht abgeben; ich habe vor meinem Abgange noch einen rechten

Verdruss mit ihm gehabt, weil ich einen Plan, unsere historische Classe, die die Zeitereignisse fast zerstört haben, wieder etwas zu ergänzen, bei seinem Widerstande nicht durchsetzen konnte. Es wirken jetzt in der That die verschiedensten Umstände und Kräfte lähmend auf Göttingen ein, und ich bin froh, für ein Jahr aus dieser quälenden Lage erlöst zu sein; dann wird man doch eher wissen, woran man ist, wiewohl man sich bei meiner Abreise vom Bundestage wenig Hoffnung mehr machte.

Thiersch ist nicht hier, sondern in Hohen-Schwangau bei dem Kronprinzen, und überhaupt die meisten Gelehrten, die ich aufsuchen wollte, verreist, doch werden mich die Antiken, besonders die Vasen, die ich noch nicht kenne, einige Tage hier beschäftigen; während der Zeit langt Schöll an, und wir gehen dann bald über die Alpen nach Verona und Florenz. Begleiten Sie, theurer Freund, mit Ihren guten Wünschen

Ihren

treuergebenen

C O Müller.

Der auf S. 149 fehlende Schluss des Briefes K. O. Müllers vom 3. September 1824 ist inzwischen zum gröfsten Theile aufgefunden worden und lautet:

(Zwei Zeilen fehlen) . . . . Ich habe eben ein Collegium über Pindar geschlossen, worin ich bis Pyth. V incl. gekommen bin. So schön ich nun Ihre Erklärung von dem Plan und der Anlage des Ganzen finde, so bleibt mir doch noch Mehreres dunkel, wenn Sie nicht zu der Annahme schreiten wollen, die Epinikien treffen mit dem Feste der Karneen zusammen. Können Sie sich denken, dass der König selbst an Gesängen der Knaben oder Jünglinge zu Ehren des Apoll Theil nimmt (V. 104), wenn dem Gotte nicht ein Fest gefeiert wird; die Epinikien motiviren doch schwerlich ein solches Auftreten; obgleich allerdings der Sieg zu Pytho ein Beweggrund mehr ist, dass der König selbst Theil nimmt. Heisst nicht $\mathit{Ἀπολλώνιον\ ἄθυρμα}$ V. 23 am besten ein Lied, was zur Erhöhung Apollinischer Festlust beiträgt, und kann man für diesen Zweck besser componiren, als Pindar gethan? Ferner V 82 ff. fasse ich ἔχοντι und δέχονται als eigentl. Präsentia. Noch immer, will P. sagen,' gehören Troer von Antenors Stamm zu Kyrenes Bewohnern und werden von den Theräischen Abkömmlingen bei Opferschmäusen gastlich aufgenommen. Nun sind offenbar die Aufnehmenden besonders der πολύθυτος ἔρανος, der von Sparta nach Thera, von Thera nach Kyrene kommt. Kurz, Sie sehen, worauf ich hinaus will: Bei dem Karneischem Fest gab es Opfergelage, wo die Agiden die Wirthe machten, und Antenoriden, sogenannte, feierlich als Gäste geladen wurden. Ist dies der Fall und diese Erklärung richtig, so liegt es offenbar am nächsten, das Karneische Fest als gegenwärtig zu fassen. Aber der Hauptgrund ist mir immer noch V 78 ff., von welcher Stelle meine Erklärung, die ich nach Lesung Ihres Commentars schon aufgegeben hatte, mir wieder plausibel geworden ist. Pindar sendet sein Epinikion als ein Ἀπολλώνιον ἄθυρμα, er verherrlicht damit das Karneische Fest, er ist dadurch selbst συνεορταστής, er kann von sich und den Kyrenaeern zusammen sagen: „Wir verherrlichen an Deinem Fest, Apollon Karneios, Kyrenes Stadt." Weiter: Die Kyrenaeer, die Feiernden, haben das Fest von Thera; Pindar, als Mitfeierer, also ebenfalls; er könnte kein Lied mit Bezug auf das Fest dichten, wenn es nicht von Thera nach Kyrene gekommen wäre. So kann er sagen: ἀναδεξάμενοι σεβίζομεν. Ich denke, der Zusammenhang wird nun sehr einfach. Gegen Ihre Erklärung habe ich noch mehrere Bedenken, unter andern, dass ich doch nicht glaube, Karneen seien zu Theben gefeiert worden. Denn obgleich der Gottesdienst von Theben abstammt, so hat er doch seine bestimmte Gestalt erst durch die Dorischen Züge erhalten, und findet sich unter diesem Namen [schw]erlich jenseit derselben.

(Die Schlussworte fehlen.)